Direito e Arte

O direito da arte brasileiro
sistematizado a partir do paradigma alemão

Lisiane Feiten Wingert Ody

Direito e Arte

O direito da arte brasileiro sistematizado a partir do paradigma alemão

Marcial Pons

MADRI | BARCELONA | BUENOS AIRES | SÃO PAULO

Direito e arte: o direito da arte brasileiro sistematizado a partir do paradigma alemão
Lisiane Feiten Wingert Ody

Imagens na capa

Retrato de Adele Bloch-Bauer I, Gustav Klimt, domínio público, creative commons: Gustav Klimt [Public domain], via Wikimedia Commons;

Busto de Nefertiti, domínio público, creative commons: by Magnus Manske (Created by Magnus Manske.) [GFDL (http://www.gnu.org/copyleft/fdl.html), CC-BY-SA-3.0 (http://creativecommons.org/licenses/by-sa/3.0/) or CC BY-SA 2.5 (https://creativecommons.org/licenses/by-sa/2.5)], via Wikimedia Commons;

Tournesols (Nature morte: *Vase avec douze tournesols*), domínio público, creative commons: Vincent van Gogh [Public domain], via Wikimedia Commons.

Disco de Nebra – Himmelscheibe von Nebra (domínio público, creative commons: Dbachmann [GFDL (http://www.gnu.org/copyleft/fdl.html) or CC-BY-SA-3.0 (http://creativecommons.org/licenses/by-sa/3.0/)], via Wikimedia Commons;

Editoração eletrônica

Ida Gouveia / HBLYZ / Oficina das Letras®

CIP-Brasil. Catalogação na Publicação
Sindicato Nacional dos Editores de Livros, RJ

O23d

Ody, Lisiane Feiten Wingert
Direito e arte: o direito da arte brasileiro sistematizado a partir do paradigma alemão / Lisiane Feiten Wingert Ody - 1. ed. - São Paulo: Marcial Pons, 2018.

Inclui bibliografia e índice
ISBN 9788566722635

1. Direitos autorais - Arte - Brasil. I. Título.

18-52651 CDU: 347.78(81)

www.marcialpons.com.br

Impresso no Brasil

"Vita brevis,
ars longa,
occasio praeceps,
experimentum periculosum,
iudicium difficile." *

Seneca

* A vida é curta, / a arte, longa; / a oportunidade é fugaz, / a experiência, perigosa e o julgamento é difícil.

PREFÁCIO

Quando assisti em 2007 ao curso de "*Direito do Autor e Direito da Arte*" ministrado pelo Professor *Erik Jayme* na Universidade de Heidelberg, Alemanha, o fiz muito mais em virtude de minha curiosidade e interesse por arte, do que em razão do exercício de atividades profissionais na área jurídica.

Concluída minha formação acadêmica, contudo, obtive aprovação no concurso de provas e títulos para lecionar Direito Civil na UFRGS, tendo recebido, ato contínuo, a atribuição de lecionar Direito da Propriedade Intelectual, em que temas de direito autoral (e, portanto, também de direito da arte) se inserem. As questões que me foram então submetidas, não apenas por alunos do curso de Ciências Jurídicas e Sociais, mas especialmente pelos alunos dedicados à arte e ao design, conduziram-me a elaborar a presente pesquisa e a rever a matéria que antes tanto me interessara, agora com olhar não apenas de quem aprecia arte, mas também com o de jurista.

Se o direito serve para ordenar a vida em sociedade, a arte busca constantemente romper com a ordem estabelecida, inovando-a e renovando-a. É essa tensão entre o direito e a arte que o livro aborda.

Este não é um livro sobre arte, o que nem poderia escrever, dadas minhas limitações de *curiosa* na área. Trata-se de obra jurídica, na qual o leitor verá que procurei enfrentar o tema do direito da arte, apresentando-o ao ordenamento nacional, a partir do direito alemão, em que é matéria consolidada, com as ilustrações que são disponíveis ao jurista: trazendo casos reais e expondo suas soluções pelos tribunais, examinando-as.

Gostaria de agradecer a todos que contribuíram para a elaboração desta obra, a começar pelos desembargadores federais Tribunal Regional da 4ª Região Dr. *Paulo Afonso Brum Vaz*, *Maria de Fátima Freitas Labarrère* e *Marga Inge Barth Tessler*, e respectivos gabinetes, por terem tornado possível meu afastamento físico da cidade de Porto Alegre, mediante atuação em regime especial de teletrabalho, desde Heidelberg, na Alemanha.

Junto à *Universidade Federal do Rio Grande do Sul*, sou grata aos colegas professores que aquiesceram com o projeto e aos servidores que me auxiliaram na obtenção da autorização para realizá-lo, assim como aos alunos que, com suas inquietações e questões, delinearam parte substancial da pesquisa. Em especial, gostaria de agradecer a ex-aluna Bel. *Júlia Alves Coutinho*, pela leitura atenta e pelas valiosas sugestões. Pelo mesmo motivo agradeço as considerações do Dr. *Carl-Friedrich Nordmeier,* sem as quais eu não poderia reputar a obra como apta à publicação.

Sou grata, ainda, a *Wiebke Ramm* (M.A.), que me apoiou e estimulou a prosseguir no estudo comparativo do direito alemão, auxiliando-me nas dificuldades linguísticas.

À *Ruprecht-Karls-Universität Heidelberg* sou profundamente agradecida pela acolhida no Instituto de Direito Estrangeiro e Internacional Privado (*Institut für ausländisches und internationales Privat- und Wirtschaftsrecht,* sigla: *IPR*), a cujos diretores, Prof. Dr. *Marc-Philippe Weller* e Prof. Dr. *Christoph A. Kern*, LL.M. (Harvard), e meu outrora orientador de pesquisa no âmbito da conclusão de meu doutorado, Prof. Dr. Dr.h.c. *Thomas Pfeiffer*, agradeço. Foi um privilégio ter podido mais uma vez ali trabalhar, onde não apenas pude contar com um ambiente de trabalho adequado, mas também onde fui muito bem recebida por colegas e funcionários, a quem agradeço em nome do Dr. *Sebastian Seeger,* de *Angela Tauber* (M.A.) e, especialmente, do Prof. Dr. Dr.h.c. *Giuseppe Portale*, cuja amizade muito me honra.

Por fim, gostaria de expressar minha gratidão e admiração pelo Professor Dr. Dr.h.c. mult. *Erik Jayme* que no ano de 1996 despertou meu interesse pelo direito alemão ao apresentar o curso "*Identidade cultural e integração*"[1] na UFRGS, apresentação que tive a oportunidade de traduzir, enquanto ainda estudante.[2] Conhecê-lo não apenas me proporcionou aprimoramento no idioma alemão e oportunizou estabelecer minha carreira acadêmica no contexto de integração Brasil-Alemanha, com a qual pude contribuir com meu livro de "*Einführung in das brasilianische Recht*" (pt. Introdução do direito brasileiro),[3] publicado pela prestigiosa editora C.H. Beck, sob sua indicação, mas também semeou o interesse pelo tema desta obra, sendo ele mesmo colecionador e pioneiro no estudo do

---

1. JAYME, Erik. Identité culturelle et intégration: le droit international privé postmoderne. *Recueil des cours*, vol. 251, 1995, p. 9-267.

2. JAYME, Erik. "Direito Internacional Privado e Cultura Pós-Moderna". Tradução de Lisiane Feiten Wingert Ody. *Cadernos do Programa de Pós-Graduação em Direito – PPGDir./UFRGS.* Vol. I, número I, Março/2003. 3ª tiragem, 2ª edição. Porto Alegre: Universidade Federal do Rio Grande do Sul, dezembro de 2004.

3. No âmbito da coleção JuS-Schriftenreihe – Ausländisches Recht, Band 203, ISBN 978-3-406-69540-7.

tema.[4] Com este trabalho complemento a experiência anterior, oferecendo, desta feita, informações sobre o direito alemão ao jurista brasileiro, proporcionando-lhe conhecer o tema do "Direito da Arte".

Não poderia dedicar o livro a outros que não meus familiares: em primeiro lugar, aos meus pais, *João* e *Erna*, que com esforço tornaram possível que me dedicasse aos mais variados interesses, ainda que na maior parte das vezes tenham sido considerados "pouco úteis" na sociedade brasileira atual; em segundo, ao meu marido, *César*, que há vinte anos é testemunha da minha jornada; e, finalmente, aos meus filhos, *Bernardo* e *Leonardo*, que a renovam todos os dias.

De Heidelberg a Porto Alegre, 2018.

LISIANE FEITEN WINGERT ODY

4. JAYME, Erik. Sobre a Formação de minha Coleção de Arte, in: MAMEDE, Gladstone; FRANCA FILHO, Marcílio T.; RODRIGUES JÚNIOR, Octavio Luiz. *Direito da Arte*. São Paulo: Editora Atlas, 2015. p. 3- 7.

APRESENTAÇÃO DA OBRA PELO PROF. DR. DR.H.C. MULT. ERIK JAYME, LL.M. (BERKELEY)[1]

Na última década, o Direito da Arte se desenvolveu como ramo jurídico autônomo, exibindo princípios e leis especiais próprios. Existem hoje em dia periódicos e livros específicos, assim como se realizam congressos e convenções, dedicados ao cuidado e à compreensão do Direito da Arte. Mais recentemente, foram promulgadas leis abrangentes que, como a nova lei alemã de proteção aos bens culturais, datada de 31 de julho de 2016 (KGSG), regulam não apenas questões pontuais, mas alcançam também o direito de negociação da arte, incluindo direito penal e temas de direito público. Chama atenção nessa lei, por exemplo, que o Direito da Arte se diferencia do Direito Civil geral, adotando soluções particulares. É assim na hipótese prevista no § 40, seção 1, da KGSG, segundo o qual a colocação no mercado de bens culturais que tenham sido escavados ou exportados ilegalmente é proibida e, conforme a seção 2 do referido dispositivo, negócios jurídicos obrigacionais ou dispositivos envolvendo esses bens são nulos. Assim, o princípio da abstração que rege a transferência da propriedade no direito civil alemão, i. é, a clara separação entre o direito obrigacional e real, foi abolido em negociação de obras de arte. Além disso, o preceito do § 935, seção 2, do BGB, que permite a aquisição de boa-fé em leilão público, não se aplica mais às obras de arte.

Porque intensa e corretamente protegem-se obras de arte nacionais valiosas por meio da proibição de exportação, deve-se saudar publicações como a presente obra, que ilumina questões do Direito da Arte a partir da perspectiva própria de seu sistema jurídico respectivo e, então, faz considerações comparativas. É convincente como a autora acentua a estreita conexão entre o Direito da Arte e a Lei de Direitos Autorais. O Direito da Arte pertine às obras de arte; os direitos

1. Tradução realizada pela autora do texto original, em alemão.

autorais aos artistas. Em direito público, ela distingue o tratamento de bens imóveis – especialmente construções, para a qual se aplica a proteção de monumentos –, daquele recebido por bens móveis. No caso desses últimos, se consideradas as obras bens culturais nacionais valiosos, elas serão protegidas também por meio de proibição de exportação, exigindo-se autorização estatal para procedê-la, se forem avaliadas acima de um determinado valor.

No direito alemão, o "saque" ("*Raubgut*") de obras de arte, isto é, a expropriação, especialmente de colecionadores judeus, durante o período nacional-socialista, ainda representa questão relevante. Soma-se a isso a chamada "arte degenerada" ("*Entartete Kunst*"), tema igualmente abordado pela autora. Nos últimos anos, vem sendo discutida no mundo todo a restituição para os países de origem de obras de períodos coloniais que, em contexto análogo, passaram a constar de acervos de museus europeus.

Todos esses problemas relacionam-se ao mesmo tempo em um contexto abrangente de direito internacional público, que diz respeito à proteção do patrimônio cultural de cada nação e da humanidade em geral.

O Direito da Arte é tema fascinante. Então, deseja-se aos leitores desta obra linda e claramente escrita muita satisfação na leitura.

Heidelberg, julho de 2018.

ERIK JAYME

EINLEITUNG[2]

Das Kunstrecht hat sich in dem letzten Jahrzehnt zu einem eigenständigen Rechtsgebiet entwickelt, das eigene Grundsätze und besondere Gesetze aufweist. Es gibt heute zur Pflege und zum Verständnis des Kunstrechts spezielle Zeitschriften, Bücher und Tagungen, die ganz dem Kunstrecht gewidmet sind. In jüngster Zeit wurden zudem auch zusammenfassende Gesetze erlassen, die, wie etwa das neue deutsche Kulturgutschutzgesetz vom 31. Juli 2016 (KGSG), nicht nur Einzelfragen, sondern das Recht des Kunsthandels umfassend regeln und sogar auch das Strafrecht und Teile des Öffentlichen Rechts einbeziehen. Dabei fällt z.B. auf, dass sich das Kunstrecht vom allgemeinen Zivilrecht durch eigenständige Lösungen unterscheidet. So ist nach § 40 Abs. 1 KGSG das Inverkehrbringen von Kulturgut, das abhandengekommen ist, rechtswidrig ausgegraben oder unrechtmäßig ausgeführt worden ist, verboten. Gemäß Abs. 2 der Vorschrift sind Verpflichtungs- und Verfügungsgeschäfte, die nach Absatz 1 verboten sind, nichtig. Damit ist für den Kunsthandel insoweit das für das deutsche Zivilrecht tragende Abstraktionsprinzip, d.h. die klare Trennung zwischen Schuldrecht und Sachenrecht, abgeschafft. Außerdem ist die Vorschrift des § 935 Abs. 2 BGB, welche den gutgläubigen Erwerb abhanden gekommener Kunstwerke im Wege der öffentlichen Versteigerung ermöglicht, nicht mehr auf Kunstwerke anwendbar.

Da es häufig gerade auch um den Schutz der national wertvollen Kunst durch Ausfuhrverbote geht, ist es sehr zu begrüßen, wenn Texte erscheinen, welche aus der Sicht eines jeweiligen Rechtssystems die Probleme beleuchten und dann vergleichende Betrachtungen anstellen. Es überzeugt, wenn die Verfasserin den engen Zusammenhang zwischen Kunstrecht und Urheberrecht betont. Das Kunstrecht betrifft Kunstwerke, das Urheberrecht die Künstler. Im

2. Versão original da apresentação da obra (traduzida para o português, p. 11).

Öffentlichen Recht ist unterscheiden zwischen dem Recht für Immobilien, vor allem für Bauwerke, für welche der Denkmalschutz gilt, von den Rechtsregeln für Mobilien, bei denen Ausfuhrverbote das national wertvolle Kulturgut schützen und daher den Export von Kunstwerken ab einem gewissen Wert von einer Genehmigung abhängig machen.

Im deutschen Recht spielt noch heute das "*Raubgut*", .d.h. die in der Nazizeit vor allem bei jüdischen Kunstsammlern enteignete Kunst, eine besondere Rolle. Hinzu tritt die sogenannte "*Entartete Kunst*", auf welche die Verfasserin ebenfalls eingeht. In jüngster Zeit wird in ähnlichem Zusammenhang weltweit die Restitution von Kolonialgut aus den europäischen Museen in ihre Ursprungsländer diskutiert. Alle diese Probleme stehen zugleich in einem übergreifenden völkerrechtlichen Zusammenhang, welcher den Schutz des kulturellen Erbes der einzelnen Nationen und der Menschheit allgemein betrifft.

Das Kunstrecht ist eine spannende Materie. So möchte man den Lesern dieses klar geschriebenen und schönen Buches viel Freude bei der Lektüre wünschen.

Heidelberg, im Juli 2018.

ERIK JAYME

SUMÁRIO

SUMÁRIO

COM INDICAÇÃO DOS PRINCIPAIS CASOS EXAMINADOS, INDICADOS NA ORDEM DE SUA ABORDAGEM, NA PÁGINA À DIREITA

1. Direitos reais
    1.1 Direito de propriedade, direito da propriedade intelectual e propriedade de obras de arte
    1.2 Formas de aquisição da propriedade de obras de arte
2. Direito contratual: negociação de obras de arte
    2.1 Formação dos contratos
    2.2 Aplicabilidade de leis especiais aos negócios envolvendo obras de arte
        a) CISG e a compra e venda internacional de obras de arte
        b) Proteção do consumidor no mercado de arte
3. Responsabilidade civil contratual: *Aliudlieferung* e aquisição de boa-fé
    3.1 Ausência de autenticidade como defeito da obra
    3.2 Proveniência comprometida como defeito da obra
4. Responsabilidade civil extracontratual do perito ou expert em caso de equívoco quanto à autenticidade

V. Arte e ilegalidade

1. Subtração ilegal de obras de arte (*Kunstraub*) e restituição
    1.1 Nacional-socialismo (*Raubkunst*) e os '*Washington Principles*'
    1.2 Arte degenerada (*entartete Kunst*)
    1.3 Caos da guerra
2. Lavagem de dinheiro por meio de obras de arte

VI. Prescrições especiais atinentes à arte

1. Direito tributário
2. Direito fundacional
3. Direito securitário

ABREVIATURAS

ADIn – Ação Direta de Inconstitucionalidade

AEUV – *Vertrag über die Arbeitsweise der Europäischen Union* (Tratado sobre o Funcionamento da União Europeia)

art. – Artigo

BGB – *Bürgerliches Gesetzbuch* (Código Civil alemão)

BGH – *Bundesgerichtshof* (Tribunal Federal alemão)

BGHZ – *Entscheidungen des Bundesgerichtshofes in Zivilsachen* (periódico do BGH)

BVerfG – *Bundesverfassungsgericht* (Tribunal Constitucional Federal da Alemanha)

BVerfGE – *Entscheidungen des Bundesverfassungsgerichts* (periódico do BVerfG)

CC – Código Civil brasileiro

CDC – Código de Proteção e Defesa do Consumidor

CEBAS – Certificado de entidade beneficente de assistência social

CF – Constituição Federal

CPC – Código de Processo Civil

CPP – Código de Processo Penal

CSLL – Contribuição Social sobre o Lucro Líquido

CTN – Código Tributário Nacional

DOU – *Diário Oficial da União*

EC – Emenda constitucional

EG-V – *Vertrag zur Gründung der Europäischen Gemeinschaft* (Tratado da Fundação da Comunidade Europeia)

FICART – Fundo de Investimento Cultural e Artístico

FNC – Fundo Nacional da Cultura

GATT – Acordo de Tarifas Aduaneiras e Comércio

GG – *Grundgesetz* (lei fundamental alemã; Constituição Federal alemã)

GRUR – *Gewerbllicher Rechtsschutz und Urheberrecht*

IBRAM – Instituto Brasileiro de Museus

ICMS – Imposto sobre Circulação de Mercadorias e Serviços

IPHAN – Instituto do Patrimônio Histórico e Artístico Nacional

IPI – Imposto sobre Produtos Industrializados

KGSG – *Kulturgutschutzgesetz* (lei alemã de proteção aos bens culturais)

KUK – *Gesetz betreffend das Urheberrecht an Werken der bildenden Künste und der Photographie* (lei sobre direito autoral sobre obras de arte visuais e de fotografia)

LDA – Lei de Direitos Autorais

LG – *Landgericht* (Tribunal da Comarca)

LUG – *Gesetz betreffend das Urheberrecht na Werken der Literatur und der Tonkunst*

OCDE – Organização para a Cooperação e Desenvolvimento Econômico

OLG – *Oberlandesgericht* (Tribunal Superior da Comarca)

OMC – Organização Mundial de Comércio

PEC – Proposta de Emenda Constitucional

PRONAC – Programa Nacional de Apoio à Cultura

RabelsZ – *Rabels Zeitschrift für ausländisches und internationales Privatrecht*

RG – *Reichsgericht*

RGZ – *Entscheidungen des Reichsgerichts in Zivilsachen* (periódico do *RG*)

SBM – Sistema Brasileiro de Museus

STF – Supremo Tribunal Federal

StGB – *Strafgesetzbuch* (Código Penal alemão)

STJ – Superior Tribunal de Justiça

TJ – Tribunal de Justiça

TRF – Tribunal Regional Federal

TRIPS – Acordo sobre aspectos dos Direitos de Propriedade Intelectual relacionados ao Comércio

UFITA – *Archiv für Urheber-, Film-, Funk- und Theaterrecht*

UrhG – *Urheberrechtsgesetz* (lei alemã de direitos autorais)

UWG – *Gesetz gegen den unlauteren Wettbewerb* (lei contra concorrência desleal)

INTRODUÇÃO

Embora o direito da arte seja reconhecido como ramo jurídico e área de pesquisa desde a década de 1980 nos Estados Unidos e desde a década de 1990 na Alemanha, Suíça e Áustria,[1] o tema não conta com obra monográfica no Brasil. O motivo desta ausência deve-se, provavelmente, ao seu conteúdo complexo, que reúne não apenas temas jurídicos de direito público e de direito privado, como ainda aspectos interdisciplinares, além do fato da matéria não constar como disciplina própria, pelo menos por enquanto, nas universidades nacionais. Todavia, as mudanças substanciais no substrato fático que constitui os interesses do direito da arte, notadamente o crescimento das modalidades artísticas e do volume de obras, assim como do tráfego delas e a necessidade de proteção de patrimônio cultural nacional, acabaram por fazer crescer o interesse pela matéria no Brasil. Além desses fatos, também a consciência dos artistas acerca de seus direitos em relação a suas obras e a recorrente apropriação delas por terceiros atraem a atenção do público interessado em arte.

A relação entre direito e arte não é recente. O *direito é objeto da arte* em inúmeros quadros, esculturas, edificações, assim como em várias obras literárias.[2] Da mesma forma, *a arte é objeto do direito* em muitas subáreas, pois, tomada a arte como objeto do direito, destacam-se não apenas temas de direito público-

---

1. SCHACK, Haimo. *Kunst und Recht*: Bildene Kunst, Architektur, Design und Fotografie im deutschen und internationalen Recht. Tübingen: Mohr Siebeck, 2017 (3. Auflage). p. VII.

2. São muitas as obras de arte que representam questões jurídicas. A título de exemplo, pode-se mencionar as telas que apresentam cenas de julgamentos, como o de Páris, o de Salomão, o de Jesus ou das bruxas de Salem, assim como as inúmeras esculturas que representam a Justiça. Há, ainda, livros e filmes sobre julgamentos, como o de Nüremberg, além de obras literárias, como a famosa peça de *Shakespeare*, "O mercador de Veneza" – esta tida como referência por *von Jhering*, em "A luta pelo Direito". Casamentos e divórcios, assim como contratos, são o pano de fundo de incontáveis outras obras de arte.

constitucional, como a amplitude da liberdade criativa e artística, o fomento à arte e a proteção do patrimônio histórico e cultural como dever do Estado, mas também temas de direito privado, como questões atinentes ao contrato de compra e venda das obras, à responsabilidade civil pela autenticidade e integridade delas, bem como ao direito autoral. Não se pode esquecer, ainda, da relação entre as obras de arte e o direito tributário, bem como da incidência de normas de direito penal, nos casos de penalização por falsificação, emprego em "lavagem" de dinheiro ou de restituição de obras ilegalmente subtraídas, além da aproximação com outras áreas cientificas, como a museologia.

Em si mesma, *a arte é um direito,*[3] pois, de acordo com o artigo 5.º, IX, da Constituição, é garantida aos brasileiros e aos estrangeiros residentes no País a livre expressão da atividade intelectual, *artística*, científica e de comunicação, independentemente de censura ou licença, assegurando, ainda, em seu capitulo III o *acesso à educação e cultura*. Dispositivo análogo encontra-se no artigo 5.º da Lei Fundamental Alemã.

Já o *Direito como arte* é tese de *Carnellutti* na obra *L'Art dell diritto*, que coloca as reflexões sobre o direito entre ciência, técnica e arte.[4] Segundo o autor, a relação entre direito e arte não se resume à arte do bom e do justo (*dell'arte dal bello al buono*), em referência a *Celso* (lat. *ius est ars boni et aequi*). Em comum, segundo o autor, tanto a arte como o direito servem para ordenar o mundo e construir uma ponte do passado ao futuro, sendo que um pintor, assim como um juiz, "adivinham" (*indovinare, che indica na necessità e la impossibilità per l'uomo di vedere ciò che vede solamente dio*)[5] – ideia que, contudo, considera difícil e perigosa de desenvolver.

O tema do direito da arte é rico e atual, justificando-se a necessidade de sua sistematização no ordenamento jurídico brasileiro, pois as normas que disciplinam as questões exemplificadas são por vezes contraditórias, porque concebidas isoladamente, para proteção do autor, do proprietário, do patrimônio cultural ou histórico e da sociedade, não considerando, portanto, o todo, orgânico e funcional, que o caracteriza.

Nesse contexto surge a presente obra, cujo escopo é constituir os fundamentos do direito da arte no ordenamento brasileiro, e que foi concebida e escrita a

---

3. DALMAU, Rubén Martínez. Arte, derecho y derecho al arte. In: *Revista Derecho del Estado* n. 32, janeiro-junho de 2014, pp. 35-56.

4. A tese foi recentemente enfrentada também por DESMET, Matthias (et alii), na obra "The Art of Law: three centuries of justice depicted in the Groeningemuseum, Bruges", LANNOO, 2016.

5. CARNELUCCI, Francesco. *L'Art dell diritto*, Padova: CEDAM, 1949. p. 4 e seguintes. Ainda, sobre o direito como arte, veja-se: SIERRA-CAMARGO, Jimena. ¿Qué son las estéticas legales? Una aproximación a la noción de "arte y derecho". In: *Revista Derecho del Estado* n. 32, janeiro-junho de 2014, pp. 57-76.

partir do direito europeu, especialmente alemão,[6] em que a matéria se encontra consolidada e enriquecida por muitos casos jurisprudenciais, porém considerando o substrato legislativo e jurisprudencial nacional.

Não se trata de obra exauriente, pois, como o leitor verá, os temas que perfazem o direito da arte são muito amplos. Todavia, o livro os apresenta sistematicamente, ilustrados com casos reais e, quando possível, com imagens representativas desses casos.

O direito da arte não se confunde, por exemplo, com direito à cultura, tampouco com direito autoral, embora sejam temas estreitamente relacionados. Por esse motivo o plano da obra inicia-se com a delimitação do tema: primeiramente faz-se exposição das fontes e, a seguir, aproximação conceitual.

Na segunda parte, faz-se análise da arte como objeto do direito autoral, em que examinados temas relevantes acerca dos direitos do autor, sob perspectiva comparada dos preceitos da lei brasileira e da lei alemã.

A proteção da arte enquanto parte do patrimônio cultural e artístico, assim como o direito relativo à promoção da cultura, em que apresentada a museologia e o estatuto dos museus brasileiros e sua regulamentação, são os temas da terceira parte desta obra.

As conexões do direito da arte com o direito civil são tratadas na quarta parte, na qual, primeiramente, são expostas as formas de transferência da propriedade de obras de arte, voluntárias e não-voluntárias, estas últimas pela intervenção do Poder Público. A seguir, são expostos os contratos firmados no mercado da arte e são tratadas questões de responsabilidade civil, assim como a proteção do consumidor. Nesse mesmo capítulo é abordado o tema da certificação de autenticidade da obra, seja por artistas, seja por experts, e a responsabilidade desses últimos.

Casos de ilegalidades envolvendo obras de arte, como subtração ilegal delas e sua restituição são objeto da quinta parte, assim como o emprego de obras de arte em lavagem de dinheiro, encerrando-se a obra com uma abordagem introdutória de matérias especiais, como direito tributário, fundacional e securitário no âmbito do direito da arte na sexta parte.

Os métodos usados no estudo e considerados na elaboração do texto são, precipuamente, os de direito comparado, funcional, factual e contextualizado,[7]

---

6. Para facilitar a pesquisa e acesso do leitor a materiais sobre os temas tratados nesta obra, optou-se pela manutenção dos termos originais em alemão - ou, quando é o caso, em inglês, francês, alemão ou outro idioma - ao lado da expressão em português, entre parênteses.

7. KISCHEL, Uwe. *Rechtsvergleichung*. München: C. H. Beck, 2015. p. 92 e seguintes. Sobre métodos de direito comparado, veja-se, ainda: ZWEIGERT, Konrad; KÖTZ, Hein. *Introduction to comparative law*. Oxford: Clarendon Press, 1998 (impressão 2011), p. 32 e seguintes; CRUZ, Peter de. *Comparative law in a changing world*. London; New York:

buscando examinar quais funções os institutos jurídicos examinados desempenham no Brasil e na Alemanha, sem desconsiderar, contudo, as premissas fáticas e o contexto de cada um desses sistemas jurídicos. Outrossim, faz-se uso dos métodos indutivo e dedutivo, pois, desenvolvendo-se o trabalho a partir da literatura alemã, os conceitos são obtidos não apenas a partir da lei geral, à qual se subsume o caso particular (dedutivo), mas também complementada e integrada pelo método indutivo, em que se formam regras gerais, a partir de caso particular, pois, além do método de casos[8] ser tradicional no sistema germânico, especificamente no direito da arte, a jurisprudência atua como fonte complementar de direito. A seleção dos casos não se baseou em amostragem, mas em pesquisa de precedentes *representativos qualitativamente* e que proporcionaram *conclusões gerais*.[9]

Routledge-Cavendish, 2008. p. 231; e PORTALE, Giuseppe. *Lezioni di Diritto Comparato*. Torino: Giappichelli, 2007. p. 10 e seguintes.

8. ZITSCHER, Harriet Christiane. *Metodologia do ensino jurídico com casos*: teoria e prática. Belo Horizonte: Del Rey, 1999. p. 21 e seguintes.

9. Sobre a sistemática, leia-se: STAKE, Robert. *A arte da investigação com estudos de caso*. Lisboa: Fundação Calouste Gulbenkian, 2016. p. 11 e seguintes.

I

FONTES E CONCEITOS DO DIREITO DA ARTE

Direito da arte (dt. *Kunstrecht;* en. *art law;*[1] fr. *droit de l'art;*[2] it. *diritto dell'arte;*[3] ou es. *derecho dell'arte*) é disciplina científica transversal e heterogênea (*Querschnittematerie*),[4] na qual o objeto estudado é trabalhado em diferentes matérias jurídicas (*fachübergreifende Materie*).

Pode-se afirmar que o direito da arte se configura a partir de um conjunto complexo de matérias (*Bündel*), de direito público e privado, principalmente

---

1. Literatura básica da matéria em língua inglesa: LERNER, Ralph; BRESLER Judith. *Art Law*: the guide for collectors, investors, dealers, and artists, v. 1, 2 e 3. 3ª ed. New York: Practising Law Institute, 2005; MERRYMAN, John; ELSEN Albert. *Law, Ethics and the Visual Arts*. 5ª ed. Alphen aan den Rijn: Kluwer Law, 2007; PROWDA, Judith. *Visual arts and the law*: a Handboook for professionals. Burlington, New York: Lund Humphries in association with Sotheby's institute of art, 2013; DEMARSIN, Bert; SCHRAGE, Eltjo; TILLEMAN, Bernard; VERBEKE, Alain (org). *Art & law*. Brugge: Keure, 2009; DUBOFF, Leonard; KING, Christy; MURRAY, Michael. *Art Law in Nutshell*, 5a edição. West Academic Publishing, 11/2016; e STOKES, Simon. *Art & Copyright*: revised Paperback edition. Oxford: Hart Publishing, 2003.

2. Literatura básica da matéria em língua francesa: CORNU, Marie & MALLET-POUJOL, Nathalie. *Droit, oeuvres d'art et musées. Paris: CNRS, 2001.* Para questões operacionais: BYRNE-SUTTON, Quentin. *Guide du droit de l' art*. Génève: Christies, 1997.

3. Literatura básica da matéria em língua italiana: NEGRI-CLEMENTI, Gianfranco (org.). *Il diritto dell' arte*, v. 1. Milano: Skyra, 2012. NEGRI-CLEMENTI, Gianfranco (org.). *Il diritto dell' arte*, v. 2 e 3. Milano: Skyra, 2013.

4. MOSIMANN, Peter. Kunst im Recht. In: WELLER, Matthias; KEMLE, Nicolai; LYNEN, Peter (org.). *Kultur im Recht – Recht als Kultur*: Tagungsband des Neunten Heidelberger Kunstrechtstags am 30. und 31. Oktober 2015. Baden-Baden: Nomos, 2016. p. 19-39.

do direito constitucional, direito civil e do direito autoral.[5] Isso significa, por exemplo, que questões jurídicas específicas sobre arte encontram solução em disposições gerais, como no direito civil, embora conduzidos e informados por regras e princípios específicos,[6] muitas vezes de natureza moral.[7] Exemplo dessa compreensão é o caso *Hans Sachs,*[8] em que o *Deutsches Historisches Museum,* em Berlin, teve de devolver coleção de pôsteres – a maior da Alemanha e que incluía obras de *Kandinsky, Munch, Toulouse Lautrec* entre outros artistas representativos, e que fora saqueada por ordem de *Goebbels* na *Kristallnacht* em 9.11.1938 – aos herdeiros do colecionador, sendo o fundamento do julgado o parágrafo 985 do BGB (*Herausgabeanspruch*; pt. pretensão de restituição), que os julgadores entenderam não ter sido abrogado por normas especiais do *Wiedergutmachung nationalsozialistischen Unrechts* (pt. leis de reparação das injustiças nacional-socialistas). Outros precedentes que revelam a heterogeneidade da matéria são os casos *Immendorff,*[9] exposto nesta obra a seguir, e o caso de arte precolombiana (dt. *präkolumbianischer Kunst*[10]), ambos decididos a partir de institutos de direito civil.

É possível antever, contudo, a futura autonomia do direito da arte, pois em casos envolvendo obras caracterizadas como bem cultural, os institutos jurídicos civis tradicionais (aquisição ilegítima da propriedade de boa-fé, usucapião e prescrição, por exemplo) não se afiguram apropriados à proteção especial desses bens, o que ocorre também nos casos de subtração ilegal de obras de arte. Deve-se considerar, ainda, que no direito da *common law,* que pode vir a ser aplicável

---

5. Nesse sentido: JAYME, Erik. *Der Gurlitt-Fall–* Grundfragen des Kunstrechts. In: Mosimann/Schönenberger (org.). *Kunst und Recht 2014*, Berna, p. 137 e seguintes; JAYME, Erik. Was ist Kunstrecht? In: WELLER, Matthias (org.). *Neue Kunst – Neues Recht*: Tagungsband des Siebten Heidelberger Kunstrechtstags am 22. und 23. November 2013. Baden-Baden: Nomos, 2014. p. 19.

6. Exemplo análogo tem-se do direito do consumidor, que embora conte com regras específicas, protetivas desse sujeito, não se configura como direito autônomo, pois depende do direito civil, entre outros ramos jurídicos, para sua aplicação.

7. O que se pode comprovar em casos controvertendo "*fair use*" (U.S.) ou "*fair dealing*" (U.K.) de obras protegidas pelo *copyright*, assim como em julgamentos que envolvem restituição de obras ilegalmente subtraídas, nos quais o tema da prescrição é examinado singularmente, ou mesmo mediante a invocação de *softlaw*, como são os *Washington Principles*. Sobre o tema: JAYME, Erik. Was ist Kunstrecht... p. 19 e seguintes.

8. BGH 16.03.2012 – V ZR 279/10 NJW 2012, 1796. Sobre o caso: WELLER, Matthias. Die Plakatsammlung Hans Sachs – Zur Ausschlusswirkung des alliierten Rückerstattungsrechts heute. In: WELLER, Mathias; KEMLE, Nicolai; DREIER (org.). *Raub – Beute – Diebstahl:* Tagungsband des Sechsten Heidelberger Kunstrechtstags am 28. und 29. September 2012. Baden-Baden: Nomos, 2013. p. 91-112.

9. OLG Düsseldorf, 05.08.1014.

10. OVG Nordrhein-Westfalen, 08.07.2013. No caso, o México tentara obstar a realização de leilão em Köln, alegando que as obras seriam patrimônio cultural, demandando sua restituição. Não obstante, a comercialização das obras teve precedência em face das normas de direito civil e processual aplicáveis e o pedido foi rejeitado.

em caso envolvendo arte, conforme suas circunstâncias, não há identidade de institutos jurídicos, desconhecendo este a usucapião, por exemplo – o que compromete a previsibilidade da decisão judicial e, assim, da própria Justiça, que se alicerça em estabilidade e segurança. Contudo, a autonomia do direito da arte depende de reformulação do substrato legal, tanto na Alemanha, como no Brasil.[11]

O *direito da arte* (*Kunstrecht*) na Alemanha tem duas raízes no direito público: a proteção do patrimônio histórico e monumentos (*Denkmalschutz*) e a proteção de bens culturais (*Kulturgüterschutz*), destes últimos, especialmente os nacionais. Distingue-se do *direito à cultura*, que consiste, precipuamente, no patrocínio e incentivo da cultura pelo Estado, como mediante a manutenção de museus, teatros e universidades;[12] e do *direito autoral,*[13] disciplina jurídica

---

11. Nesse contexto pode-se, outrossim, afirmar a necessidade de formar 'juristas da arte' (*Kunstjuristen*), que manifestem interesse por áreas filosóficas, artísticas, sociais e humanitárias (terceiro tipo de juristas na percepção de *Radbruch*), dispondo de conhecimento e revelando aptidão para atuar nessa área complexa e peculiar do direito. Veja-se: JAYME, Erik. Was ist Kunstrecht? In: WELLER, Matthias (org.). *Neue Kunst – Neues Recht:* Tagungsband des Siebten Heidelberger Kunstrechtstags am 22. und 23. November 2013. Baden-Baden: Nomos, 2014. p. 32-37.

12. Sobre o *direito à cultura* na Alemanha, veja-se: KORINEK, Karl. *Staat und Kunst.* Paderborn, München usw.: Ferdinand Schöningh, 2006. Na Europa: HOLTHOFF, Jan. *Kulturraum Europa* – Der Beitrag des Arts. 151 EG – Vertrag zur Bewältigung kultureller Herausforderungen der Gegenwart. Baden-Baden: Nomos, 2008. Ainda: Convenção da Unesco sobre a proteção e promoção da das diversas formas de expressão cultural, de 20.10.2005. Ao direito à cultura em sentido amplo pertence também o *direito do idioma* (*Sprachenrecht*), que regula os idiomas que são usados em um país ou região, nomeadamente em relação à língua oficial e a usada nos tribunais. Trata-se de questão que envolve política e pode ser definida na Constituição de cada país. É tema visivelmente mais relevante em países multilíngues, como a Suíça e a Áustria, e também em relação às minorias linguísticas, e em organizações internacionais. Sobre o tema, veja-se: HÄBERLE, Peter. *Die Erinnerungskultur im Verfassungsstaat* – "denk-Mal" – Themen, *Geschichtsorte, Museen, nationaler und universaler Kulturgüterschutz*, Berlin: Duncker & Humblot, 2011; e JAYME, Erik. *Les langues et le droit international privé*, Recueil des Cours 381, 2017, p. 11-39.

Sobre o tema no Brasil, observa-se que a Constituição prevê o ensino dos idiomas indígenas (artigo 210, parágrafo 2º), sendo, porém, a língua portuguesa o idioma oficial (artigo 13 CF). Não é vedado, todavia, o ensino de outros idiomas. Comparativamente, pode-se referir que os EUA não têm idioma oficial, embora em cerca de 70% dos lares americanos a língua falada seja o inglês, seguido do espanhol, em cerca 12% dos lares. Alguns estados americanos apenas preveem ser o inglês o idioma da administração pública.

13. A matéria não se confunde com a *proteção da propriedade intelectual* que, tradicionalmente, no Brasil se sistematiza entre o Direito Autoral, que abarca direito do autor, direitos conexos e dos programas de computador, este último com regras em lei própria; a Propriedade Industrial, contemplando esta as patentes de invenção e de modelos de utilidade, desenho industrial, indicações geográficas, marcas e proteção contra a concorrência desleal; e a proteção *sui generis*, que inclui cultivares, topografia de circuito integrado e conhecimentos tradicionais. Inclui, todavia, parte desse conteúdo, em especial do direito autoral, associado a outros temas, como a proteção de bem cultural, por exemplo. Não obstante, sobre conexões entre direito da arte e marcas, veja-se: SCHACK, Haimo. Kunst als Marke – Marke als Kunst.

própria, com a qual, todavia, mantém relações estreitas, já que é destinada à proteção do autor, enquanto criador de uma obra, esta considerada como criação pessoal do espírito (*persönliche geistige Schöpfungen*).

O direito autoral, por sua vez, é um domínio jurídico fechado, cuja fonte principal é a Lei de Direitos Autorais de cada país (*Urheberrechtsgesetz*, na Alemanha),[14] tendo proteção territorial e não se constituindo como sistema protetivo uno. Ao contrário, é conjunto de normas protetivas nacionais, em cujo contexto se inserem, ainda, os designados direitos conexos (*verwandte Schutzrechte, Nachbarrechte* ou *Leistungsschutzrechte*), que são estreitamente relacionados aos direitos autorais, dizendo respeito aos intérpretes e aos produtores, por exemplo.

Em alguns tópicos do direito da arte e direito autoral revelam-se referências *interdisciplinares* (*übergreifende Bezüge*), como é o caso do plágio,[15] que envolve tanto o direito da arte e autoral, como ainda o *direito da ciência* (*Wissenschaftsrecht*), esta última disciplina que reúne na Alemanha o estudo das questões jurídicas e problemas organizacionais da pesquisa e ensino nas universidades.

São *fontes legislativas diretas do Direito da Arte na Alemanha*: (a) o artigo 73, 1, '5a' da Lei Fundamental, que preceitua ser competência privativa da União (*ausschließliche Gesetzgebungkompetenz*) legislar sobre a proteção de bem cultural alemão contra a exportação; (b) o artigo 36 do Tratado sobre o funcionamento da União Européia (*AEUV – Vertrag über die Arbeitsweise der Europäischen Union*, antes artigo 30 do chamado *EG-V – Vertrag zur Gründung der Europäischen Gemeinschaft*[16]), que preceitua que as disposições dos artigos 34 e 35[17] são aplicáveis sem prejuízo das proibições ou restrições à importação, exportação ou trânsito justificadas por razões de moralidade pública, ordem pública e segurança pública; de proteção da saúde e da vida das pessoas e animais ou de preservação das plantas; de proteção do patrimônio nacional de valor artístico, histórico ou arqueológico; ou de proteção da propriedade industrial e comercial. Todavia, tais proibições ou restrições não devem constituir nem um meio de discriminação arbitrária nem qualquer restrição dissimulada ao comércio entre os Estados-Membros; (c) a Diretiva 2014/60/UE, de 15.05.2014,[18] que trata da restituição de bens culturais que tenham saído ilicitamente do território de um Estado-Membro;

In: *Recht im Wandel seines sozialen und technologischen Umfeldes*. Festschrift für Manfred Rehbinder. BECKER, Jürgen (org.). München: C. H. Beck; Bern: Stämpfli, 2002.

14. No Brasil, a Lei 9.610/1998.

15. Sobre o tema, vide capítulo I, 2.1, b) *original e falsificação*.

16. Tratado de Roma.

17. "Art. 34. São proibidas, entre os Estados-Membros, as restrições quantitativas à importação, bem como todas as medidas de efeito equivalente."

"Art. 35. São proibidas, entre os Estados-Membros, as restrições quantitativas à exportação, bem como todas as medidas de efeito equivalente."

18. Todas as normas atinentes à União Europeia podem ser obtidas em: <http://eur-lex.europa.eu>.

(d) Regulamento 116/2009 do Conselho da União Europeia, relativo à exportação de bens culturais; (e) regulamento de execução deste último, n.º1081/2012, de 9 de novembro de 2012; (f) o tratado da Unesco, de 1970, sobre medidas de proibição e prevenção de importação, exportação e transferência ilícita de bens culturais (en. *Unesco Convention on the means of prohibiting and preventing the illiccit import, export, and transfer of ownership of cultural property*); e (g) os princípios da Conferência de Washington relativa a obras de arte confiscadas pelos nazistas, chamados "*Washington Principles*", de 03.12.1998, examinados na quarta parte da obra.

Além das prescrições constitucionais e legais atinentes a esses temas, são, ainda, *fontes indiretas do direito da arte no direito alemão, complementares e subsidiárias, os casos jurisprudenciais,* que servem como *pontes* entre o direito da arte e outros ramos jurídicos.

Diante dessas fontes plúrimas e, por vezes, incoerentes e contraditórias, o direito da arte é terreno fértil para a aplicação do "diálogo das fontes" (dt. *Dialog der Quellen;* fr. *Dialogue des Sources*), teoria concebida por *Erik Jayme* no âmbito do Direito Internacional Privado,[19] sob inspiração no pensamento de *Kant*. Segundo o autor, uma marca da pós-modernidade é a pluralidade de fontes e a sua fragmentação, não mais subsistindo uma hierarquia clara entre as fontes do direito. Para o direito internacional privado europeu isso é especialmente presente e relevante, considerando o intenso tráfego jurídico entre os países, suas fontes de direito nacional, bem como suas relações com tratados e diretivas.[20] A tese do autor, concebida no âmbito da proteção da criança, sujeito vulnerável em direito de família, é de que, em vez de uma fonte excluir a outra, seja feita uma concordância entre elas, a fim de que suas respectivas finalidades, tanto quanto possível, sejam atingidas.[21]

Transpor a teoria do diálogo das fontes para o direito da arte significa aplicar normas de proteção do autor, de promoção da cultura e de proteção de patrimônio histórico e cultural, por exemplo, que são eventualmente conflitantes,

---

19. JAYME, Erik. Identité culturelle et intégration: le droit international privé postmoderne. *Recueil des cours,* volume 251, 1995, p. 9-267; JAYME, Erik. "Direito Internacional Privado e Cultura Pós-Moderna". Tradução de Lisiane Feiten Wingert Ody. *Cadernos do Programa de Pós-Graduação em Direito – PPGDir./UFRGS.* Vol. I, número I, Março/2003. 3ª tiragem, 2ª edição. Porto Alegre: Universidade Federal do Rio Grande do Sul, dezembro de 2004.

20. JAYME, Erik. *Narrative Normen im Internationalen Privat- und Verfahrensrecht.* Tübingen: Eberhard-Karls Universität, 1993.

21. No Brasil, a tese tornou-se conhecida pela proposição de *Claudia Lima Marques* de aplicá-la na relação Código Civil e Código de Defesa do Consumidor, ensejando não a incidência isolada de uma ou outra norma, conforme o caso, mas trocas recíprocas. A autora propôs três tipos de diálogo, o de coerência, o de complementariedade e subsidiariedade e o de coordenação e adaptação. Sobre o tema: MARQUES, Claudia. Superação das antinomias pelo diálogo das fontes: o modelo brasileiro de coexistência entre o Código de Defesa do Consumidor e o Código Civil de 2002, *Revista da ESMESE,* n. 7, 2004.

preservando-lhes, na medida do possível, seus respectivos fins. Exige esforço interpretativo do jurista, mas promove a justiça por meio do direito (*durch Recht zur Gerechtigkeit*).

A invocação da teoria do diálogo das fontes é, ainda, mais relevante no âmbito de causas envolvendo restituição de obras subtraídas ilegalmente, especialmente durante a II Guerra Mundial, bem como nos períodos anterior e posterior ao conflito, e que amiúde envolvem direito internacional privado pois, em muitos desses casos, após a sua subtração, as obras surgiram *em outros países*, na posse de terceiros, ensejando exame de qual seria a lei aplicável para a solução da controvérsia. Especificamente para os conflitos que envolvem arte confiscada pelos nazistas em perseguição aos judeus, conta-se com os *Washington Principles*[22] – que, embora sejam cláusulas gerais de caráter não-vinculante, constituem-se numa espécie de *ponte* entre moralidade e direito, que em muitos casos se situam em lados opostos,[23] embora não sejam antagônicos – que servem para integrar e informar as normas aplicáveis.

A relação dos direitos autoral e da proteção do patrimônio cultural histórico com o direito da arte também se configura no direito nacional.

A *arte* não encontra definição no direito brasileiro, o que é apropriado ao conceito jurídico relativo que é.[24] Não obstante, a Constituição brasileira a refere expressa e implicitamente em pelo menos cinco dispositivos: (i) na seção destinada à educação (artigo 206), em que prescreve a existência *de liberdade de aprender, ensinar, pesquisar e divulgar* o pensamento, *a arte* e o saber; (ii) no artigo 5.º da Constituição, junto ao capítulo dos direitos e respectivas garantias fundamentais, do qual consta *o direito exclusivo do autor da obra* para a utilização, publicação ou reprodução dela, transmissível aos herdeiros pelo tempo que a lei fixar, assegurando-se, ainda, a proteção às participações individuais em obras coletivas e à reprodução da imagem e voz humanas, inclusive nas atividades desportivas; (iii) na definição de *patrimônio cultural brasileiro* presente no artigo 216 da Constituição, em que estão inclusas as criações artísticas e as obras artísticas-culturais, sejam elas tomadas individualmente ou em conjunto, desde que portadoras de referência à identidade, à ação, à memória dos diferentes

---

22. Vide capítulo V, 1 (Arte e ilegalidade).

23. JAYME, Erik. Die Washingtoner Erklärung über Nazi-Enteignungen von Kunstwerken der Holocaustopfer: Narrative Normen im Kunstrecht, in: *Museen im Zwielicht* (Veröffentlichungen der Koordinierungsstelle für Kulturverluste, Band 2), Magdeburg 2002, p. 247-258; e SEEGER, Sebastian. Restitution of nazi-looted art in international law: some thoughs on *Marei von Saher* v. *Norton Simon Museum of Art at Pasadena*. In: *Rivista di diritto internazionale private e processuale*, n. 1, 2015, p. 211-221.

24. Um conceito jurídico relativo (*relativer Rechtsbegriff*) é aquele a ser apreciado em relação ao conteúdo que pode ter, conforme a norma de que trata, sendo, portanto, variável. Conceitos jurídicos são, em regra, relativos, porque são compreendidos e aplicados num determinado contexto (*Zweckbegriffe*).

grupos formadores da sociedade brasileira; e (iv) no artigo 23 da Constituição que refere, ainda, ser *competência comum* da União, dos Estados, do Distrito Federal e dos Municípios a proteção dos documentos, das obras e de outros bens de valor histórico, artístico e cultural, os monumentos, as paisagens naturais notáveis e os sítios arqueológicos; bem como o impedimento da evasão, da destruição e da descaracterização de obras de arte e de outros bens de valor histórico, artístico ou cultural; e (v) no capítulo *das limitações ao poder de tributar* (artigo 150), que veda a cobrança de impostos sobre fonogramas e videofonogramas musicais produzidos no Brasil contendo obras musicais ou literomusicais de autores brasileiros e/ou obras em geral interpretadas por artistas brasileiros bem como os suportes materiais ou arquivos digitais que os contenham, salvo na etapa de replicação industrial de mídias ópticas de leitura a laser (dispositivo incluído pela Emenda Constitucional n. 75, de 15.10.2013).

Como se vê, mesmo sem contar com conceito jurídico expresso, a arte é objeto de normas constitucionais brasileiras, que estabelecem (i) a liberdade criativa, (ii) a proteção dos direitos do criador, bem como (iii) dos interesses nacionais, na hipótese de a obra se configurar como bem cultural, (iii) definindo a quais entes incumbe proteger bens de valor artístico, e (iv) determinando imunidade tributária, em se tratando de obras musicais ou literomusicais de autores brasileiros e/ou obras em geral interpretadas por artistas brasileiros.

Isso posto, para a compreensão do direito da arte na Alemanha, a partir de cuja experiência se propõe a construção da matéria no direito brasileiro, são especialmente relevantes os artigos 1.º (dignidade da pessoa humana e observância dos direitos fundamentais), 2.º (livre desenvolvimento da personalidade), 5.º, alínea 3 (liberdade artística), e 14 (direito de propriedade) da Lei Fundamental da República Alemã (*Grundgesetz, GG*),[25] que constituem o substrato constitucional do direito da arte e, nesse contexto, dispõem sobre a amplitude da liberdade artística. Além deles, casos jurisprudenciais que materializam esses preceitos, que se passa a examinar.

---

25. A título de curiosidade, a Constituição alemã é denominada literalmente "Lei Fundamental", pois ao tempo de sua elaboração, no pós-guerra, no ano de 1949, tinha pretensão à transitoriedade. Além disso, não emanava do povo alemão, tendo sido escrita por representantes das partes ocidentais ocupadas, sem participação da parte oriental. Portanto, não se destinava a criar um novo estado nacional alemão, mas sim a criar um único território estadual a partir das três zonas ocidentais de ocupação. Além disso, tampouco foi ratificada pelos cidadãos em referendo. Depois da reunificação da Alemanha em 1990, perdeu o sentido a discussão, utilizando-se na literatura jurídica o termo Constituição. Como indica a expressão francesa, "*c'est le provisoire qui dure*". Sobre o tema, veja-se: <http://www.bpb.de/geschichte/deutsche-geschichte/grundgesetz-und-parlamentarischer-rat/39014/warum-keine-verfassung>.

1. Arte e liberdade artística

O artigo 5.º, alínea 3, da Lei Fundamental Alemã prescreve que "*arte e ciência, pesquisa e ensino são livres*",[26] *sem previsão de limitação expressa* dessa liberdade (*volbehaltslos*).[27] Por esse motivo, a doutrina alemã compreende ser *a liberdade criativa do artista insuscetível de limitação por lei.*[28] Isso não significa, todavia, que a liberdade artística é ilimitada, pois o artista que eventualmente ferir com sua obra a dignidade humana,[29] é responsável civil e criminalmente pelos

---

26. O Art. 21 da Constituição suíça (*Bundesverfassung der Schweizerischen Eidgenossenschaft*, abrev. BV) prevê dispositivo análogo, prescrevendo "*Die Freiheit der Kunst ist gewährleistet*", que, em tradução livre da autora significa ser assegurada a liberdade da arte. Os preceitos suíços são relevantes no tema, porque a disciplina Direito da Arte é bem estabelecida nesse país, que conta, ainda, com um mercado de arte expressivo, embora discreto – circunstâncias que explicam o volume e qualidade da literatura técnica proveniente desse país, citada ao longo deste livro.

27. "*Art 5 GG*

(1) Jeder hat das Recht, seine Meinung in Wort, Schrift und Bild frei zu äußern und zu verbreiten und sich aus allgemein zugänglichen Quellen ungehindert zu unterrichten. Die Pressefreiheit und die Freiheit der Berichterstattung durch Rundfunk und Film werden gewährleistet. Eine Zensur findet nicht statt.

(2) Diese Rechte finden ihre Schranken in den Vorschriften der allgemeinen Gesetze, den gesetzlichen Bestimmungen zum Schutze der Jugend und in dem Recht der persönlichen Ehre.

(3) Kunst und Wissenschaft, Forschung und Lehre sind frei. Die Freiheit der Lehre entbindet nicht von der Treue zur Verfassung."

Em tradução livre: Art. 5.º Lei Fundamental

(1) Toda a pessoa tem direito de expressar e divulgar suas opiniões na fala, escrita, e imagem e de se informar, sem impedimentos, em fontes acessíveis. A liberdade de imprensa e a liberdade de comunicação por rádio e filmes são garantidos. A censura não ocorre.

(2) Esses direitos encontram seus *limites* nas disposições das leis gerais, nas disposições legais para proteger os jovens e no direito à honra pessoal.

(3) A arte e a ciência, pesquisa e ensino são livres. A liberdade de ensino não isenta de lealdade à Constituição.

28. EBLING, Klaus; SCHULZE, Marcel. *Kunstrecht*: Zivilrecht, Steuerrecht, Stiftungsrecht. 2ª ed. München: Beck: 2012. p. 2.

29. "*Art 1 GG*

(1) Die Würde des Menschen ist unantastbar. Sie zu achten und zu schützen ist Verpflichtung aller staatlichen Gewalt.

(2) Das Deutsche Volk bekennt sich darum zu unverletzlichen und unveräußerlichen Menschenrechten als Grundlage jeder menschlichen Gemeinschaft, des Friedens und der Gerechtigkeit in der Welt.

(3) Die nachfolgenden Grundrechte binden Gesetzgebung, vollziehende Gewalt und Rechtsprechung als unmittelbar geltendes Recht."

Em tradução livre: Art. 1.º Lei Fundamental

(1) A dignidade do ser humano é inviolável. Respeitá-la e protegê-la é obrigação de todo o poder do Estado.

(2) O povo alemão compromete-se, portanto, com os direitos humanos invioláveis e inalienáveis como a base de toda a comunidade humana, da paz e da justiça no mundo.

(3) Os seguintes direitos fundamentais vinculam legislativo, executivo e judiciário como direito diretamente aplicável.

ilícitos que se configurarem em decorrência da sua criação.[30]

As *liberdades de expressão e de imprensa*, por outro lado, estão expressamente limitadas na Constituição alemã por prescrições legais gerais, por preceitos legais de proteção à infância e juventude e pelo direito à honra, enquanto o direito ao livre desenvolvimento da personalidade é reconhecido, desde que não ofenda o direito de outros nem seja contra a ordem constitucional e costumes,[31] devendo ser respeitada a propriedade, seja ela material ou imaterial.[32]

Como exemplo do entendimento de que a liberdade artística, ainda que ilimitada *in abstrato*, pode ser limitada *in concreto* pela dignidade da pessoa humana tem-se o *caso Franz Josef Strauß*,[33] ministro-presidente bávaro retratado por *Rainer Hachfeld* em caricatura publicada em jornal como porco copulando. Avaliando o recurso interposto pelo caricaturista, o tribunal constitucional alemão

---

30. Sobre a prevalência da dignidade da pessoa humana em conflito com a liberdade artística, veja-se: FISCHER, Hermann; REICH, Steven. *Der Künstler und sein Recht*: ein Handbuch für die Praxis. München: C. H. Beck, 2014, p. 6.

31. "*Art 2 GG*

(1) Jeder hat das Recht auf die freie Entfaltung seiner Persönlichkeit, soweit er nicht die Rechte anderer verletzt und nicht gegen die verfassungsmäßige Ordnung oder das Sittengesetz verstößt.

(2) Jeder hat das Recht auf Leben und körperliche Unversehrtheit. Die Freiheit der Person ist unverletzlich. In diese Rechte darf nur auf Grund eines Gesetzes eingegriffen werden."

Em tradução livre: Art. 2.º Lei Fundamental

1) Toda a pessoa tem direito ao livre desenvolvimento de sua personalidade, desde que não viole os direitos de outros e nem ofenda a ordem constitucional ou a lei moral.

(2) Toda a pessoa tem direito à vida e à integridade física. A liberdade pessoal é inviolável. Só pode haver interferência nesses direitos com base em lei.

32. "*Art 14 GG*

(1) Das Eigentum und das Erbrecht werden gewährleistet. Inhalt und Schranken werden durch die Gesetze bestimmt.

(2) Eigentum verpflichtet. Sein Gebrauch soll zugleich dem Wohle der Allgemeinheit dienen.

(3) Eine Enteignung ist nur zum Wohle der Allgemeinheit zulässig. Sie darf nur durch Gesetz oder auf Grund eines Gesetzes erfolgen, das Art und Ausmaß der Entschädigung regelt. Die Entschädigung ist unter gerechter Abwägung der Interessen der Allgemeinheit und der Beteiligten zu bestimmen. Wegen der Höhe der Entschädigung steht im Streitfalle der Rechtsweg vor den ordentlichen Gerichten offen."

Em tradução livre: Art. 14 Lei Fundamental

(1) A propriedade e o direito de herança serão assegurados. Seu conteúdo e limites serão determinados em lei.

(2) A propriedade obriga. Seu uso deve também servir ao bem da coletividade.

(3) A desapropriação só é permitida para o bem da coletividade. Ela só pode ter lugar por lei ou com base numa lei que regule a natureza e extensão da indenização. A indenização será determinada considerando e sopesando os interesses da coletividade e das partes. Admitir-se-á a submissão de litígio sobre o montante da indenização perante tribunais comuns.

33. BVerfG 75, 369-379.

assegurou a sua liberdade artística, mas o responsabilizou e o obrigou a indenizar o retratado, porque considerou ferida pela obra a dignidade dele como ser humano.[34]

Mais recentemente decisão jurisprudencial no polêmico *caso* Böhmermann[35] reiterou essa compreensão. Nele, o presidente da Turquia, *Recep Tayyip Erdoğan,* ajuizou ação objetivando que o artista *Jan Böhmermann* cessasse violação a seu direito de personalidade que teria perpetrado por meio de sátira[36] que foi considerada como crítica abusiva (*Schmähkritik*), ensejando, inclusive, processo criminal. A opinião pública dividiu-se muito na Alemanha, onde a liberdade de expressão e a liberdade artística são especialmente valorizadas.

Para se ter ideia da extensão da controvérsia, o satirista chamou o Presidente da Turquia, entre outras coisas, de "homem que bate em meninas" (*der Mann, der Mädchen schlägt*), de "peido de porco" (*Schweinefurz*), que teria "preferência em manter relações com cabras" (*am liebsten Ziegen ficken*) e em "reprimir as minorias" (*Minderheiten unterdrücken*), assim como em "maltratar os curdos e cristãos" (*Kurden und Christen misshandeln*) e em "assistir a pornografia infantil" (*Kinderpornos zu schauen*). Muito do resto do poema é dedicado a associar *Erdoğan* a várias formas controversas de sexualidade, aduzindo que ele "realizaria felação com cem ovelhas em lugar de dormir" (*statt [zu] schlafen [...] Fellatio mit hundert Schafen*), que seria "presidente com membro masculino de tamanho reduzido" (*ein Präsident mit kleinem Schwanz*) e que se trataria de uma "porca idiota" (*dumme Sau*), para referir apenas termos publicáveis e que reflitam o conteúdo [ofensivo] do texto.

O tribunal concluiu que haveria excesso por parte do artista, configurando-se muitas das passagens como puros insultos e difamações, determinando, portanto, a supressão dos trechos mais agressivos e que indicavam preconceitos raciais, difamação religiosa e referências sexuais – que foram considerados como elementos intoleráveis de ofensa a direito de personalidade.

Cumpre referir que são direitos gerais de personalidade o direito de imagem e o direito ao nome, por exemplo, enquanto a liberdade artística, a liberdade de expressão e o direito autoral são direitos especiais de personalidade, sendo perfeitamente possível que exista tensão entre eles.[37]

---

34. SCHACK, Haimo. *Kunst und Recht*: Bildende Kunst, Architektur, Design und Fotografie im deutschen und internationalen Recht. 3rd ed. Tübingen: Mohr Siebeck; 2017. p. 5. Ainda: LINDNER, Irene. *Die Persönlichkeitsverletzung durch Kunst*. Baden-Baden: Nomos, 2015. p. 265 e seguintes.

35. LG Hamburg 10.02.2017, 324 O 402/2016.

36. A sátira não é *modalidade* de arte específica, mas um *estilo*, que pode se apresentar em diferentes formas de arte, como desenho, filme, literatura ou teatro, mediante a crítica zombeteira de determinado tema. Não é necessariamente irônica, podendo ser trágica. Veja-se: LINDNER, Irene. *Die Persönlichkeitsverletzung durch Kunst*... p. 252.

37. A liberdade artística pode configurar ofensa ao direito autoral de terceiro quando, com intenção de criação de obra nova, autônoma, o artista realiza cópia ou plágio, adaptação não

Pode-se concluir, portanto, pelo preceito constitucional e inferir dos exemplos referidos que no direito alemão a liberdade artística não pode ser limitada por lei e, portanto, eventual restrição do exercício da liberdade artística não pode se dar senão por colisão com outro direito fundamental, constitucionalmente assegurado, após a devida ponderação – em face do que a doutrina chama de *limitação imanente do direito fundamental*, por ser ela inerente ao sistema constitucional.[38]

Assim, a liberdade artística pode ceder, por exemplo, diante da *proteção da infância*, tal como restou assentado no *caso Josefine Mutzenbacher,*[39] que se refere ao romance *Josefine Mutzenbacher, die Geschichte einer wienerischen Dirne* (pt. *Josefine Mutzenbacher,* a história de uma prostituta vienenese), escrita por ela mesma, publicada em edição privada em Viena, em 1906. Na década de 1960, na Alemanha, a obra foi incluída na lista de publicações que representam risco para a infância e juventude pelo *Bundesprüfstelle für jugendgefährdende Media,* setor encarregado de classificar obras e que atua, *mutatis mutandis,* como o Departamento de Políticas de Justiça do Ministério da Justiça brasileiro, que realiza a classificação de programas de TV. No final de 1978, a editora Rowohlt incorporou a obra em seu repertório, acrescentando prefácio e glossário da linguagem de rua vienense, solicitando a exclusão dela da indexação "risco para a juventude", sob o argumento de se tratar de obra de arte. Rejeitado o pedido administrativamente, em virtude de ter sido consignado em pareceres que na obra a prostituição infantil e a promiscuidade são avaliadas positivamente – até mesmo glorificadas –, sendo listadas as atividades sexuais da heroína autora de forma grosseira, estimulando-se pornografia e incesto, sobreveio ação judicial promovida pela editora.

autorizada ou excede a liberdade de citação, por exemplo. Nesses casos, tem o autor droit *de non-paternité.* A liberdade artística pode ensejar, outrossim, ofensa ao direito à própria imagem, à honra e até mesmo direitos de personalidade de pessoa jurídica. SCHACK, Haimo. Persönlichkeitsrechtliche Grenzen der bildenden Kunst, *KUR* 1/2014, p. 3-10.

Sobre o tema da ofensa ao direito autoral e de personalidade pela arte num ensaio de comparação entre direito alemão e americano, veja-se: SCHACK, Haimo. Urheber- und Persönlichkeitsrechtsverletzungen durch Kunst: eine deutsch-amerikanische Fallstudie. In: MANSEL, Heiz-Peter; PFEIFFER, Thomas; KRONKE, Herbert; KOHLER, Christian; Hausmann, Rainer (org.). *Festschrift für Erik Jayme.* München: Sellier, 2004. p. 1725-1734.

38. A primeira vez que se estabeleceu essa concepção foi no julgamento do caso "*Mephisto*", pelo BVerfG, a seguir examinado. Além dele, deve-se referir, ainda, o caso *Anachronistischer Zug* (BVerfGE, 67, 213), que se refere a um teatro político de rua (*politisches Straßentheater*), baseado em poesia de *Bertolt Brecht* de mesmo título, datada de 1947. Foi formado em 1980, em *München*, sob iniciativa de *Thomas Schmitz-Bender*, em protesto contra o então candidato a chanceler pelo partido democrata-cristão (CDU), *Franz Josef Strauß.* Na obra os autores associaram *Strauß* ao nazismo, o que, conforme o tribunal, não se deveria admitir, nem mesmo diante da liberdade artística, diante de ofensa a seus direitos de personalidade.

39. BVerfGE 83, 130.

Em 27.11.1990, o *Bundesverfassungsgericht* decidiu que, em virtude da atuação dos membros do setor de avaliação não ter seguido preceitos constitucionais, dever-se-ia retirar da obra a classificação prejudicial controvertida, refazendo-se sua avaliação. Ato contínuo, em 1992, o *Bundesprüfungstelle* reintroduziu o romance na lista, desta vez fazendo constar que se trata de pornografia infantil particularmente perigosa – decisão que, por estar desta feita em conformidade com a decisão do *BVerfG*, não foi contestada.[40]

No Brasil, em caso análogo ao *Josefine Mutzenbacher,* o Supremo Tribunal Federal, declarou inconstitucional o art. 254 da Lei n. 8.069/1990 (Estatuto da Criança e do Adolescente), que estabelecia sanções às emissoras de rádio e TV, que exibissem programas em horários diferentes do autorizado pela classificação indicativa (ADIn 2404). Desde então, as emissoras são obrigadas apenas a informar para que idade o programa exibido é indicado, porém, podem exibi-lo em qualquer período do dia. Não obstante, recentemente, o canal de TV pago *HBO* foi multado pelo Procon-SP em 2 milhões de reais pela exibição do filme 'Festa da Salsicha' em horário diurno, porque não teria explicitado a advertência de que a obra se tratava de uma "animação pornográfica", inapropriada para crianças.

Nesse mesmo contexto – isto é, de obras de arte que podem ser classificadas negativamente – se inserem as *obras pornográficas*, que são polêmicas por natureza: o que para uns é apreciado como arte, para outros deveria ser proibido ou destruído. Imagens de nus constituem, todavia, obras de arte desde vasos gregos criados séculos antes de Cristo até a atualidade, sejam representações bíblicas, mitológicas ou de cenas eróticas, podendo ou não ser consideradas como indecentes ou pornográficas conforme o caso – o que não elide seu caráter artístico. A tolerância em relação a essas obras deve desaparecer quando representarem abusos de crianças, estupros ou outras sodomias, sendo utilizadas de formas proibidas, que enaltecem ou incentivam esses comportamentos. O artista que as *cria*, todavia, só seria punível por pornografia se *utilizá-las* indevidamente. É preocupante, todavia, que obras de *Mapplethorpe* ou *Balthus* sejam rejeitadas em exposições,[41] como noticia *Schack* ter ocorrido em Düsseldorf e em Essen, e que *Santander Cultural* tenha cancelado completamente a exposição "*Queermuseu – cartografias da diferença na arte da brasileira*", que reunia obras de 85 artistas, incluindo *Volpi* e *Portinari*, no museu que mantém em Porto Alegre-RS, após

---

40. Sobre a notícia, leia-se: <http://veja.abril.com.br/entretenimento/procon-multa-hbo-em-r-2-milhoes-por-filme-abilolado/>.

41. SCHACK, Haimo. Kunst und Recht... p. 319-323. Sobre essa modalidade de arte controversa no direito da *commn law*, veja-se: PROWDA, Judith. *Visual arts and the law*: a handboook for professionals. Burlington; New York: Lund Humphries in association with Sotheby's institute of arte, 2013. p. 22-37; e DEMARSIN, Bert; SCHRAGE, Eltjo; TILLEMAN, Bernard; VERBEKE, Alain (org). *Art & law*. Brugge: Keure, 2009. p. 63-98.

críticas que alegavam que as obras se constituiriam em apologia à pedofilia e zoofilia.[42]

A liberdade artística pode ceder, ainda, diante de conflito com *outros bens eventualmente protegidos na Constituição*, como a bandeira ou o hino nacional, que são símbolos de uma nação, se tiverem sido usados de forma ofensiva em obra de arte.[43]

Ou mesmo se a obra se configurar como incitação ao nazismo e negação do holocausto,[44] tema sensível não apenas na Alemanha, mas em todo mundo, inclusive no Brasil, como é exemplo o caso paradigmático julgado pelo STF, em que o racismo, no caso decorrente de "escrever, editar, divulgar e comerciar livros 'fazendo apologia de ideias preconceituosas e discriminatórias' contra a comunidade judaica", foi considerado crime imprescritível.[45]

Outrossim, os limites entre a liberdade artística e a *crítica à religião e blasfêmia* sempre foram muito discutidos, mas mais intensamente nas últimas décadas, especialmente desde que a obra "Versos satânicos" (en. *The Satanic Verses*), de *Salman Rushdie*, resultou em *fatwā* proferido pelo aiatolá iraniano *Khomeini,* comandando sua morte. As polêmicas caricaturas publicadas em 2006 no periódico dinamarquês *Jyllands-Posten*, que satirizavam a figura do profeta *Mohammed*, também alteraram ânimos no mundo islâmico – crise que se agravou após a publicação de outras imagens envolvendo o islã no semanário francês *Charlie-Hebdo,* o qual, por sua vez, foi atacado com violência em Paris em retaliação, resultando na campanha mundial de apoio ao periódico sob o moto "*Je suis Charlie*", em 2015.

---

42. Sobre a notícia, leia-se: <http://veja.abril.com.br/blog/rio-grande-do-sul/veja-imagens-da-exposicao-cancelada-pelo-santander-no-rs/>.

43. No precedente BVerfGE 81, 278 – *Bundesflagge* (bandeira), restou consignado que o fato da bandeira nacional alemã ter sido usada em gravura, que constitui manifestação artística, não exclui, em princípio, a punição prevista no artigo 90-A, 1, 2 do Código Penal Alemão, cabível em caso de vilipêndio a símbolo nacional. O mesmo entendimento foi alcançado no caso BVerfGE 81, 298 – *Nationalhymne (*hino nacional) com relação ao hino da República Federal da Alemanha, notadamente a terceira estrofe da *Deutschlandliedes,* que constitui símbolo nacional, em que o texto original fora substituído por outro, de natureza satírica.

No Brasil, o Decreto-lei 898/1969 que criminalizava em seu artigo 44 a destruição ou ultraje a bandeira, emblemas ou símbolos nacionais, quando expostos em lugar público, penalizando-as com detenção de 2 a 4 anos foi revogada em 1978. Subsiste, porém a Lei 5.700/1971, que dispõe sobre a forma e a apresentação dos símbolos nacionais (bandeira, hino, armas e selo nacionais) e que prevê que a violação de qualquer de suas disposições é considerada contravenção, sujeitando o infrator à pena de multa.

44. OLG Oldenburg, 24.03.2014, 1 Ss 170/13, caso em que o compositor foi condenado criminalmente por gravar e oferecer ao público música que exortava *Hitler* e negava o genocídio dos judeus.

45. HC 82424, rel. Min. Moreira Alves, relator para acórdão Min. Maurício Corrêa, Tribunal Pleno, julgado em 17.09.2003, *DJ* 19.03.2004, p. 17 *Ement* vol-02144-03, p. 524.

Na Alemanha, chamou atenção do público o caso de uma escultura criada pela estudante suíça *Fleur Stoecklin*, denominada "*Aggression*", em que representada uma mesquita com minaretes em forma de foguete.[46] A obra constou da exposição anual que a academia de arte de Düsseldorf realiza com as obras de seus alunos. Devido a manchete sensacionalista publicada em tabloide, que sugeria relações estreitas entre a religião muçulmana e a violência, houve protestos e ameaças contra a instituição expositora, a obra e sua autora, que resultaram, apesar do apoio institucional, na iniciativa da própria escultora em retirá-la da exposição.

A questão é sensível. A *liberdade* religiosa, todavia, não é ofendida nos exemplos referidos, motivo pelo qual em caso análogo não houve proibição de publicar as obras controvertidas.[47] Poder-se-ia refletir, contudo, que obras dessa natureza afetam a sensibilidade muçulmana, pois esse credo, assim como outros, rejeita a adoção de imagens, interpretando-as como agressão ao islã – termo que, convém referir, faz referência à submissão a Deus e à *paz*.

A jurisprudência alemã, por outro lado, examinando o *caso Xavier-Naidoo,*[48] cantor de sucesso nacional na Alemanha, entendeu que a liberdade artística do artigo 5, alínea 3, da GG *não* poderia ser invocada *contra* o artista. Naquele caso, estavam em discussão os termos de contrato, excessivamente prejudiciais ao artista, e a gravadora invocara a liberdade do artista na conclusão do contrato, tese com a qual não concordou o tribunal, pois o direito fundamental à liberdade artística foi concebido para sua proteção.

A redação da Constituição brasileira é semelhante à empregada pela Lei Fundamental alemã, pois tampouco indica limite expresso à liberdade artística, mas se submete aos limites imanentes da Constituição.

Assim, definir *arte* é decisivo para a conhecer a *amplitude dessa liberdade* em ambos os sistemas jurídicos.

O termo "arte" designa uma grande variedade de obras, desde pinturas rupestres, arte do Egito Antigo, arte clássica greco-romana até modernas instalações, incluindo, ainda, música, literatura e cinema, embora a palavra seja mais comumente utilizada para designar artes visuais, em especial a pintura.

---

46. LYNEN, Peter Michael. Kunstfreiheit und Religionskritik – Eine Fallstudie. In: WELLER, Mathias; KEMLE, Nicolai; LYNEN, Peter Michael (org.). *Des Künstlers Rechte – die Kunst des Rechts*: Tagungsband des Ersten Heidelberger Kunstrechtstags am 8. September 2007. Baden-Baden: Nomos, 2008. p. 31-36.

47. OVG Berlin-Brandenburg, 17. 8. 2012 – 1 S 117/12.

48. BVerfG, 27.07.2005 (1 BvR 2501/04 – Rn. (1-35), <http://www.bverfg.de/e/rk20050727_1bvr250104.html>.

Veja-se: JAYME, Erik. Liberdade de arte no direito constitucional: repercussões no direito privado. In: GRUNDMANN, Stefan; MENDES, Gilmar [et alii]. *Direito privado, Constituição e Fronteiras:* encontros da associação luso-alemã de juristas no Brasil. São Paulo, RT, 2012, p. 144.

Porém, conceituar uma realidade social e formular um conceito jurídico é papel do jurista, tendo por escopo proteger indivíduos na vida em sociedade. Tentar definir arte, contudo, pode ser não apenas infrutífero, como até mesmo prejudicial, pois o conceito jurídico de arte não pode lhe limitar a amplitude, motivo pelo qual não pode ser fixado sob a perspectiva tradicional,[49] mas deve admitir o reconhecimento de novas formas artísticas.

Com efeito, as diferentes expressões da arte não precisam se resumir a um único conceito.[50]

O termo "arte" é *conceito jurídico relativo* (*relativer Rechtsbegriff*) que, de acordo com a norma em relação ao qual é considerado, pode ter diferentes significados. Assim, pode ser examinada a arte no contexto do direito fundamental à liberdade artística (Artigo 5, alínea 3, 1ª parte da Lei Fundamental, *GG*) ou da proteção autoral de uma obra de arte (parágrafos 1 e 2 da Lei de Direitos do Autor, *UrhG*). Da mesma forma, pode-se examinar no direito criminal (parágrafos 243, I, 5 e 304 do Código Penal alemão, *StGB*) sem maiores controvérsias. É mais complexa, todavia, a discussão quando se trata de definir obra de arte para sua subvenção e proteção pelo poder público ou para benefício fiscal (parágrafo 2, I, 10, da lei para proteção de bem cultural alemão contra sua saída do país, *KGSG*),[51] em que a interpretação tende a ser mais restritiva.

A mesma lógica vale para o direito brasileiro.

É incontroverso, contudo, que os aspectos mais importantes relacionados ao conceito de arte são o da liberdade artística e sua amplitude e o da proteção do autor e da sua obra, motivo pelo qual passa-se a examiná-los, a começar pelo primeiro, a partir da interpretação conferida pela jurisprudência alemã.

1.1 Casos paradigmáticos da jurisprudência alemã envolvendo o conflito entre liberdade artística e direitos gerais de personalidade

O conteúdo da liberdade artística (*Kunstfreiheit*) no direito alemão[52] tem duas dimensões: a da obra (*Werkbereich*) e a dos seus efeitos (*Wirkbereich*).[53] No primeiro caso, envolve não apenas a liberdade na criação da obra, mas também

---

49. SCHACK, Haimo. *Kunst und Recht...* p. 4.

50. [Kunst lässt sich nicht durch] "*einen für alle Äußerungsformen künstlerischer Betätigung und für alle Kunstgattungen gleichermaßen gültigen allgemeinen Begriff umschreiben*" (BVerfGE 67, 223 – Caso *Anachronistischer Zug*). No mesmo sentido, nos casos Mephisto e *Strauß*.

51. <http://www.gesetze-im-internet.de/kgsg/index.html>.

52. Para a amplitude da liberdade artística no direito comparado, veja-se: HÄBERLE, Peter. Die Freiheit der Kunst in kulturwissenschaftlicher und rechtvergleichender Sicht. In: *Kunst und Recht im In-und Ausland*. Heidelberg: C.F. Müller, 1994. p. 37-89.

53. No direito suíço, veja-se: MOSIMANN, Peter; RENOLD, Marc-Andre; RASCHER, Andrea (org.). *Kultur – Kunst – Recht*: schweizerisches und internationales Recht. Basel: Helbing Lichtenhahn Verlag, 2009. p. 36-39.

o artista, de criar, ter reconhecida a autoria e manter a integridade da obra, por exemplo; no segundo, inclui os intermediários (*Vermittler*), que a colocam no mercado, como o editor de livros e o produtor de CDs ou filmes etc., e assim, portanto, estende-se, à apresentação e divulgação da obra de arte, incluindo direitos de citação ou uso por terceiros, por exemplo.

Em casos paradigmáticos o tema dos limites da liberdade artística (artigo 5.º, 3, GG), sobretudo em *confronto com direitos da personalidade*, diante de obras que retratavam pessoas reais, suscetíveis de serem identificadas, foi enfrentado pelos tribunais alemães, incluindo o Tribunal Constitucional alemão (*Bundesverfassungsgericht*), podendo deles ser mencionados os casos "*Mephisto*", "*Esra*"[54] e "*Ende einer Nacht*", na literatura; "*Lebach*", "*Rohtenburg*", "*Contergan*" e "*Der Baader-Meinhof Komplex*", no cinema; e "*Ehrensache*", no teatro. Em todos esses precedentes foi estabelecida controvérsia análoga ao caso das biografias julgado pelo STF no Brasil,[55] que examinou a tensão entre o direito a publicar obra biográfica e direitos de personalidade do biografado, porém com compreensão diversa. O exame desses casos permite compreender *in concreto,* e não apenas em tese, o significado e a amplitude dele que têm a arte e o direito à liberdade artística. Diante disso, passa-se a expor esses casos um a um, indicando os argumentos centrais do convencimento dos julgadores.

O caso "*Mephisto*", julgado pelo Tribunal Constitucional Federal alemão (*Bundesverfassungsgericht*), em 24 de fevereiro de 1971,[56] é tido como uma decisão histórica no âmbito da amplitude da liberdade artística e do direito de personalidade no direito alemão. Nele, o Tribunal Constitucional Federal examinou pela primeira vez o termo "arte" sob o ponto de vista constitucional e esclareceu que, ainda que a liberdade de arte não esteja submetida expressamente a limitações (artigo 5, 3, GG), essa circunstância não impede que, em havendo conflito com outros direitos fundamentais, seja feita ponderação dos interesses jurídicos.

A ação foi intentada por *Peter Gorski*, o filho adotivo e único herdeiro do falecido ator e gerente do teatro *Gustaf Gründgens* (1899-1963), contra a editora Nymphenburger, para impedir a publicação, reprodução e distribuição do livro

---

54. Para pesquisa dos casos Mephisto e Esra, leia-se a monografia de: POHL, Gunnar. *Wahre Dichtung*: Kriterien zum Ausgleich von Kunstfreiheit und Persönlichkeitsrecht am Beispiel von Esra und Mephisto. Frankfurt: Peter Lang, 2014.

55. Ação Direta de Inconstitucionalidade (ADIn 4.815), julgada em Plenário pelo STF em 10.06.2015 (acórdão publicado no *DJ* 01.02.2016), em que, por unanimidade, julgou-se "procedente o pedido formulado na ação direta para dar interpretação conforme a Constituição aos artigos 20 e 21 do Código Civil, sem redução de texto, para, em consonância com os direitos fundamentais à liberdade de pensamento e de sua expressão, de criação artística, produção científica, *declarar inexigível o consentimento de pessoa biografada relativamente a obras biográficas literárias ou audiovisuais, sendo por igual desnecessária autorização de pessoas retratadas como coadjuvantes (ou de seus familiares, em caso de pessoas falecidas).*"

56. BverfGE 30, 173 e seguintes.

"*Mephisto – Roman einer Karriere*" (pt. "Mefisto, Romance de uma carreira"), de *Klaus Mann*, publicado pela primeira vez em 1936, enquanto o autor vivia no exílio, em Amsterdam.

A obra trata da ascensão do famoso ator *Hendrik Höfgen*, que teria negado sua consciência e comprometido laços humanos e éticos para fazer uma carreira artística e melhorar seu status social no período sob regime nacional-socialista. Nesse *roman à clef*, o personagem fictício *Hendrik Höfgen* foi ostensivamente baseado em *Gustaf Gründgens* – sua aparência, os trabalhos em que participou, inclusive na ordem cronológica, bem como detalhes como seu ingresso no Conselho de Estado prussiano e atuação como diretor-geral do Teatro Estatal da Prússia.

Ciente da ação, a editora promoveu uma verdadeira operação "capa-espada" (*Nacht-und-Nebel-Aktion*) para a venda de todos os exemplares editados antes de receber a liminar que a proibia de fazê-lo, em 1965.

O Tribunal de Hamburgo (*Hanseatische Oberlandesgericht*), em julgamento de 1.966, aceitou a tese de *Gorski* de que a apresentação da pessoa *Hendrik Höfgen* se referia a *Gründgens*, ofendendo postumamente sua personalidade pelo conteúdo ofensivo da obra. Explicitamente, o grupo de julgadores afirmou ser o livro uma crítica severa e mordaz à pessoa retratada, proibindo sua reprodução, publicação e distribuição – decisão confirmada pelo BGH em 1968.

Contra esses julgamentos a editora Nymphenburger apresentou sua queixa constitucional (*Verfassungsklage*), alegando que ofenderiam seu direito à liberdade artística, assegurada no artigo 5, 3, 1ª parte da GG). A tese, porém, foi rejeitada em 24 de fevereiro de 1971. O Primeiro Senado do Tribunal Constitucional Federal iniciou o julgado fixando o significado da liberdade artística segundo a Lei Fundamental. Segundo o julgamento, "a essência da atividade artística é a concepção criativa livre, na qual impressões, experiências e vivências do artista alcançam uma concepção direta, numa forma particular de linguagem".[57] Toda a atividade artística é malha de processos conscientes e inconscientes que não são resolvidos racionalmente. Na criação artística interagem intuição, fantasia e compreensão de arte. Não se trata de comunicação, mas de expressão – "a expressão mais direta da personalidade individual do artista".

Por outro lado, o BVerfG consignou não ser a liberdade artística assegurada ilimitadamente na Lei Fundamental Alemã (*Grundgesetz*). Embora sejam as limitações do artigo 5, 2, GG não aplicáveis expressamente, porque o constituinte *não* considerou a liberdade criativa como caso especial de liberdade de expressão, mas como liberdade autônoma, estendem-se à liberdade artística os limites que a

57. No original: "*Das Wesentliche der künstlerischen Betätigung sei die freie schöpferische Gestaltung, in der Eindrücke, Erfahrungen, Erlebnisse des Künstlers durch das Medium einer bestimmten Formensprache zu unmittelbarer Anschauung gebracht werden.*"

própria GG estabeleceu, isto é, eventual conflito com outros direitos fundamentais (limitação imanente).

Nesse contexto até a amplitude dos direitos de personalidade (Art. 2 para. 1 GG) entrou em discussão, porque esses terminariam com a morte da pessoa. Não obstante, porém, essa interpretação seria incompatível com a dignidade da pessoa humana (*Menschenwürde*), princípio basilar da Lei Fundamental Alemã, cuja proteção é tida como dever de todos os poderes estatais (art. 1 GG), pois essa é suscetível de ser degradada e, nesse contexto, de reivindicação de respeito, mesmo depois da morte do ofendido.

O BVerfG concluiu pela proibição da publicação, apesar de constarem votos em sentido contrário, pela crítica severa ao comportamento colaborativo de *Gründgens* com o nazismo, que foi considerada difamatória e, portanto, ofensiva à personalidade, ainda que pós-morte,[58] do retratado na obra.

Para se ter uma representação de quão diametralmente oposto pode ser o entendimento em sistema constitucional com premissas diversas, veja-se o direito norte-americano, por exemplo, em que o tema é tratado sob a ótica da liberdade de expressão, pois não há preceito sobre liberdade artística análogo ao da lei fundamental alemã e ao da Constituição brasileira. Nos Estados Unidos, diante da Primeira Emenda (liberdade de expressão, na qual a liberdade artística e de imprensa se inserem naquele sistema) e do que foi decidido no precedente *New York Times Co. v. Sullivan* pela Suprema Corte Americana,[59] havendo eventual

---

58. "O direito pós-morte da personalidade é, na Alemanha, uma criação da jurisprudência, sobretudo do Tribunal Constitucional. A base é a proteção da dignidade da pessoa humana, no sentido do artigo 1.º da Constituição. Esta abrange e protege também certa continuação da imagem de vida (Lebensbild) da pessoa depois da sua morte. A proteção concerne somente às alterações graves desta imagem. Além disso, a proteção diminui com o curso do tempo, quando a memória à pessoa perde importância". Cf. JAYME, Erik. Liberdade de arte no direito constitucional: repercussões no direito privado. In: GRUNDMANN, Stefan; MENDES, Gilmar [et alii]. *Direito privado, Constituição e Fronteiras*: encontros da associação luso-alemã de juristas no Brasil. São Paulo: RT, 2012, p. 148.

59. A Primeira Emenda da Constituição Americana previu a liberdade de imprensa e a de expressão, porém não trouxe, inicialmente, muita proteção a oradores públicos não populares e organizações jornalísticas. O contexto histórico americano assim o confirma. O *Sedition Act* de 1798 dispunha a criminalização da crítica a autoridades de governo, tendo a *Supreme Court* decidido em muitos julgamentos que publicações difamatórias não estariam incluídas nessa proteção. *New York Times Co. v. Sullivan* representou o fim dessa compreensão. Nele, a controvérsia sequer envolvia uma reportagem, mas mero anúncio, no qual *concerned citizens* pediam apoio ao reverendo *Martin Luther King Jr.* diante de violência policiais em manifestações no Alabama. *Sullivan*, que era o comissário de polícia, o Governador do Estado e outras autoridades locais processaram o jornal, demandando 3 milhões de dólares em danos morais. As decisões favoráveis das instâncias ordinárias foram revertidas pela *Supreme Court*, que atribuiu à *imprensa "the right to be wrong"*, tornando-a responsável apenas nos casos em que restasse provado o dolo na difusão de informação falsa. Sobre o caso, leia-se: MAURO, Tony. *The Supreme Court Landmark decisions*: 20 cases that chenged America. New York: Fall River Press, 2016. p. 67-77.

alegação de difamação por notícia veiculada na imprensa, incumbe ao difamado provar que a empresa jornalística sabia que a informação era falsa, tendo agido com "*actual malice*", isto é, com dolo. [60] Do contrário, não há falar sua responsabilização civil.

Em 1981, contudo, o romance foi publicado livremente na República Federal da Alemanha (até então era, no entanto, era possível comprá-lo na DDR, sem maiores esforços) pela Editora Rowohlt e também filmado no mesmo ano. Não houve nenhuma interpelação e nem manifestação judicial contra a iniciativa.

Outro caso paradigmático na literatura é o do romance "*Esra*"[61] obra autobiográfica escrita por *Maxim Biller*, publicada pela Kiepenheuer & Witsch em 2003, com detalhes íntimos da infelicidade do amor entre seu autor e uma atriz estrangeira, residente na Alemanha. No livro, não foram empregados os nomes reais dos envolvidos, tendo sido ele apresentado como ficção.

A obra gira em torno da complicada relação amorosa do protagonista, denominado Adam, de origem judaica, e Esra, moça de origem turca, numa união repleta de ciúmes, desconfiança e até mesmo paranoia. O casal separa-se e depois retoma o relacionamento, até que enfim rompem, quando da gravidez de Esra. Além das personalidades complicadas do casal, o substrato cultural de cada um, assim como do grupo familiar estão fortemente impregnados na obra, como se percebe pelo relacionamento de ódio entre Adam e a mãe de Esra. O romance é tão rico em detalhes que é perfeitamente possível identificar os personagens da vida real. Exemplo disso é a referência à outorga de prêmio artístico, que imediatamente identificam Esra e sua mãe. O romance ainda aborda passagem em que Esra diz a Adam que não gostaria de ver detalhes de sua vida íntima em colunas ou livros – o que contrasta com a visão de Adam, cuja concepção de literatura é de que deve estar relacionada com a vida real. Por outro lado, outras informações fictícias são acrescidas ao livro, não sendo dado ao leitor conhecer quando se trata de fato real ou de ficção.

A publicação da obra foi proibida logo após seu lançamento em 2003, porque os tribunais de Munique (*Landgericht* e *Oberlandesgericht München*) concluíram que tinham sido feridos os direitos de personalidade da retratada Esra – na realidade, a atriz *Ayşe Romey* – e sua mãe – *Birsel Lemke*. Esse julgamento

---

60. Sobre o tema: LINDNER, Irene. *Die Persönlichkeitsverletzung durch Kunst*. Baden-Baden: Nomos, 2015. p. 317 e seguintes. E LERNER, Ralph; BRESLER Judith. *Art Law*: the guide for collectors, investors, dealers, and artists. vol. 2. 3ª ed. New York: Practising Law Institute, 2005. p. 888 e seguintes.

61. BVerfG, 13.06.2007, 1 BvR 1783/05 – Rn. (1-151). Sobre o tema: BÜNNIGMANN, Kathrin. *Die "Esra"-Entscheidung als Ausgleich zwischen Persönlichkeitsschutz und Kunstfreiheit*. Rechtsprechung im Labyrinth der Literatur, Verlag Mohr Siebeck, Tübingen 2013. p. 6. Ainda: SIEGLE, Miriam. *Das Spannungsverhältnis von Kunstreiheit und Persönlichkeitsrecht*: zur Problematik der Darstellung realer Personen in Kunstwerken. Nomos: Baden-Baden, 2012.

foi confirmado pelo BGH, que expressamente consignou que, embora não nomeadas as partes retratadas, estas podiam ser reconhecidas pelas descrições sem muito esforço, motivo pelo qual ainda assim haveria ofensa às respectivas personalidades. Esse julgamento foi severamente repreendido na imprensa, por se configurar como uma limitação à liberdade artística, que teria indiretamente importado em censura, vedada expressamente na lei fundamental em relação à liberdade de expressão, pois impedia que um artista se baseasse na realidade para criar.

Foi então que a editora apresentou recurso constitucional contra a proibição no BVerfG, o qual foi rejeitado por 5 votos a 3, em 13.06.2007.[62]

O que marcou o julgamento pelo tribunal constitucional e o tornou referência para todos os casos semelhantes foi o fato do tribunal constitucional ter ido adiante na interpretação até então conferida ao caso, aduzindo que é preciso examinar *o quanto da obra seria realidade e quanto dela ficção*, distinguindo entre a mensagem central da obra (*Aussagekern*) e sua apresentação/vestimenta (*Einkleidung*).

Entendeu o tribunal constitucional alemão que deve haver *presunção, favorável ao autor, de que a obra literária é ficção, não ofendendo, assim, personalidade alheia, a não ser que a obra tenha pretensão à realidade* (*biografia*). Na opinião do tribunal, o leitor, ao ler uma obra, está consciente de que o autor conta uma história fictícia, pois mesmo quando se inspira em fatos verdadeiros, sempre os modifica, de forma mais ou menos abrangente, *não tendo expectativa, portanto, de ser informado, mas, sim, entretido.*[63]

Assim, entenderam que, no caso da mãe, os aspectos ficcionais da obra eram claros e, portanto, ofensa ao direito de personalidade pela liberdade artística justificado. Já no caso da filha, essa presunção de ficção não se confirmava, motivo pelo qual teria havido violação ao núcleo essencial do direito de personalidade e à intimidade da atriz, já que o livro tinha descrições da vida sexual do casal.

No exame do caso, o *Bundesverfassungsgericht* estabeleceu a seguinte *fórmula*: quanto mais uma criação artística atingir uma dimensão protegida

---

62. BVerfGE 119, 1. Sobre o julgamento, veja-se: KRÄMER, Achim. Kunstfreiheit vs. Persönlichkeitsrecht – Der Fall "Esra". In: WELLER, Mathias; KEMLE, Nicolai; LYNEN, Peter Michael (org.). *Des Künstlers Rechte – die Kunst des Rechts*: Tagungsband des Ersten Heidelberger Kunstrechtstags am 8. September 2007. Baden-Baden: Nomos, 2008. p. 11-18; e KRÄMER, Achim. Kunstfreiheit versus Persönlichkeitsrecht: Nachlese zm Fall "Esra". In: WELLER, Matthias (org.). Kulturgüterschutz – Künstlerschutz Tagungsband des Zweiten Heidelberger Kunstrechtstags am 5. und 6. September 2008. Baden-Baden: Nomos, 2009. p. 165-169.

63. JAYME, Erik. Liberdade de arte no direito constitucional: repercussões no direito privado. In: GRUNDMANN, Stefan; MENDES, Gilmar [et alii]. *Direito privado, Constituição e Fronteiras*: encontros da associação luso-alemã de juristas no Brasil. São Paulo, RT, 2012, p. 145.

de direito de personalidade, como, por ex., intimidade, então maior deve ser a ficção, para excluir ofensa a direito de personalidade (*Je mehr eine künstlerische Darstellung besonders geschützte Dimensionen des Persönlichkeitsrechts [d.h. die Intimsphäre] berührt, desto stärker muss die Fiktionalisierung sein, um eine Persönlichkeitsrechtsverletzung auszuschließen*). Esse critério é conhecido juridicamente como "*Je-desto-Formel*" (pt. Fórmula quanto mais [atinge personalidade], maior [deve ser a ficção]).[64]

O resultado, singelamente expondo, é o seguinte: quanto mais uma obra se distancie da realidade, tanto mais será protegida pela Constituição. Se, todavia, for menor a ficção da obra, menor será a proteção pela liberdade artística do autor, diante do potencial ferimento de direito da personalidade de terceiro.

Esse entendimento foi bastante criticado, mesmo internamente pelo tribunal, tendo contado, como referido, com três votos divergentes (*Sondervoten*). Os críticos avaliaram o caso como enfraquecedor da liberdade artística, temendo pelo seu valor como precedente no futuro. Contudo, nele prevaleceu o entendimento de que a liberdade artística não pode ser invocada como justificativa em caso de ofensa à intimidade, ao livre desenvolvimento da personalidade ou à dignidade da pessoa humana – valores firmemente defendidos na Lei Fundamental de 1949,[65] elaborada no contexto *sui generis* após II Guerra, em que foram sistematicamente desconsiderados pelo Estado nazista.[66]

Sobre os fatos é interessante, ainda, referir ter corrido paralelamente ação civil para reparação de danos,[67] que foi julgada em Munique (*Landgericht München I*), no dia 13.02.2008, condenando o autor e a editora a indenizar *Ayşe Romey* (Esra) em € 50.000. A ação análoga proposta pela mãe foi, todavia, rejeitada. Houve muito ruído contra o julgamento, especialmente porque a obra é, como referido, considerada ficção, e não biográfica e não-ficção (*Sachbuch*). O tribunal recursal (*Oberlandesgericht München*) cassou a decisão de primeira instância que reconhecera o ilícito e determinara sua reparação em julho do mesmo ano, o que foi confirmado pelo BGH em novembro de 2009. Assim, a consequência é de que o livro permanece proibido, porém nenhuma indenização é devida.

---

64. Além dessa designação, usa-se o termo "*Verfremdungstheorie*", traduzível como "teoria do distanciamento".

65. JAYME, Erik. Liberdade de arte no direito constitucional: repercussões no direito privado. In: GRUNDMANN, Stefan; MENDES, Gilmar [et alii]. Direito privado, Constituição e Fronteiras: encontros da associação luso-alemã de juristas no Brasil. São Paulo: RT, 2012, p. 146.

66. A referência da eficácia do direito fundamental na ordem constitucional alemã no âmbito do direito à dignidade da pessoa humana e ao livre desenvolvimento da personalidade é o paragmático caso *Lüth* – BVerfG, 7, 198, 205.

67. BGH, 24.11.2009 – VI ZR 219/2008 (OLG München, 08.07.2008 – 18 U 2280/08; LG München, 13.02.2008 I – 9 O 7835/2006.)

O terceiro caso selecionado envolvendo literatura é o do livro "*Ende einer Nacht*", romance de *Olaf Kraemer* que conta a última noite de vida da atriz *Romy Schneider*, conhecida mundialmente por sua atuação no papel da *Kaiserin Elisabeth*, a *Sissi*, da Áustria, entre outras representações famosas. O autor da obra tomou diversas passagens da biografia da artista, voltadas ao passado, especialmente às lembranças de sua mãe, *Magda Schneider*, e da proximidade dela com *Hitler* e o regime nacional-socialista na Alemanha. Contra essas passagens insurgiu-se o marido da falecida *Magda*, que entendeu delas decorrer ofensa aos direitos de personalidade da ex-esposa.[68]

O tribunal de Frankfurt (*Landesgericht*) julgou totalmente procedente seu pedido para impedir a publicação da obra em 2008, com o que não se conformou, contudo, o autor do livro e demandado, que recorreu da decisão. No seu recurso ao tribunal superior de Hessen (*Oberlandesgericht Frankfurt*), foi acolhida, em 2009, a tese de prevalência da liberdade artística, com exceção de uma passagem, que referia a forma que *Magda* reagiu à chegada dos americanos a Berchtesgaden, em 1945, e que particularmente a aproximava de *Hitler*.[69] O tribunal compreendeu que a passagem oferecia visão distorcida da retratada, ofendendo, ainda que postumamente, sua personalidade, motivo pelo qual não poderia constar da obra.

O curioso é que o tribunal usou os critérios firmados no caso Esra (*Je-desto-Formel*), alcançando, todavia, resultado diametralmente oposto, liberando a obra, exceto por uma passagem. Esse julgamento revela, portanto, as óbvias dificuldades práticas impostas ao operador do direito, que deve examinar o substrato fático de cada caso minuciosamente.

"*Lebach*" é como é designado o primeiro caso enfrentado pelo tribunal constitucional alemão envolvendo a liberdade artística em relação a fatos reais apresentados em filme e é o considerado o paradigma de *liberdade de imprensa e de radiofusão* (*Rundfunkfreiheit*).

---

68. OLG Frankfrut, AfP 2009, p. 613.

69. Em tradução livre da autora, eis a passagem censurada: "Quando os americanos chegaram a Berchtesgaden em 1945, havia um santuário nazista de Magda enterrado a um metro de profundidade no jardim, repleto de bandeiras vermelhas, um exemplar de 'Mein Kampf' dedicado a ela por Hitler e fotos dela e do 'homem da montanha', que estavam junto ao altar divino."

Por traçar analogia entre os sentimentos elevados a Deus e ao "*Führer*", considerou o tribunal que restaria ferida a personalidade da falecida *Magda*, já que seu ânimo emocional e suas posses por ocasião do final da guerra não poderiam ser conhecidos pelo autor da obra literária.

No original: "Als die Amerikaner 1945 nach Berchtesgaden kamen, haben sie Magdas Nazischrein einen Meter tief im Garten vergraben, die viele schönen blutroten Fahnen, die Magda gewidmete Ausgabe von Mein Kampf, die Bilder von sich und dem Mann vom Berg, die neben dem Hergottswinkel standen." (OLG Frankfrut, AfP 2009, p. 613)

O caso, julgado em 1973,[70] diz respeito à exibição do filme documentário "*Soldatenmord von Lebach*" (pt. Assassinato dos soldados de Lebach), que narrou crime ocorrido em 1969, no qual 4 soldados morreram e 1 ficou seriamente ferido após incursão de criminosos a depósito de munições do 261.º Batalhão de paraquedistas do exército alemão. A intenção dos criminosos era subtrair o armamento para depois usar sua posse como meio de chantagem. Os dois principais criminosos foram julgados em 1970 e, como consequência das mortes dos soldados, foram condenados à prisão perpétua. Um terceiro, tido como cúmplice, foi condenado a 6 anos de prisão, pois não tinha tomado parte na ação, mas apenas auxiliado a obter a arma usada no ataque.

O caso relevante para o direito da arte não é o criminal, brevemente descrito, mas o que se configurou a seguir, pois em virtude dele até hoje nomes e rostos de presidiários não devem ser expostos na *imprensa alemã, que pode noticiar apenas os fatos, anonimamente*.

O canal de TV *ZDF* tinha preparado programa de televisão para ser transmitido em dois episódios em junho de 1972. No primeiro, seria exposto o crime de Lebach e os envolvidos, com seus nomes e imagens. No segundo, haveria reconstituição do ataque com atuação de atores.

Prestes a ter examinado seu pedido de liberdade condicional na ocasião, o cúmplice buscou proibir a transmissão por meio de liminar, por entender que a exibição lhe seria prejudicial. O pedido foi rejeitado pelo tribunal de Mainz, cuja decisão foi confirmada pelo *Oberlandesgericht Koblenz*, em outubro de 1972. Nesse contexto, o cúmplice apresentou queixa constitucional (*Verfassungsbeschwerde*), em que, precariamente, o *Bundesverfassungsgericht* obstou a transmissão, até que julgasse definitivamente a causa.

No julgamento do mérito, o tribunal constitucional reconheceu inicialmente a liberdade de programação e radiofusão, que incluiria a seleção do material, o modo de apresentação e a forma de transmissão. Salientou que, em confronto o interesse de informação da população sobre crimes graves e os direitos de privacidade do infrator, em geral a liberdade da radiodifusão predominaria. No entanto, o tribunal esclareceu que esse não era o caso do documentário controvertido, pois não servia aos interesses de *informação atualizada*, já que *o fato era passado*, e sua narração poderia comprometer a *reabilitação* do criminoso, prestes a ser colocado em liberdade.

De fato, entendeu o *Bundesverfassungsgericht* que o formato de filme/documentário, com imagens e sons, na amplitude proporcionada pela TV, associada a circunstância de que fatos reais foram trabalhados juntamente com ficção, para despertar fascinação (*faszinative Wirkung*) nos telespectadores, seria excessivamente prejudicial ao cúmplice, pois seria demasiadamente difícil para o

70. BVerfGE, 35, 202-245.

público de TV, mídia que, em geral, conta com grande credibilidade, diferenciar a arte e a realidade – o que configura o problema da percepção seletiva (*selektiven Wahrnehmung*), em que o telespectador forma inconscientemente sua opinião sobre o declarado, tendo-o como verdade – o que, no caso, conduziria à rejeição social do retratado.[71]

Por esse motivo, o tribunal constitucional alemão afirmou que o documentário seria mais uma ameaça para a reabilitação social do criminoso, e menos veículo de informação,[72] motivo pelo qual julgou a colisão de direitos fundamentais em favor da proteção da privacidade do cúmplice.

No contexto audiovidual, outro exemplo relevante é o do filme "*Rohtenburg*", lançado na Alemanha como "*real-horror*", narrando, com acréscimo de ficção, a história de um jovem (*Armin Meiwes*), profissional da computação, que conheceu em fórum da internet engenheiro (*Bernd Brandes*), o qual manifestou o desejo de ser morto e devorado por outro ser humano. Em 2001, num encontro agendado entre eles, o primeiro matou o segundo e congelou parte de sua carne. *Meiwes* filmou a maior parte de sua ação, inclusive o consumo posterior da carne humana do engenheiro morto.

No contexto do filme, que refere a sua inspiração no caso real, o acontecimento é examinado por uma jovem americana, que vive na Alemanha, estuda psicologia criminal e prepara trabalho de conclusão com o tema "o assassino canibal homossexual". Em seu texto, ela examina a vida dos principais envolvidos, sendo que parte substancial dos dados corresponde à vida real.

O indivíduo, conhecido na imprensa alemã como "Canibal de Rohtenburg" (*Kannibale von Rohtenburg*), que ainda aguardava o julgamento pelo fato, insurgiu-se contra essa representação da história, que reconheceu como sua, ainda que usados nomes e contexto diferentes, porque o retratava como "assassino monstruoso". Disse que nunca concordou que sua vida fosse retratada em filme, especialmente considerando o processo criminal em andamento.

Em primeira instância, seu pedido foi acolhido pelo tribunal de Frankfurt, que entendeu que o ferimento a sua personalidade seria mais expressivo do que o produto artístico do caso, porque *Meiwes* foi apresentado como assassino selvagem e o filme foi anunciado como Terror-*Real*, o que ensejaria um prejulgamento por parte da audiência e da mídia. Não obstante, foi interposto recurso pela produtora do filme e, no seu julgamento pelo BGH, em 2009, houve reforma da decisão anterior, liberando-se o filme para exibição.[73]

---

71. SIEGLE, Miriam. *Das Spannungsverhältnis von Kunstreiheit und Persönlichkeitsrecht...*, p. 99.

72. No Brasil, caso análogo e que obteve o mesmo resultado, com ênfase ao argumento no direito ao esquecimento é o REsp 1334097/RJ, rel. Min. Luis Felipe Salomão, Quarta Turma, julgado em 28.05.2013, *DJe* 10.09.2013.

73. BGH AfP 2009, 398; BVerfG ZUM-RD 2009, 574.

Na fundamentação, argumentou o BGH que *o próprio requerente tornou públicos todos os fatos e as circunstâncias* apresentados no filme, pois os descreveu em detalhes em uma entrevista, na qual manifestou, ainda, a sua intenção de publicar um livro e filmar sua visão dos fatos e circunstâncias – motivo pelo qual entendeu não haver interferência em núcleo essencial de sua personalidade. Ao contrário, explicitamente sustentou que o artigo 2, 1, GG não assegura um direito de ser mostrado ao público apenas como o indivíduo vê a si mesmo ou gostaria de ser visto por outros. Enfim, concluiu que a exibição do filme não traria *consequências adversas novas ou adicionais* para o requerente na sua reabilitação.[74]

Outro exemplo relevante para a compreensão da liberdade artística envolvendo obra audiovisual sobre fatos reais é o do caso "*Contergan – Eine einzige Tablette*" (pt. Contergan – um único comprimido), nome de uma série de dois episódios produzida pelo canal de TV alemão *WDR* em memória dos 50 anos da introdução da medicação Contergan (nome comercial da talidomida na Alemanha) no mercado alemão.

A obra fictícia conta a vida de jovem advogado, Paul Wegener, cuja esposa tomou apenas um comprimido da medicação e deu à luz a uma criança deformada, o que ensejou sua luta jurídica contra o fabricante Chemie Grünenthal GmbH. No curso da história e como consequência de sua luta contra o fabricante da medicação, ele teria rompido sua sociedade de advocacia e experimentado outras dificuldades pessoais, como a separação de sua esposa. Ao final, acaba atingindo seu objetivo, conseguindo indenização para as vítimas, que representou no acordo de compensação de danos.

Apesar de positivamente representado na obra, que revela a sua luta por justiça no caso, o advogado que representou de fato as vítimas, *Karl-Hermann Schulte-Hillen*, opôs-se à representação feita de si no filme, especialmente quanto à separação de sua esposa e à existência de sociedade de advogados. A sociedade farmacêutica, por sua vez, também se sentiu negativamente retratada em inúmeras passagens, opondo-se ao lançamento do filme.

O caso, portanto, conduz à reflexão sobre o que pode ser representado num filme: o que deve permanecer dos fatos reais e o que pode ser modificado.[75]

No julgamento de primeira instância pelo *Landesgericht Hamburg* muitas cenas do filme foram cortadas. O tribunal recursal, todavia, manteve essa decisão

---

74. Sobre o tema, veja-se, ainda: BVerfGE 99, 185, 194; NJW 2000 2189; NJW 2004 3619; e BVerfGE 35, 202, 234.

75. Sobre o caso, leia-se: RAUE, Peter. "Eine einzige Tablette" – Der Streit um den Conterganfilm. In: WELLER, Mathias; KEMLE, Nicolai; LYNEN, Peter Michael (org.). *Des Künstlers Rechte – die Kunst des Rechts*: Tagungsband des Ersten Heidelberger Kunstrechtstags am 8. September 2007. Baden-Baden: Nomos, 2008. p. 19-30.

apenas em relação a duas passagens,[76] referentes à indústria farmacêutica, e não ao advogado, pois entendeu que o filme era claramente *narração de acontecimentos reais, porém com personagens fictícios.*[77]

Os pedidos para decisão liminar que obstasse a transmissão dos episódios propostos pelos dois interessados perante o tribunal constitucional alemão foram rejeitados.[78]

A mesma compreensão teve o *Landgericht Köln* em 09.01.2009 no julgamento do caso "*Der Baader-Meinhof Komplex*",[79] que conta a trajetória desse notório grupo revolucionário, envolvido no assassinato de *Jürgen Ponto*, diretor do *Dresdener Bank*, em 1977. Nele, a viúva da vítima opunha-se à narração do trágico ocorrido com fins de entretenimento, sem observação fiel dos fatos. O tribunal, todavia, entendeu que não haveria ofensa ao direito de personalidade do falecido esposo da autora porque a cena da sua morte não representaria distorção de sua imagem de vida, da sua dignidade humana e nem degradação de sua pessoa. Tampouco verificaram ofensa ao direito de imagem da própria autora, pois sua imagem real não foi reproduzida e não haveria semelhança significativa entre ela e a atriz que a representava. Ainda, entenderam que não haveria imagem prejudicial, pois seria claro que o filme não teria por fim a pura representação da realidade, mas, sim, a apresentação dos fatos à audiência segundo a perspectiva do diretor do longa-metragem.

Fora das telas, no âmbito dos palcos, a peça de teatro "*Ehrensache*" é exemplo de conflito entre direitos de personalidade e liberdade artística. A obra refere-se a caso real, ocorrido em 2004, em que uma moça, de 14 anos de idade, foi morta com 30 facadas e sua amiga, de 13 anos de idade, severamente ferida, conhecido como "*Hagener Mädchenmord*" na imprensa alemã.

No caso real, assim como na peça, pouco antes do episódio criminoso, duas moças haviam conhecido dois jovens homens turcos, apenas alguns anos mais velhos. Então os quatro tinham combinado de passear juntos no dia seguinte, o que aconteceu. Foi no retorno desse passeio que pararam em estacionamento e brigaram a vítima, de 14 anos, e seu "namorado" (um dos rapazes que conhecera na véspera), que a matou com 30 facadas – segundo sua versão, em legítima defesa (*Notwehr*). Seu amigo incentivou-o a atacar a outra menina, de 13 anos, por ter testemunhado o ataque. Ela ficou seriamente ferida, e não morta, apenas porque o atacante julgou que já a havia matado, cessando a agressão. Logo depois

76. OLG Hamburg AfP 2007, 143.

77. Sobre caso, veja-se: JAYME, Erik. Liberdade de arte no direito constitucional: repercussões no direito privado. In: GRUNDMANN, Stefan; MENDES, Gilmar [et alii]. *Direito privado, Constituição e Fronteiras*: encontros da associação luso-alemã de juristas no Brasil. São Paulo, RT, 2012, p. 148.

78. BVerfG, 29.08.2007. – 1 BvR 1223/07 – Rn. (1-44).

79. Referente ao grupo também conhecido como *Rote Armee Fraktion* (abrev. *RAF*).

dos fatos, os dois foram presos e, ato contínuo, condenados. Entre a vítima de 14 anos de idade e seu agressor houve contato sexual na mesma noite da morte.

Esses fatos foram usados pelo autor teatral *Lutz Hübner* para a sua peça "*Ehrensache*" (pt. coisa de honra). A mãe da menina assassinada insurgiu-se contra a exibição da obra judicialmente, obstando sua apresentação em muitas cidades, porque a peça ofenderia seus direitos de personalidade.

O *Bundesverfassungsgericht*,[80] todavia, decidiu definitivamente a causa em favor da liberdade artística, entendendo que não houve violação à personalidade da vítima (artigo 1, 1, GG), porque não há na peça senão *inspiração nos fatos reais, sem narração detalhada da intimidade dela.* Entendeu, ainda, não haver ofensa ao princípio de especial proteção a menor, porque esse se alicerça na premissa de livre desenvolvimento da personalidade (art. 2 GG), a qual, porém, não se aplica mais ao caso, porque a menor está morta e a autora da ação é sua mãe. Assim, prevaleceu, neste caso, também, a liberdade artística.

Expostos esses casos paradigmáticos dos tribunais alemães, cumpre realizar contraponto dos entendimentos adotados neles com a percepção de liberdade artística que prevaleceu no Supremo Tribunal Federal brasileiro.

1.2 Contraponto com a percepção de liberdade artística no direito brasileiro

Inicialmente, deve-se destacar que casos envolvendo obras de arte que narram *fatos reais* são demasiado complexos, diante da fascinação que essas histórias exercem sobre o público, que se sente atraído por elas. Justamente por isso são casos centrais para compreensão da amplitude da liberdade artística.

Trata-se, porém, de obras em que são apresentadas *"meias-verdades"*, sendo permanente o risco do público não saber distinguir fatos verdadeiros da ficção. Os tribunais alemães, em regra, consideram que a audiência sabe discerni-los, o que não assumem, todavia, ser sempre possível, avaliando cada situação.

Isso ocorre porque a proteção da dignidade da pessoa humana – da qual derivam os direitos de personalidade e, assim, o direito à privacidade, de que é modalidade –, é dever do Estado.

A fórmula "*Je-desto*" estabelecida no caso "*Esra*" torna os critérios dessa avaliação pelo Judiciário mais objetivos, assegurando a liberdade criativa, se maior a ficção, e protegendo a personalidade de terceiro, se a obra se aproximar mais da realidade.

Miriam Siegle, em tese doutoral, propõe outra forma de solucionar os conflitos entre direito de personalidade e liberdade artística no direito alemão, para além dessa fórmula, fixada no caso "*Esra*". Ela expõe o modelo de três

---

80. BVerfG, 19.12.2007 – 1 BvR 1533/07 – Rn. (1-18).

perspectivas para a distinção da realidade e da ficção: pragmática, semântica e a relacionada à apresentação,[81] invocando, ainda, os parágrafos 22 e 23 da Lei sobre direito autoral sobre obras de arte visuais e de fotografia (*Gesetz betreffend das Urheberrecht an Werken der bildenden Künste und der Photographie,* sigla*: KUK*), que preveem a hipótese de uso da imagem por terceiro, fazendo-o, todavia, a partir de uma nova interpretação de retrato (*Bildnis*),[82] para além de uma compreensão restrita de imagem. Segundo a autora, a perspectiva pragmática decorre de que a própria obra se apresenta como ficção, não-ficção ou forma mista, o que orienta as expectativas do leitor. No âmbito da perspectiva semântica, observa-se o conteúdo da obra, para avaliar se se aproxima da realidade ou não. Já na perspectiva relacionada à apresentação o objeto de exame é o quanto do conteúdo da obra reflete *real-life* sob a perspectiva do destinatário, isto é, se é possível a terceiro distinguir elementos materiais da realidade, de elementos de experiência (que perfazem emoções) e elementos do espírito.

Os referidos dispositivos da KUK preceituam, em tradução livre da autora, destacado trechos de maior relevância:

> "§ 22
>
> Imagens podem ser divulgadas ou postas em exposição pública *somente com o consentimento* da pessoa retratada.
>
> Em dúvida, presume-se haver o consentimento, caso recebida remuneração.
>
> Após a morte da pessoa retratada, é necessário o consentimento dos familiares da pessoa retratada, por até 10 anos desde o falecimento. Familiares para fins desta lei são o cônjuge sobrevivente ou companheiro, e os filhos do retratado e, na falta deles, os pais da pessoa retratada.
>
> § 23
>
> (*1*) *Sem o consentimento previsto nos termos do § 22, podem ser distribuídas ou postas em exposição*:
>
> 1. as imagens da história contemporânea;
>
> 2. as imagens em que as pessoas aparecem apenas como um acessório, no contexto de uma paisagem ou de outra localidade;
>
> 3. Fotos de reuniões, atividades/peça (*Aufzug*) e operações semelhantes, em que as pessoas representadas participaram;
>
> 4. retratos que não preparados sob pedido, desde que a distribuição ou exibição sirvam ao maior interesse de arte.

---

81. SIEGLE, Miriam. *Das Spannungsverhältnis von Kunstreiheit und Persönlichkeitsrecht...* p. 149 e seguintes.

82. A compreensão geral de *Bild* (imagem) não se limita a retrato, fotografia ou vídeo, mas qualquer reprodução reconhecível de uma pessoa, incluindo os desenhos, caricaturas, fotomontagens, desenhos, até mesmo o aparecimento de um sósia.

(2) Esse poder não se estende a distribuição e exibição de imagem se violado interesse legítimo do retratado, ou se falecido, de sua família." [83]

Como se lê, para uso da imagem de terceiro, o direito alemão exige consentimento prévio do retratado – sem prejuízo das disposições que protegem o autor das imagens. Por exceção, dispensa o consentimento do retratado, nas hipóteses de: distribuição ou exposição de imagens da história contemporânea; imagens em que as pessoas aparecem apenas como um acessório, no contexto de uma paisagem ou de outra localidade; imagens de eventos dos quais as pessoas representadas participaram; retratos que não preparados sob pedido, desde que a distribuição ou exibição sirvam ao maior interesse de arte – salvo hipótese de violação de interesse legítimo do retratado, ou se falecido, de sua família.

Para a referência a nome e dados da vida de terceiro não há norma expressa de mesma clareza. Porém, poder-se-ia considerar os mesmos critérios, por meio de construção jurisprudencial. É o que sugere *Siegle*, isto é, que a interpretação do termo "imagem" (*Bildnis*) inclua "imagem de vida" (*Lebensbild*) e "imagem do caráter" (*Charakterbild*) da pessoa que está sendo retratada numa obra. Se o indivíduo puder ser reconhecido por esses elementos (descrição de idade, aparência, domicílio, ocupação etc.), então sua imagem estaria sendo utilizada – o que só se poderia admitir, sem seu consentimento, nas hipóteses acima referidas, dos parágrafos 22 e 23 KUK, especialmente se a narração de fatos reais ofender sua intimidade ou privacidade, ou se narrar fatos ofensivos inverídicos.

Mesmo que com outros critérios, importa destacar que em cada dos casos paradigmáticos da jurisprudência alemã expostos houve exame pelo tribunal

---

83. No original: "§ 22

Bildnisse dürfen nur mit Einwilligung des Abgebildeten verbreitet oder öffentlich zur Schau gestellt werden. Die Einwilligung gilt im Zweifel als erteilt, wenn der Abgebildete dafür, daß er sich abbilden ließ, eine Entlohnung erhielt. Nach dem Tode des Abgebildeten bedarf es bis zum Ablaufe von 10 Jahren der Einwilligung der Angehörigen des Abgebildeten. Angehörige im Sinne dieses Gesetzes sind der überlebende Ehegatte oder Lebenspartner und die Kinder des Abgebildeten und, wenn weder ein Ehegatte oder Lebenspartner noch Kinder vorhanden sind, die Eltern des Abgebildeten."

"§ 23

(1) Ohne die nach § 22 erforderliche Einwilligung dürfen verbreitet und zur Schau gestellt werden:

1. Bildnisse aus dem Bereiche der Zeitgeschichte;

2. Bilder, auf denen die Personen nur als Beiwerk neben einer Landschaft oder sonstigen Örtlichkeit erscheinen;

3. Bilder von Versammlungen, Aufzügen und ähnlichen Vorgängen, an denen die dargestellten Personen teilgenommen haben;

4. Bildnisse, die nicht auf Bestellung angefertigt sind, sofern die Verbreitung oder Schaustellung einem höheren Interesse der Kunst dient.

(2) Die Befugnis erstreckt sich jedoch nicht auf eine Verbreitung und Schaustellung, durch die ein berechtigtes Interesse des Abgebildeten oder, falls dieser verstorben ist, seiner Angehörigen verletzt wird."

competente do qual resultaram julgamentos de teor variável, conforme o substrato fático apresentado, isto é, *a depender do conteúdo abordado e da forma da abordagem do criador* da obra de arte.

Analogamente à norma alemã relativa ao uso de imagem, os artigos 20 e 21 do Código Civil brasileiro[84] preveem, entre outros, a hipótese de autorização para utilização da imagem de terceiro, prescrevendo ser inviolável a vida privada. Os dispositivos foram, porém, como referido anteriormente, objeto de julgamento de ADIn pelo STF[85] em que, sob o argumento de observância da liberdade de

---

84. "Art. 20. Salvo se autorizadas, ou se necessárias à administração da justiça ou à manutenção da ordem pública, *a divulgação de escritos, a transmissão da palavra, ou a publicação, a exposição ou a utilização da imagem de uma pessoa poderão ser proibidas, a seu requerimento* e *sem prejuízo da indenização que couber,* se lhe atingirem a honra, a boa fama ou a respeitabilidade, ou se se destinarem a fins comerciais.

Parágrafo único. Em se tratando de morto ou de ausente, são partes legítimas para requerer essa proteção o cônjuge, os ascendentes ou os descendentes."

"Art. 21. A *vida privada da pessoa natural é inviolável,* e o juiz, a requerimento do interessado, adotará as *providências necessárias para impedir ou fazer cessar ato contrário a esta norma.*"

85. O julgado restou assim ementado, destacadas as passagens relevantes:

Ação direta de inconstitucionalidade. Arts. 20 e 21 da Lei n. 10.406/2002 (Código Civil). Preliminar de ilegitimidade ativa rejeitada. Requisitos legais observados. Mérito: aparente conflito entre princípios constitucionais: liberdade de expressão, de informação, artística e cultural, independente de censura ou autorização prévia (art. 5.º incs. IV, IX, XIV; 220, §§ 1.º e 2.º) e inviolabilidade da intimidade, vida privada, honra e imagem das pessoas (art. 5.º, inc. X). Adoção de critério da ponderação para interpretação de princípio constitucional. Proibição de censura (estatal ou particular). Garantia constitucional de indenização e de direito de resposta. Ação direta julgada procedente para dar interpretação conforme à Constituição aos arts. 20 e 21 do código civil, sem redução de texto. 1. A Associação Nacional dos Editores de Livros – Anel congrega a classe dos editores, considerados, para fins estatutários, a pessoa natural ou jurídica à qual se atribui o direito de reprodução de obra literária, artística ou científica, podendo publicá-la e divulgá-la. A correlação entre o conteúdo da norma impugnada e os objetivos da Autora preenche o requisito de pertinência temática e a presença de seus associados em nove Estados da Federação comprova sua representação nacional, nos termos da jurisprudência deste Supremo Tribunal. Preliminar de ilegitimidade ativa rejeitada. 2. O objeto da presente ação restringe-se à interpretação dos arts. 20 e 21 do Código Civil relativas à divulgação de escritos, à transmissão da palavra, à produção, publicação, exposição ou utilização da imagem de pessoa biografada. 3. A Constituição do Brasil proíbe qualquer censura. *O exercício do direito à liberdade de expressão não pode ser cerceado pelo Estado ou por particular.* 4. O direito de informação, constitucionalmente garantido, contém a liberdade de informar, de se informar e de ser informado. O primeiro refere-se à formação da opinião pública, considerado cada qual dos cidadãos que pode receber livremente dados sobre assuntos de interesse da coletividade e sobre as pessoas cujas ações, público-estatais ou público-sociais, interferem em sua esfera do acervo do direito de saber, de aprender sobre temas relacionados a suas legítimas cogitações. 5. Biografia é história. A vida não se desenvolve apenas a partir da soleira da porta de casa. 6. *Autorização prévia para biografia constitui censura prévia particular.* O recolhimento de obras é censura judicial, a substituir a administrativa. O risco é próprio do viver. Erros corrigem-se segundo o direito, não se coartando liberdades conquistadas. A reparação de danos e o direito de resposta devem ser exercidos nos termos da lei. 7. A liberdade é constitucionalmente garantida, *não*

informação e de expressão, foi declarada "*inexigível autorização de pessoa biografada* relativamente a obras biográficas literárias ou audiovisuais, sendo também desnecessária autorização de pessoas retratadas como coadjuvantes". Entendeu-se o consentimento do próprio biografado como censura, concluindo que eventual dano haveria de ser reparado por indenização e direito de resposta.

Ora, censura é a atividade do censor, baseada em critérios morais ou políticos, não se confundindo com o direito do indivíduo de dispor de elementos de sua *própria personalidade* e que é inerente a sua condição humana.

O julgado do paradigma brasileiro apresenta falhas argumentativas, ignoradas pela circunstância de ser o Pleno do STF seu autor, sendo notória a predileção dos juristas brasileiros pelos argumentos de autoridade.[86]

As liberdades de expressão, de informação e artística têm significados e amplitudes diversas. A primeira assegura a livre manifestação do próprio pensamento e de exposição de opinião; a segunda, garante não apenas o direito de informar, mas de ser informado – estando diretamente relacionada à veiculação de *fatos contemporâneos relevantes* à sociedade; a terceira, por sua vez, diz respeito à participação em processo de criação artística.

O direito de escrever biografia situa-se no âmbito dessas três liberdades, porque o autor narra a vida alheia sob sua perspectiva, com pretensão à verdade, fazendo uso de vestimenta artística. Ocorre que nem sempre os dados e fatos

se podendo anular por outra norma constitucional (inc. IV do art. 60), menos ainda por norma de hierarquia inferior (lei civil), ainda que sob o argumento de se estar a resguardar e proteger outro direito constitucionalmente assegurado, qual seja, o da inviolabilidade do direito à intimidade, à privacidade, à honra e à imagem. 8. Para a coexistência das normas constitucionais dos incs. IV, IX e X do art. 5.º, há de se acolher o balanceamento de direitos, conjugando-se o direito às liberdades com a inviolabilidade da intimidade, da privacidade, da honra e da imagem da pessoa biografada e daqueles que pretendem elaborar as biografias. 9. Ação direta julgada procedente para dar interpretação conforme à Constituição aos arts. 20 e 21 do Código Civil, sem redução de texto, para, em consonância com os direitos fundamentais à liberdade de pensamento e de sua expressão, de criação artística, produção científica, *declarar inexigível autorização de pessoa biografada relativamente a obras biográficas literárias ou audiovisuais, sendo também desnecessária autorização de pessoas retratadas como coadjuvantes* (ou de seus familiares, em caso de pessoas falecidas ou ausentes). (ADIn 4815, relatora Min. Cármen Lúcia, Tribunal Pleno, julgado em 10.06.2015, Processo Eletrônico *DJe*-018, divulg. 29.01.2016, public. 01.02.2016).

86. Veja-se: SCHMIDT, Jan. *Zivilrechtskodifikation in Brasilien*: Strukturfragen und Regelungsprobleme in historisch-vergleichender Perspektive. Tübingen: Mohr Siebeck, 2009, p. 8-12, em que o autor expõe a desvinculação das decisões judiciais no Brasil dos preceitos legais aplicáveis.

Ainda a examinar de forma precisa as diferenças na aplicação das normas pelo jurista alemão e brasileiro, leia-se: HERZOG, Benjamin. A interpretação e a aplicação do direito na Alemanha e no Brasil: uma análise do ponto de vista da teoria de direito comparado funcional, da teoria de direito comparado pós-moderno e da teoria do legal transplantes. In: *Direito privado, constituição e fronteiras*: encontros da associação luso-alemã de juristas no Brasil. São Paulo: RT, 2014.

narrados são verdadeiros ou de interesse da sociedade, podendo a obra servir unicamente à exposição pública da privacidade ou da intimidade do biografado, para o fim de obter recursos. É justamente por isso que o consentimento prévio do biografado é necessário e, quando denegado, deve haver apreciação de seus motivos por julgador investido do poder de dizer o direito.

A liberdade de expressão tem (ou deveria ter, em Estado de Direito) limite, sendo este justamente eventual conflito com outro direito de igual estatura constitucional, e incumbe ao Estado-Juiz, Poder Judiciário, apreciar eventual conflito *concreto, já que o constituinte não o fez, tratando-se de limite imanente.* Não se trata de censura, mas de proteção de direito da personalidade (à privacidade, à imagem ou à intimidade, por exemplo) ou mesmo da dignidade do ser humano, de igual valor constitucional no Brasil que a própria liberdade de expressão ou artística, de que também decorre, assim como a liberdade de informação – cuja invocação no âmbito das biografias é duvidosa, já que essa liberdade se associa a fatos correntes e relevantes, o que não necessariamente uma biografia é, já que se volta à narração do passado.

Em *abstrato*, como decidido pelo STF, não se poderia fazer juízo favorável à liberdade artística ou de expressão, em detrimento de direito de personalidade. Como se vê dos casos paradigmáticos da jurisprudência alemã, não é qualquer coisa que pode se dizer de qualquer um, resolvendo-se tudo em indenizações – ou mesmo admitindo-se resposta posterior. Ao contrário: é parte do processo civilizatório *respeitar o outro*, sendo muitos casos eventual indenização em dinheiro insignificante em face dos danos que se podem configurar.

Se por um lado a liberdade de pensamento é totalmente livre, por outro lado existe um limite imanente do direito à liberdade de expressão e à liberdade artística, que são os outros direitos fundamentais de igual estatura, como o direito à personalidade ao nome e à imagem e o direito à privacidade, por exemplo. Na ordem constitucional brasileira não se estabeleceu hierarquia *in abstrato* de direitos fundamentais, incumbindo ao Poder Judiciário julgar lesão ou ameaça de lesão *in concreto* a esses direitos, atribuição da qual não se pode esquivar sob pena de negar a própria causa de sua existência.

Nessas condições, seja mediante emprego da fórmula "*Je-desto*", seja por meio dos critérios de *Siegle* ou outros, decorrentes da lei, doutrina ou jurisprudência brasileiros, os casos envolvendo ofensa a direito da personalidade em virtude da liberdade artística ou, *mutatis mutandis,* liberdade de expressão ou imprensa, deveriam ser examinados *in concreto* pelos tribunais nacionais se denegada a autorização para publicação pelo biografado, admitindo-se, sim, eventualmente, a proibição de tornar público de obra que ofenda direito da personalidade de forma intolerável.

Exposta a amplitude da liberdade artística no direito alemão e contraposta à compreensão do direito brasileiro em paradigma do STF, cumpre examinar o conceito de obra de arte e as normas atinentes à proteção do direito autoral, que é, como referido, o outro aspecto de maior relevância para o direito da arte.

2. Análise do substrato conceitual alemão e relação com o direito brasileiro

2.1 Obra de arte

Sobre a arte como conceito jurídico emergem três teorias no direito alemão: (i) a do conceito formal de arte, obtido a partir da lei de direitos autorais (*Urheberschutzgesetz*), segundo o qual arte é a realização criativa livre (*Kunst ist freie schöpferische Gestaltung*); (ii) a da compreensão de que arte é o produto da atividade do artista, portanto, arte seria definida pela sua atividade (*Kunst ist, was Künstler hervorbringen*);[87] e (iii) a Teoria dos Sinais ou Indícios (*Zeichentheorie*), segundo a qual arte tem muitos significados, obtidos mediante processo interpretativo.

Essa terceira teoria foi formulada a partir do julgamento pelo Tribunal Constitucional alemão do caso "*Anachronistischer Zug*". Nele, o tribunal consignou expressamente que *o conceito de arte não pode ser uno*, tendo em vista que uma característica particular da arte é precisamente a sua diversidade e a constante ampliação de seus limites. Constou do julgado, ainda, que a impossibilidade de definir a arte genericamente não o isenta da obrigação constitucional de proteger a liberdade nos domínios da arte, decidindo concretamente sobre a extensão do art. 5, 3, GG. Portanto, no caso em que se avaliava se um teatro de rua com conotação política estaria protegido pela liberdade artística, concluiu o tribunal que a interpretação e classificação de uma obra de arte como uma infração penal deveria se basear numa avaliação global do trabalho.[88]

A definição de *obra de arte* no contexto de *direito autoral* alemão é de criação intelectual (*persönliche geistige Schöpfungen*), que deve alcançar um *determinado grau de "criação" e originalidade* (*gewisse Schöpfungs-, Gestaltungs- bzw. Werkhöhe*). Esse conceito oferece uma limitação na lei alemã à incidência da proteção de direitos autorais, pois só os trabalhos *originais*, e *de valor criativo*, podem qualificar-se como propriedade intelectual protegida por direito autoral. É indiferente se se trata de tela à óleo, papéis recortados em

---

87. Menos graciosa é a referência de *Kurt Schwitters*, "artista degenerado", precursor do dadaísmo, que dizia que "tudo que o artista cospe, é arte" ("*alles, was der Künstler spuckt, Kunst ist*"). In: SCHACK, Haimo. *Kunst und Recht*: Bildende Kunst... p. 6.

88. Leia-se da fundamentação: "*Der Lebensbereich 'Kunst' ist durch die vom Wesen der Kunst geprägten, ihr allein eigenen Strukturmerkmale zu bestimmen. Wie weit danach die Kunstfreiheitsgarantie der Verfassung reicht und was sie im einzelnen bedeutet, läßt sich nicht durch einen für alle Äußerungsformen künstlerischer Betätigung und für alle Kunstgattungen gleichermaßen gültigen allgemeinen Begriff umschreiben*". (BVerfGE, 67, 213)

silhuetas (*Scherenschnitt*), jardins[89] ou tiras de quadrinhos ou tatuagens, desde que obra alcance o grau de criação (inovação e originalidade) necessário.

As cartas missivas escritas por *Wagner* e por *Nietzsche*,[90] assim como diário de *Cosima Wagner* propõem importante reflexão sobre a amplitude do conceito de arte, porque nos casos em que apreciada a natureza dessas obras examinou-se o elemento "determinado grau de inovação e originalidade" (*gewisse Schöpfungs-, Gestaltungs- bzw. Werkhöhe*). Outrossim, proporcionam introdução na temática das recordações de família ou bens de memória (it. *beni di memoria* ou *carti di famiglia*; fr. *souvenir de famille*; dt. *Familienpapiere, Familienbilder* – § 2.047 e 2.373 BGB; em Portugal, *"recordações de família"* – art. 2.125.º Código Civil português), assim entendidos como, que não podem ser alienados sem consentimento de outros familiares.[91]

Segundo o Tribunal do Império alemão, as *cartas de Wagner*, por conterem informações simples do cotidiano, não teriam "valor artístico", sendo insuscetíveis, portanto, de proteção pelo direito autoral. Faltavam-lhes, para tanto, o requisito da ser "criação original espiritual" (*originale geistige Schöpfungen*).[92] Por outro lado, as *cartas de Nietzsche*, o teriam, dadas as características de redação e conteúdo, sendo suscetíveis de proteção pelo direito do autor.[93]

---

89. Sobre jardins e parques como obras de arte, veja-se: OLG Düsseldorf, 14.03.1989, *GRUR*, 1990. Ainda: JAYME, Erik. Rechtsschutz ikonographischer Programme am Beispiel romantischer Gärten. In: REICHELT, Gerte (org.). *Historische Gärten* – Schutz und Pflege als Rechtsfrage, Wien: 2000, p. 71-85.

SCHAEFER, Martin. *Die urheberrechtliche Schutzfähigkeit von Werken der Gartengestaltung*: zugleich ein Beitrag zu Fragen des Urheberrechtsschutzes von Raumgestaltungen. Baden-Baden: Nomos, 1992.

90. Para exemplos do conteúdo das cartas e considerações sobre a proteção do direito de personalidade, veja-se: JAYME, Erik. Künstlerbriefe: Persönlichkeitsschutz und internationales Privatrecht. In: *Wiener Vorträge*: Internationales Privat- und Verfahrensrecht, Rechtsvergleichung, Kunst- und Kulturrecht. Wien: Manzsche, 2001. p. 187-204.

91. Na mesma temática, *Jayme* examina o caso *Orléans* (*Le cas de la Maison d' Orléans: Cour d'appel de Paris*, 02.07.1993, JCP 1994 II 22191), em que bens dessa família não puderam ser alienados pelos seus proprietários, por se constituírem em lembranças familiares. Veja-se: JAYME, Erik. Kunstrecht und Erinnerungskultur: Der Fall "Orléans", *Kunst & Recht – Bulletin,* Wien 2010, p. 15-17.

Sobre a proteção de lembranças privadas e de memórias da coletividade e, nesse contexto, proteção da propriedade intelectual na hipótese de sucessão (art. L 121-1 do *Code de la propriété intellectuelle,* livro 1- *Le Droit d'Auteur*), leia-se, ainda, JAYME, Erik. Rechtliche Verfestigungen der Erinnerungskultur. In: *UFITA* 2008/II, 313-336.

92. RG, 28.02.1898 e RGZ 41, 43. Sobre o caso, veja-se: JAYME, Erik. Richard Wagner: I beni di memoria ed altre questioni giuridiche con particolare riguardo ai conflitti di leggi. In: Bernardo Cortese (org.), *Studi in onore di Laura Picchio Forlati*, Torino, 2014, p. 425 e seguintes; e JAYME, Erik. Rechtliche Verfestigungen der Erinnerungkultur: Stiftung und andere Rechtsinstitute – Richard Wagner und Bayreuth. In: NIETSCH, Michael; WELLER, Mathias; KIESEL, Markus (org.). *Kulturstiftungen*: Gründung, Führung, Kontrolle. Schriften der EBS Law School. Baden-Baden: Nomos, 2013.

93. RG, 07.11.1908, RGZ 69, 401.

Já o *diário de Cosima Wagner*, filha de *Liszt* e companheira de *Wagner*, escrito entre 1869-1883, contendo em detalhes a vida com o compositor, foi reconhecido como obra literária,[94] diante de ter sido reconhecido como "criação original de seu espírito".

Além da análise do valor criativo da obra, o caso do diário de *Cosima Wagner* é também interessante pela controvérsia de natureza sucessória e de direito internacional privado nele examinada. *Cosima* fora antes casada com *Hans von Bülow*, famoso maestro, pianista e compositor alemão, com quem tivera as filhas *Daniela* e *Blandine*, tendo-se divorciado dele antes de casar-se com *Wagner*, com quem teve, ainda, *Isolde, Eva* e *Siegfried*. *Cosima* deixara os diários controvertidos para *Eva*, em doação, no ano de 1911, a qual, por sua vez, nomeou a cidade de Bayreuth como herdeira universal, com a condição de que os diários de sua mãe somente poderiam ser publicados 30 anos após sua morte. *Winifred*, esposa de *Siegfried*, filho do casal e gestor de seu patrimônio, discordou dessa disposição, alegando ser ela, na falta do marido, a sucessora dos bens de *Wagner*, dentre os quais estaria o diário de *Cosima*, em virtude do regime de bens do casal. Para solucionar a causa era indispensável, portanto, examinar o regime de bens do casal – ressaltando-se que nesse lapso temporal foi unificada a Alemanha e positivado o BGB. *Wagner* tinha cidadania da Saxônia, ao tempo do casamento, enquanto *Cosima*, da Prússia, em virtude do casamento anterior, tendo o casal fixado residência em Luzern, na Suíça. Falecida *Cosima* já na vigência do BGB, segundo as regras de transição aplicáveis, aplicar-se-ia a lei vigente antes da codificação, que seria a do noivo e, portanto, da Saxônia, a qual, por sua vez, remetia a lei do domicilio do casal. A lei de Luzern admitia os diários como propriedade pessoal de *Cosima* que poderia, portanto, ter transmitido para a filha *Eva*, porque não estaria incluído no patrimônio do casal, administrado por *Siegfried* e esposa *Winifred*.[95]

A obra, portanto, passou a ser patrimônio de Bayreuth, cidade que recebe anualmente o *Wagner Festispiele* desde 1876.[96]

Ainda sobre a arte literária, tópico que mais particularmente interessa ao jurista brasileiro, já que o texto é sua modalidade mais comum de expressão, a lei alemã, assim como a brasileira, tem os textos oficiais da administração pública como de domínio público, motivo pelo qual os textos de julgamentos não são protegidos pelo direito autoral.[97]

---

94. Veja-se: BGH, 26.11.1954, BGHZ 15, 24.

95. JAYME, Erik. Richard Wagner: I beni di memoria ed altre questioni giuridiche..., p. 430.

96. O festival, idealizado pelo próprio *Wagner*, foi concebido para executar suas obras, sendo programa concorrido na temporada cultural de verão alemã. Costuma oferecer cerca de 60 mil lugares; contudo é procurado por cerca de 500 mil pessoas, o que conduz à uma espera de anos para a obtenção de tickets.

97. Artigo 8.º, IV, LDA; parágrafo 5 da UrhG.

Os escritos dos advogados (*Anwaltschriftsatz*), todavia, são suscetíveis, em princípio, de proteção pelos direitos autorais, mas é preciso que apresentem particularidades criativas e valor artístico (*Gestaltugshöhe*),[98] especialmente porque não há proteção autoral das informações legais e científicas constantes da peça processual.

Pareceres jurídicos que tenham sido apresentados em processos judiciais, assim como trabalhos jurídicos acadêmicos (*juristische Hausarbeit*)[99] são, em princípio, livres, assim se considerando os primeiros também por expressa disposição da lei processual alemã[100] – essa sem correspondência na codificação processual civil brasileira. Uma exceção reconhecida na jurisprudência para a publicação de trabalhos jurídicos deu-se na Alemanha no caso do exame "*Erdbeerpflücken in Dossenheim*" (literalmente "colheita de morangos em *Dossenheim*"). Nele, o professor universitário que concebeu o caso para ser resolvido pelos acadêmicos e corrigiu os trabalhos apresentados fez comentários e anotações às margens do texto, que, depois, viu publicados com a sua assinatura em obras preparatórias para provas, sem sua autorização, ensejando o ajuizamento da ação judicial. Entendeu o tribunal que a concepção do caso, assim como as anotações e avaliação total do texto constituíam uma criação autoral, suscetível de proteção nos termos do § 2, 1, da UrhG.

No Brasil, em que não existe dispositivo legal semelhante, poder-se-ia entender pela proteção autoral na hipótese desses textos alcançarem um grau criativo elevado, o que teria de ser avaliado individualmente.

---

98. Veja-se o julgamento BGH 17.04.1986, em que foi examinada a natureza autoral de trabalho de advogado.

99. Sobre o julgamento, leia-se: LG Köln, 19.05.1993, *NJW-RR* 1993, 1517.

100. A modernização da legislação processual civil alemã em 2004 introduziu o parágrafo 411a, segundo o qual é possível a utilização de um parecer apresentado num processo judicial para outro feito. No original, preceitua o dispositivo: "§ 411a Verwertung von Sachverständigengutachten aus anderen Verfahren: Die schriftliche Begutachtung kann durch die Verwertung eines gerichtlich oder staatsanwaltschaftlich eingeholten Sachverständigengutachtens aus einem anderen Verfahren ersetzt werden."

No caso de pareceres envolvendo aplicabilidade direito estrangeiro, defende *Jayme* a inconstitucionalidade do novo dispositivo, por não observar os direitos autorais, que são assegurados na Lei Fundamental alemã, no artigo 14. Além disso, segundo *Jayme*, a interpretação sistemática da lei processual fica comprometida pelo novo dispositivo, pois o parágrafo 293 prevê a apresentação desse tipo de parecer em cada feito, o que só se poderia dispensar em casos que fossem absolutamente idênticos. Leia-se o original: "§ 293 Fremdes Recht; Gewohnheitsrecht; Statuten – Das in einem anderen Staat geltende Recht, die Gewohnheitsrechte und Statuten bedürfen des Beweises nur insofern, als sie dem Gericht unbekannt sind. Bei Ermittlung dieser Rechtsnormen ist das Gericht auf die von den Parteien beigebrachten Nachweise nicht beschränkt; es ist befugt, auch andere Erkenntnisquellen zu benutzen und zum Zwecke einer solchen Benutzung das Erforderliche anzuordnen." In: JAYME, Erik. Verwertung eines gerichtlich eingeholten Sachverständigengutachtens zum ausländischen Recht in einem anderen Verfahren – Zur Verfassungswidrigkeit des § 411a ZPO, in: *Iprax* 2006, 587.

Já a segunda teoria destaca que o direito autoral não protege precipuamente a liberdade de atividade do artista, mas sim, seus *direitos pessoais e patrimoniais sobre uma obra determinada – isto é o resultado* de sua criatividade. Daí porque poder-se-ia inferir um conceito de arte a partir do exercício do labor de artista, concluindo ser ela "*produto do trabalho do artista*", no sentido de que, "*caso ele a considere obra arte, então é arte*".

Porém, definir (declarar) arte não pode monopólio de artista, pois toda a arte pertence a toda humanidade. Por isso, a intenção do artista em reconhecer sua obra como arte é apenas um indício de que a obra se constitui em arte. Pelo mesmo motivo a definição de arte não pode incumbir a terceiro (expert ou magistrado), pois não existe padrão único e estanque.[101] Ao contrário, a apreciação de uma obra, e avaliação dela enquanto arte, é subjetiva.

Nesse contexto, portanto, a definição de arte tampouco pode ser una, devendo sua verificação decorrer da presença de uma série de sinais (*Zeichentheorie*).

No direito alemão, a jurisprudência tem buscado conceituar obra de arte como uma criação do espírito humano com valor estético ("*eine persönliche gestige Schöpfung, deren ästhetischer Gehalt einen solchen Grad erreicht hat, dass nach den im Leben herrschenden Anschauungen noch von Kunst gesprochen werden kann, und zwar ohne Rücksicht auf den höheren oder geringeren Wert*"),[102] o que é fortemente criticado por *Schack*, porque a exigência de aspecto estético é ultrapassada, já que arte não se resume a retratar a natureza (real ou imaginária), sendo, sim, expressão abstrata de uma personalidade criativa (segundo o expressionista alemão *Franz Marc,* que o autor refere, "arte é a ponte entre a natureza e espírito do mundo").[103] A mesma busca pelo valor estético se verifica, todavia, na literatura brasileira.[104]

Contudo, um critério que deve ser descartado na definição de arte é o estético, pois a arte não precisa ser "bonita" (*fine arts; schönen Künsten*), como então considerado no início do século XX, em que se entendia ter a arte um propósito superior, como um tributo a Deus ou Estado, por exemplo. Ao contrário, a beleza exigida de um quadro clássico ou de uma escultura grega deu lugar à *arte moderna*, cujo *propósito é despertar reações.*[105]

---

101. *Copyright would be denied to pictures which appealed to the public less educated than the judge*. SCHACK, Haimo. *Kunst und Recht*: Bildende Kunst... p. 7.

102. § 2 II UhrG; BGHZ 24, 55, p. 63.

103. SCHACK, Haimo. *Kunst und Recht*: Bildende Kunst... p. 9.

104. Nesse sentido, veja-se: PONTES, Hildebrando. O Regime Jurídico dos Criadores de Obras de Artes Plásticas e os seus Titulares. In: MAMEDE, Gladston; FRANCA FILHO, Marcílio T.; RODRIGUES JÚNIOR, Otávio Luiz (org.). *Direito da Arte*. São Paulo: Atlas, 2015. p. 272. E também: BITTAR, Carlos Alberto. *Direito de autor*. 6. ed. rev., atual. e ampl. por Eduardo C. B. Bittar. Rio de Janeiro: Forense, 2015. p. 27.

105. SCHACK, Haimo. *Kunst und Recht*: Bildende Kunst... p. 7.

Além de não precisar ser "bonita", a arte tampouco precisa corresponder exatamente à realidade. Talvez o caso mais emblemático sobre conceito de arte e a inserção das obras num determinado padrão seja *Brancusi vs. United States.*[106] *Constantin Brancusi* (1876-1957) nasceu na Romênia, mas desde 1904 viveu e trabalhou como escultor em Paris, onde concebeu a escultura *Bird in Space* (en.) ou *Vogel im Raum* (dt.), da qual ele fez 15 versões em mármore e bronze, além de vários moldes de gesso, uma delas ainda hoje exposta no MoMA, além da exposta no Museu de Arte de Seattle. Na peça, o autor procurou transmitir a natureza essencial de um pássaro, elegantemente em voo, sem vincular-se a formas tradicionais de representação. Veja-se:[107]

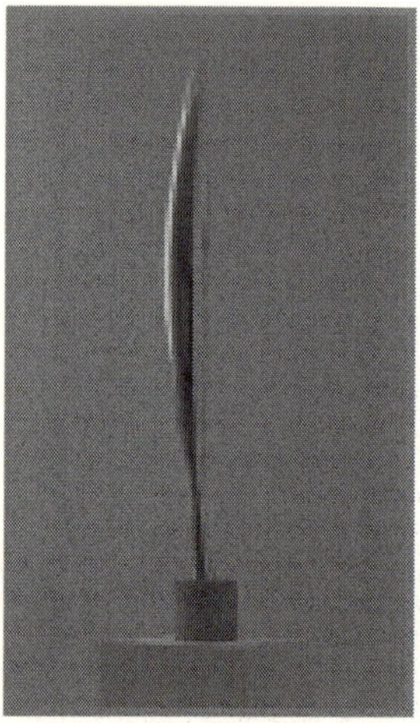

Em 1926, *Brancusi* enviou a escultura de Paris para Nova York para uma exposição de seu trabalho na Galeria *Brummer*, com curadoria de *Marcel Duchamp*. Embora a lei permitisse o ingresso de obras de arte sem tributação de importação, os funcionários alfandegários recusaram o ingresso da peça como obra de arte, entendendo que, para se qualificar como "escultura", a obra deveria ser imitação de objeto natural. Assim, qualificaram a peça como um objeto utilitário (sob a designação "utensílios de cozinha e suprimentos hospitalares") e cobraram 40% do valor declarado do trabalho (240 dólares, à época) – fatos que ensejaram o ajuizamento da ação, com a qual *Brancusi* pretendia ver reconhecida a peça como escultura e, portanto, arte, bem isento de imposto de importação. Muitas

106. 54 Treas.Dec. 428 (Cust.Ct. 1928). Sobre o caso, leia-se: ROWELL, Margit; PALEOLOGUE, André. *Brancusi vs. United States*: The Historic Trial, 1928. Paris: Biro, 1999; e PROWDA, Judith. *Visual arts and the law*: a handbook for professionals. Burlington; New York: Lund Humphries in association with Sotheby's institute of arte, 2013. p. 16.

107. <https://www.moma.org/explore/inside_out/2014/07/24/but-is-it-art-constantin-brancusi-vs-the-united-states/>; imagem oferecida anonimamente.

autoridades testemunharam no processo, como *Edward Steichen, Jacob Epstein* e *William Henry Fox*, sobrevindo julgamento de que o conceito empregado pelas autoridades alfandegárias estava desatualizado, revolucionando a concepção jurídica de arte.

Deve ser ressaltado, todavia, que a arte deve decorrer de um ato criativo: não basta a ideia, esta deve ser *concretizada* (*Konkretisierung einer Idee*) em meio tangível, ainda que transitório.[108]

Uma ideia, simplesmente, é insuscetível de proteção pelo direito autoral – ainda que apresentada num museu como obra de arte e sendo afirmada pelo artista como sua concepção fundamental. Nesse contexto emergem as peças designadas como de *ready-made art,* que nada mais são do que peças encontradas (*Fundstück*), que um artista apreende de seu contexto cotidiano e apresenta como obra de arte.[109] Exemplo disso são a "Fonte"/urinol e o porta-garrafas (fr. *porte-bouteilles*), de *Marcel Duchamp*, e os moldes de cupinzeiros, de *Steve Tobin.*[110] O mesmo não se pode dizer da montagem do assento e guidão de bicicleta por Picasso, que resultaram numa cabeça de touro ("*Le taureau*"), em que flagrante o ato criativo. A pura "*Ready-made art*" (fr. *objet trouvé*), em que o artista apenas apresenta um objeto no qual ele não realizou ação alguma – ou quase nenhuma – é que não encontra proteção do direito autoral, devido à ausência de *ato* criativo.[111]

Assim, pode-se dizer que um dos pré-requisitos para que uma obra seja considerada criação artística protegida sob a perspectiva autoral é que haja ato criativo emanado da *personalidade* humana, protegendo-se seu *resultado*, ainda que incompleto ou em fase preparatória. A proteção autoral tem início não apenas quando a obra está completa, mas, sim, desde que assume o formato inicial, em que se revelam as características do espírito criativo do autor.

---

108. Exemplo da transitoriedade de uma obra é trazido por *Schack:* são as mulheres nuas pintadas de azul de *Yves Klein*, refestelando-se junto a uma tela enquanto 20 músicos tocam a Sinfonia Monótona, em que por dez minutos toca-se um único tom. O efeito de reação no público seria diverso, caso suprimido algum dos elementos da obra. Em: SCHACK, Haimo. *Kunst und Recht*: Bildende Kunst... p. 10.

109. RAUE, Peter. Ready-mades und Appropriation Art – "Werke" im Sinne des Urhebergesetzes. In: *Kunst, Recht und Geld* – Festschrift für Gerhard Pfennig zum 65. Geburstag, München, C. H. Beck, 2012. p. 199

110. SCHACK, Haimo. *Kunst und Recht*: Bildende Kunst... p. 13. Sobre o tema, veja-se, ainda: RAUE, Peter. Ready-mades und Appropriation Art – "Werke" im Sinne des Urhebergesetzes. In: *Kunst, Recht und Geld* – Festschrift für Gerhard Pfennig zum 65. Geburstag, München, C. H. Beck, 2012, 199-207.

111. Em sentido contrário, defendendo que há o "ato criativo" na *apresentação* da peça, veja-se: Schulze, in: DREIER, Thomas; SCHULZE, Gernot. *Urheberrechtsgesetz*: Urheberrechtswahrnehmungsgesetz, Kunsturhebergesetz Kommentar, 3ª ed., § 2, Rn. 9. Ainda: PFENNIG, Gerhard. Appropriation Art: Kunst an den Grenzen des Urheberrechts, *ZUM* 2012, p. 269.

Embora obras incompletas recebam proteção autoral, meras instruções ou formas de trabalhar a criatividade não são protegidas, mas apenas o *resultado* produzido pelo artista, motivo pelo qual *Lucio Fontana* não tem a prerrogativa de usar com exclusividade telas rasgadas, *Georges Seurat* não é o único pontilhista e nem *Günther Ücker* detém o monopólio de criar quadros com pregos.[112] A liberdade artística exige que pensamentos, ideias e técnicas sejam livres, ainda que alguns deles sejam típicos de determinados artistas, como as bandeirinhas para *Volpi*.

A atividade artística *não* precisa ser necessariamente *manualmente* executada, tampouco *individualmente*. Pode se dar com auxílio de outras pessoas ou máquinas, desde que seja a vontade do artista que conduza o processo criativo da obra de arte. Seja com uso de um martelo e cinzel, copiadora ou computador, o resultado da atividade artística pode ser obra de arte, *se produto da criatividade humana*. Daí porque trabalhos realizados *por acaso* por computadores ou animais,[113] sem intervenção humana, não podem ser considerados obras de arte.[114]

O envolvimento e colaboração de terceiros não comprometem a autoria da criação, exceto se se consubstanciarem em *contribuições criativas* – hipótese que conduz à coautoria, em que o coautor apresenta sua contribuição para uma ideia conjunta que resulta em obra única. Não há, contudo, coautoria, no mero auxílio ou estímulo de terceiro, nem tampouco na encomenda de uma obra, já que aquele ordena a obra apenas a pede, dando instruções ou ideias – não suscetíveis de proteção do direito autoral. O mesmo ocorre quando há auxílio de terceiro, totalmente subordinado à criatividade do artista, como ocorreu com *Matisse* que, fisicamente debilitado, contou com auxiliar para colocar suas colagens no local desejado da obra.[115] Exemplo oposto é o da contribuição de *Richard Guino* para *Renoir* que, por não se limitar à mera execução de instruções do último – que padecia de reumatismo e por esse motivo não tinha habilidade motora para esculpir –, mas por abranger concepção e realização da obra e, assim, manifestação da sua personalidade criativa, foi reconhecida como coautoria da série de esculturas que realizaram.[116]

---

112. Sobre a liberdade de estilo como garantia do desenvolvimento da arte, veja-se o caso *Nolde*.

113. *Selfies* realizadas por um macaco resultaram em grande controvérsia sobre o tema. Veja-se: <http://www.artlaw.online/en/cases/monkey-selfie>.

114. SCHACK, Haimo. *Kunst und Recht:* Bildende Kunst..., p. 13.

115. SCHACK, Haimo. *Kunst und Recht*: Bildende Kunst... p. 123.

116. Veja-se: *Cour de Cassation, Chambre civile* 1, *du 13 novembre 1973, 71-14.469.* Consultado em <https://www.legifrance.gouv.fr/affichJuriJudi.do?idTexte=JURITEXT000006991012>. Outros artistas, como *Rubens*, *Rembrandt*, *Warhol* e *Koons* também contaram com auxílio de terceiros. Para esses exemplos, veja-se: PEÑUELAS I REIXACH, Lluís (org.). *Autoría, autentificación y falsificación de las obras de arte.* Fundación Salvador Dali: Ediciones Polígrafa, 2013. p. 58-68.

No Brasil, pode-se referir o REsp 1.417.789/PR, em que assistentes do autor do famoso *Dicionário Aurélio da Língua Portuguesa* ajuizaram ação para reparação de danos patrimoniais e morais, cumulada com pedido de obrigação de fazer e não fazer, alegando serem *coautores* da obra.[117]

Ora, a coautoria é definida na lei como criação comum dos autores (art. 5.º, VIII, a LDA), não se estendo a quem simplesmente auxiliou o autor na produção da obra literária, artística ou científica, revendo-a, atualizando-a, bem como fiscalizando ou dirigindo sua edição ou apresentação por qualquer meio (§ 1.º do artigo 15 da LDA). O relator do feito, examinando o conjunto probatório, concluiu que as atividades realizadas se subsumiam a de meros assistentes, prestadores de serviço, não se configurando *ato criativo* a ensejar a proteção do direito autoral, especialmente como criação comum.

A questão da finalidade da arte foi muito discutida durante o impressionismo, pois alguns artistas consideravam importante que servisse para retratar imagens do cotidiano ou de pessoas comuns, enquanto outros interessavam-se apenas em explorar os efeitos da luz ou em retratar personagens importantes da história.

A arte não tem por finalidade necessariamente a transmissão de uma mensagem, tampouco precisa ter propósito superior, como no passado, em que era instrumento de louvor a Deus ou de enaltecimento da nobreza. Ao contrário, por ser sem qualquer propósito, tendo valor em si mesma: *L'art pour l'art.*[118]

A obra de arte não precisa ser registrada no direito alemão, assim como no brasileiro, ao contrário do sistema americano[119] e inglês[120] (*copyright*) que, embora não prevejam o registro para a configuração do direito autoral, o preveem para o exercício pleno desse direito, notadamente perante os tribunais, o que indiretamente o torna necessário. Isso se dá porque o *copyright é um direito puramente negativo*, cujo objetivo é *impedir a cópia de uma obra protegida, mas que não impede que terceiro crie de forma independente obra similar.*

---

117. REsp 1417789/PR, rel. Min. Paulo de Tarso Sanseverino, Terceira Turma, julgado em 12.05.2015, *DJe* 18.05.2015.

118. No passado, entendia-se que a arte tinha propósito de glorificar Deus ou alguma autoridade. Veja-se SCHACK, Haimo. *Kunst und Recht*: Bildende Kunst... p. 10.

119. São fontes da proteção do *copyright* no direito americano *a Copyright Law of the U.S. (Title 17 of the U.S. Code)*, o *Code of Federal Regulations (Title 37, Chapter II)* e o *Compendium of U.S. Copyright Office Practices, Third Edition.* Em se tratando de matéria federal, incumbe à União a sua regulamentação. Veja-se: <https://www.copyright.gov/> As obras de arte recaem sobre o artigo 102(a) "*pictorial, graphic and sculptural Works*".

120. A base do *copyright* no direito inglês é o *Copyright, Designs and Patents Act 1988.* O artigo primeiro da lei elenca em rol exaustivo as obras suscetíveis de proteção pelo copyright. Portanto, havendo criação artística não incluída nessa descrição, ela não receberá proteção legal. Sobre o copyright no sistema inglês, veja-se: STOKES, Simon. *Art & Copyright*: revised Paperback edition. Oxford: Hart Publishing, 2003.

Entre as distinções mais substanciais entre o sistema americano e inglês de *copyright* e o direito continental de direito autoral ao qual se vincula o Brasil e a Alemanha está, singelamente resumindo, o fato de que o *copyright* enfatiza a defesa da *obra*, admitindo que seu autor seja uma entidade legal, enquanto o direito autoral prevê ênfase num sistema de direitos do *autor*. Outra distinção está no conceito de originalidade, exigida por ambos os sistemas: no *copyright*, esta é determinada pela habilidade e trabalho do criador, enquanto no sistema autoral a originalidade é reflexo da personalidade do autor.[121]

É comum escutar mesmo em ambiente acadêmico a referência simplista de que o *copyright* não conhece direitos morais, mas apenas patrimoniais. Porém, essa afirmação é imprecisa, pois no direito americano os *direitos morais* do artista estão previstos no *Visual Artists Rights Act* (abrev. *VARA*),[122] que *só é aplicável a obras de arte visual* – definidas na lei como pinturas, desenhos, impressões, esculturas, seja em exemplar único, seja em edição limitada de até 200 exemplares, desde que numerados e assinados pelo autor.[123]

Desde o *Copyright Revision Act* de 1976 (*Copyright Law* de 1790) o registro não é mais necessário para *criar* direitos autorais. Todavia, *o cumprimento das formalidades legais é necessário para ensejar ação judicial em hipótese de violação desses direitos*,[124] criando, ainda, certas presunções e vantagens processuais importantes, se um processo for necessário – o que recomenda, portanto, o registro. A lei, aliás, o incentiva, pois, se o registro for feito dentro de cinco anos após a primeira publicação do trabalho, existe uma presunção de validade dos direitos autorais e dos fatos constantes do Certificado de Registro (17 U.S.C. § 410). Esta presunção se aplica a "qualquer processo judicial". Ainda, havendo violação de um trabalho não publicado, cabe indenização dos danos legais e honorários advocatícios apenas se o trabalho foi registrado antes do início da infração. Por fim, se o trabalho for registrado no prazo de três meses após a

121. Nesse sentido: STOKES, Simon. *Art & Copyright...* p. 2 e seguintes.

122. *Right of paternity or attribution, right of acces, rights of disclosure (divulgation) and withdrawal (retrait), right to exhibit, right of integrity,* por exemplo. Sobre eles, veja-se: KOWALSKI, Wojciech W. A comparative law analysis of the retained rights of artists. In: *Vanderbilt Journal of transnational law,* Symposium International Legal dimensions of art and cultural property, vol. 38, outubro 2005, p. 1141-1174.

123. Sobre o tema, veja-se: PROWDA, Judith. *Visual arts and the law*: a handboook for professionals. Burlington; New York: Lund Humphries in association with Sotheby's institute of arte, 2013. p. 15.

124. Para registrar uma reivindicação de *copyright* nos Estados Unidos, o pretenso titular deles deve cumprir com as disposições da Seção 408, preenchendo um formulário de inscrição on-line ou em papel, pagando uma taxa de inscrição e depositando cópias do trabalho com o *Copyright Office, Library of Congress*, Washington, D.C. 20559. As taxas variam de acordo com o tipo de obra.

primeira publicação, o registro será feito a partir da data da primeira publicação (17 U.S.C. § 412, 2).[125]

A obra de arte tem de ser, portanto, para receber proteção autoral no Brasil ou na Alemanha, emanação do espírito humano, concretizada (aspecto subjetivo) e, para diferenciar-se de coisas do cotidiano, precisa, objetivamente, ser qualificada criação *original e singular* (*in objektiven Qualitäten wie der Neuheit, Originalität oder Einmaligkeit bestehen*), sendo dispensado registro.

a) Singularidade e estilo

A *singularidade* decorre da maneira própria do artista, que o torna reconhecível. *Estilo*, por sua vez, é um conceito da arte de significado amplo e, eventualmente, vago.

Ao abordar estilo, pensa-se em uma época com forma de expressão específica consagrada, como o renascentismo, o barroco ou o classicismo.[126] Próprio dessa concepção de estilo é o emprego de uma forma típica, como o rococó, que se originou em Paris no início do século XVIII, mas logo foi adotado em toda a França e mais tarde em outros países, principalmente Alemanha e Áustria, caracterizado pela dramaticidade, pela preponderância das emoções sobre a razão, com um uso exuberante de curvas, formas naturais em ornamentação, embora mantivesse leveza e elegância.[127] Nesse contexto, estilo não está limitado a uma determinada circunscrição geográfica. Segundo *Jayme*, parafraseando *Ulrich*, o estilo é onde o artista encontra sua pátria ("*sie fanden im Stil ihre Heimat*"), o que exemplificou na relação entre a obra de *Trippel* e o classicismo.

Pode-se afirmar, todavia, que o estilo indica características específicas (*Eigenschaft*), relativamente constantes e definidas, que permitem identificar a obra de arte por origem histórica ou geográfica e, em alguns casos, até mesmo sua autoria (por grupo de artistas ou de um único artista) quando outra identificação não é disponível, como a assinatura do autor, por exemplo, ou indicação de data ou descrição literária, que poderiam atribuir uma obra a seu autor, local de criação ou a determinado contexto histórico.[128]

---

125. DUBOFF, Leonard; KING, Christy; MURRAY, Michael. *Art Law in Nutshell*, 5ª edição. West Academic Publishing, 11/2016, p. 219 e seguintes.

126. JAYME, Erik. Kunststile und Rechtstile. *Bulletin Kunst & Recht* 2016/2-2017/1, p. 7.

127. A palavra Rococó é derivada da palavra francesa "*rocaille*", que significa concha. Nele, assimetria é a regra, opondo-se ao barroco consagrado em Versailles. <https://www.britannica.com/art/Rococo-style-design>.

128. JAYME, Erik. Kunststile und Rechtstile. *Bulletin Kunst & Recht* 2016/2-2017/1, p. 7-23.

Ao apreciar uma obra visual, deve-se examinar o que ela retrata, se é de gênero histórico,[129] religioso ou mitológico. Eventualmente, pode se tratar de um retrato,[130] de uma reprodução de paisagem,[131] de natureza morta[132] ou de cenas do cotidiano. A disposição dos elementos, o tamanho das representações e o detalhamento do desenho também oferecem informações sobre a origem e autoria da peça – questão jurídica relevante. Símbolos abstratos podem constar da obra e oferecer indicativo do significado dela no pensamento do artista: flores, por exemplo, remetem à beleza, espadas e armas à ação, livros à ciência. Na arte religiosa, alguns símbolos revelam santidade, como a auréola, enquanto a pomba invoca o Espírito Santo e a folha de a palma, os mártires. Chaves, enfim, são associadas ao ingresso no "céu" e a São Pedro.

O tema, por outro lado, revela a mensagem do criador da obra, que pode ser expressar emoção, ou transmitir uma mensagem política, social ou moral. Na Idade Média e na Moderna, a maior parte das obras, fossem musicais, de pintura ou escultura, eram comissionadas pela igreja ou por algum nobre, tratando, portanto, dessas temáticas. Já a partir de meados do século XIX, a liberdade de inspiração e de ideias resultou na arte moderna, marcada mais pela originalidade, e menos pela técnica. Trata-se de obras que supreendem, que impressionam, que chocam. Nelas não se identifica o que é retratado, muitas vezes sequer pelo seu título. Em se tratando de arte moderna é preciso observar estilo e cores, explorar sensações, descobrir materiais e técnica usada.

---

129. As telas do gênero histórico são as telas mais importantes e prestigiadas entre o século XV e XIX, sendo exemplo consagrado dele a obra de *Delacroix, La Liberté guidant le peuple*.

130. Os retratos eram um meio de homenagear os mortos e difundir imagens de personagens importantes na sociedade da época. Geralmente enfatizam os traços mais característicos do rosto, como um nariz saliente ou uma testa larga. No século XVI difundiram-se os espelhos com maior qualidade e os artistas iniciaram a realização de autorretratos, nos quais, sem a preocupação de agradar o comitente, passaram experimentar novas técnicas. É interessante destacar que a moda também é revelada nas telas: tons escuros e homogêneos marcam o século XVII, e a partir do século XVIII cores vivas. O advento da fotografia refletiu na redução deste tipo de obra como reprodução fiel do indivíduo, passando os retratos a servir como forma de explorar as diferentes perspectivas do indivíduo, inclusive de forma mais abstrata.

131. Nas paisagens, a perspectiva era essencial para a representação do espaço. Nos meados do século XIX os artistas iniciaram a pintar ao ar livre, inspirando-se nas mudanças de luz e das condições atmosféricas do cenário natural, desenvolvendo-se o impressionismo.

132. Natureza morta é representação de objetos inanimados, como flores, frutas, instrumentos musicais e outros que possam atrair o interesse do pintor. Inicialmente, essas pinturas buscavam retratar o objeto da forma mais fiel possível – até meados do século XIX sequer eram consideradas como expressão da criatividade do artista e nem tampouco despertavam reflexão do expectador. Eram, sim, considerados como exercícios para aprimorar a técnica e o estilo do artista. Porém, a partir do século XIX, com a ampliação da liberdade do artista, esses objetos passaram a exprimir emoções, como se verifica de peças de *Manet*, por exemplo e, no século passado, de *Andy Warhol*, que fez sucesso retratando latas de sopa e caixas de sabão.

Com o passar do tempo, cores, técnicas e materiais mudaram muito. Além disso, pinceladas distinguem o artista tanto como caligrafia: alguns tem traçado nítido e preciso; outros, fazem uso de pinceladas livres e expressivas. *Raffaello*, por exemplo, pintava lentamente, alcançando uma superfície lisa e regular. *Seurat* utilizou-se da técnica de pontos (pontilhista), enquanto *Renoir*, por sua vez, usava toques rápidos do pincel, que restavam propositalmente visíveis, o que agradava ao público, que adquiria as telas. *Van Gogh*, por outro lado, fazia pinceladas espessas, com a tinta pouco diluída, o que produzia um efeito bastante particular (que se nota especialmente nos girassóis que pintou para dar as boas-vindas a *Gauguin* em *Arles*, convicto de que os tons de amarelo cromo representavam amizade, felicidade e harmonia). O resultado, porém, não agradava ao público da época, ainda que hoje essas imagens estejam entre as telas mais valiosas do mundo. Já *Degas* usava tons quentes para retratar atmosfera íntima.

Enfim, todas essas características, apreensíveis da observação atenta das obras, são exemplos dos "estilos" desses pintores que podem representar tanta especificidade (*Eigentümlichkeiten*), que torna cognoscível a autoria delas (*Erkennbarkeit der Urheberschaft*), como, por exemplo, numa exposição de quadros da corte dos *Medici*, hoje em grande parte exposta na *Galleria degli Uffizi*, em que o maneirismo identifica a autoria das telas de *Pontormo* e *Bronzino*.[133]

Pode-se transpor essa noção de estilo também para o Direito, pois no estudo comparado da formação dos diversos sistemas jurídicos revela-se, assim como na história da arte, o conceito de estilo como característico de alguma "família" – o que não é apenas formal, mas pertine a características essenciais desses sistemas jurídicos,[134] como é, por exemplo, o negócio jurídico (*Rechtsgeschäft*) para o direito alemão que, no direito italiano, por exemplo, não se manifesta, já que esse tem por base o contrato.[135] A mesma conclusão serve ao *trust* inglês, por exemplo, e à união estável brasileira.[136]

Já a *singularidade* decorre da *personalidade* do artista, que tem de estar refletida na criação – o que não ocorre num objeto comum. Vale dizer, todavia, que se a criação tiver *individualidade reduzida*, também reduzida será a amplitude de sua proteção. Assim, quem escolhe pintar um quadrado monocromático é livre,

---

133. JAYME, Erik. Kunststile und Rechtstile... p. 10.

134. A propósito de uma identidade cultural de um sistema jurídico, leia-se: JAYME, Erik. Die kulturelle Dimension des Rechts – ihre Bedeutung für das Internationale Privatrecht und die Rechtsvergleichung, *Rabels Zeitschrift* 67 (2003), p. 211-230. p. 214 e seguintes.

135. JAYME, Erik. Kunststile und Rechtstile... p. 9.

136. Embora outros países regulamentem entidade familiar semelhante, a característica de prescindir de qualquer formalidade é própria da união estável do direito brasileiro, já que tanto no direito alemão, quanto no francês, por exemplo, que admitem efeitos civis a união diversa do matrimônio, tanto a *Lebenspartnerschaft* como o *Pacte de solidarité* requerem ato formal. Para uniões informais não há tutela no direito alemão, estando estas submetidas ao regime do *concubinage* no direito francês.

mas esse tipo de obra só tem proteção indireta de cópias simples. Na verdade, é questão que o próprio mercado resolve: o primeiro quadro "Quadrado Preto" (dt. *schwarzes Quadrat;* rs. Чорны квадрат), pintado por *Kasimir Malewitsch,* foi tido como sensação em 1915, porém seus imitadores não despertaram interesse de ninguém. O mesmo pode acontecer com quadros cheios de cores, como são os *Mark Rothko,* ou com as imagens azuis de *Yves Klein.*[137] Veja-se:[138]

Sob o enfoque de não ser possível a proteção de ideias, o STJ julgou caso em que autora de *script* ajuizara ação contra a Rede Globo de televisão e o autor da novela *Aquarela do Brasil.* Não obstante possa haver acerto do resultado do acórdão, que concluiu pela ausência de plágio, o que depende de detida análise do *script* da autora da ação, a terminologia empregada no voto condutor não foi a melhor. De fato, no caso a autora alegava ter havido usurpação de *script* de sua autoria. Esse documento, porém, não é ideia, mas criação concretizada, ainda que se possa considerar eventualmente como obra incompleta.

Ocorre, todavia, é que a obra da autora da causa, de individualidade reduzida, também tem reduzida sua amplitude de sua proteção. Quem escolhe criar um *script* com enredo de moça-humilde-talentosa-torna-se-estrela-e-sofre-por-amor ("*moça humilde que ganha concurso e ascende ao estrelato, envolvendo-se em triângulo amoroso, tendo como cenário o ambiente artístico brasileiro da década de 40*"), escolhendo por título da obra o da música de maior sucesso do Brasil à época em que seria encenada, não pode esperar exclusividade de tema.

---

137. SCHACK, Haimo. *Kunst und Recht*: Bildende Kunst..., p. 19.

138. Kazimir Malevich [Public domain], via Wikimedia Commons <https://de.wikipedia.org/wiki/Das_Schwarze_Quadrat>. Original exposto na Galeria Tretjakow, Moscou.

Respeitosamente, não se trata de ausência de proteção de ideia, mas de reduzida individualidade da criação, que se reflete em espectro reduzido de proteção, qual seja, apenas dos elementos particulares porventura constantes da obra, mas não do tema e título.[139]

Como já referido, a jurisprudência é importante fonte do direito da arte, merecendo especial referência sobre a questão do estilo o *Nolde-Fall*[140] que, julgado pelo BGH, tratou desse tema, entre outros, como o da falsificação de um quadro, valor da assinatura do artista, direitos de personalidade *post mortem*, dano e direito à destruição de uma obra.

No caso *Nolde*, o demandante era proprietário de duas aquarelas, pintadas no estilo do artista expressionista falecido *Emile Nolde* e assinadas com seu nome, que teriam sido adquiridas de um amigo, em março de 1985, mas que poderiam ser devolvidas e o dinheiro restituído, caso se tratassem de falsificações. Diante dessa circunstância e do fato de desejar oferecer as obras a um comerciante de arte, encaminhou para a fundação *Seebüll*, que administra o patrimônio de *Nolde*, os quadros e fotos deles para avaliação, com uma descrição no verso dessas últimas. O perito da fundação encaminhou sua avaliação, declarando que, segundo sua apreciação, as obras seriam falsificações: os desenhos, o uso das cores e a forma da apresentação contrariariam os de *Nolde*. Tampouco as assinaturas apostas nas telas estariam conforme a de *Nolde*. Por esse motivo, requereu a exclusão da assinatura dos quadros ou sua destruição, devolvendo as fotos, mas retendo os quadros. Nesse contexto, teve início a ação judicial, pois o proprietário das telas não concordou com a conclusão de que seriam falsificações, requerendo nova avaliação e provas, bem como a devolução das telas. A fundação demandada intentou reconvenção, requerendo a destruição dos quadros.

O *Landgericht* determinou a devolução dos quadros, tendo o *Oberlandesgericht* rejeitado o apelo da fundação. No julgamento ficou estabelecido que não há proteção de direito de autor (expressão específica da proteção geral ao direito da personalidade) em favor de *Nolde* no caso, a ensejar a destruição das telas, já que as pinturas controvertidas não eram suas. Então, o substrato legal para a decisão deveria ser a proteção de direito de personalidade (geral) *post mortem*. Quanto ao argumento de que o "seu estilo" estaria sendo copiado, tampouco foi acolhida a irresignação da fundação, pois o tribunal entendeu que o estilo de *Nolde* – e, por decorrência lógica, o de nenhum outro artista – não poderia ser protegido, sob pena de se limitar o desenvolvimento das artes. O que realmente tem procedência, segundo o BGH, é a irresignação quanto à assinatura com o nome do pintor que, restou demonstrado, não realizou a obra. A remoção seria cabível para evitar que a obra fosse posta no comércio como se de *Nolde*

---

139. Veja-se o inteiro teor do caso: REsp 1189692/RJ, rel. Min. Luis Felipe Salomão, Quarta Turma, julgado em 21.05.2013, *DJe* 01.07.2013.

140. BGH, 08.06.1989 – I ZR 135/87.

fosse. Porém, o tribunal ressaltou que o pedido para eliminar a assinatura não foi formulado na ação judicial, em que a fundação-ré-reconvinte requereu apenas a destruição dos quadros. Aliás, se assim o tivesse sido, caberia ainda avaliar sua legitimidade para fazê-lo, já que detém representação do patrimônio, mas não dos direitos personalíssimos do artista, como é o direito a seu nome. O pedido de destruição dos quadros, cumpre referir, não foi acolhido, pois os julgadores entenderam que a mera existência de quadros falsificados em mãos privadas não prejudicaria prontamente personalidade do artista.[141] Segundo o julgado, as falsificações podem muito bem ter valor para os respectivos proprietários *como um objeto visual artístico e, se não colocados no comércio com pretensão de autênticos, não ofenderiam direito da personalidade, seja geral, seja específico* (autoral).[142]

Como se vê, a jurisprudência é fonte subsidiária e complementar do direito da arte, integrando as normas de direito autoral e as outras fontes. No caso Nolde, especificamente, o julgamento definiu que o direito autoral não pode ser invocado por indivíduo que não criou a obra, que poderia manifestar sua inconformidade mediante invocação de direito geral de personalidade (imagem e nome), diante do fato da tela conter sua assinatura. O precedente fixou, ainda, que *não existe direito exclusivo a um determinado estilo*, sob pena de limitação à criatividade de terceiro.

b) Original e falsificação

Examinado o significado do termo "obra de arte" e, especialmente, o alcance dos elementos singularidade e estilo, impõe a análise e distinção entre original e falsificação.

Quanto ao tema, deve-se destacar, primeiramente, a transformação operada na *função das obras de arte*, tidas não mais apenas como um bem cultural (no sentido não técnico da expressão), mas como peças de museu e bens de expressão econômica – o que, em virtude das reproduções em massa, diluiu um pouco sua "aura",[143] já que difundidas com facilidade. Apesar disso, como símbolo de

---

141. SIEHR, Kurt. Fälschung im Kunstrechtsstreit. In: WELLER, Mathias; KEMLE, Nicolai; DREIER, Thomas; LYNEN, Peter Michael (org.). *Kunst im Markt – Kunst im Recht*: Tagungsband des Dritten Heidelberger Kunstrechtstags am 9. und 10. Oktober 2009. Baden-Baden: Nomos, 2010. p. 156.

142. Sobre o caso Nolde e o significado de estilo, veja-se: JAYME, Erik. Kunststile und Rechtstile. *Bulletin Kunst & Recht* 2016/2-2017/1, p. 12 e seguintes.

143. O termo aura é empregado frequentemente para designar uma determinada qualidade da obra de arte original. O conceito de aura, por *Walter Benjamin*, é o de "a aparição única de uma coisa distante por mais perto que ela esteja". No original: "*einmalige Erscheinung einer Ferne, so nah sie sein mag*". In: *Das Kunstwerk im Zeitalter seiner technischen Reproduzierbarkeit* (1963). Disponível em: <http://www.arteclab.uni-bremen.de/~robben/KunstwerkBenjamin.pdf>.

prestígio e status, a propriedade de obras de arte importa muito mais do que uma conta corrente com saldo expressivo, seja ela usada como peça de decoração ou com finalidade especulativa, contando que se trate de original.[144]

Original é apenas a obra originária, primígena. O copista, ainda que alcance a perfeição, apresentando obra externamente não distinguível da original, realiza *reprodução.*

Obras de arte são protegidas pelo direito autoral e o direito de reprodução pertence exclusivamente ao autor e apenas com sua autorização expressa pode haver reprodução. As obras em relação às quais decorreu o prazo de proteção aos direitos patrimoniais pertencem ao domínio público (dt. *gemeinfrei*), o que significa que qualquer pessoa pode, mesmo que contra a vontade dos sucessores do criador, usar a obra como lhe aprouver, como fez *Duchamp* com a "*Monalisa*" de *Da Vinci*[145] – tela que também exemplifica hipótese de *appropriation art,* tema que será a seguir examinado.

As reproduções são comuns hoje em dia, especialmente nos museus que as oferecem ao público interessado. Estas não dispõem, todavia, da "aura" da obra original, o que, eventualmente, se tenta conservar, referindo "número limitado" de peças.[146] Não obstante, deve-se distinguir entre as reproduções autorizadas e as ilegais, especialmente casos de plágio e falsificações.

Nas *falsificações*, hipótese de reprodução ilegal, a complexidade está não na cópia de um quadro conhecido, mas na cópia do estilo de um artista reconhecido, como *van Meegeren* fazia com *Vermeer.* É tão extraordinária a habilidade do falsificador, que dificilmente é possível distinguir as suas obras de originais. Durante a II Guerra Mundial, *Van Meegeren* obteve um lucro de 7 milhões de florins holandeses com 14 telas que atribuiu a *Vermeer* e que vendeu na Europa, inclusive a *Hermann Göring*, mais alto comandante nazista, marechal do Reich e nomeado por *Hitler* para sucedê-lo. Terminada a guerra, foi acusado de "colaborador" por ter vendido "tesouros nacionais artísticos" aos nazistas. Foi então que confessou a falsificação, sendo condenado a apenas um ano de prisão pela fraude.[147]

O *plágio* ocorre quando a criação da obra é usurpada de seu autor, sendo o termo utilizado ordinariamente para designar "furto" de propriedade. Segundo *Waiblinger*, o plágio é "apropriação contrária ao direito de pensamentos, ideias ou semelhante de terceiro no âmbito das artes ou ciência". Atualmente, entende-se juridicamente o plágio como forma específica de ofensa ao direito autoral, por

---

144. SCHACK, Haimo. *Kunst und Recht*: Bildende Kunst..., p. 16.

145. Por provocação, acresceu-lhe *Duchamp* um bigode e o título "L.H.O.O.Q.", insinuando, a partir da pronúncia das letras em francês, que "*elle a chaud au cul*".

146. SCHACK, Haimo. *Kunst und Recht*: Bildende Kunst..., p. 19.

147. Sobre o falsificador veja-se: WYNNE, Frank. *I Was Vermeer*: The Legend of the Forger Who Swindled the Nazis. Bloomsbury: Londres, 2007.

meio de interferência consciente do plagiador em direito de personalidade do autor.[148]

Por outro lado, meras cópias, ainda que divirjam apenas em detalhes do original, não tem proteção do direito autoral, já que *não* são criação do espírito do copista.[149]

Uma remodelação ou transformação independente (*Eigenständige Umgestaltung*), como tradução, por sua vez, tem proteção do direito autoral, mas dependem de revisão e de autorização do autor da obra original.[150]

Originalidade (*Originalität*) não se confunde com *autenticidade* (*Echtheit*), pois a primeira diz respeito à singularidade da criação, enquanto a segunda se refere à comprovação de origem. Original tampouco se confunde com "*peça única*" (dt. *Unikat;* fr. *pièce unique*).[151] Tanto é assim que são originais algumas obras produzidas em série, independentemente da assinatura do autor, que por vezes

---

148. Sobre o tema, veja-se: WAIBLINGER, Julian. *Plagiat in der Wissenschaft*, Baden-Baden: UFITA, 2012. Na obra o autor examina o tema do *plágio*, tanto sob perspectiva mundana, quanto técnica, no âmbito do direito autoral. A origem do termo é o termo grego PLAGIÓS, que significa torto/errado, tendo ainda o emprego com o significado de ambíguo. Em algum momento o termo foi apropriado pelo latim, originando PLAGIUM, que significa roubo. Em qualquer dos dois revela-se a carga moral negativa do ato, mas não constituíam conceito jurídico. A introdução da imprensa por *Gutenberg* no século XV aumentou exponencialmente o risco para os autores, impulsionando, primeiramente, a proteção da obra e do editor, por meio dos "*Privilégios*" (*Druckprivilegien*). A proteção do autor não teve início senão com a criação da teoria da propriedade intelectual, diferenciando a *obra* de seu *exemplar*. A primeira lei moderna de proteção ao direito autoral em território alemão foi a *Preußische Gesetz zum Schutz des Eigentums an Werken der Wissenschaft und Kunst,* também chamada *Preußisches Urheberrechtsgesetz,* de 1837, que, embora concebida à luz do direito criminal, revela a proteção do direito autoral – embora não defina plágio. A primeira regulamentação do tema plágio e citação constou da *Schriftwerkegesetz* de 1870 (parágrafo 7, a), passando depois a constar da *Gesetz betreffend das Urheberrecht na Werken der Literatur und der Tonkunst,* de 19 de junho de 1901 (sigla em alemão: *LUG*), que previu a ofensa ao direito de personalidade do autor inclusive com pena pecuniária. p. 15-35.

149. SCHACK, Haimo. *Kunst und Recht*: Bildende Kunst..., p. 19.

150. No direito alemão, § 23 da UrhG; no direito brasileiro, artigo 29 da LDA, tratados a seguir.

151. Sobre a originalidade de fotografias e obras de multimídia, o tema é especialmente complexo. Sem dúvidas considera-se original a obra feita pela mão do artista – nas fotografias analógicas, tanto o negativo quanto a imagem revelada ao tempo da criação constituem-se em original. Se a revelação ocorrer depois – *printed later* – tratar-se-á de reprodução. Na fotografia digital, só há um original (*scan data*). O vendedor de uma fotografia tem a obrigação de, juntamente com a obra, apresentar informações sobre ela, especialmente sobre sua natureza original. Sobre o tema das obrigações de informação no âmbito do direito da arte, veja-se: *Kulturgütertransfergesetz* (abrev. KGTG, Lei suíça de transferência de bens culturais), in: <https://www.admin.ch/opc/de/classified-compilation/20001408/index.html>. Para maiores informações sobre a lei suíça de transferência de bens culturais, veja-se: SCHÖNENBERGER, Beat. Picasso revisited? – Unechte Kunstwerke und das Kulturgütertransfergesetz. In: BÜCHLER, Andrea; MÜLLER-CHEN, Markus (org.)

passa mais tempo projetando a obra do que o tempo tomado para a executar.[152] As peças múltiplas costumam ser realizadas com auxílio de procedimentos mecânicos – artesanais ou industriais – e numeradas. Usualmente, cada uma dessas criações (gravura ou escultura, por exemplo) indica "tiragem limitada", ou "tiragem restrita", ou outra expressão equivalente, indicando sua raridade, o que contribui para conservar-lhe o valor. Fotos, por sua vez, também são numeradas, mas costumam ser também assinadas pelo fotógrafo.[153]

A *importância de distinguir-se entre original e reprodução* reside no fato de que, em regra, a obra original desfruta de um tratamento mais favorecido, já que a propriedade de obra original é limitada a ponto de o proprietário não poder destruir a obra, exceto se com autorização do autor; tampouco poderia um credor do artista penhorar (*pfänden*) a obra para saldar uma dívida.[154] Ainda, na hipótese de alienação da obra de arte *visual*[155] original na Alemanha o artista é favorecido com o direito de sequência (dt. *Folgerecht*; fr. *droit de suite*) – direito se estende a outras obras originais no Brasil, já que a LDA refere "revenda de obra de arte ou

Private law: national – global – comparative. Festschrift für Ingeborg Schwenzer zum 60. Geburtstag. Bern: Stämpfli, 2011, p. 1541-1554.

Ainda, sobre o tema específico da fotografia: MOSIMANN, Peter; MÜLLER-CHEN, Markus. Kauf eines Originals der bildenden Kunst, insbesondere einer Fotografie. In: BÜCHLER, Andrea; MÜLLER-CHEN, Markus (org.). *Private law: national – global – comparative*. Festschrift für Ingeborg Schwenzer zum 60. Geburtstag. Bern: Stämpfli, 2011, p. 1303-1323; e MOSIMANN, Peter. Printed later und andere Originalvervielfältigung – insbesondere in der Fotografie. In: MOSIMANN, Peter; SCHÖNENBERGER, Beat. *Kunst & Recht* 2010: Referate zur gleichnamigen Veranstaltung der Juristischen Fakultät der Universität Basel vom 18 Juni 2010. Bern: Stämpfli, 2011. p. 13-27.

152. Peças de litografia, plásticas, esculturas em bronze e, por óbvio, fotografias, por exemplo. Veja-se: JAYME, Erik. *Original und Fälschung im Spannungsfeld von Persönlichkeitsscutz, Urheber-, Marken- und Wettbewerbsrecht*. Wien: Manzsche, 2007. p. 31.

153. MOSIMANN, Peter. Printed later und andere Originalvervielfältigung – insbesondere in der Fotografie. In: MOSIMANN, Peter; SCHÖNENBERGER, Beat. *Kunst & Recht* 2010: Referate zur gleichnamigen Veranstaltung der Juristischen Fakultät der Universität Basel vom 18 Juni 2010. Bern: Stämpfli, 2011. p. 13-27; WEBER-CAFlISCH, Olivier. *Faux et... défauts dans la vente d'objets d'art*. Genebra: Librairie de l' Université, 1980. p. 24-26.

154. SCHACK, Haimo. *Kunst und Recht*: Bildende Kunst..., p. 20.

155. *Arte visual* distingue-se das *artes cênicas* (teatro, dança e cinema), *literatura e música*, com as quais pode ser agrupada sob o termo "artes plásticas" ou "belas artes". Isso é comum, especialmente em outros idiomas (fr. *les beaux-arts*; it. *le Belle Arti*; en. *fine arts*). Na Alemanha, há sentido em sistematizar o direito da arte a partir de divisão entre questões atinentes às artes visuais, arquitetura, obras de design e de fotografia, como fazem alguns autores. Isso porque as obras de arte visual contam com normas próprias atinentes a sua comercialização e reprodução, enquanto no caso da arquitetura se verifica amplitude particular das limitações ao direito do autor. O design, por sua vez, conta com critério de distinguibilidade, e não de valor criativo para determinar a aplicabilidade das normas protetivas previstas em lei própria. Por fim, obras de imagem e fotografia também contam com norma específica. No Brasil, todavia, o substrato legal é diverso, motivo pelo qual não se justifica essa abordagem fragmentada, tradicional no direito alemão.

manuscrito".[156] Também é frequente que obras originais desfrutem de alíquotas tributárias mais favoráveis no direito europeu.

Falsificações existem desde que existe a arte – estimativas indicam que 60% dos objetos de arte no mercado são falsos e do restante apenas parte é absolutamente autêntica. Autenticidade é de difícil verificação porque é preciso associar a origem da obra a um determinado artista, escola ou século. Se a atribuição ao artista não decorre de sua assinatura – prática iniciada no século XIV e estabelecida desde o século XVIII – a autenticidade decorre do consenso estabelecido em círculos de especialistas sobre a pessoa do criador da obra.[157]

Por oportuno, cumpre referir que a falsificação pode se dar não apenas em relação à procedência autoral da obra. O próprio autor pode cometer falsificação quando altera documentos pertinentes as suas obras – como fez *Malewitsch* no final de sua carreira –, ou datas das peças para que se acredite que tenham sido realizadas em período anterior e assim parecerem mais de vanguarda, ou engana um comprador por outro meio.[158]

Contudo, não é falsificação a cópia da obra de um artista – desde que sem a assinatura – com o propósito de *aprendizado*. Conforme o resultado da experiência a obra poderá ser considerada ela mesma original ou mera cópia. Para ser considerada falsificação, a obra tem de ser *posta em circulação como se autêntica fosse*, adulterando-se a verdade sobre sua procedência.[159]

Os motivos para a falsificação de uma obra de arte são autoevidentes. A procedência e autenticidade de uma obra são elementos centrais de seu valor econômico, ainda que uma falsificação possa oferecer a mesma funcionalidade como objeto de admiração.

Para evitar as falsificações nas artes plásticas, as ciências naturais desenvolveram inúmeros métodos de pesquisa,[160] como análise química das cores e materiais,[161] exame microscópico, de raio X (*Röntgenstrahlen*), infravermelho

156. Artigo 38 LDA. Sobre o tema, vide capítulo II, 2, 2.3, a) Direito de sequência.

157. SCHACK, Haimo. *Kunst und Recht*: Bildende Kunst..., p. 24 e seguintes.

158. SCHACK, Haimo. *Kunst und Recht*: Bildende Kunst..., p. 26.

159. SCHACK, Haimo. *Kunst und Recht*: Bildende Kunst..., p. 26.

160. Sobre os meios e técnicas de prova comuns nas artes visuais, veja-se: BERG, Karin; BERG, Hans. Möglichkeiten des Fälschungsbeweises aus den Materialprüfungswissenschaften. In: WELLER, Mathias; KEMLE, Nicolai; DREIER, Thomas; LYNEN, Peter Michael (org.). *Kunst im Markt – Kunst im Recht:* Tagungsband des Dritten Heidelberger Kunstrechtstags am 9. und 10. Oktober 2009. Baden-Baden: Nomos, 2010. p. 163-177.

161. No passado, os pintores não adquiriam prontas suas tintas, mas as elaboravam, a partir da mistura de pigmentos. Entre os pintores italianos, por exemplo, era comum o uso da têmpera, na qual os pigmentos eram aglutinados com o uso de ovos. Já os mestres holandeses foram precursores na mistura dos pigmentos com óleo, o que resultava em tinta que demorava mais para secar, obrigando o artista a trabalhar mais lentamente e, assim, acrescer mais detalhes às obras. As tintas diluídas em óleo também reproduziam melhor a luminosidade, o

e ultravioleta, e tomografia computadorizada – providências que tornam sobrepinturas, montagens e restaurações visíveis, por exemplo[162] – embora a sobrepintura não seja necessariamente prova de falsificação, já que o próprio artista pode ter decidido dar destinação de palimpsesto à tela ou camuflar a pintura original[163] para facilitar a sua circulação –, bem como revelam os materiais empregados.[164]

Um meio de certificação de autenticidade de uma obra, na hipótese de artista não ser vivo e não ter deixado catálogo de sua produção, é a avaliação da peça por um crítico, especialista no estilo. Ocorre que essa providência tem eficácia limitada, já que o falsificador profissional sabe, assim como o expert, as características definidoras da obra original. De qualquer forma, havendo falsificação, se a obra originária ainda estiver sob proteção do direito autoral, pode o seu autor, ou seus herdeiros, se este for falecido, ou quem for o titular dos seus direitos de reprodução, requerer a sua destruição.

Pode ser que a obra conste de *catalogue raisonné* (fr.), que é o registro/diretório das obras de um artista fundamentado cientificamente (*wissenschaftliche begründete Werkverzeichnis*). Autor e editor tem liberdade de concepção do catálogo, que não se constitui em atividade empresarial sob a ótica da lei alemã e, por isso, não é questão submetida ao direito da concorrência (*GWB*). Assim, a compreensão dominante é de que um terceiro não tem pretensão jurídica para fazer constar sua obra de catálogo publicado. É exceção a essa compreensão a hipótese em que o autor é, ao mesmo tempo, o *expert* na obra do artista em questão – situação em que deve justificar eventual não inclusão de obra, já que está em condição única de fazê-lo.[165]

A inclusão de uma obra nesse registro é de grande importância, pois afeta seu valor de mercado e seu significado. Em precedente julgado pela Corte de Apelação de Paris em 03.02.2004, a viúva do pintor *Atlan* e a editora do seu *catalogue*

que destacava ainda mais as obras em que empregadas – especialmente se considerado o fato de que a têmpera era opaca.

162. Veja-se, a seguir, a importância de alguns desses métodos na exposição do caso *Campendonk*, examinado por ocasião da análise da responsabilidade dos negociantes de arte.

163. Exemplo disso se tem na recente divulgação, por pesquisadores da Galeria de Arte de Ontário, de que *Picasso* ocultara sob *A mulher agachada* (1902) uma paisagem criada por outro artista, possivelmente para reaproveitar matéria-prima em tempos menos prósperos de sua carreira. Confira-se em: Revista Veja, 7 de março de 2018, p. 84-87.

164. SCHACK, Haimo. *Kunst und Recht*: Bildende Kunst..., p. 29.

165. Sobre o tema, veja-se: ULLMANN, Eike. Die Position des Aussenstehenden: Werkverzeichnis. In: WELLER, Matthias (org.). *Kulturgüterschutz – Künstlerschutz*. Tagungsband des Zweiten Heidelberger Kunstrechtstags am 5. und 6. September 2008. Baden-Baden: Nomos, 2009. p. 195-203; e SPENCER, Ronald. Catálogos razonados, comités de autenticación y lo más importante: sus opiniones. In: PEÑUELAS I REIXACH, Lluís (org.). *Autoría, autentificación y falsificación de las obras de arte*. Fundación Salvador Dali, Ediciones Polígrafa, 2013. p. 310-322.

raisoné, foram condenadas solidariamente a indenizar € 50.000 a proprietário de tela excluída da publicação, apesar da apresentação de parecer que concluía pela autenticidade da obra. Conforme a decisão, não são as impressões subjetivas dos parentes sobreviventes do artista ou do autor do registro que determinam a inclusão de obra no catálogo, mas requisitos objetivos.[166] Não obstante, a *Cour de Cassation,* em 10.11.2005, cassou a decisão (n. 0413618) por entender que feriria a liberdade de manifestação de expressão (fr. *liberté d'expression*).[167]

Conforme o direito alemão, aqueles que oferecem obras falsificadas no mercado sujeitam-se a penalidades, não apenas no âmbito dos direitos autorais (parágrafos 106[168] e 107[169] UrhG), como também no âmbito do direito penal,

---

166. *Gazette du Palais septembre/octobre* 2004, p. 3190.

167. Sobre o caso, veja-se: SIEHR, Kurt. Fälschung im Kunstrechtsstreit. In: WELLER, Mathias; KEMLE, Nicolai; DREIER, Thomas; LYNEN, Peter Michael (org.). *Kunst im Markt – Kunst im Recht*: Tagungsband des Dritten Heidelberger Kunstrechtstags am 9. und 10. Oktober 2009. Baden-Baden: Nomos, 2010. p. 157; e JAYME, Erik. *Original und Fälschung im Spannungsfeld von Persönlichkeitsscutz, Urheber-, Marken- und Wettbewerbsrecht.* Wien: Manzsche, 2007. p. 37.

168. "§ 106 Unerlaubte Verwertung urheberrechtlich geschützter Werke

(1) Wer in anderen als den gesetzlich zugelassenen Fällen ohne Einwilligung des Berechtigten ein Werk oder eine Bearbeitung oder Umgestaltung eines Werkes vervielfältigt, verbreitet oder öffentlich wiedergibt, wird mit Freiheitsstrafe bis zu drei Jahren oder mit Geldstrafe bestraft.

(2) Der Versuch ist strafbar."

Em tradução livre da autora: § 106 Exploração não autorizada de obras protegidos por direitos autorais

(1) Aquele que reproduz obra protegida pelos direitos autorais, ou distribui ou publica adaptação ou transformação, sem consentimento do titular desses direitos e fora das hipóteses legalmente admitidas, é punível com pena de prisão até três anos ou multa.

(2) É punível a tentativa.

169. "§ 107 Unzulässiges Anbringen der Urheberbezeichnung

(1) Wer 1. auf dem Original eines Werkes der bildenden Künste die Urheberbezeichnung (§ 10 Abs. 1) ohne Einwilligung des Urhebers anbringt oder ein derart bezeichnetes Original verbreitet, 2. auf einem Vervielfältigungsstück, einer Bearbeitung oder Umgestaltung eines Werkes der bildenden Künste die Urheberbezeichnung (§ 10 Abs. 1) auf eine Art anbringt, die dem Vervielfältigungsstück, der Bearbeitung oder Umgestaltung den Anschein eines Originals gibt, oder ein derart bezeichnetes Vervielfältigungsstück, eine solche Bearbeitung oder Umgestaltung verbreitet, wird mit Freiheitsstrafe bis zu drei Jahren oder mit Geldstrafe bestraft, wenn die Tat nicht in anderen Vorschriften mit schwererer Strafe bedroht ist.

(2) Der Versuch ist strafbar."

Em tradução livre da autora: § 107 Atribuição ilícita da autoria

(1) Quem – 1 sem o consentimento do autor atribuir como original obra de arte visual autoria sem o consentimento do autor (§ 10, 1) ou distribui a obra assim designada; Quem – 2 atribui a uma cópia, uma adaptação ou transformação de obra de arte visual a designação de original (§ 10, 1), dando-lhe a aparência de original, ou a distribui é punível com pena de prisão não superior a três anos ou multa, a menos que outras disposições imponham uma pena mais grave.

(2) É punível a tentativa.

por exemplo, por fraude (parágrafo 263 StGB[170]), de cujo exemplo mais atual e significativo é o do caso *Campendonk*, exposto e examinado no capítulo III deste livro, em que houve, ainda, a falsificação de documentos (*Urkundenfälschung*, par. 267, I StGB[171]).

---

170. "§ 263 Betrug

(1) Wer in der Absicht, sich oder einem Dritten einen rechtswidrigen Vermögensvorteil zu verschaffen, das Vermögen eines anderen dadurch beschädigt, daß er durch Vorspiegelung falscher oder durch Entstellung oder Unterdrückung wahrer Tatsachen einen Irrtum erregt oder unterhält, wird mit Freiheitsstrafe bis zu fünf Jahren oder mit Geldstrafe bestraft.

(2) Der Versuch ist strafbar.

(3) In besonders schweren Fällen ist die Strafe Freiheitsstrafe von sechs Monaten bis zu zehn Jahren. Ein besonders schwerer Fall liegt in der Regel vor, wenn der Täter 1. gewerbsmäßig oder als Mitglied einer Bande handelt, die sich zur fortgesetzten Begehung von Urkundenfälschung oder Betrug verbunden hat, 2. einen Vermögensverlust großen Ausmaßes herbeiführt oder in der Absicht handelt, durch die fortgesetzte Begehung von Betrug eine große Zahl von Menschen in die Gefahr des Verlustes von Vermögenswerten zu bringen, 3. eine andere Person in wirtschaftliche Not bringt, 4. seine Befugnisse oder seine Stellung als Amtsträger oder Europäischer Amtsträger mißbraucht oder 5.einen Versicherungsfall vortäuscht, nachdem er oder ein anderer zu diesem Zweck eine Sache von bedeutendem Wert in Brand gesetzt oder durch eine Brandlegung ganz oder teilweise zerstört oder ein Schiff zum Sinken oder Stranden gebracht hat.

(4) § 243 Abs. 2 sowie die §§ 247 und 248a gelten entsprechend.

(5) Mit Freiheitsstrafe von einem Jahr bis zu zehn Jahren, in minder schweren Fällen mit Freiheitsstrafe von sechs Monaten bis zu fünf Jahren wird bestraft, wer den Betrug als Mitglied einer Bande, die sich zur fortgesetzten Begehung von Straftaten nach den §§ 263 bis 264 oder 267 bis 269 verbunden hat, gewerbsmäßig begeht.

(6) Das Gericht kann Führungsaufsicht anordnen (§ 68 Abs. 1). (7) (weggefallen)."

Em tradução livre da autora: § 263 Fraude

(1) Quem, com intenção de obter vantagem patrimonial ilícita para si ou para um terceiro, causa dano a patrimônio de outra pessoa, sob falso pretexto ou ocultando fatos verdadeiros, induzindo ou mantendo em erro, é punível com pena de privação de liberdade de até 5 anos ou multa.

(2) É punível a tentativa.

(3) Em casos particularmente graves, a pena é de prisão de seis meses a dez anos. Um caso particularmente grave geralmente ocorrer quando o ofensor 1. atua profissionalmente ou como um membro de um bando que realiza falsificação de documentos ou fraude, 2. provoca uma perda de ativos de grande magnitude ou tem a intenção de pela sua atuação fraudulenta expor um grande número de pessoas para o risco de perda de bens, 3. acarreta dificuldades econômicas a outras pessoas, 4. abusa de seus poderes ou sua posição como um funcionário público ou funcionários europeus ou 5. simula dolosamente evento segurado depois dele ou outro terem exposto bem de valor significativo a ser destruído no todo ou em parte em incêndio criminoso, ou conduz um navio a afundar ou em direção às praias.

(4) § 243, 2 e §§ 247 e 248a aplicam-se *mutatis mutandis*.

(5) Será punido com pena de privação de liberdade de um ano a dez anos, e, em casos menos graves, com prisão de seis meses a cinco anos, quem comete fraude como um membro de um bando que incorrer nos tipos dos §§ 263-264 ou 267 a 269. (6) O tribunal pode ordenar supervisão (§ 68, 1). (7) revogado.

171. "§ 267 Urkundenfälschung

(1) Wer zur Täuschung im Rechtsverkehr eine unechte Urkunde herstellt, eine echte Urkunde verfälscht oder eine unechte oder verfälschte Urkunde gebraucht, wird mit

No direito brasileiro, as penas de natureza civil previstas na LDA constam dos seus artigos 102 e seguintes. Já os crimes de falsidade documental estão tratados a partir do artigo 296 do Código Penal.

c) Originalidade das réplicas, das obras de atelier e da appropriation art

Algumas obras exigem maiores reflexões acerca de sua originalidade, como é o caso das réplicas, das obras de atelier e das peças concebidas no contexto da designada *appropriation art.*

As réplicas pela mão do próprio artista ou repetições, assim como estudos preliminares de obra também tem valor artístico.[172] Trata-se de original que, como visto, não é restrita a peça única.

O *caso Caravaggio* (*Lancelot Thwaytes v. Sotheby's*, julgado na *High Court of Justice* inglesa),[173] é exemplo de causa em que a obra controvertida era uma réplica. Nele, *Thwaytes* processou a casa de leilões *Sotheby's* porque seus especialistas e peritos não avaliaram corretamente sua peça como sendo réplica de mão própria do pintor *Caravaggio*, mas a consideraram como mera cópia, que teria sido feita posteriormente, no século XVII, estimando seu valor em 15 a 25 mil libras.

O adquirente do quadro, contudo, expert no artista *Caravaggio*, *Sir Denis Mahon*, pagou 42 mil libras para arrematá-lo, considerando-o, contudo, como repetição/réplica pintor do famoso quadro "*The Kimbell Card Sharps*", de 1594, no *The Kimbell Art Museum* em *Fort Worth, Texas.* Após a aquisição, o quadro esteve exposto em vários museus, estando avaliado e segurado em 10 milhões de libras. Confira-se as telas:[174]

Freiheitsstrafe bis zu fünf Jahren oder mit Geldstrafe bestraft."

Em tradução livre da autora: § 267 Falsificação de documentos

(1) Quem fabrica um documento falso para enganar no tráfego jurídico, quem falsifica um documento real ou documento falso ou usa documentos falsificados é punível com pena de prisão até cinco anos ou multa.

172. PEÑUELAS I REIXACH, Lluís (org.). *Autoría, autentificación y falsificación de las obras de arte.* Fundación Salvador Dali, Ediciones Polígrafa, 2013. p. 68 e seguintes.

173. 2015, EWHC 36.

174. Embora seja a reprodução nesta obra sem cores, são perceptíveis diferenças no traçado, cores e brilho das obras. Para visualização da reprodução em cores, veja-se: "*The Kimbell Card Sharps*": <http://www.caravaggio.org/the-cardsharps.jsp>. Tela de *Thwaytes*, adquirida por Sir *Mahon:* <http://www.sothebys.com/en/auctions/ecatalogue/2012/old-master-early-british-paintings-l12030/lot.117.html>.

Nesse contexto foi que *Thwaytes* processou a *Sotheby's* por "*breach of contract*" e "*negligence*", alegando que não teria sido realizada avaliação científica da obra e que a casa de leilões não apenas se equivocara, mas fora, sim, negligente. Os peritos da *Sotheby's*, por sua vez, apresentaram diferentes pesquisas no contexto da história da arte e das ciências naturais, como uso de raios X e raio infravermelho, que confirmariam a conclusão deles de ser a obra mera cópia da exposta no *Texas*.

Diante dessas circunstâncias, o tribunal inglês rejeitou o pedido de *Thwaytes*, considerando que a casa de leilões não teria infringido a lei por confiar em seus próprios especialistas. Entendeu, ainda que a *Sotheby's* não estaria obrigada a contratar avaliador externo diante do contexto concreto, já que a tela lhe fora confiada apenas para avaliação, e não para leilão. O proprietário, por outro lado, poderia ter tido a iniciativa de fazê-lo.

O julgamento foi bastante polêmico, pois das condições gerais das casas de leilão como a *Sotheby's* consta, em regra, que a descrição do objeto é "expressão de opinião" e que "não assegura qualidade em caso de haver erro sobre origem, data, idade, proveniência, estado, autenticidade ou outros defeitos". Contudo, a crítica que se deve fazer é que a descrição do objeto à venda em catálogo constitui declaração de vontade (*Willenserklärung*), devendo ser interpretada de acordo o princípio da proteção da confiança e conforme a boa-fé.

Casas de leilão deveriam ser, portanto, responsáveis pela descrição do objeto à venda como qualquer outro vendedor, motivo pelo qual teriam a obrigação de mencionar quando a obra é avaliada apenas por seus próprios especialistas.[175]

---

175. Essa é a tese defendida por WEBER, Marc, no artigo "Caravaggio vor Gericht"..., p. 101. Sobre o tema dos deveres das casas de leilão, veja-se, ainda: BRÜHL, Friederike Gräfin von. Sorgfaltspflichten von Auktionshäusern. In: MOSIMANN, Peter; SCHÖNENBERGER, Beat (org.). *Kunst & Recht 2012*: Referate zur gleichnamigen Veranstaltung der Juristischen Fakultät der Universität Basel vom 15. Juni 2012. Bern: Stämpfli, 2013. p. 147-159.

Um caso interessante versando sobre o tema *quadros de Atelier* é o *Immendorff-Fall*,[176] antes referido a propósito da interdisciplinariedade do direito da arte. Nele, *Oda Jaune*, a viúva do artista alemão *Jörg Immendorff* (que foi pintor, escultor, artista gráfico, performer e professor de arte), um dos mais conhecidos da Alemanha na atualidade, buscou a destruição de um quadro adquirido no atelier de seu marido que, porém, ela reputou não ser de sua autoria, mas de um assistente. O artista foi especialmente popular na Alemanha nos anos 1980 com a série "*café-Deutschland*", cujo substrato era o fim da divisão do país, prevalecendo nas obras as cores nacionais alemãs.

O quadro controverso no caso foi o *Ready-Made Histoire dans Café de Flore,* litografia que, segundo a requerente, ofendia o parágrafo 96 da *Urheberrechtsgesetz*,[177] que proíbe a reprodução de obra de arte, porque não teria sido *impressa* pelo artista.

Na litografia há diferentes tiragens. As provas "de estado" (fr. *epreuves d'état;* en. *trial proofs*), geralmente inacabadas, que refletem as experimentações havidas na execução da impressão. Cada estado é resultado de mudança deliberada e permanente feita em uma matriz (placa de cobre ou bloco de madeira, por exemplo). As provas de ensaio (fr. *epreuves d'essai*), em que o artista e o litógrafo buscam as melhores condições de tiragem, considerando a tinta (densidade e cor) e a qualidade do papel. *Epreuves d'artiste* (en. *artist's proof,* indicadas *E.A.* ou *C.H.* no canto inferior direito) são exemplares do artista e consideradas fora do comércio (fr. *hors commerce, h.c.*), pois se destinam a sua coleção particular ou registro – não há uma quantidade pré-determinada mas, como regra, não devem ultrapassar dez unidades, sendo que nunca são numeradas. Há, ainda, as *epreuves de passe*, que se referem às impressões que extravasam o número previsto para a edição, cujo objeto é substituir os exemplares que o artista considerar não tenham sido bem impressos e que serão destruídos. A expressão "*printer's proof*" designa a impressão com a qual o artista apresenteia o impressor após a edição estar completa, sendo possível, ainda, que haja "*cancellation proof*", nos casos em que a impressão é feita a partir de matriz original que foi danificada com rachadura, arranhão ou furo para preservar a edição limitada. Por fim, "*restrike*" indica que se trata de reimpressão realizada a partir de matriz que não está na posse nem controle do artista.[178]

---

176. OLG Düsseldorf, 05.08.1014, *KUR* 5, 2014.

177. "§ 96 Verwertungsverbot (1) Rechtswidrig hergestellte Vervielfältigungsstücke dürfen weder verbreitet noch zu öffentlichen Wiedergaben benutzt werden. (2) Rechtswidrig veranstaltete Funksendungen dürfen nicht auf Bild- oder Tonträger aufgenommen oder öffentlich wiedergegeben werden."

178. Veja-se: WEBER-CAFIISCH, Olivier. *Faux et... défauts dans la vente d'objets d'art*. Genebra: Librairie de l'Université, 1980. p. 33-34; e LERNER, Ralph; BRESLER Judith. *Art Law*: the guide for collectors, investors, dealers, and artists, vol. 1, 2 e 3. 3ª ed. New York: Practising Law Institute, 2005. p. 461-463.

O tribunal, todavia, entendeu no caso que não se trataria de reprodução ilegal e nem de falsificação, mas, sim, de "*obra originária do atelier*" de *Immendorff* que, se não realizada pelas suas próprias mãos, o foi com sua autorização ou conivência (*Duldung*), tendo sido adquirida no local. A decisão prestigiou, portanto, a Teoria da Aparência (dt. *Anscheinsvollmacht*), protegendo o adquirente de boa-fé.

Obras de arte podem ter identificada a sua autoria de diferentes formas: (i) referindo apenas o nome do artista, o que dá certeza de sua autoria; (ii) contendo a expressão "atribuído a" (fr. *attribué à*), que revela a imputação provável da autoria; (iii) utilizando-se a expressão "*est probablement de*", que da mesma forma indica elegantemente haver dúvida sobre a autoria; (iv) com a indicação "do atelier/ studio de", que informa se tratar de obra de artista indeterminado proveniente do atelier em questão; (v) com a referência "do círculo de" (*cercle de*), que revela que a obra foi elaborada por artista com relações estreitas com o pintor referido, embora não necessariamente seu discípulo; (vi) com os termos "do discípulo de" (école de), que denota se tratar de artista contemporâneo ao referido, conhecido ou não; (vii) ou ainda, "no estilo de" (*à la manière de*), que indica se tratar de obra semelhante em estilo do pintor referido, mas não contemporânea a ele; (vii) com a expressão "segundo" (*après*), que indica se tratar de cópia do artista referido; e, por fim, (viii) a indicação "assinado por" ou "*signé*", acompanhada das iniciais ou do nome do artista, significa que há assinatura na própria obra, enquanto "datado" ou "*daté*" costuma indicar o ano que a obra foi concluída. A título de curiosidade, vale referir que algumas obras dispõem de título, oferecido pelo próprio artista ou posto por terceiro, mas que é resultado de aceitação geral. Para o *pedigree*, expressão que os franceses usam em conexão com origem da obra, são relevantes apenas publicações em catálogos de venda, pois carimbos de museus, selos de exposições e outras impressões ou anotações no verso de uma obra ou moldura podem ser facilmente falsificadas.[179]

O que destaca o caso é o fato de não ter sido atribuída a autoria da tela controvertida a *Immendorff* explicitamente, mas a seu *atelier*, como no passado eram as advindas de oficinas de grandes mestres.[180] Tampouco se disse que seria originária de um de seus discípulos ou assistentes (*von Schülern aus dem Umkreis des Autors entstammen*). Foi negada a destruição do quadro porque se tratava de um "*Atelier-Bild*" (pt. quadro do ateliê), produzido e negociado lá, aparentemente

179. WEBER, Marc. Caravaggio vor Gericht: Anmerkungen zum Urteil des Englischen High Court vom 16. Januar 2015. *Bulletin Kunst & Recht* 2016/2-2017/1, p. 99; e WEBER-CAFIISCH, Olivier. *Faux et... défauts dans la vente d'objets d'art*. Genebra: Librairie de l'Université, 1980. p. 30-31.

180. Até o século XX era relativamente comum encontrar várias versões de um quadro conhecido, que eram encomendados junto a seu próprio atelier. Isso se modificou muito por influência de *Walter Benjamin*, de que apenas a peça original e única teria sua "aura". Veja-se acima (*a*) *original e falsificação*).

sob supervisão do pintor. Não foi dito nem mais nem menos do que isso sobre a procedência e autoria, motivo pelo qual deve ser protegido o adquirente de boa-fé.

Nesse contexto, o quadro do ateliê se configura entre o original e a falsificação. Não é o primeiro, porque não é com certeza produto do artista. Não é a segunda, porque é obra originária de seu ateliê, presumindo-se sua realização com, pelo menos, sua tolerância, senão com seu expresso consentimento e/ou auxílio.[181]

Outra questão relevante quando se examina a originalidade como aspecto objetivo da arte como conceito jurídico é a da *arte apropriada* (en. *appropriation art;* dt. *Aneignungskunst*), desenvolvida em New York, no final dos anos 1970, que diz respeito à apresentação de uma obra nova a partir de outra, preexistente, e que não se resume a casos como os de *ready-made-art*, já descritos.

O termo "apropriação" significa "tornar próprio" o que é de outro. No contexto jurídico a expressão é infeliz, porque não se trata de falsificação e nem de plágio. Não há elemento doloso na *appropriation art*: não há cópia da obra original, vendida como se original fosse. Tampouco imputa-se a autoria de original a outrem que não seu criador.[182] Ao contrário. Na arte apropriada, *a cópia é técnica artística* para se atingir um determinado conceito de arte. Não se confunde tampouco com direito de reprodução, porque *não é a obra em si que é copiada, mas seu estilo ou motivo.*[183]

Protagonista dessa técnica foi *Elaine Sturtevant*, que desde 1964 produziu obras baseadas em peças de *Roy Lichtenstein*, *Andy Warhol* e *Frank Stella*, com pequenas inexatidões deliberadas, expondo-as com seu próprio nome. Apesar da controvérsia da técnica, o próprio *Warhol* foi grande apreciador de suas obras. Consta que numa entrevista, questionado sobre sua própria técnica de serigrafia, respondeu: "Eu não sei, pergunte a Elaine".[184]

Tem-se outros exemplos de arte apropriada no trabalho de *Louise Lawler*, que se dedicou a fotografar obras de arte e de colecionadores privados e museus, e de *Richard H. Pettibone*, que miniaturizou peças de outros artistas.[185] Como se sabe, para receber a proteção do direito autoral a fotografia precisa se

---

181. JAYME, Erik. Atelierverkäufe und Werkstattbilder – Rechtsfragen des Kunsthandels – Betrachtungen zur Immendorff-Entscheidung des OLG Düsseldorf. In: WELLER, Mathias; KEMLE, Nicolai (org.). *Kultur im Recht – Recht als Kultur*: Tagungsband des Neunten Heidelberger Kunstrechtstags am 30. und 31. Oktober 2015, Baden-Baden: Nomos, 2016, p. 9-18.

182. HUTTENLAUCH, Anna Blume. *Appropriation Art...* p. 26.

183. SCHACK, Haimo. *Kunst und Recht...* p. 177-183.

184. HUTTENLAUCH, Anna Blume. *Appropriation Art* – Kunst an den Grenzen des Urheberrechts. Baden-Baden: Nomos, 2010. p. 17.

185. HOEREN, Thomas; HOLZNAGEL, Bernd; ERNSTSCHNEIDER, Thomas (org.). *Handbuch Kunst und Recht*. Frankfurt am Main; Berlin; Bern; Wien (u. a.): Peter Lang, 2008. p. 25 e seguintes.

constituir numa declaração artística, não se limitando a mera representação do que foi fotografado. Essa contribuição pode decorrer da escolha do motivo, do enquadramento, da perspectiva, além de parâmetros técnicos, como iluminação, por exemplo. A obra de *Lawler* recebe a proteção autoral por satisfazer esses requisitos, ainda que o elemento central da composição seja a obra artística de terceiro. Já as peças de *Pettibone* se inserem no âmbito da proteção autoral, pelo fato do formato miniatura ser reflexo de sua personalidade.

A tensão jurídica que se configura no tema da *appropriation art* é entre os direitos econômicos do criador da obra primígena e a liberdade criativa do criador da obra nova. Não se tratando de paródia e nem imitação/adaptação/transformação da obra original (*Nachahmung, § 23 UrhG;* artigo 29 da LDA), que constituiria obra derivada, mas se inserindo no contexto de *obra nova* (*selbständiges Werk, § 24 UrhG;* artigo 46, VIII, LDA), ambas as obras são originais, sendo dispensada a anuência do criador da primeira para a realização da segunda.[186]

d) Arte e design

No direito alemão não se exige que a obra seja puramente arte (*reine Kunst*), admitindo-se que possa haver proteção de criações que tenham utilidade (*angewandte Kunst* ou *Gebrauchsgegenstände*). Sob o título arte aplicada (*angewandte Kunst*) designa-se a concepção de objetos do cotidiano com alguma aplicação, em oposição às chamadas belas artes, cujo valor de uso estaria no embelezamento. Constam como arte aplicada a arquitetura e a decoração (*Architektur* e *Innenarchitektur*), o design gráfico (*Grafikdesign*), o design industrial (*Industriedesign*), as "artes e ofícios" (*Kunstgewerbe*) e o design de moda (*Modedesign*).

Casos variados enfrentam a definição de arte no contexto de bens com utilidade para fins de aplicação da proteção do direito autoral ou incidência de favor fiscal no direito alemão. Por exemplo, o LG Hamburg já considerou latas de cerveja (*Bierdosen*) como arte aplicada. Já o LG Berlin não admitiu que textos de anúncios (*Texte von Stellenanzeigen*) fossem tidos como arte,[187] avaliando no caso como ausente o elemento de "*Gestaltugshöhe*".[188]

Até pouco tempo atrás, a base legal para a proteção dessas criações com utilidade, não consideradas como criações originais e nem submetidas a lei de direitos autorais, era a *Geschmackmustergesetz* (traduzível como "lei do desenho industrial registrado"), de 1876. Segundo essa lei, seriam suscetíveis de proteção criações de arte aplicada quando presentes a novidade e a especificidade do

---

186. JAYME, Erik. Die Kopie als Original: Rechtsfragen einst und jetzt, *Bulletin Kunst & Recht* 2013/2 – 2014/1, p. 62 e seguintes. Vide, ainda, capítulo II, 2, 2.4, a) livre utilização e obra nova.

187. LG Hamburg, 07.07.2016.

188. KG Berlin, 18.07.2016.

modelo/exemplar (*Eigentümlichkeit des Musters*), essa tida como presente quando desenvolvida por criador com conhecimento acima da média na área ("über das Durchschnittskönnen eines mit der Kenntnis des betreffenden Fachgebiets ausgerüsteten Mustergestalters hinausgeht"[189]). Atualmente, essas obras, se não atenderem ao requisito para serem consideradas obras de arte (*Gestaltungshöhe*), encontram proteção na *Designschutzgesetz* ou na *Markengesetz.*

Alguns casos são paradigmáticos dessa compreensão de que criações de design não alcançam, em regra, o grau criativo necessário para serem consideradas obra de arte, como os precedentes da *Brombeer-Muster als Stoff* e do *Silberdistel.*

Sobre uma estampa de tecido com imagem da natureza entendeu o BGH que não pode recair a proteção própria dos direitos autorais no julgado havido em 27.01.1983,[190] conhecido como *caso da Brombeer-Muster als Stoff* (pt. estampa de amora em tecido). No caso, a autora da ação havia criado uma estampa com imagem de amoras para fins de utilização em roupas de cama, que fora, porém, reproduzida pela ré sem seu consentimento e remuneração, por ter entendido esta última que imagens da natureza não seriam suscetíveis de proteção pelo direito autoral. O tribunal, todavia, confirmou que até mesmo a estampa de tecido poderia em tese ser considerada como "arte aplicada" (*angewandte Kunst*) e, assim, ser protegida pelos direitos autorais, desde que se tratasse de criação individual, cujo valor estético tenha alcançado um determinado grau criativo. No caso concreto, contudo, afirmou que o desenho não alcançou esse valor (*Gestaltungshöhe*) para ser considerado arte, mas que mereceria proteção no âmbito da propriedade industrial e do design (*Geschmackmusterschutz*), porque a estampa conteria características próprias, notadamente o uso de cores e sombras, que a individualizariam. Assim, considerando essa circunstância e a presença de uma singularidade concorrencial da amostra (*Vorliegen einer wettbewerblichen Eigenart des Musters*), concluiu pela acolhida parcial do pedido da autora.

O *Silberdistelfall* (pt. caso do cardo)[191] trata da representação de cardos em brincos, que a autora da ação considerava protegidos pelo direito autoral, por desenvolver peças com esse motivo há anos em alta joalheria. A ré, por sua vez, considerava a obra insuscetível de proteção, porque não se trataria de criação do espírito (*geistig-schöpferische Leistung*), mas de mera obra de artesanato (*handwerklich-technische Leistung*) e que, ademais, retrata flor encontrada na natureza, o que justificaria qualquer semelhança entre as peças que fabrica e as da autora da ação.

O caso se constitui como paradigmático porque na sua fundamentação o BGH considerou que não haveria obra de arte conforme o parágrafo 2, 1, 4 da UhrG, pois os brincos teriam destinação ou utilização própria no embelezamento

189. BGH GRUR 1969, 90.
190. BGH, 27.01.1983 – I ZR 177/80.
191. BGH, 22.06.1995 I ZR 119/93.

de quem os usa e, portanto, não se tratariam de obra de arte pura (sem finalidade), motivo pelo qual seria exigível um grau de criatividade e particularidade maior (*Gestaltungshöhe*). Entenderam, ainda, que o formato do cardo não seria de uso privativo da autora da causa, mas decorrente da natureza, sendo que o acabamento empregado seria comum na ourivesaria. O tribunal tampouco constatou ofensa ao parágrafo 1 da Lei contra concorrência desleal (dt. *Gesetz gegen den unlauteren Wettbewerb*, sigla *UWG*), por não ter a autora da ação apresentado provas de sua ocorrência.

Como se vê, o limite entre o direito autoral e a proteção da propriedade industrial é discussão antiga da prática jurídica alemã, nem sempre sendo tarefa fácil distingui-los, pois eventualmente a arte se incorpora ao objeto industrial. Os argumentos trazidos pela doutrina e jurisprudência alemãs podem ser aproveitados no direito nacional, tendo em vista o tratamento similar da questão até recentemente.

Objetos de design e obras de arte aplicada compartilham a característica essencial de terem uma finalidade ou serem destinadas a um uso.[192] Porém, possuem proteção diferenciada, no Brasil, como na Alemanha, o que causa dificuldades ao operador do direito. Os primeiros sujeitam-se à proteção de propriedade industrial – no âmbito do desenho industrial ou do chamado modelo registrado (*Geschmacksmustergesetz*),[193] que desde 2014 é chamada *Gesetz über den rechtlichen Schutz von Design* (lei sobre a proteção jurídica do design) na Alemanha, e como desenhos industriais e patentes de invenção ou modelo de utilidade no Brasil, em que o tema é regulado na Lei 9.279/1996. As segundas, submetem-se à proteção do direito autoral.

Desde a nova lei, a questão adquiriu outros contornos na Alemanha.

Esses dois regimes protetivos têm por escopo proteger o produto final, de natureza não primária e técnica, mas de natureza peculiar, *criativa e artística, no caso do direito autoral, ou singular e nova, no caso do design*. Isso porque o autor (*Urheber*) e o designer exploram um espaço de concepção (*Gestaltungsspielraum*), mais ou menos criativo, no contexto das respectivas leis. A importância de sua distinção reside da amplitude da proteção oferecida a criador e criação, sendo esta ostensivamente mais larga no âmbito do direito autoral.

Para a proteção do autor, porém, deve haver criação intelectual pessoal (*persönliche geistige Schöpfung*), consoante prevê o § 2, II, UrhG (criação do espírito, nos termos do artigo 7.º da LDA), e esta deve ser original e singular, alcançando um determinado valor criativo ("*Gestaltungshöhe*" *ou* "*Schöpfungshöhe*"). Isso é

192. OBERGFELL Eva Inés. Abschied von der "Silberdistel": Zum urheberrechtlichen Schutz von Werken der angewandten Kunst. In: <https://beckonline>, *GRUR* 2014, 621 e seguintes.

193. O site do INPI (Instituto Nacional da Propriedade Industrial) oferece informações claras e abrangentes sobre o tema. Veja-se: <http://www.inpi.gov.br/>.

exigido porque *a obra de arte é protegida por se tratar da expressão direta da personalidade do autor*, emanando de seu espírito. Já no design busca-se proteger um *produto comercial concebido de uma forma especialmente inovadora* (*Schutz eines besonders innovativ gestalteten gewerblichen Produkt*).

No contexto dessa nova abordagem, denominada *design approach*, a lei *para proteção de desenho e modelo* (*Geschmacksmusterrecht*) exige como pré-requisito para a proteção, além da *novidade*, a *singularidade* do design, esta compreendida no sentido de *distinguibilidade* (*Unterschiedlichkeit*). Não se exige mais a especificidade do modelo/exemplar (*Eigentümlichkeit des Musters*) como no direito autoral, havendo, portanto, um certo grau de individualidade diminuído. Pelo contexto anterior, haveria *Eigentümlichkeit* quando o exemplar atingisse um determinado padrão estético.

Desde a implementação da diretiva 98/71/EG (dt. *RL über den Schutz von Mustern und Modellen*) no ano de 2004, mediante a *Designschutzgesetz* não se exige mais uma concepção peculiar (*eigentümliche Gestaltung*), mas uma *singularidade da concepção* (*Eigenart der Gestaltung*), que revele que o objeto de design se *distingue* das formas já existentes.

O exame da *distinguibilidade* exigida de uma criação se dá mediante comparação com outros exemplares, *sem exame qualitativo do valor estético*. A proteção, portanto, como produto de design não depende de a obra atingir ou não um determinado valor criativo – compreensão que foi recepcionada na jurisprudência no julgamento do caso intitulado *"Trem de aniversário"* (dt. *Geburtstagszug*),[194] motivo pelo qual essas peças passaram a ter maior proteção, deixando de ocupar posição inferior, como "moeda pequena" (dt. *kleine Münze*).[195] Nesse caso, a autora concebera um trem de madeira para a colocação de velas de aniversário, tendo recebido pela encomenda uma remuneração não expressiva. Não obstante, a peça demonstrou ser um sucesso de vendas, o que ensejou a ação para a percepção de retribuição pelo direito autoral. Em primeira e segunda instância a autora não obteve êxito, sob o argumento de que a peça não poderia ser considerada arte aplicada por insuficiência de *Gestaltungshöhe*. O BGH, todavia, reverteu a jurisprudência até então firmemente consolidada, ajustando a interpretação ao novo preceito legal, para compreender a proteção do design não mais em condição inferior à da arte no direito alemão, mas paralela, em contexto próprio.

---

194. Julgamento de 13.11.2013, Az. I ZR 143/12.

195. O termo "pequena moeda" (*kleine Münze*) foi cunhado em 1921 pelo jurista *Alexander Elster* em seu livro básico de Propriedade Intelectual e teve entrada rápida no jargão jurídico, designando obras que podem receber proteção de direito autoral, porém que tem baixa expressão criativa (*Werkhöhe*), estando justamente no limite da aptidão para aplicação dos direitos autorais, como *jingles*, por exemplo. As obras de design deixaram de constar sob esse título após a compreensão, pelo BVerfG, de que estariam submetidas à *Geschmackmustergesetz*.

Acaso uma obra com utilidade não seja considerada arte para fins de proteção sob o âmbito do direito autoral, por falta de *Gestaltungshöhe*, pode ser tida como criação de design, para proteção no âmbito da respectiva lei, se distinguível das obras antes existentes e se for devidamente registrada. Se não satisfizer, todavia, tampouco o critério da distinguibilidade e tampouco contar com registro, a única alternativa de que disporá o criador, eventualmente, para obter reconhecimento por sua criação será demonstrar ofensa à lei de proteção contra a concorrência desleal.[196]

Um caso que bem exemplifica essa hipótese é o *Modeneuheit*[197] (en. *Fashionability*), em que, à luz do § 1 da lei contra a concorrência desleal (*Gesetz gegen den unlauteren Wettbewerb*, abrev. *UWG*), concluiu o BGH pela ilegalidade da imitação ou da cópia praticamente idêntica de produtos de moda sazonais (estampas de tecido de alta costura). Segundo o julgamento, a proteção, no âmbito da proteção contra a concorrência desleal, das novidades na moda não pressupõe uma novidade objetiva do produto, mas na sua singularidade sazonal (estação/temporada).

No Brasil, a compreensão é comparável: se a obra for criação do espírito do autor, aplicar-se-á a LDA; se não resultar de sua personalidade criativa e artística, mas se constituir em produto comercial novo, sendo singular, poderá receber a proteção no âmbito da propriedade industrial, como desenho industrial, por exemplo. Se tampouco satisfizer condições para tanto, ao criador restarão normas gerais de direito para fundamentar eventual pretensão.

2.2 Artista, criador e artesão

Equiparar *artista* (*Künstler*) com *criador* de obra de arte (*Schöpfer von Kunstwerken*) é inexato. Isso porque existem artistas que por muito tempo não realizam obra de arte alguma: ser artista define-se não apenas pela sua produção, mas pelo menos também por sua própria compreensão e atitude na vida. Ainda, tem-se obras que hoje são consideradas arte e que, em sua época de criação, não o foram, como as pinturas nas cavernas de *Lascaux*, nas paredes das tumbas dos faraós e as rochas de *Stonehenge*. Além do reconhecimento social do artista, outra característica assim o define: o desejo de criar algo especial, que o diferencie dos demais indivíduos – indício disso são as assinaturas em vasos gregos já no século VII antes de Cristo.[198]

De fato, pode-se dizer que os artistas deixam pouco a pouco o anonimato. Dadas circunstâncias da Idade Média, em que uma formação específica não era

196. Sobre a mudança de entendimento do BGH, leia-se: BARUDI, Malek. Designschutz aufgewertet: zur Abkehr des Bundesgerichtshofs von der besonderen Gestaltungshöhe für angewandte Kunst im Urheberrecht, *KUR* 1/2014, p. 11-15.

197. BGH 19.01.1973 I ZR 39/71.

198. SCHACK, Haimo. *Kunst und Recht*: Bildende Kunst..., p. 34.

oferecida aos artistas e que o exercício de atividade artística era limitada pelas corporações, não foi senão no início da renascença que cresceu o interesse pela personalidade de artistas, destacando-se especialmente *Leonardo Da Vinci, Michelangelo, Rafael* e *Tiziano*, cultuados como gênios.[199] Nessa época estabeleceram-se famosos artistas que serviam à realeza com status privilegiado junto à Corte (dt. *Hofkünstler;* fr. *Court painter;* en. *court artist*). Todavia, desfrutavam de menos liberdade criativa, pois atuavam de acordo com o gosto do público a que serviam. As obras realizadas aos nobres patrocinadores desses artistas não se constituíam como mercadoria à venda, mas, sim, como uma expectativa de retribuição de um presente (*Erwartung eines Gegengeschenkes*), assim considerando o conforto oferecido na Corte. Por tudo isso, a liberdade do artista também era limitada no sentido de que somente poderia aceitar encomendas para terceiros se o nobre a que servia estivesse de acordo, pois exaltá-lo era sua atribuição.[200]

A liberdade criativa passou a ganhar novos contornos com o surgimento dos primeiros colecionadores de arte ao final do século XV, pois as condições de produção artística mudaram. Em lugar de produzidas apenas por pedido pessoal do nobre/príncipe patrocinador, as obras passaram a ser estoque num mercado anônimo, onerando, todavia, o artista com a atribuição de negociá-las. Nesse contexto, as obras passaram a ter certa homogeneidade, condizente com o "gosto da época".[201]

Foi no século XIX que a atividade do artista foi alçada à profissão autônoma, estabelecendo-se, todavia, apenas aqueles com condições de oferecer o que o mercado buscava – ou que contavam com meios próprios, como *Tolouse-Lautrec*, cujos ricos pais subsidiavam, ou com sorte, como *Armand Guillaumin*, que ganhou o prêmio principal na loteria francesa.[202] Todavia, era comum artistas depararem-se com situação de vulnerabilidade na idade avançada, por não contarem com seguro social adequado.

Hoje em dia são as grandes empresas que patrocinam as artes, mediante comissionamento ou encomenda de obras a artistas,[203] como meio de estabelecer relações, ou Estados, por meio de subvenções para patrocínio cultural. Nesses

---

199. A demonstrar o interesse na personalidade do artista veja a publicação, em 1558, por *Giorgio Vasari* da obra "*Le Vite de' più eccellenti pittori scultori ed architettori*". In: SCHACK, Haimo. *Kunst und Recht:* Bildende Kunst... p. 35. A título de curiosidade, Vasari foi o fundador da primeira academia de artes, em Florença, Itália, em 1563.

200. SCHACK, Haimo. *Kunst und Recht:* Bildende Kunst... p. 36.

201. SCHACK, Haimo. *Kunst und Recht*: Bildende Kunst... p. 37.

202. SCHACK, Haimo. *Kunst und Recht*: Bildende Kunst... p. 37.

203. Veja-se: *Zaleski v. Clark* [44 Conn. 218 (1876)], *Pennington v. Howland* [21 R.I. 65, 41 A. 891 (1898)] e *Wolff v. Smith* [25 N.E. 2D 399, 303 Ill. App. 413 (1940)]. In: LERNER, Ralph; BRESLER Judith. Art Law: the guide for collectors, investors, dealers, and artists. V. 1, 2 e 3. 3a ed. New York: Practising Law Institute, 2005. p. 493 e seguintes.

casos, o contrato deve conter breve descrição do que deve ser criado, meio utilizado, tamanho da obra, prazo para sua conclusão, autorização para esboços e modelos, local de entrega ou instalação e a indicação do responsável pelas despesas inerentes a elas. Outrossim, deve ser fixado o preço e forma de pagamento e a titularidade dos direitos patrimoniais, bem como será a inspeção do progresso do trabalho do artista. Recomenda-se, ainda, dispor as consequências de eventual não entrega da obra pelo artista, seja por motivo de saúde, óbito ou outro, bem como eventual cobertura securitária da criação. Por fim, desses contratos geralmente consta que quem encomenda, isto é, o comprador, deve ficar satisfeito. A razoabilidade de sua eventual insatisfação é irrelevante, porque é quem encomenda sob condição de contentamento, e apenas essa pessoa, e não um tribunal que eventualmente julgue a controvérsia no caso de desacordo, que deve ficar satisfeita com a obra. A eventual ausência de disposição sobre os direitos patrimoniais, segundo a lei brasileira, importa na manutenção deles pelo autor. Na *common law* norte-americana, todavia, o entendimento é diverso. Sob o *Copyright Act* de 1909, aplicável a obras criadas antes de 01.01.1978, a maior parte do *case law* atribui os direitos a quem fez a encomenda, se não era possível verificar a intenção delas. Desde o *Copyright Act* de 1976 para que os direitos patrimoniais sejam atribuídos ao comitente as partes devem acordar por escrito que a obra deve ser considerada como "*work made for hire*".[204]

---

204. "17 U S C § 101: *A "work made for hire" is—(1) a work prepared by an employee within the scope of his or her employment; or(2) a work specially ordered or commissioned for use as a contribution to a collective work, as a part of a motion picture or other audiovisual work, as a translation, as a supplementary work, as a compilation, as an instructional text, as a test, as answer material for a test, or as an atlas, if the parties expressly agree in a written instrument signed by them that the work shall be considered a work made for hire. For the purpose of the foregoing sentence, a "supplementary work" is a work prepared for publication as a secondary adjunct to a work by another author for the purpose of introducing, concluding, illustrating, explaining, revising, commenting upon, or assisting in the use of the other work, such as forewords, afterwords, pictorial illustrations, maps, charts, tables, editorial notes, musical arrangements, answer material for tests, bibliographies, appendixes, and indexes, and an "instructional text" is a literary, pictorial, or graphic work prepared for publication and with the purpose of use in systematic instructional activities. In determining whether any work is eligible to be considered a work made for hire under paragraph (2), neither the amendment contained in section 1011(d) of the Intellectual Property and Communications Omnibus Reform Act of 1999, as enacted by, nor the deletion of the words added by that amendment—(A) shall be considered or otherwise given any legal significance, or(B) shall be interpreted to indicate congressional approval or disapproval of, or acquiescence in, any judicial determination,by the courts or the Copyright Office. Paragraph (2) shall be interpreted as if both section 2(a)(1) of the Work Made For Hire and Copyright Corrections Act of 2000 and section 1011(d) of the Intellectual Property and Communications Omnibus Reform Act of 1999, as enacted by, were never enacted, and without regard to any inaction or awareness by the Congress at any time of any judicial determinations.*"

Como a fama póstuma não assegura subsistência em vida,[205] o direito alemão elegeu uma solução para essa situação, por meio da Lei de Seguro Social do Artista (*Künstlersozialversicherungsgesetz*),[206] que se destina a amparar aqueles, alemães ou não, em atividade na Alemanha – ou temporariamente no exterior. As contribuições são vertidas pelo próprio artista e pelo Estado.

Sob a perspectiva tributária, o artista desfruta de alguns privilégios no direito alemão, especialmente benefícios no que pertine ao imposto de renda, como, por exemplo, a alíquota incidente na alienação de obras de arte, que de 19% é reduzida a 7%. O mesmo ocorre com a negociação de direitos autorais.

Na Alemanha, se a atividade realizada for considerada *artesanal*,[207] e não artística, perde-se todas as vantagens tributárias, devendo o agente ajustar-se às rígidas exigências profissionais dessas carreiras, como a obtenção de licença (*Meisterprüfung*), por exemplo. Se não aprovado nos exames, o artista viveria situação quase correspondente a uma proibição de trabalho.

O regulamento de trabalho artesanal (*Handwerksordnung*) faz parte da legislação comercial (*Gewerberecht*), que refere algumas atividades como pedreiro, escultor (em pedra e em madeira), gesseiro, pintor, ourives, fotógrafos e ceramistas. Embora *Gewerbe* não seja definido na lei alemã, entende-se ser o exercício de toda atividade autônoma permitida, de duração, com finalidade de lucro, exceto produção primária, administração de bens próprios, e de profissões *artísticas*, literárias e científicas.[208] Logo, distinguir entre artesanato e artista é relevante. No Brasil, contudo, parece não haver relevância nesse tema, já que o substrato legal brasileiro não é o mesmo, pelo menos por ora, já que nossa cultura social e jurídica não exige formação formal para qualquer dessas atividades.

Quanto a sua formação, o artista não está mais adstrito a ser aprendiz da sua atividade junto às Corporações, pois não precisa mais atuar exclusivamente como artesão, tampouco pertencer a uma corporação de ofício. Da mesma forma, não é

---

205. Bem aponta *Schack* a experiência pessoal de *Vincent van Gogh* que, em vida, não vendeu senão um único quadro por alguns francos, porém atualmente tem cada uma de suas obras avaliadas em mais de 80 milhões de euros.

206. EBLING, Klaus; SCHULZE, Marcel. *Kunstrecht*: Zivilrecht, Steuerrecht, Stiftungsrecht. 2nd ed. München: Beck: 2012. p. 353-526; FISCHER, Hermann; REICH, Steven. *Der Künstler und sein Recht*: ein Handbuch für die Praxis. München: C. H. Beck, 2014. p. 269-337.

207. Critica *Schack* que o fotógrafo desfrutará da vantagem da alíquota reduzida; porém, devido às limitações existentes no contexto distintivo de artista e artesão, o designer gráfico não. Isso porque a lei tributária, em consonância com a jurisprudência, define a atividade artística (*Künstlerische Tätigkeit,* § 18 I Nr 1 EStG) como uma contribuição criativa própria, com um determinado grau de originalidade. Como se vê, estabelece-se paralelo evidente com o conceito de direito autoral. Ocorre que o fato de um indivíduo produzir uma criação autoral, como um fotógrafo de museu, por exemplo, não faz dele artista. In: *Kunst und Recht*: Bildende Kunst... p. 42.

208. SCHACK, Haimo. *Kunst und Recht*: Bildende Kunst..., p. 40.

prerrogativa daqueles que frequentaram academia de artes o exercício criativo; ao contrário, para o exercício de seu ofício o artista não requer nenhum certificado estatal. A frequência a curso proporciona melhoras na técnica, é claro. Estima-se que apenas 10% dos artistas plásticos no mundo sejam autodidatas.[209]

209. SCHACK, Haimo. *Kunst und Recht*: Bildende Kunst..., p. 43.

II

ARTE COMO OBJETO DO DIREITO AUTORAL

1. Tratados internacionais

A Convenção de Berna para a proteção de obras de arte e literárias, de 1886, trata da proteção das obras e de seus criadores, proporcionando a esses últimos (sejam eles autores, músicos, poetas e pintores) meios de controle do uso de suas obras. É baseada em três princípios básicos – não exigência de formalidade para proteção dos direitos do autor, reciprocidade de tratamento dos artistas nacionais dos países signatários e prazo mínimo de proteção – dos quais decorrem série de disposições determinando uma "proteção mínima".

A Unesco é órgão das nações unidas responsável por coordenar a cooperação internacional em educação, ciência, cultura e comunicação, que conta, atualmente, com 195 Estados-membros e 9 associados. O órgão é responsável pela Convenção universal sobre os direitos do autor (dt. *Welturheberrechtabkommen*; en. *Universal Copyright Convention*), de 1952. No âmbito do direito internacional público é responsável pela Convenção sobre Bens Culturais de 1970, que concerne às medidas para proibir e impedir a importação, exportação e transferência de propriedade ilícitas de bens culturais (1970). Em 2005 a conferência geral da Unesco produziu a Convenção sobre a proteção e promoção da diversidade de expressões culturais.

A Organização Mundial de Propriedade Intelectual (dt. *Weltorganisation für gestiges Eigentum*; en. *World Intellectual Property Organization*, sigla *WIPO*) é também organismo especial das Nações Unidas e proporciona um fórum global especifico para serviços, politicas, informação e cooperação sobre propriedade intelectual. O tratado sobre propriedade intelectual firmado no seu âmbito (en. *Copyright Treaty*, sigla *WCT*) é um tratado especial que, fortalecendo a convenção de Berna, trata da proteção das obras de arte e seus autores no ambiente digital, reconhecendo direitos econômicos e incluindo programas de computador e compilações de dados e outros materiais (*databases*). Já o Tratado de performance e fonogramas (en. *Performances and Phonograms Treaty*, sigla *WPPT*), disciplina direitos no âmbito de apresentações e gravações.

A Organização Mundial do Comércio (sigla OMC; en. *World Trade Organization*, sigla *WTO*) é responsável pelo Acordo Geral sobre Aduanas e Comércio (en. *General Agreement on Tariffs and Trade*; sigla *GATT*), estabelecido, originariamente, em 1947. Na década de 1990, voltou-se a discutir a criação de um organismo internacional destinado a regulamentar o comércio internacional não apenas de bens, mas também serviços, além de temas relacionados a investimentos e propriedade intelectual, que resultou no novo Acordo de Tarifas Aduaneiras e Comércio (GATT 94), o qual manteve a vigência do GATT 47, adicionando o Acordo Geral sobre o Comércio de Serviços (GATS), o Acordo sobre Investimentos (TRIMS) e o Acordo sobre direitos de Propriedade Intelectual (TRIPS), encarregando própria OMC de efetivar e garantir a aplicação dos acordos citados.

O Acordo sobre Aspectos dos Direitos de Propriedade Intelectual Relacionados ao Comércio (sigla TRIPS; en. *Agreement on Trade-Related Aspects of Intellectual Property Rights*) é, portanto, o tratado Internacional, integrante do conjunto de acordos assinados em 1994, cuja relevância reside justamente no fato de ser o instrumento multilateral mais abrangente para a observância global das leis de propriedade intelectual.

O Acordo TRIPS exige que os membros da OMC reconheçam os direitos autorais reciprocamente,[1] incluindo-se em seu âmbito de proteção não apenas o criador, mas artistas intérpretes ou executantes, produtores de gravações de som e organizações de radiodifusão etc.

---

1. Nesse sentido é a redação expressa do artigo 3.º do acordo:

"*Article 3 National Treatment*

1. Each Member shall accord to the nationals of other Members treatment no less favourable than that it accords to its own nationals with regard to the protection (3) of intellectual property, subject to the exceptions already provided in, respectively, the Paris Convention (1967), the Berne Convention (1971), the Rome Convention or the Treaty on Intellectual Property in Respect of Integrated Circuits. In respect of performers, producers of phonograms and broadcasting organizations, this obligation only applies in respect of the rights provided under this Agreement. Any Member availing itself of the possibilities provided in Article 6 of the Berne Convention (1971) or paragraph 1(b) of Article 16 of the Rome Convention shall make a notification as foreseen in those provisions to the Council for TRIPS.

2. Members may avail themselves of the exceptions permitted under paragraph 1 in relation to judicial and administrative procedures, including the designation of an address for service or the appointment of an agent within the jurisdiction of a Member, only where such exceptions are necessary to secure compliance with laws and regulations which are not

Quanto ao direito europeu, o Tratado de Lisboa alçou a União Europeia a um novo nível. As fontes jurídicas primárias do bloco, agora com personalidade jurídica própria, são essa norma (dt. *Vertrag über die Europäische Union*; sigla EUV), o tratado sobre o funcionamento da União Europeia (dt. *Vertrag über die Arbeitsweise der Europäischen Union;* sigla *AEUV*) e o constituinte da Comunidade Europeia da Energia Atômica (dt. *Europäische Atomgemeinschaft*; abrev *Euratom*). Como fontes secundárias, tem-se regulamentos, diretivas, decisões, resoluções, recomendações e pareceres. As diretivas destinam-se a harmonizar a lei na UE, devendo ser implementadas pelo direito interno de cada Estado. No âmbito do direito autoral, 7 diretivas revelam-se especialmente interessantes. São elas: 1) Diretiva 2009/24/EG, de 23.04.2009, para a proteção de programas de computador; 2) Diretiva 2006/115/EG, de 12.12.2006, sobre o direito de aluguel, comodato e a certos direitos conexos ao direito de autor em matéria de propriedade intelectual; 3) Diretiva 93/83/EWG, de 27.09.1993, relativa à coordenação de disposições em matéria de direito de autor e direitos conexos aplicáveis à radiodifusão por satélite e à retransmissão por cabo; 4) Diretiva 2006/116/EG, de 12.12.2006, que trata do prazo de proteção do direito de autor e de certos direitos conexos; 5) Diretiva 96/9/EG, de 11.03.1996, referente a proteção de bases de dados; 6) Diretiva 2001/29/EG, de 22.06.2001, cuja ementa refere a harmonização de certos aspectos do direito de autor e dos direitos conexos na sociedade da informação; 7) Diretiva 2001/48/EG, de 27.09.2001, sobre o direito de sequência (*Folgerecht*).

A Diretiva 2004/48/EG, de 29.04.2004, trata da efetivação (dt. *Durchsetzung*; en. *enforcement*) dos direitos de propriedade intelectual na UE, enquanto a Diretiva 2006/123/EG, de 12.12.2006, trata da prestação de serviços no mercado interno. Também a Diretiva 93/7/EWG, de 15.03.1993, relativa à restituição de

inconsistent with the provisions of this Agreement and where such practices are not applied in a manner which would constitute a disguised restriction on trade.

Article 4 Most-Favoured-Nation Treatment

With regard to the protection of intellectual property, any advantage, favour, privilege or immunity granted by a Member to the nationals of any other country shall be accorded immediately and unconditionally to the nationals of all other Members. Exempted from this obligation are any advantage, favour, privilege or immunity accorded by a Member:(a) deriving from international agreements on judicial assistance or law enforcement of a general nature and not particularly confined to the protection of intellectual property;

(b) granted in accordance with the provisions of the Berne Convention (1971) or the Rome Convention authorizing that the treatment accorded be a function not of national treatment but of the treatment accorded in another country;

(c) in respect of the rights of performers, producers of phonograms and broadcasting organizations not provided under this Agreement;

(d) deriving from international agreements related to the protection of intellectual property which entered into force prior to the entry into force of the WTO Agreement, provided that such agreements are notified to the Council for TRIPS and do not constitute an arbitrary or unjustifiable discrimination against nationals of other Members."

bens culturais que tenham saído ilicitamente do território de um Estado-membro, tem relevância no âmbito do direito da arte. Por fim, a Diretiva 2005/737/EG, de 18.05.2005, trata da gestão transfronteiriça coletiva do direito de autor e dos direitos conexos no domínio dos serviços musicais.

2. Paralelo entre direito autoral brasileiro (Lei 9.610/1998) e *Urheberrechtsgesetz*

2.1 Conteúdo e estrutura

A proteção do direito do autor é territorial, observados os tratados concluídos entre Estados, acima referidos.

No Brasil, a Lei 9.610/1998, também designada Lei de Direitos Autorais (sigla LDA), regula os direitos autorais, denominação que abrange os direitos de autor e os que lhes são conexos,[2] sendo aplicável a brasileiros ou estrangeiros domiciliados no Brasil ou em país que assegure aos brasileiros ou estrangeiros domiciliados no Brasil a reciprocidade na proteção aos direitos autorais ou equivalentes. Estrangeiros domiciliados no exterior gozarão da proteção assegurada nos acordos, convenções e tratados em vigor no Brasil.

Os direitos de autor (*Urheberrecht*) são regulados na Alemanha na *Urheberrechtsgesetz* (abrev. *UrhG*), traduzida textualmente como lei de direitos do autor, cujo conteúdo é, todavia, não apenas voltado à tutela dos direitos deste último, mas também dos direitos conexos[3] e dos direitos sobre programas de computador.[4] Essa lei define obra (*Werk*), tipos de obra (*Werkarten*) e o "grau criativo" (*Schöpfungshöhe*) no seu parágrafo 2.º. Trata dos titulares dos direitos, criadores das obras, assim como dos seus direitos de personalidade (*Urheberpersönlichkeitsrecht*) – que incluem o direito de publicar (*Veröffentlichungsrecht,* § 12 UrhG), de ver reconhecida a autoria (*Anerkennung der Urheberschaft,* § 13 UrhG) e a proibição da descaracterização (*Verbot der Entstellung,* § 14 UrhG) – e os direitos de exploração (*Verwertungsrechte*)

---

2. O*s direitos conexos não dizem respeito a uma criação original,* mas que estão relacionadas a obras protegidas pelo direito do autor e, por esse motivo, são obras que recebem proteção análoga a essa realização criativa.

3. No direito alemão, são protegidos nessa condição não apenas os artistas executantes e os intérpretes (*ausübende Künstler*), mas os editores científicos, as obras póstumas, o fotógrafo, os produtores de fonograma, criadores de banco de dados, emissores de TV, editores de imprensa e produtores de filme. Grosso modo, a proteção deles é da mesma amplitude da dos autores no Brasil. Na Alemanha, os prazos de proteção, são, todavia, mais curtos, por exemplo, nos casos envolvendo fotografia simples, não artística (*Lichtbild*), em que são contados 50 anos desde a sua realização, em lugar de 70 anos desde o falecimento do autor (*post mortem auctoris*), como no regime autoral.

4. Os programas de computador são expressamente excluídos do âmbito de aplicabilidade da LDA, sendo disciplinados em norma própria (Lei 9.609/1998). Na UrhG a matéria consta dos parágrafos 69a a 69g.

que, por sua vez, perfazem os direitos de reprodução (*Vervielfältigungsrecht,* § 16 UrhG), de distribuição (*Verbreitungsrecht,* § 17 UrhG) e de exposição (*Ausstellungsrecht,* § 18 UrhG).

A *Urheberrechtsgesetz* trata, ainda, do tráfego dos direitos autorais, mediante disciplina dos direitos de exploração (*Nutzungsrechte,* §§ 31-44 UrhG), assim como dos limites dos direitos autorais (*Schranken des Urheberrechts,* §§ 44a-63a UrhG).

Os direitos conexos (*Verwandte Schutzrechte*) são regulamentados entre os parágrafos 70 e 87h. Prescrições especiais sobre filmes, distinguindo entre obras cinematográficas (*Filmwerke*) e outras filmagens (*Laufbilder*) também constam da norma, a partir do parágrafo 88.

A partir do parágrafo 97 da UrhG estão disciplinadas as consequências de violação aos direitos previstos na lei, incluindo pedido de tutela de urgência (*Anspruch auf Unterlassung*), pedido de cessação da violação (*Beseitigung*) e indenização (*Schadensersatz*).

Curiosamente ao jurista brasileiro, a *UrhG* oferece regras processuais próprias, inclusive de natureza executiva, dispondo, outrossim, acerca de seu âmbito de aplicação, que envolve matéria de direito internacional privado, com regras próprias, distinguindo entre nacionais alemães, estrangeiros de nacionalidade de países membros da União Europeia, estrangeiros provenientes de países do Espaço Econômico Europeu (dt. *Europäischee Wirtschaftsraum,* abrev. *EWR*; pt. EEE), outros estrangeiros, apátridas e refugiados (parágrafos 120 a 123).

A lei brasileira conta com outra disposição da matéria, preceituando em seus primeiros artigos conceitos introdutórios, sem necessária correspondência na lei alemã, como, por exemplo, a disposição acerca da natureza móvel dos direitos autorais para efeitos legais – especialmente relevante por dispensar as formalidades próprias da transmissão dos bens imóveis (artigo 1.245 do Código Civil) – e o princípio segundo o qual a interpretação dos negócios jurídicos envolvendo direitos autorais devem ser interpretados restritivamente. Já o artigo 5.º apresenta os conceitos básico de publicação, transmissão ou emissão, retransmissão, distribuição, comunicação ao público, reprodução, contrafação, fonograma, editor, produtor, radiodifusão, artistas intérpretes ou executantes e titular originário, além de definir obra em coautoria, anônima, pseudônima, inédita, póstuma, originária, derivada, coletiva e audiovisual – temas tratados ao longo da *Urheberrechtsgesetz.*

O Artigo 6.º da LDA prescreve que não serão domínio da União, Estados, Distrito Federal nem Municípios as obras por eles simplesmente subvencionadas, eliminando dúvidas que poderiam surgir nessa hipótese.

A seguir, a LDA oferece o importantíssimo conceito de *obra intelectual protegida*, não usando a expressão "obra de arte", que define como *as criações do espírito, expressas por qualquer meio ou fixadas em qualquer suporte, tangível ou intangível, conhecido ou que se invente no futuro*. Oferece, portanto, conceito aberto em seu artigo 7.º, *caput*,[5] mas que complementa ao oferecer ao intérprete da lei exemplos em seus incisos.[6]

Não há, como referido no capítulo anterior, a exigência legal de elemento estético para enquadramento da obra nas normas de proteção do direito autoral.

A lei brasileira estabelece que, no domínio das ciências, por motivos autoevidentes, a proteção recai sobre a *forma* literária ou artística, não abrangendo o seu *conteúdo científico ou técnico*, sem prejuízo dos direitos que protegem os demais campos da propriedade imaterial, como eventual patente de invenção ou modelo de utilidade, por exemplo.

Do artigo 8.º da LDA consta rol de itens excluídos da proteção da lei como, as ideias, procedimentos normativos, sistemas, métodos, projetos ou conceitos matemáticos como tais; os esquemas, planos ou regras para realizar atos mentais, jogos ou negócios; os formulários em branco para serem preenchidos por qualquer tipo de informação, científica ou não, e suas instruções; os textos de tratados ou convenções, leis, decretos, regulamentos, decisões judiciais e demais atos oficiais; as informações de uso comum tais como calendários, agendas, cadastros ou legendas; os nomes e títulos isolados; e o aproveitamento industrial ou comercial das ideias contidas nas obras – questões que, em regra, alinham-se aos conceitos alemães, muitos dos quais examinados acima, na definição de obra de arte.

Deve-se ressaltar que não há proteção do aproveitamento industrial das *ideias* presentes nas obras, mas isso não afasta a proteção autoral em caso de reprodução

---

5. Contrapõe-se a lei de *copyright* inglesa, segundo a qual apenas as obras nela listadas contam com proteção.

6. O dispositivo contém rol não exaustivo: textos de obras literárias, artísticas ou científicas; conferências, alocuções, sermões e outras obras da mesma natureza; obras dramáticas e dramático-musicais; as obras coreográficas e pantomímicas, cuja execução cênica se fixe por escrito ou por outra qualquer forma; composições musicais, tenham ou não letra; as obras audiovisuais, sonorizadas ou não, inclusive as cinematográficas; as obras fotográficas e as produzidas por qualquer processo análogo ao da fotografia; obras de desenho, pintura, gravura, escultura, litografia e arte cinética; ilustrações, cartas geográficas e outras obras da mesma natureza; os projetos, esboços e obras plásticas concernentes à geografia, engenharia, topografia, arquitetura, paisagismo, cenografia e ciência; adaptações, traduções e outras transformações de obras originais, apresentadas como criação intelectual nova; os programas de computador; as coletâneas ou compilações, antologias, enciclopédias, dicionários, bases de dados e outras obras, que, por sua seleção, organização ou disposição de seu conteúdo, constituam uma criação intelectual. A respeito desse último exemplo, o parágrafo 2.º preceitua que a proteção concedida não abarca os dados ou materiais em si mesmos e se entende sem prejuízo de quaisquer direitos autorais que subsistam a respeito dos dados ou materiais contidos nas obras.

indevida da própria criação no âmbito industrial. Um caso interessante ocorreu com o pintor *Eduardo Figueiredo Vieira da Cunha*, que se viu surpreendido por aplicação de tela de sua autoria em estampa de tecido que, por sua vez, foi posteriormente transformado em traje, o qual foi utilizado pela atriz *Susana Vieira* em programa de televisão transmitido pela rede Globo. O artista propôs ação contra a emissora de televisão que produziu a telenovela em que usada a peça de roupa controvertida e obteve ganho de causa em 1.º grau, recebendo indenização por danos morais e materiais.[7]

O artigo 9.º assegura à réplica de obra plástica realizada pelo autor a mesma proteção da obra original, enquanto o artigo 10 preceitua que a proteção à obra intelectual abrange o seu título, *se original e inconfundível com o de obra do mesmo gênero,* divulgada anteriormente por outro autor. Sobre o tema, em caso julgado pelo STJ, foi afastado o direito à proteção de título de peça teatral que fora também usado em telenovela (*As filhas da mãe*), porque considerado que "não seria original" (leia-se criativo) e inconfundível, mas referência a expressão popular de uso recorrente. Outrossim, consignaram os julgadores que as obras não seriam do mesmo gênero, o que reforçaria a ausência de proteção do título.[8]

Decorrência lógica de ser a obra criação do autor é que o autor é a pessoa física criadora da obra,[9] seja ela literária, artística ou científica (art. 11 LDA), que pode ser identificado por nome, seja este completo ou abreviado, pseudônimo ou qualquer sinal.

A possibilidade de registro, sem valor constitutivo, mas probatório, em caso de titularidade controversa, consta dos artigos 18 a 21 da LDA,[10] sendo tratados a partir do artigo 22 da LDA os direitos do autor, de natureza moral ou patrimonial.

2.2 Direitos morais

Os assim chamados *direitos morais* do autor são inalienáveis e irrenunciáveis, perfazendo: o direito de reivindicar, a qualquer tempo, a autoria da obra; o de ter seu nome, pseudônimo ou sinal convencional indicado ou anunciado, como sendo o do autor, na utilização de sua obra; o de conservar a obra inédita; o de assegurar a integridade da obra, opondo-se a quaisquer modificações ou à prática

---

7. Veja-se: 0064470-22.2016.8.21.0001, que tramitou na 1ª Vara do Foro Central de Porto Alegre.

8. Veja-se: REsp 1311629/SP, rel. Min. Luis Felipe Salomão, rel. p/ o Acórdão Min. Marco Buzzi, Quarta Turma, julgado em 25.04.2017, *DJe* 31.05.2017.

9. Outra contraposição ao *copyright*, que admite não apenas a pessoa física como criadora, mas também pessoas jurídicas.

10. Obras literárias, podem ser, por exemplo, registradas na Biblioteca Nacional; as musicais, na Escola de Música, e as de artes plásticas, na Escola de Belas Artes, ambas da Universidade Federal do Rio de Janeiro. Obras cinematográficas podem ser registradas na Ancine, enquanto obras de arquitetura podem ser registradas no Conselho de Arquitetura e Urbanismo do Brasil.

de atos que, de qualquer forma, possam prejudicá-la ou atingi-lo, como autor, em sua reputação ou honra; o de modificar a obra, antes ou depois de utilizada; o de retirar de circulação a obra ou de suspender qualquer forma de utilização já autorizada, quando a circulação ou utilização implicarem afronta à sua reputação e imagem; e o de ter acesso a exemplar único e raro da obra, quando se encontre legitimamente em poder de outrem, para o fim de, por meio de processo fotográfico ou assemelhado, ou audiovisual, preservar sua memória, de forma que cause o menor inconveniente possível a seu detentor, que, em todo caso, será indenizado de qualquer dano ou prejuízo que lhe seja causado. Por morte do autor, transmitem-se a seus sucessores os direitos de reivindicar a autoria da obra, de ser referido na utilização de sua obra, de conservá-la inédita e o de assegurar a integridade da obra. Esse último direito incumbe ao Estado, na hipótese de obra ser de domínio público.

Entre esses direitos morais reconhecidos pela lei brasileira, destacam-se, por sua relevância ao direito da arte, o direito à publicação e à manutenção do ineditismo (*Veröffentlichungsrecht*) e o direito de assegurar a integridade da obra (*Schutz der Integrität des Werkes*) e de opor-se a modificações que possam prejudicá-la ou atingir o autor em sua honra e reputação.

a) Direito à publicação e à manutenção do ineditismo

O destino da obra de arte é muito importante para seu criador que, por meio do direito de publicação ou de conservação da obra inédita, decide *se*, *quando* e *sob que circunstâncias* a obra deixará sua esfera privada para oferecê-la à crítica do público.

A publicação em si é ato real que não pode ser retratado. Contudo, depende da autorização prévia e expressa do autor.

A LDA, no artigo 24, III, inequivocamente reconhece o direito do autor de conservar sua obra inédita. Nesse mesmo sentido é também a disposição do parágrafo 12 da *Urheberrechtsgesetz*,[11] que preceitua, em tradução livre, ter o autor o direito de determinar se e como seu trabalho deve ser publicado, reservando-se o direito de divulgar ou descrever publicamente o conteúdo do seu trabalho, sempre que nem o trabalho, sua descrição ou o conteúdo essencial já tenham sido publicados com o seu consentimento.

---

11. "§ 12 Veröffentlichungsrecht

(1) Der Urheber hat das Recht zu bestimmen, ob und wie sein Werk zu veröffentlichen ist.

(2) Dem Urheber ist es vorbehalten, den Inhalt seines Werkes öffentlich mitzuteilen oder zu beschreiben, solange weder das Werk noch der wesentliche Inhalt oder eine Beschreibung des Werkes mit seiner Zustimmung veröffentlicht ist."

Inclui-se no direito à publicação e ao ineditismo o direito do autor de aquiescer com a publicação da obra, mantendo, porém, se assim o desejar, o anonimato, o que não prejudica seus direitos autorais sobre ela.

Sobre o tema, o STJ teve oportunidade de julgar caso em que material entregue por acadêmico à instituição de ensino para consulta fora publicado por ela na internet, sem sequer haver a atribuição da autoria. Na fundamentação do voto condutor, destacou o julgador que a lei concede aos autores direito de manter a obra não publicada "*pelo tempo que for conveniente*",[12] motivo pelo qual o autor faria jus à reparação diante da publicação de sua obra, sem seu consentimento.[13]

Outra ocorrência recorrente que viola o direito autoral é a questão da exigência, por instituições de ensino, de entrega pelos seus alunos de trabalhos de conclusão – cuja elaboração é requisito parcial para a obtenção de grau – para publicação em seus portais de internet. Essa publicação, resultado de imposição, porque condiciona a expedição do diploma, se afigura de duvidosa legalidade. É certo que essas instituições têm direito a receber cópia do trabalho produzido durante a formação que proporcionaram ao estudante para seus bancos de dados, inclusive para fins de controle de originalidade e prevenção de plágio. Contudo, exigir do autor que consinta com o oferecimento deles ao público em geral, na internet, não apenas carece de autorização legal, como contraria expressamente preceito específico de lei.

b) Direito de assegurar a integridade da obra

A proteção da *integridade da obra* e a *vedação de modificações* que a prejudiquem ou ofendam a reputação e a honra de seu autor *não* é absoluta, exceto se decorrente de interesse da coletividade, como nas hipóteses de tombamento, no âmbito da proteção do patrimônio cultural. Assim, diante do caso concreto, podem ser admitidas interferências na obra de arte, tanto para mantê-la, como para alterá-la. No primeiro caso se insere a hipótese de *restauração*; no segundo, as *modificações legitimadas pelo uso*, por exemplo.

Estima-se que num intervalo de 100 anos, 90% das telas hoje existentes sejam perdidas, por considerarem seus proprietários que o valor delas seria inferior às despesas para sua manutenção. Essa "seleção natural" proporciona que obras de qualidade superior tenham maior probabilidade de serem conservadas. Nesse contexto, os museus que selecionam peças para composição de seus acervos e exposições também têm papel fundamental na conservação de obras de arte contemporânea.[14]

---

12. Artigo 24, III, LDA.
13. REsp 1201340/DF, rel. Ministra Maria Isabel Gallotti, Quarta Turma, julgado em 03.11.2011, *DJe* 02.08.2012.
14. SCHACK, Haimo. *Kunst und Recht*... p. 237.

A restauração tem lugar, pois as obras de arte passam por processo de envelhecimento, sendo que, diferentemente de obras de literatura ou música, na arte visual esse processo se revela fisicamente, já que afrescos descascam, madeira se deforma e telas apodrecem. Tintas craquelam, vernizes escurecem e algumas cores esmaecem. A restauração, portanto, é aceitável para restabelecer as condições originais de obras danificadas por condições climáticas ou pelo transcurso do tempo, a fim de assegurar sua percepção, apreciação e entendimento para novas gerações.

O objetivo de medidas de conservação e restauração de uma obra é mantê-la, e não modificá-la, motivo pelo qual a fidelidade à obra é o mandamento supremo que orienta o procedimento. Se o processo artístico da obra não for passível de reconstituição, não há falar em restauração.

A restauração contemporânea baseia-se na legibilidade, que significa poder distinguir a parte restaurada do original; e na reversibilidade, que exige que as técnicas ou materiais usados devem poder ser eliminados no futuro por outra restauração. Do ponto de vista químico, significa que uma resina pode ser solubilizada no mesmo solvente que o que permitiu sua utilização. Deve-se estudar cuidadosamente os produtos empregados na restauração, a fim de que haja durabilidade das obras restauradas. Se este princípio não for respeitado, danos irreversíveis podem ser causados.[15]

Cumpre referir que deveres de preservação (*Erhaltungspflichten*) de obras de arte são imposições do direito de proteção a patrimônio histórico e monumentos, sendo estranhos à proteção dos direitos autorais. De fato, embora o proprietário não possa modificar ou destruir a obra, tampouco tem dever de conservá-la, salvo convenção contratual em contrário.[16]

Na hipótese de uma restauração não ser bem-sucedida, sobrevindo danos ou mesmo a ruína da obra de arte, o restaurador pode ser responsabilizado pelo proprietário. É complexo, todavia, determinar a extensão de sua culpa, que deve se basear na capacidade e diligência esperadas do restaurador.

Além da hipótese de restauração, a proteção da integridade da obra também encontra limite expresso na sua *legitimidade* no direito alemão, de acordo com o previsto no § 14 da UrhG (dt. *Entstellung des Werkes*; pt. distorção da obra).[17]

---

15. Foi o que ocorreu com os mármores do Parthenon, danificados pelo *British Museum* em restauração promovida no século passado quando, acreditando que os mármores seriam originariamente brancos, restauradores utilizaram produtos pesados na limpeza das peças – cujo tom do mármore original era, sim, amarelado.

16. Já o direito francês e de alguns estados americanos impõem dever fundamental de conservação. Nesse sentido: SCHACK, Haimo. *Kunst und Recht*... p. 238.

17. "§ 14 Entstellung des Werkes
Der Urheber hat das Recht, eine Entstellung oder eine andere Beeinträchtigung seines Werkes zu verbieten, die geeignet ist, seine berechtigten geistigen oder persönlichen Interessen am Werk zu gefährden."

Segundo esse dispositivo, para determinar se o autor pode se opor a modificações, porque elas representariam *distorção* ou *interferência em sua obra,* devem ser examinadas as condições previstas nesse dispositivo, que concebe um "teste de três passos" (*Dreistufentest*), indagando-se: (i) o que significa objetivamente deformação ou outro tipo de interferência prejudicial; (ii) se essa ação seria adequada para colocar em perigo os interesses do autor; e (iii) se esses interesses são legítimos. Nesse contexto devem ser sopesados os direitos do autor, do titular dos direitos autorais e/ou seus herdeiros, eventualmente do poder público e do autor da "nova obra". No direito brasileiro, por sua vez, o preceito relativo à integridade da obra é mais vago, referindo utilização que cause *prejuízo à obra* ou atinjam *reputação ou honra do autor*, nessa condição (artigo 24, IV, da LDA). Logo, deve-se indagar o que significa prejudicar a obra ou atingir o criador em sua reputação ou honra enquanto autor.

O prejuízo à obra deve ser compreendido no contexto mais amplo possível: não apenas interferências na sua integridade, mas também utilizações indevidas, em que a obra seja associada a algo negativo, por exemplo, como nazismo ou outra forma de criminalidade. Sobre os efeitos da modificação em relação ao autor, deve-se considerar que o termo "reputação" diz respeito ao conceito, renome, boa fama do profissional, enquanto "honra" se refere a um conceito que goza o indivíduo em decorrência de uma conduta proba, virtuosa. Assim, não é qualquer modificação que a LDA veda, mas, sim, aquela que ofenda o renome profissional ou a probidade do criador da obra, nessa condição.

Fora do contexto das artes aplicadas, em que, diante das necessidades de uso da obra, a relativização dos direitos do criador é mais evidente, como se verá em capítulo a seguir, no qual examinada a tensão entre arquiteto e proprietário do imóvel,[18] vale citar o caso que envolveu o autor da novela *Pantanal, Benedito Ruy Barbosa*, contra a TVSBT, julgado pelo Superior Tribunal de Justiça.[19]

Segundo o relatório do caso no STJ, o autor da ação firmara "contrato de prestação de serviços editoriais, no qual se comprometeu a escrever os textos literários da telenovela *Pantanal*, e outro de cessão de direitos autorais, com prazo de vigência de 10 (dez) anos, a partir de 1990", ano em que a novela foi exibida na TV Manchete. "Em 27/5/1995, as partes firmaram um acordo em que o recorrente renunciou expressamente, em caráter irrevogável e irretratável, ao direito de receber qualquer importância referente a todos os direitos e concessões ajustados", sobrevindo cessão de direitos da extinta emissora para a TVSBT – Canal 4 de São Paulo S.A., que exibiu entre 2008 e 2009 a telenovela, sem prévia autorização ou remuneração do recorrente e, segundo foi alegado, com cortes de cenas.

---

18. Vide, a seguir: capítulo II, 2, 2.4, f) Direitos do proprietário.

19. REsp 1558683/SP, rel. Min. Ricardo Villas Bôas Cueva, rel. p/ o Acórdão Min. Moura Ribeiro, Terceira Turma, julgado em 15.09.2016, *DJe* 10.10.2016.

Nos votos apresentados, prevaleceu o entendimento de que, dado o teor da cláusula contratual, a renúncia aos direitos decorrentes do contrato com a emissora original (TV Manchete) excluiria também os direitos decorrentes da utilização da obra por terceiro (TVSBT), mas não *indenização pelos danos morais em virtude da modificação da obra que teriam atingido "honra e reputação do autor"* – por se tratar o direito à integridade da obra de direito de personalidade, que é intransmissível, inalienável e irrenunciável.

A solução, embora adequada sob alguns aspectos, especialmente porque considerou a liberdade de contratar do escritor da novela, deixou de examinar que eventual renúncia a direito patrimonial não abarcaria o *direito de sequência* (de perceber, no mínimo, 5% em cada revenda da obra), que é autônomo e irrenunciável, consoante o artigo 38 da LDA,[20] ainda que integre o conjunto de direitos patrimoniais do autor. Assim, mesmo que o STJ tenha concluído por proceder à "interpretação restritiva" do contrato,[21] é forçoso consignar que a interpretação não poderia ter sido *contra legem.*

Outra afirmação do acórdão que merece reflexão é a de que "a cessão de direitos autorais tem caráter *intuitu personae*", não podendo "ser[em] tratado[os] como duplicata que pode ser cedida/endossada à infinidade até o seu pagamento". Os direitos patrimoniais do autor, justamente por essa natureza, são perfeitamente cessíveis (exceto o direito de sequência), a não ser que se tenha pactuado em sentido contrário. O autor desfruta de uma série de direitos expressos na Lei 9.610/1998, notadamente os do capítulo V, em relação à transferência de seus direitos, dentre os quais não consta o de se manifestar em relação a direito que já renunciou e alienou.

Outrossim, no julgamento não restou esclarecido como a "honra e reputação do autor" poderiam ter sido atingidos com cortes na obra que foram procedidos mesmo antes da alienação controvertida, sendo, ainda, imputáveis à ré na ação, que já adquiriu a obra na versão alterada. Parece, salvo melhor juízo, que o caso ensejaria compreensão diversa, no sentido de que os cortes na obra original constituiriam dano *in re ipsa*, por constituírem *prejuízo à obra em si mesma*, como todo. Porém, segundo a fundamentação do tribunal do tribunal de origem, que avaliou os *fatos* da controvérsia, esse dano não seria imputável à ré, porque ela não dispunha da versão integral, tendo recebido a versão com alterações quando da aquisição.

---

20. Dispositivo análogo constava da Lei 5.988/1973, no artigo. 39: "O autor, que alienar obra de arte ou manuscrito, sendo originais ou direitos patrimoniais sobre obra intelectual, tem direito irrenunciável e inalienável a participar na mais-valia que a eles advierem, em benefício do vendedor, quando novamente alienados. § 1.º Essa participação será de vinte por cento sobre o aumento de preço obtido em cada alienação, em face da imediatamente anterior".

Sobre o tema, vide capítulo II, 2, 2.3, a) Direito de sequência, a seguir.

21. Apesar das súmulas 5 e 7 STJ!

Isso posto, forçoso concluir que o julgamento não expressa compreensão razoável sobre a manutenção da integridade da obra e vedação de modificações, revelando, ainda, que o desconhecimento sobre os direitos patrimoniais do autor – notadamente sobre o direito de sequência – não está circunscrito ao artista, incluindo, outrossim, lamentavelmente, o julgador.

2.3 Direitos patrimoniais

Os direitos patrimoniais atribuídos pela lei ao criador de obra intelectual protegida nada mais são do que a remuneração pela sua atividade criativa.

O criador pode aliená-los parcial ou totalmente, temporária ou definitivamente, porém há de fazê-lo de forma expressa.

No âmbito da lei de direitos autorais, eventual aquisição do original de uma obra, ou de exemplar, *não confere ao adquirente qualquer dos direitos patrimoniais do autor*, salvo convenção em contrário (artigo 37 LDA), e ainda que assim o ocorra, não abarca jamais os direitos morais, que decorrem da proteção à personalidade do autor. É tão intensa a proteção dos direitos patrimoniais do autor, que estes não se comunicam com o patrimônio do cônjuge, exceto os rendimentos de sua exploração, ou em caso de pacto antenupcial em sentido diverso.

Segundo o artigo 28 da LDA, *cabe ao autor o direito exclusivo* de utilizar, fruir e dispor da obra literária, artística ou científica, dependendo de sua autorização *prévia* e expressa a utilização da obra, por quaisquer modalidades, tais como reprodução, edição, adaptação, tradução, inclusão em fonograma ou produção audiovisual, distribuição e inclusão em base de dados, sendo que eventual autorização para um uso não se estende a outro. Assim, ninguém pode reproduzir obra que não pertença ao domínio público, nem mesmo a pretexto de anotá-la, comentá-la ou melhorá-la, sem que haja a permissão do autor. Sequer seus sucessores poderão reproduzir versões anteriores se o autor tiver dado, em virtude de revisão, versão definitiva à obra (artigo 35 LDA).

Em 2015 foi julgado pelo STJ *o primeiro processo do qual constou expressamente de ementa do tribunal se tratar de caso de Direito da Arte* (REsp 1422699/SP)[22] e cuja controvérsia foi exatamente a alienação dos direitos patrimoniais do autor apenas de forma expressa.

A controvérsia envolveu a obra *Presépio de São José dos Campos*, concebida pela artista *Eugênia da Silva*, que o esculpiu à mão de forma típica de determinada região no estado de São Paulo. Segundo os autos, a artista vendeu a obra, sem qualquer condição/restrição para o *Museu de Folclore Edison Carneiro*, mantido pelo poder público. Em 1987, a artista ajuizou ação contra a empresa postal

---

22. REsp 1422699/SP, rel. Min. Humberto Martins, Segunda Turma, julgado em 01.09.2015, *DJe* 24.09.2015.

Correios, porque este tinha em 1981 impresso foto da obra em dois milhões de selos, sem sua autorização e menos ainda, retribuição.

Em sua defesa, os *Correios* alegaram que a artista também teria alienado os direitos de reprodução e exibição ao alienar a obra. Arguiram, ainda, não ter perseguido lucro com a emissão dos selos, cujo valor representa apenas o valor do porte, e que a veiculação da imagem apenas promoveu a artista. *Eugênia da Silva*, no entanto, disse que apenas vendeu a obra de arte, mantendo o direito de dispor sobre a sua reprodução.

O tribunal julgou com acerto o caso favoravelmente à artista, afirmando que o fato da obra ter sido adquirida por museu público não afeta a titularidade dos direitos patrimoniais se assim não foi convencionado. Ainda, consignaram que, embora a obra estivesse e exposição em *local público*, não estava em *logradouro público*, o que ensejaria a incidência do artigo 48 da LDA e legitimaria a reprodução. Dessa forma, determinaram uma compensação para o uso da imagem na forma de um percentual do valor de cada selo com a imagem de seu presépio, com base no art. 29 da LDA, que afirma que tanto a fotografia, como outra forma de reprodução de uma obra de arte, só pode ser feita com a permissão do artista, presumindo-se sua remuneração.

Isso posto, destaco alguns pontos especialmente interessantes à comparação entre o direito brasileiro e o alemão em relação aos direitos patrimoniais: o direito de sequência e os direitos de exploração.

a) Direito de sequência

Para preservar os interesses patrimoniais do autor foi concebido no direito francês direito patrimonial especial, autônomo, porém que perdura pelo prazo da proteção do direito autoral: o direito de sequência (dt. *Folgerecht*; fr. *droit de suite*[23]).[24] Primeiramente acolhido na legislação brasileira no art. 39 da Lei 5.988/1973, consta, atualmente, do art. 38 da LDA, que preceitua:

> "Art. 38. O *autor* tem o direito, irrenunciável e inalienável, de perceber, no mínimo, cinco por cento sobre o aumento do preço eventualmente verificável *em cada revenda* de obra de arte ou manuscrito, sendo originais, que houver alienado.
>
> Parágrafo único. Caso o autor não perceba o seu direito de sequência no ato da revenda, o vendedor é considerado depositário da quantia a ele devida, salvo se a operação for realizada por leiloeiro, quando será este o depositário."

---

23. Para um panorama do *droit de suite* na França, veja-se: CORNU, Marie; MALLET-POUJOL, Nathalie. *Droit, oeuvres d'art et musées*. Paris: CNRS, 2001. p. 105-107.

24. O direito de sequência opõe-se à *First-sale doctrine* americana, segundo a qual os artistas não têm direito a controlar ou lucrar com vendas subsequentes.

Singelamente, pode-se esclarecer o direito de sequência como o direito irrenunciável e inalienável de que goza o autor de uma obra de arte de receber participação sobre o preço de cada transação dessa obra, permitindo-lhe auferir percentual de cada alienação sucessiva dela. Seu escopo é assegurar paridade entre os criadores de obras de arte e outros criadores, de invenções, por exemplo, que se beneficiam da exploração de suas obras.

O substrato histórico que legitima o direito de sequência é o fato de que muitos artistas acabam a vida na pobreza, como ocorreu com *Van Gogh*,[25] enquanto negociantes e colecionadores alcançavam valores elevados com a revenda das obras.

Embora na legislação alemã, na qual consta do § 26 UrhG,[26] assim como outros países europeus, seja direito restrito a obras gráficas ou plásticas originais

---

25. DREIER, Thomas; SCHULZE, Gernot. *Urheberrechtskommentar*: Urheberrechts wahrnehmungsgesetz, Kunsturhebergesetz Kommentar. In: <https://beck-online.beck.de/?vpath=bibdata/komm/DreierSchulzeKoUrhG_5/UrhG/cont/DreierSchulzeKoUrhG.UrhG>. § 26, Rn. 1-35.

26. No direito alemão, a regulamentação do direito de sequência é mais minudente, atendendo à harmonização do tema em diretiva europeia.

Em tradução livre, dispõe o § 26 que (1) se o original de uma obra das artes visuais ou de fotografia for revendido e se um negociante de arte ou leiloeiro estiver envolvido como adquirente, alienante ou intermediário, o alienante deve pagar ao autor da obra uma parte do produto líquido da venda. Se o vendedor é um particular, são devedores solidários perante o artista o adquirente, intermediário, negociante de arte ou leiloeiro. A obrigação decai de o valor da alienação for inferior a 400 euros.

(2) O percentual de participação na venda é de 4% se o valor de alienação for de até 50.000 euros; 3% se o valor de alienação for entre 50.000 e 200.000 euros; 1% se o valor de alienação for de 200.000 e 350.000 euros; 0,5% se o valor de alienação for entre 350.000,01 e 500.000; e 0,25% se o valor de alienação for acima de 500.000 euros. O valor total do direito de sequência numa venda subsequente é de 12.500 euros.

(3) O direito de sequência é inalienável. O autor não pode renunciá-lo antecipadamente.

(4) O autor pode solicitar a comerciante de arte ou leiloeiro informações sobre os seus originais que tenham sido alienados nos últimos três anos com a intermediação deles.

(5) Com o propósito de fazer valer seu direito de sequência, o autor pode exigir informações do negociante de arte ou leiloeiro acerca do nome e endereço do vendedor de sua obra original e do valor do produto da venda. O negociante de arte ou leiloeiro pode se recusar a fornecer informações sobre o nome e o endereço do vendedor, se paga o direito de sequência.

(6) As pretensões das alíneas 4 e 5 só podem ser perseguidas por uma sociedade de cobrança.

(7) Se houver uma dúvida razoável quanto à exatidão ou integridade de qualquer informação alcançada o âmbito das alíneas 4 e 5, a sociedade de cobrança pode exigir que, à escolha da pessoa que fornece a informação, seu contador, um outro determinado contador ou contador juramentado tenha acesso livros e documentos necessários para determinar

(arte visual),[27] pois se considera que são, em regra, exemplares únicos, em relação aos quais a forma usual de exploração econômica é a venda, não ensejando exploração pela comunicação em massa, o mesmo não ocorre no Brasil, onde sua hipótese de incidência é mais ampla, como revela a mera leitura do dispositivo transcrito, que refere "obra de arte *ou manuscrito*", demonstrando que é direito aplicável a obras de arte em geral e até mesmo a obras literárias.

a exatidão ou integridade da informação. Se a informação for imprecisa ou incompleta, a pessoa que era responsável por ela deverá reembolsar os custos do exame.

(8) As disposições acima referidas não se aplicam a obras de arquitetura e artes aplicadas.

No original: "§ 26 Folgerecht

(1) Wird das Original eines Werkes der bildenden Künste oder eines Lichtbildwerkes weiterveräußert und ist hieran ein Kunsthändler oder Versteigerer als Erwerber, Veräußerer oder Vermittler beteiligt, so hat der Veräußerer dem Urheber einen Anteil des Veräußerungserlöses zu entrichten. Als Veräußerungserlös im Sinne des Satzes 1 gilt der Verkaufspreis ohne Steuern. Ist der Veräußerer eine Privatperson, so haftet der als Erwerber oder Vermittler beteiligte Kunsthändler oder Versteigerer neben ihm als Gesamtschuldner; im Verhältnis zueinander ist der Veräußerer allein verpflichtet. Die Verpflichtung nach Satz 1 entfällt, wenn der Veräußerungserlös weniger als 400 Euro beträgt.

(2) Die Höhe des Anteils des Veräußerungserlöses beträgt:

1. 4 Prozent für den Teil des Veräußerungserlöses bis zu 50.000 Euro,

2. 3 Prozent für den Teil des Veräußerungserlöses von 50.000,01 bis 200.000 Euro,

3. 1 Prozent für den Teil des Veräußerungserlöses von 200.000,01 bis 350.000 Euro,

4. 0,5 Prozent für den Teil des Veräußerungserlöses von 350.000,01 bis 500.000 Euro,

5. 0,25 Prozent für den Teil des Veräußerungserlöses über 500.000 Euro.

Der Gesamtbetrag der Folgerechtsvergütung aus einer Weiterveräußerung beträgt höchstens 12.500 Euro.

(3) Das Folgerecht ist unveräußerlich. Der Urheber kann auf seinen Anteil im Voraus nicht verzichten.

(4) Der Urheber kann von einem Kunsthändler oder Versteigerer Auskunft darüber verlangen, welche Originale von Werken des Urhebers innerhalb der letzten drei Jahre vor dem Auskunftsersuchen unter Beteiligung des Kunsthändlers oder Versteigerers weiterveräußert wurden.

(5) Der Urheber kann, soweit dies zur Durchsetzung seines Anspruchs gegen den Veräußerer erforderlich ist, von dem Kunsthändler oder Versteigerer Auskunft über den Namen und die Anschrift des Veräußerers sowie über die Höhe des Veräußerungserlöses verlangen. Der Kunsthändler oder Versteigerer darf die Auskunft über Namen und Anschrift des Veräußerers verweigern, wenn er dem Urheber den Anteil entrichtet.

(6) Die Ansprüche nach den Absätzen 4 und 5 können nur durch eine Verwertungsgesellschaft geltend gemacht werden.

(7) Bestehen begründete Zweifel an der Richtigkeit oder Vollständigkeit einer Auskunft nach Absatz 4 oder 5, so kann die Verwertungsgesellschaft verlangen, dass nach Wahl des Auskunftspflichtigen ihr oder einem von ihm zu bestimmenden Wirtschaftsprüfer oder vereidigten Buchprüfer Einsicht in die Geschäftsbücher oder sonstige Urkunden so weit gewährt wird, wie dies zur Feststellung der Richtigkeit oder Vollständigkeit der Auskunft erforderlich ist. Erweist sich die Auskunft als unrichtig oder unvollständig, so hat der Auskunftspflichtige die Kosten der Prüfung zu erstatten.

(8) Die vorstehenden Bestimmungen sind auf Werke der Baukunst und der angewandten Kunst nicht anzuwenden."

27. Sobre quais obras são consideradas originais, vide capítulo I, 2, 2.1, *b)* original e falsificação.

A natureza do direito de sequência é patrimonial, pois se trata de direito de crédito. Porém, não se consubstancia em direito de crédito comum, já que não tem previsão no regime geral das obrigações, mas na lei de proteção dos direitos autorais, sempre que ocorrer a transmissão da propriedade sobre o suporte físico da obra.[28] É *irrenunciável e inalienável*, o que não ocorre com os demais direitos patrimoniais atribuídos ao autor.

Na Europa, o tema encontra-se uniformizado pela Diretiva 2001/84/CE do Parlamento europeu e do Conselho,[29] de 27.09.2001, em virtude da qual mesmo os países que antes não tinham incorporado o direito de sequência (Reino Unido, Holanda, Irlanda e Áustria), passaram a fazê-lo.[30]

Compreende-se que apenas na negociação *comercial* de obras de arte *originais* ocorre o pagamento do direito de sequência, que incumbe às galerias, aos comerciantes de arte e aos leiloeiros,[31] ou seja, àqueles que tomam parte na revenda de obras de arte profissionalmente, não incidindo nos negócios entre pessoas privadas. Conforme compreensão da jurisprudência alemã, o vendedor é responsável pelo pagamento, ainda que não receba a totalidade do preço pelo comprador.[32] Ainda, não há direito de sequência em transação de obras que

---

28. VIEIRA, José Alberto. O direito de sequência. In: *Revista de Direito Intelectual* n. 1, junho de 2015.

29. O *Parlamento Europeu* (também conhecido como Eurocâmara ou Europarlamento) O Parlamento Europeu é o órgão legislativo da UE, diretamente eleito pelos cidadãos europeus a cada cinco anos, reunindo atribuições *legislativas* (adota legislação, juntamente com o Conselho da UE, com base em propostas da Comissão Europeia, decide sobre os acordos internacionais e examina o programa de trabalho da Comissão e convida-a a propor legislação), *de supervisão* (exerce o controle democrático de todas as instituições da UE, elegendo o Presidente da Comissão e aprova-a no seu todo, aprova a forma como o orçamento da UE é gasto, examina as petições dos cidadãos e debate a política monetária com o Banco Central Europeu, entre outras atividades), e *poderes orçamentais* (pois define o orçamento da UE, juntamente com o Conselho e aprova o quadro financeiro plurianual da UE). Vide o verbete "*Europäisches Parlament*", *in: Recht A-Z:* Fachlexikon für Studium, Ausbildung und Beruf, 3ª ed., Bonn: BPB, 2015.

O *Conselho Europeu*, por sua vez, reúne os Chefes de Estado e de Governo dos Estados-Membros para definir a agenda política da UE e representa o nível mais elevado de cooperação política entre os países da UE, decidindo sobre as orientações gerais e as prioridades políticas, sem aprovar, contudo, legislação. Vide o verbete "*Europäische Gemeinschaft*", *in: Recht A-Z:* Fachlexikon für Studium, Ausbildung und Beruf, 3a. Ed. Bonn: BPB, 2015.

30. DEMARSIN, Bert; SCHRAGE, Eltjo; TILLEMAN, Bernard; VERBEKE, Alain (org). *Art & law*. Brugge: Keure, 2009. p. 310 e seguintes.

31. Para informações sobre a prática de casas de leilão alemãs para pagamento do direito de sequência, veja-se: JAYME, Erik. Das Folgerecht an Originalen der bildenden Künste (§ 26 UrhG) und die deutsche Auktionspraxis – Eine kritische Betrachtung zur "Folgerechtsumlage". In: BORNAMM, Joachim; BLAUROCK, Uwe; KIRCHBERG, Christian (org.). *Festschrift Achim Krämer zum 70. Geburtstag*. Berlin: De Gruyter, 2009, p. 277-285.

32. SCHULZE, In: DREIER, Thomas; SCHULZE, Gernot. *Urheberrechtskommentar...*, § 26, Rn. 18.

se destinem a integrar acervo de museu público, sem fins lucrativos e aberto ao público.[33] Essa limitação se deve à compreensão de que essas instituições promovem o acesso à cultura – devendo fazê-lo com o menos de encargos possível.

Segundo a definição constante da diretiva referida, *original* é "qualquer obra de arte gráfica ou plástica, tal como quadros, colagens, pinturas, desenhos, gravuras, estampas, litografias, esculturas, tapeçarias, cerâmicas, vidros e fotografias, na medida em que sejam executadas pelo próprio artista ou se trate de cópias [réplicas] consideradas como obras de arte originais". Sobre *cópias*, dispôs a diretiva o seguinte: "as cópias de obras de arte abrangidas pela presente directiva, que tenham sido realizadas em número limitado pelo próprio artista ou sob a sua autoridade, são consideradas obras de arte para efeitos da presente directiva. Essas cópias serão, em princípio, numeradas, assinadas, ou de outro modo devidamente autorizadas pelo artista".[34]

Desde a regulamentação do tema na referida diretiva europeia, não há mais percentual fixo para participação do autor no preço das revendas, independentemente do valor da obra, mas, sim, incidência de percentuais decrescentes, motivo pelo qual a participação paga ao autor vai reduzindo à medida que o preço da obra aumenta.

Como se vê, o art. 38 da LDA é, comparado aos dispositivos análogos na legislação europeia, lacônico. Por esse motivo, a transferibilidade do direito de sequência do artista para seus sucessores, que é um dos pontos mais controversos do instituto, na redação atual da lei brasileira atual, depende exclusivamente da interpretação dela, pois não há clareza no ponto.

Numa interpretação gramatical da legislação brasileira, extinguir-se-ia o direito com o óbito do autor, pois se trata de *direito autônomo aos demais direitos patrimoniais*, sendo inalienável e irrenunciável, concebido para compensar *o artista*, equiparando-o ao criador de propriedade industrial. Numa interpretação mais ampla, poder-se-ia admitir que o direito se transfere aos sucessores, *juntamente com os demais direitos patrimoniais* (artigo 41 LDA).

---

33. Item 18 dos motivos da regulamentação. Leia-se: "O objectivo do direito de sequência do artista deve ser alargado a todos os actos de alienação ulterior, com excepção dos efectuados directamente entre pessoas que ajam *a título particular sem a intervenção de profissionais do mercado da arte*. Este direito *não deve por isso ser extensivo aos actos de alienação ulterior efectuados por pessoas agindo a título particular e a museus que não tenham fins lucrativos e estejam abertos ao público*. No respeitante à situação específica das galerias de arte que adquiram obras directamente ao autor, deve ser dada aos Estados-Membros a faculdade de isentarem do direito de sequência os actos de alienação dessas obras que ocorram no prazo de três anos após a referida aquisição. Igualmente se deverá atender aos interesses do artista, limitando essa isenção aos novos actos de alienação em que o preço da nova venda não exceda 10.000 euros".

34. Trata-se do artigo 2 da Diretiva. Dada a natureza da norma, sua observância é devida no âmbito da União Europeia. Devido ao teor do dispositivo, teria sido melhor que o tradutor oficial tivesse empregado o termo repetição ou réplica.

Não há jurisprudência sobre o tema, incipiente nos tribunais brasileiros. Todavia, existe um precedente do STJ que estendeu o direito de sequência ao herdeiro de *Portinari*,[35] *João Cândido Portinari*, reconhecendo-lhe direito de receber 20% dos valores alcançados ao Banco do Brasil em leilão das obras que ele mesmo oferecera em pagamento de empréstimo. Eventualmente, poder-se-ia perquirir se haveria direito de sequência na dação em pagamento que antecedeu ao leilão. Não obstante, parece não ter sido examinada e nem questionado o ponto, sendo controverso apenas o direito do sucessor por ocasião do leilão, que restou reconhecido pelo tribunal.

Devido ao disposto no artigo 6.º da referida diretiva europeia sobre o tema, há transferibilidade do direito a sucessores do artista nos países membros da UE. Na Alemanha, por exemplo, a lei foi alterada em 2011 para se compatibilizar com a diretiva, prescrevendo que o direito se transfere aos sucessores (§ 30 da UrhG).[36] O mesmo ocorre na Áustria, desde 2012. Na França, preceitua o artigo L. 123-7 do *Code de la Propriete Intellectuelle*, em redação de 1997, que após a morte do autor, o direito de sequência mencionado no artigo L. 122-8[37] subsiste em benefício de seus herdeiros e, para o usufruto previsto no artigo L. 123-6 de seu cônjuge, à exclusão de todos os legatários e cessionários,[38] durante o ano civil em curso e os setenta anos seguintes (L. 97-283 de 27 de março de 1997, artigo 9).[39] Há proposta, todavia, na França, para limitar esse direito ao autor e seus herdeiros *em linha direta*, excluindo parentes distantes, a fim de reduzir o impacto do direito de sequência no mercado de arte e favorecer seu desenvolvimento.[40] Em Portugal,

---

35. Veja-se: REsp 594.526/RJ, rel. Min. Luis Felipe Salomão, Quarta Turma, julgado em 02.04.2009, *DJe* 13.04.2009.

36. Antes da modificação, o direito era alienável a qualquer terceiro, pelo período de proteção dos direitos do autor.

37. "*Art. L. 122-8. Les auteurs d'œuvres graphiques et plastiques ont, nonobstant toute cession de l'œuvre originale, un droit inaliénable de participation au produit de toute vente de cette œuvre faite aux enchères publiques ou par l'intermédiaire d'un commerçant.*

Le tarif du droit perçu est fixé uniformément à 3 p. 100 applicables seulement à partir d'un prix de vente fixé par voie réglementaire.

Ce droit est prélevé sur le prix de vente de chaque œuvre et sur le total du prix sans aucune déduction à la base. Un décret en Conseil d'Etat détermine les conditions dans lesquelles les auteurs feront valoir à l'occasion des ventes prévues au premier alinéa les droits qui leur sont reconnus par les dispositions du présent article."

38. Em disputa envolvendo legatários de Dalí, o Tribunal de Justiça da União Europeia concluiu pela legitimidade da França dispor sobre a amplitude da expressão 'sucessores', prevista na diretiva. Assim, decidiu pela legitimidade da exclusão dos legatários do artista. Acórdão de 15.04.2010, relativo ao processo C-518/08 (Fundación Gala-Salvador Dalí e VEGAP c. ADAGP e outros).

39. No original: "art. L. 123-7. *Après le décès de l'auteur, le droit de suite mentionné à l'article L. 122-8 subsiste au profit de ses héritiers et, pour l'usufruit prévu à l'article L. 123-6, de son conjoint, à l'exclusion de tous légataires et ayants cause, pendant l'année civile en cours et les soixante-dix années suivantes (L. n. 97-283 du 27 mars 1997, art. 9).*"

40. CORNU, Marie; MALLET-POUJOL, Nathalie. *Droit, oeuvres d'art et musées*. Paris: CNRS, 2001. p. 106.

ainda, o direito de sequência se transfere aos *herdeiros* pelo mesmo período em que há proteção autoral.[41]

Conforme a Convenção de Berna para a proteção das obras literárias e artísticas o direito de sequência só é exigível se a legislação nacional do país do autor o permitir, o que o torna um direito *opcional* e sujeito à *reciprocidade.*

Assim, o parágrafo 121, 5, da *UrhG* só assegura o direito a artista estrangeiro na hipótese de seu país de nacionalidade assegurá-lo a nacionais alemães, conforme o princípio da reciprocidade. O valor limite (*Schwellenwert*) para a obrigatoriedade do direito de sequência na Alemanha é € 400. O valor do direito é, como dito, escalonado e inicia-se em 4% do proveito da alienação (*Veräußerungserlöse*) até o limite de € 50.000. O valor total máximo do crédito do direito de sequência é de € 12.500.[42]

Fora da Europa, nos Estados Unidos, o direito, denominado *resale right* em inglês, também foi rechaçado. No Estado da Califórnia o *California Resale Royalty Act,* que o previa naquele Estado há quase 40 anos, foi considerado inconstitucional, por ofender a *Commerce Clause* da Constituição americana.[43] O escritório americano de *Copyright* publicou *Notice of inquiry* em 2012 e 2013, buscando informações para instruir projeto de lei que introduziria o direito de sequência na legislação federal americana. O relatório foi encaminhado,[44] mas a iniciativa recebe oposição violenta das casas de leilão, não tendo, pelo menos por ora, prosperado junto ao congresso norte-americano.

No Brasil, embora exista a expressa previsão legal, a complexidade está na efetividade da norma que, além de desconhecida de muitos artistas e juristas, não teve regulamentada a sua operacionalização.[45]

b) Direitos de exploração

São os principais direitos de exploração na Alemanha os direitos de reprodução (*Vervielfältigungsrecht*), de distribuição (*Verbreitungsrecht*) e de exposição (*Ausstellungsrecht*).

---

41. Artigo 54, n. 10, do Código do direito de autor e dos direitos conexos, abrev. CDADC. Veja-se, ainda: REIS, Daniel [et alii]. *Arte e Direito*. Coimbra: Almedina, 2016. p. 75 e seguintes.

42. EBLING, Klaus; SCHULZE, Marcel. *Kunstrecht*: Zivilrecht, Steuerrecht, Stiftungsrecht. 2nd ed. München: Beck: 2012, p. 7 Rn. 26.

43. O julgamento proferido por *Jacqueline H. Nguyen* do *U.S. District Court Judge, Central District of California*, em 17.05.2012, pende de recurso para o *9th Circuit Court of Appeals*.

44. Veja-se seu inteiro teor em: <https://www.copyright.gov/docs/resaleroyalty/usco-resaleroyalty.pdf>.

45. DE-MATTIA, Fábio Maria. "Droit de suite" ou direito de seqüência das obras intelectuais. In: <https://www.revistas.usp.br/rfdusp/article/download/67358/69968>.

O direito de reprodução é um dos mais importantes direitos de exploração do autor, pouco importando a *quantidade* da reprodução ou o *meio* empregado. Um único desenho, foto ou reprodução em qualquer formato, inclusive num alimento (pão, bolo, marzipan etc.) ou matéria-prima, tem a mesma natureza e consequência da digitalização em massa.[46]

O artigo 16 da UrhG preceitua ser direito de reprodução, em tradução livre da autora, o direito de produzir cópias do trabalho, seja em de forma temporária ou duradoura, em qualquer meio ou quantidade, assim como a transferência da obra para dispositivos de comunicação de vídeo e ou som, independentemente de ser ou não gravação da obra em um meio de gravação de vídeo ou áudio.[47] A LDA, por sua vez, define reprodução como a "cópia de um ou vários exemplares de uma obra literária, artística ou científica ou de um fonograma, *de qualquer forma tangível*, incluindo qualquer armazenamento permanente ou temporário por meios eletrônicos ou qualquer outro meio de fixação que venha a ser desenvolvido" (art. 5.º, VI, LDA).

Mesmo que haja alienação da obra, os direitos de reprodução não pertencem ao proprietário, mas ao autor. Sem o consentimento deste último, o primeiro pode apenas reproduzir a obra para seu próprio uso privado, sem distribuir ao público, exceto na hipótese da reprodução ter a finalidade de ilustrar catálogo de exposição ou de venda. O autor deve, porém, suportar as demais *exceções legais ao seu monopólio do direito de reprodução* como, por exemplo, a reprodução da obra como mera *Beiwerk* (obra acessória) e a *Panoramafreiheit* (liberdade de panorama),[48] a seguir examinadas.

O direito de distribuição, por sua vez, previsto no artigo 17 da *UrhG*, é definido como o direito de oferecer original ou reprodução da obra ao público ou colocá-lo no mercado, o que se dá temporária ou definitivamente, de acordo com os contratos de compra e venda ou de licença,[49] por exemplo. Oferecer significa,

---

46. BGH, 4.10.1990 – I ZR 139/89 -, BGHZ 112, 264-278.

47. No original: "§ 16 Vervielfältigungsrecht

(1) Das Vervielfältigungsrecht ist das Recht, Vervielfältigungsstücke des Werkes herzustellen, gleichviel ob vorübergehend oder dauerhaft, in welchem Verfahren und in welcher Zahl.

(2) Eine Vervielfältigung ist auch die Übertragung des Werkes auf Vorrichtungen zur wiederholbaren Wiedergabe von Bild- oder Tonfolgen (Bild- oder Tonträger), gleichviel, ob es sich um die Aufnahme einer Wiedergabe des Werkes auf einen Bild- oder Tonträger oder um die Übertragung des Werkes von einem Bild- oder Tonträger auf einen anderen handelt."

48. Vide capítulo II, 2, 2.4, c) Liberdade de panorama

49. A alínea 2 prevê que quando o original ou a reprodução da obra forem colocados no mercado por com o consentimento da pessoa com direito a distribuí-los no território da União Europeia ou outro Estado parte do Acordo sobre o Espaço Econômico Europeu, a sua difusão será permitida, exceto por meio de arrendamento, compreendendo-se este como a transferência por tempo limitado para uso que, direta ou indiretamente, tem fins lucrativos. Do mesmo consta que, no entanto, não vale como arrendamento a transferência de originais ou cópias 1. de edifícios ou obras de arte aplicada, ou 2. utilizados no contexto de uma relação

no contexto da *UrhG*, expor a obra à venda ou à locação, por exemplo, enquanto colocar no mercado significa a transferência física da obra para além do círculo do criador. Segundo a LDA, a distribuição é a "colocação à disposição do público do original ou cópia de obras literárias, artísticas ou científicas, interpretações ou execuções fixadas e fonogramas, mediante a venda, locação ou qualquer outra forma de transferência de propriedade ou posse" (art. 5.º, IV, LDA). Em suma: é o direito de distribuição que possibilita ao criador pôr ao alcance do público a sua obra.

O artigo 18 da *UrhG* prevê o direito de exposição como direito de exibir publicamente original ou reprodução de obra não publicada de artes visuais/plásticas ou fotografia.[50] Da LDA não consta dispositivo definindo exposição, mas previsão desse direito como direito patrimonial que depende de previsão prévia e expressa do autor (artigo 29, VIII, *j*).

Um caso muito interessante envolvendo direito de exposição é o da *Weimar Bilderstreit* (pt. disputa dos quadros de Weimar), que se refere ao conflito entre artistas e curadores para a exposição denominada "*Aufstieg und Fall der Moderne*" (pt. Ascensão e queda dos modernistas; en. *Rise and Fall of Modern*), em 1999, em Weimar, que na oportunidade foi Capital Europeia da Cultura.

Na primeira parte da exposição, buscou-se destacar o papel de Weimar como o berço da modernidade, expondo-se as telas no castelo do grão-ducado. Na segunda parte, sob o título "*Die Kunst dem Volke – erworben: Adolf Hitler!*", tentou-se documentar a arte nazista sem preconceito, fazendo-se uso do salão multifuncional no antigo *Gauforum Weimar*. No mesmo local, expôs-se sob o

de emprego ou de serviço para o exclusivo propósito de cumprir as obrigações resultantes da relação de emprego ou serviço.

No original: "§ 17 Verbreitungsrecht

(1) Das Verbreitungsrecht ist das Recht, das Original oder Vervielfältigungsstücke des Werkes der Öffentlichkeit anzubieten oder in Verkehr zu bringen.

(2) Sind das Original oder Vervielfältigungsstücke des Werkes mit Zustimmung des zur Verbreitung Berechtigten im Gebiet der Europäischen Union oder eines anderen Vertragsstaates des Abkommens über den Europäischen Wirtschaftsraum im Wege der Veräußerung in Verkehr gebracht worden, so ist ihre Weiterverbreitung mit Ausnahme der Vermietung zulässig.

(3) Vermietung im Sinne der Vorschriften dieses Gesetzes ist die zeitlich begrenzte, unmittelbar oder mittelbar Erwerbszwecken dienende Gebrauchsüberlassung. Als Vermietung gilt jedoch nicht die Überlassung von Originalen oder Vervielfältigungsstücken

1. von Bauwerken und Werken der angewandten Kunst oder

2. im Rahmen eines Arbeits- oder Dienstverhältnisses zu dem ausschließlichen Zweck, bei der Erfüllung von Verpflichtungen aus dem Arbeits- oder Dienstverhältnis benutzt zu werden."

50. "§ 18 Ausstellungsrecht

Das Ausstellungsrecht ist das Recht, das Original oder Vervielfältigungsstücke eines unveröffentlichten Werkes der bildenden Künste oder eines unveröffentlichten Lichtbildwerkes öffentlich zur Schau zu stellen."

título "*Offiziell und Inoffiziell – Die Kunst der DDR*" (Oficial e não-oficial - "A Arte da RDA"), fazendo referência à República Democrática Alemã (Alemanha Oriental, socialista, antes da unificação).

A crise se estabeleceu em decorrência da forma pela qual as obras foram expostas, especialmente pela a igualdade de tratamento entre as obras da RDA e as da era nazista – tema sensível na sociedade alemã. Além disso, foram fortes os protestos sobre a forma particular de exposição das imagens, organizada pelo professor *Achim Preiß*, semelhante à utilizada pelos nazistas em exposição da então designada "*Arte degenerada*".[51] Vários artistas requereram o retorno imediato de suas obras ou as retiraram, alegando que a forma da exposição das obras poderia prejudicá-las.[52]

Diante do caso, pode-se concluir que o criador não conta com simples direito de exposição, mas tem direito de decidir a *forma* como esta será realizada, justamente porque pode ser afetada não apenas a obra, mas sua reputação.

Além dos direitos de exploração, distribuição e exposição, a lei alemã disciplina o direito de apresentar, recitar e exibir (*Vortrags-, Aufführungs- und Vorführungsrecht,* § 19 UrhG), o direito de disponibilizar ao público (*Recht der öffentlichen Zugänglichmachung,* § 19a UrhG), o direito de transmissão (*Senderecht*, § 20 UrhG), o direito de transmissão européia por satélite (*Europäische Satellitensendung*, § 20a UrhG), o direito de retransmissão por cabo (*Kabelweitersendung*, § 20b UrhG), o direito de reprodução por vídeo e áudio (*Recht der Wiedergabe durch Bild- oder Tonträger* (§ 21 UrhG), o direito de reprodução de obras transmitidas ou tornadas públicas (*Recht der Wiedergabe von Funksendungen und von öffentlicher Zugänglichmachung*, § 22 UrhG), os direitos de adaptação e transformação (*Bearbeitungen und Umgestaltungen*, § 23 UrhG) e o direito de uso livre (*Freie Benutzung*, § 24 UrhG).

Não é, porém, senão com a confrontação dos direitos do autor e seus limites que se revela um panorama preciso do direito autoral.

2.4 Limitações aos direitos autorais

Como limitações aos direitos autorais constam da lei alemã a autorização para atos temporários de reprodução (*Vorübergehende Vervielfältigungen*, § 44a UrhG); a reprodução no interesse administração da justiça e segurança pública (*Rechtspflege und öffentliche Sicherheit*, § 45 UrhG); a reprodução no

---

51. *Entartete Kunst*, expressão utilizada pelos nazistas em relação às obras modernas, as quais tomaram de seus proprietários em nome do Estado para, após exposição, vender, geralmente no exterior, para o fim de obter divisas. Vide: capítulo V, 1) subtração ilegal de obras de arte e restituição.

52. DETTEN, Urban von. *Kunstausstellung und das Urheberpersönlichkeitsrecht des bildenden Künstlers*. Frankfurt am Main, Berlin, Bern, Wien [u.a.]: Lang, 2010. p. 28.

interesse de pessoas com deficiência (*Vervielfältigungen zu Gunsten behinderter Menschen*, § 45a UrhG); as reproduções em coleções para uso religioso, escolar ou educacional (*Sammlungen für Kirchen-, Schul- oder Unterrichtsgebrauch*, § 46 UrhG); as reproduções de transmissões escolares (*Schulfunksendungen*, § 47 UrhG); as reproduções de discursos públicos (Öffentliche *Reden*, § 48 UrhG), as reproduções de artigos de jornal e comentários de transmissão (*Zeitungsartikel und Rundfunkkommentare*, § 49 UrhG), a reprodução em relatórios sobre eventos atuais (*Berichterstattung über Tagesereignisse*, § 50 UrhG), as citações (*Zitate*, § 51 UrhG), a comunicação ao público (Öffentliche Wiedergabe, § 52 UrhG), a disposição de trabalhos ao público para instrução e pesquisa (Öffentliche Zugänglichmachung für Unterricht und Forschung, § 52a UrhG), a reprodução para uso privado e pessoal (*Vervielfältigungen zum privaten und sonstigen eigenen Gebrauch*, § 53 UrhG); a disponibilidade de obras em terminais em bibliotecas públicas, museus e arquivos (*Wiedergabe von Werken an elektronischen Leseplätzen in öffentlichen Bibliotheken, Museen und Archiven*, § 52b UrhG), os pedidos de envio de cópias (*Kopienversand auf Bestellung*, § 53a UrhG); a reprodução por organismos de radiodifusão (*Vervielfältigung durch Sendeunternehmen,* § 55 UrhG); o uso de um trabalho de banco de dados (*Benutzung eines Datenbankwerkes,* § 55a UrhG), a reprodução e comunicação ao público em estabelecimentos comerciais (*Vervielfältigung und öffentliche Wiedergabe in Geschäftsbetrieben*, § 56 UrhG); os trabalhos secundários (*Unwesentliches Beiwerk*, § 57 UrhG); o trabalho em exposições, em venda pública e em instituições acessíveis ao público (*Werke in Ausstellungen, öffentlichem Verkauf und öffentlich zugänglichen Einrichtungen*, § 58 UrhG); as obras em locais públicos ou liberdade de panorama (*Werke an öffentlichen Plätzen*, § 59 UrhG); e as regras especificas dos retratos (*Bildnisse*, § 60 UrhG).

A maior parte desses direitos e limites encontra correspondência no direito nacional, sendo esses últimos o *resultado da ponderação pelo legislador* entre os interesses do autor e os da coletividade e os do consumidor, assim como os do profissional que faz uso de obras em domínio público.

Um limite expresso da lei alemã e que não existe de forma expressa na LDA, mas se constitui em "*comportamento socialmente adequado*" no âmbito universitário brasileiro[53] e por esse motivo merece ser referido, é o direito de disponibilizar pequenas partes de obras para fins de instrução e pesquisa em plataforma de aprendizado eletrônico (Öffentliche Zugänglichmachung für Unterricht und Forschung, § 52a UrhG).

---

53. Demonstrando a recorrência dos fatos e a naturalidade com que ocorrem, veja-se a decisão monocrática no AgREsp 1059928, rel. Min. Luis Felipe Salomão, publicada em 26.05.2017, em que foi rejeitado o agravo interposto pela sociedade mantenedora da Universidade Cândido Mendes nos autos de ação na qual foi considerada co-responsável por cópias realizadas no campus universitário.

De fato, à luz da lei brasileira, quando alunos ou professores solicitam ou compartilham material reproduzido sem licença, estão infringindo a lei de direitos autorais, exceto se eles mesmos tiverem realizado as cópias, para uso próprio,[54] o que não costuma ocorrer, já que, em regra, as cópias são realizadas por terceiro em estabelecimentos comerciais que exploram especificamente essa atividade e distribuídas no ambiente acadêmico. Já no direito alemão, o § 52a da UrhG permite a disponibilização de "pequenas partes" de obras para fins educacionais.

A definição do que se configura como "pequenas partes" incumbiu à jurisprudência. Sobre o tema, o BGH decidiu, no julgamento do caso *Meilensteine der Psychologie*[55] (pt. Marcos da Psicologia) que, se as partes digitalizadas em PDF não contiverem mais de 12% do total de trabalho e não mais do que 100 páginas no total, poderiam ser legalmente usadas, ainda que não houvesse licença da editora. No caso, a editora *Alfred Kröner*, titular dos direitos de autor da obra "*Meilensteine der Psychologie*", ajuizara ação contra a *Fernuniversität Hagen*, porque a instituição de ensino disponibilizara a mais de 4.000 alunos do curso de "Introdução à Psicologia e sua História" 91 das 528 páginas do livro "*Milestones of Psychology*" em uma plataforma de aprendizagem eletrônica como PDF, em arquivo para leitura, impressão e salvamento. Segundo o BGH, que reformou a sentença de segunda instância, o caso se subsume no § 52a UrhG, admitindo-se a reprodução de pequenas partes de obras, desde que observado o limite percentual de 12% e total não superior a 100 páginas. Entendeu, ainda, que a finalidade do material não precisa necessariamente ilustrar as aulas, mas pode ser de leitura complementar, e que não haveria ilegalidade em permitir a impressão e salvamento do texto.

Alinhado com essa compreensão, o *Bundestag* (o parlamento alemão) aprovou, em 30.06.2017, mudanças na Lei de Direitos Autorais, que foi designada *Urheberrechts-Wissensgesellschafts-Gesetz* (abrev. *UrhWissG*), isto é, lei de direitos autorais e da sociedade de conhecimento. A norma entrou em vigor em 01.03.2018, reformando o uso de obras protegidas por direitos autorais *para educação e pesquisa*, mediante introdução dos §§ 60a a 60h na UrhG. Segundo o parlamento, as normas vigentes seriam muito complexas e vagas, por se consubstanciarem em conceitos indeterminados, sem atender aos requisitos da ciência na atualidade. A nova lei pretende regulamentar o tema da reprodução de forma facilmente compreensível a usuários das áreas de educação, ciência e pesquisa, com o fim de adaptar os direitos autorais às mudanças da era digital.

---

54. A previsão da lei alemã que permite cópias de materiais de terceiros não se confunde com o apanhado de lições em estabelecimentos de ensino pelos estudantes, autorizada no inciso IV do artigo 46 da LDA, que veda tão-somente a publicação, integral ou parcial, desses apontamentos, sem autorização prévia e expressa do docente.

55. BGH, 28.11.2013 – I ZR 76/12, GRUR 2012, 718.

A modificação mais substancial e, por esse motivo, mais criticada, é a previsão expressa de que professores e pesquisadores possam copiar até 15% de uma obra sem autorização do titular dos direitos autorais, disponibilizando essa cópia aos seus estudantes. A nova norma tem validade prevista pelos próximos cinco anos. Findos os quatro primeiros, deverá ser reavaliada, para se determinar se atinge a finalidade proposta ou se coloca as editoras em risco.[56]

A vantagem do sistema europeu continental, que enumera as exceções ao direito autoral expressamente, está na sua clareza – que se contrapõe à vagueza do sistema da *common law*, em que se deve avaliar eventual *fair use* (pt. uso justo, justificado). À luz do § 107 do *Copyright Act* norteamericano pode haver limitações aos direitos exclusivos do autor quando, por exemplo, houver a utilização de obra protegida com *o propósito de crítica, comentários, jornalismo, ensino em sala de aula e pesquisa.* Segundo o dispositivo, o julgador, ao apreciar a violação, deverá observar o *propósito e o caráter do uso* –se de natureza comercial ou para ensino –, do objeto copiado, a quantidade e a substância do que foi copiado em relação a obra como um todo e os efeitos econômicos do uso sobre a obra copiada.

Como *limites gerais no sistema continental,* pode-se referir o transcurso do prazo legal de proteção – em regra, no Brasil, de 70 anos, contados do ano seguinte ao do óbito do autor – e as restrições previstas em se tratando de criador estrangeiro. Além disso, existem *limitações que decorrem na natureza pública singular da obra*, como, por exemplo, as ilustrações de cédulas de dinheiro, moedas, selos e medalhas, cujos direitos são transferidos ao Estado.

Como *limites especiais*, pode-se referir aqueles que também revelam interesse público (consubstanciado, no caso, na proteção de direitos individuais), como o direito de reprodução em reportagens de fatos cotidianos, a liberdade de citação, a de inclusão em catálogo, a reprodução para uso próprio e a liberdade de panorama.

Dentre esses temas de direito autoral,[57] são mais relevantes ao Direito da Arte a autorização de reprodução constante do artigo 46, VIII, LDA, análoga ao *freie Benutzung* do § 24 UrhG; a autorização para paráfrases e paródias do artigo 47 da LDA, a liberdade de citação (artigo 46, III, LDA) e a liberdade de panorama prevista no art. 48 LDA e no § 59 UrhG, por estarem todos estreitamente relacionados ao exercício da liberdade artística com limitação aos direitos do autor da obra primígena. Por esse motivo, esses temas são examinados um a um a seguir.

---

56. Veja-se: Bundestag reformiert Urheberrecht. In: *Frankfurt Allgemeine Zeitung*, de 01.07.2017, Politik, p. 1.

57. Para o direito do conhecimento (*Wissenschaftsrecht*) destacam-se as prescrições atinentes a bibliotecas e pesquisas, por exemplo.

a) Livre utilização e obra nova

No direito brasileiro, o art. 5.º, VIII, *g*, prevê a obra *derivada* como aquela resultante da transformação de obra originária em criação intelectual nova, *como adaptações, traduções e outras transformações de obras originais*, que será, por sua vez, protegida pelo direito autoral. Conceitualmente, a obra derivada distingue-se da reprodução, que é cópia, qualquer que seja o seu meio, e da contrafação, termo que qualifica essa cópia como não autorizada. Em tese, qualquer transformação, assim como reprodução da obra, dependem de autorização prévia e expressa do autor (art. 29, III, e 33 da LDA), pois ele tem o direito de se opor a quaisquer modificações ou à prática de atos que, de qualquer forma, possam prejudicá-la ou atingi-lo, como criador, em sua reputação ou honra, podendo suspender eventual autorização já deferida se implicar afronta à sua reputação e imagem (art. 24, IV e VI, LDA). O mesmo ocorre, *mutatis mutandis*, no direito alemão, sob o título *Bearbeitungen*,[58] no § 23 UrhG.

Ocorre que a lei brasileira distingue, ainda, *obra nova* (artigo 46, VIII, da LDA) de obra derivada, preceituando não ofender direitos autorais "a reprodução, em quaisquer obras, de pequenos trechos de obras preexistentes, de qualquer natureza, ou de obra integral, quando de artes plásticas, *sempre que a reprodução em si não seja o objetivo principal da obra nova e que não prejudique a exploração normal da obra reproduzida nem cause um prejuízo injustificado aos legítimos interesses dos autores*".

Claramente a proteção legal em ambos os sistemas é em favor do autor original. Porém, a problemática situa-se justamente na questão dos estreitos limites entre a imitação, a transformação em obra diversa – especialmente se a obra primígena não está em domínio público e nem aquiesceu o seu autor com a utilização por outro artista –, e a criação de obra nova mediante a reprodução referida no artigo 46, VIII, da LDA.

Para além dessas exceções está o plágio.

---

58. "§ 23 *Bearbeitungen und Umgestaltungen*

Bearbeitungen oder andere Umgestaltungen des Werkes dürfen nur mit Einwilligung des Urhebers des bearbeiteten oder umgestalteten Werkes veröffentlicht oder verwertet werden. Handelt es sich um eine Verfilmung des Werkes, um die Ausführung von Plänen und Entwürfen eines Werkes der bildenden Künste, um den Nachbau eines Werkes der Baukunst oder um die Bearbeitung oder Umgestaltung eines Datenbankwerkes, so bedarf bereits das Herstellen der Bearbeitung oder Umgestaltung der Einwilligung des Urhebers."

Em tradução livre da autora: § 23 Adaptações e transformações

As adaptações/alterações ou outras modificações do trabalho podem ser publicadas ou utilizadas apenas com o consentimento do autor da obra alterada ou transformada. Se se trata de adaptação cinematográfica da obra para garantir a execução de planos e projetos de uma obra de artes plásticas/visuais, de réplica para a reprodução de uma obra de arquitetura ou da adaptação ou transformação de um banco de dados, exige-se daquele que pretende fazer a adaptação ou transformação o consentimento prévio do autor.

Uma das questões mais polêmicas enfrentadas pelos tribunais diz respeito aos *toques de celular* (en. *ringtones*; dt. *Handyklingeltöne*) a partir de músicas que não tenham sido concebidas com esta finalidade e que constituam criação intelectual protegida de outrem.

O uso da melodia como *ringtone* pode ser até mesmo considerada como prejudicial à obra musical, visto que ela deixa de ser empregada como criação artística voltada ao estímulo e percepção do ser humano, para ser utilizada como sinal de perturbação, que cessa abruptamente quando a chamada é atendida, motivo pelo qual o consentimento do autor é de ser tido sempre como necessário.[59]

Na Alemanha, os toques de telefone (*ringtone*) são considerados não como obra nova, mas como forma de utilização de obra protegida – mesmo entendimento que vem sendo adotado no Brasil.[60] Portanto, quem deseja explorá-los deve ser autorizado pelo detentor dos direitos patrimoniais da obra,[61] já que sua comercialização envolve o direito de reproduzir e publicar, o que deve estar previsto de forma específica no contrato, se este for atual – ou indiretamente, se o contrato tiver sido concebido há mais tempo, hipótese em que o contrato deve autorizar formas imprevistas ou desconhecidas de exploração.

O STJ julgou caso em que se controvertia o uso da música *"Punhais de Valentia"* (de *Marco Aurelio Farias de Vasconcellos* e *Sérgio Napp*, autores da letra e da música, respectivamente), cuja passagem mais popular foi comercializada pela *Brasil Telecom* como *ringtone*, sem autorização dos autores.[62] Ao contrário do BGH (*Klingtöne für Mobiltelefone I*), o Superior Tribunal de Justiça brasileiro não considerou que o uso como *ringtone* ofendesse a integridade da obra, asseverando que "*a garantia à integridade da obra tem por objetivo evitar a desnaturação da criação ou o desrespeito às características que a identificam*", o que considerou não ocorrer na reprodução parcial do seu "*trecho mais conhecido*". Porém, manteve a necessidade de indenização, porque não teria havido consentimento os autores para reprodução adaptada nesse formato.

Não se confundem, portanto, as *adaptações ou imitações* (dt. *Nachahmung, § 23 UrhG*), como o *ringtone*, que dependem do consentimento do artista, e as *criações de arte nova*, "secundária" (*selbständiges Werk; Transformation in Werk*

59. BGH, 18.12.2008 *Klingtöne für Mobiltelefone I.*

60. No âmbito de julgamentos monocráticos no STJ, veja-se o AgREsp n. 851.372 e o agravo em REsp n. 257.279.

61. BGH, 7.10.2009, IZR 144/08.

62. REsp 1.358.441/RS, rel. Min. Luis Felipe Salomão, Quarta Turma, julgado em 04.02.2016, *DJe* 30.03.2016.

der "Zweitkunst"[63]), tratada no direito alemão no § 24 da UrhG[64] (e no direito brasileiro no artigo 46, VIII, da LDA), segundo o qual uma *obra independente* (*selbständiges Werk*) que tenha sido criada a partir da utilização livre de outra pode ser publicada e usada sem o consentimento do autor da obra utilizada, recebendo assim ela mesma a proteção do direito autoral – exceto se se tratar de uso de obra musical, pela qual seja reconhecível a melodia original na obra nova.[65]

Cumpre destacar que, no ordenamento alemão, o autor que considerar violado seu direito autoral pode invocar o disposto no parágrafo 14 da UrhG, que prevê seu direito de *proibir* a distorção ou qualquer outra interferência em sua obra, que seja adequada a prejudicar seus legítimos interesses intelectuais ou pessoais sobre a obra.[66] No direito brasileiro, por sua vez, o dispositivo tem teor diverso, devendo-se indagar *se a utilização da obra a prejudica* ou *se ofende a reputação ou a honra do autor* (artigos 24, IV e VI, da LDA. Do contrário, é de ser admitida a obra de arte como nova.

Mutadis mutandis, os §§ 23 e 24 da UrhG encontram correspondência nos preceitos dos artigos 5.º, VIII, *g*, 24, IV e VI, 29, 33 e 46, VIII, da LDA. Na hipótese de obra ser utilizada sem a autorização do autor, incorre o violador do direito autoral nas penas dos artigos 102 e 108 da LDA, que importam em

---

63. Expressão usada por JAYME, Erik, no artigo "Nachahmung oder Transformation: Zweitkunst im Zwielicht des Rechts". In: MOSIMANN, Peter; SCHÖNENBERGER, Beat (org.), *Kunst & Recht 2016/ Art Law 2016* – Referate zur gleichnamigen Veranstaltung der Juristischen Fakultät der Universität Basel vom 17. Juni 2016. Bern: Sämpfli Verlag, 2016.

64. "§ 24 Freie Benutzung

(1) Ein selbständiges Werk, das in freier Benutzung des Werkes eines anderen geschaffen worden ist, darf ohne Zustimmung des Urhebers des benutzten Werkes veröffentlicht und verwertet werden.

(2) Absatz 1 gilt nicht für die Benutzung eines Werkes der Musik, durch welche eine Melodie erkennbar dem Werk entnommen und einem neuen Werk zugrunde gelegt wird."

Em tradução livre da autora: § 24 Utilização livre

(1) Um trabalho independente que tenha sido criado a partir da utilização livre da obra de outro pode ser publicado e usado, sem o consentimento do autor da obra utilizada.

(2) O disposto no n. 1 não se aplica ao uso de uma obra de música, quando reconhecível a melodia na qual se baseou a nova obra.

65. Sobre a amplitude desse preceito, veja-se o caso em que o autor de um livro de estudo de piano, fez arranjos de dificuldade média para músicas conhecidas, os quais foram empregados pelos réus em Audio-livro. O tribunal entendeu que não existiria proteção autoral de melodias já conhecidas, tampouco da técnica ou estilo dos arranjos, porque disponíveis em domínio público. Veja-se: OLG Zweibrücken 19.11.2015. Comentários sobre o caso em Kunststile und Rechtstile. *Bulletin Kunst & Recht* 2016/2-2017/1, p. 20-21.

66. "§ 14. Entstellung des Werkes

Der Urheber hat das Recht, eine Entstellung oder eine andere Beeinträchtigung seines Werkes zu verbieten, die geeignet ist, seine berechtigten geistigen oder persönlichen Interessen am Werk zu gefährden."

Tradução livre da autora: § 14. Deformação da obra

O autor tem o direito de proibir a distorção ou qualquer outra interferência em seu trabalho, que seja adequada a prejudicar seus legítimos interesses intelectuais ou pessoais sobre a obra.

reconhecimento da autoria e indenização. Na lei alemã há, ainda, a pretensão à destruição da obra que ofende o direito do autor (§ 98 UrhG), o que não é expresso na lei brasileira, mas poderia decorrer da invocação da cláusula geral de responsabilidade civil (artigos 186 c/c 927 do Código Civil).

O tema é demasiado rico e controverso. Aqueles que defendem a limitação da arte nova entendem que ninguém deveria ser autorizado a interferir na propriedade de outras pessoas, sendo capaz de desenvolver a sua liberdade artística de outra forma. Essa foi a posição do BGH,[67] ao examinar a hipótese de "*Sampling*", que pode ser singelamente definido como técnica de projeto musical que processa sons de diferentes fontes sonoras (en. *samples*; pt. amostras) em uma nova peça de música. Com o desenvolvimento da tecnologia digital, *sampling* ganhou uma importância considerável, sendo que as amostras podem ser usadas em diferentes contextos.

Contudo, o *Bundesverfassungsgericht* apreciou definitivamente a questão, sob a luz da liberdade criativa, em julgamento havido em 31.05.2016,[68] que restou denominado "*Sampling-Entscheidung*", no qual se examinou se a sobreposição de segundos da melodia "*Metal on Metal*" (en.), da banda "*Kraftwerk*", no título "*Nur mir*", interpretada por *Sabrina Setlur,* constituiria ofensa ao direito das gravadoras (*Tönträgerrecht*).

O tribunal constitucional considerou ser necessário um equilíbrio razoável entre o interesse no desenvolvimento artístico sem restrições e as participações dos produtores de fonogramas, invertendo a proposição originariamente posta pelo BGH para indagar por que o proprietário poderia proibir o uso de sua obra na concepção de obra nova, se sua propriedade não é afetada e, em especial, se não sofre nenhum prejuízo financeiro – notadamente porque o uso da *batida* "*Metal on Metal*" na canção "*Nur mir*" não afetaria a comercialização da primeira.

Expressou o tribunal constitucional, ainda, que, caso decidido no sentido contrário, seriam comprometidos os interesses de outros artistas, como os de *hip-hop*, por exemplo, em que o uso de amostras de outras composições é um dos elementos estilísticos, que seriam restringidos em seu processo criativo – *o que não se coaduna com a liberdade artística* preconizada pela Lei Fundamental e nem com os preceitos da Diretiva 2001/29/CE para harmonização dos direitos de autor (*Urheberrechtsrichtlinie*).

Assim, a conclusão foi de que, não demonstrado prejuízo financeiro, não há falar em proibição de *sampling*.[69]

67. BGH, Urt. v. 20.11.2008, Az. I ZR 112/06 – *Metall auf Metall* (dt.).

68. BVerfG, 31.05.2016 – 1 BvR 1585/13 – Rn. (1-125).

69. Sobre os casos, veja-se: SCHONHOFEN. Sven. Sechs Urteile über zwei Sekunden, und kein Ende in Sicht: Die "Sampling" Entscheidung des BverfG, *GRURPrax* 2016, 277.

Pode-se presumir que, em regra, a modificação da mídia conduz a uma criação nova, independentemente do consentimento do autor da obra original (§ 24 UrhG; 46, VIII, da LDA). Isso porque não se consegue imaginar que alguém transponha uma poesia para música, ou uma sinfonia para uma tela sem realizar ato criativo próprio. O mesmo tem admitido os tribunais alemães mesmo em caso de tela para fotografia e vice-versa.[70] É claro, porém, que essa presunção admite prova em contrário.

No âmbito das fotografias, três casos da jurisprudência norte-americana ganharam repercussão internacional e, embora tenham substrato jurídico diverso – qual seja, o do *copyright*, em que as defesas em hipótese de violação são diversas, notadamente porque fundamentadas no *fair use* (en. US) ou *fair dealing* (en. UK) – bem ilustram a controvérsia entre imitação e transformação. São eles *Cariou v. Prince*, *Rogers v. Koons e Blanch* v. *Koons*.

O primeiro deles se refere ao caso havido no ano de 2008, em que o fotógrafo e jornalista *Patrick Cariou* processou o artista *Richard Prince* e a galeria *Gargosian* por violação de direitos autorais, pois *Price* se teria apropriado de 40 fotos de rastafaris do livro "*Yes Rasta*", publicado pelo demandante, criando uma série de pinturas conhecidas como "*Canal Zone*", em que as imagens das fotos originais foram alteradas, mediante pintura de objetos, mãos grandes, mulheres nuas e torsos masculinos, por exemplo.[71] O livro de *Cariou* não fora um grande sucesso, tendo ele recebido cerca de USD 8.000 do seu editor. Com a venda dessas obras *Prince*, por sua vez, obteve mais de 10 milhões de dólares. Confira-se:[72]

70. JAYME, Erik. Nachahmung oder Transformation... p. 30 e seguintes.

71. <https://harvardlawreview.org/wp-content/uploads/pdfs/vol127_cariou_v_prince.pdf>; <https://www.copyright.gov/fair-use/summaries/cariou-prince-2dcir.2013.pdf>; <https://cyber.harvard.edu/people/tfisher/cx/2013_Cariou.pdf>.

72. <https://cpyrightvisualarts.files.wordpress.com/2011/12/richard-prince2.jpg>.

Em março de 2011, o juiz de 1ª instância decidiu em favor da *Cariou*, mas *Prince* e a galeria *Gargosian* interpuseram recurso, argumentando que "*appropriation art*" é uma forma de arte moderna e pós-moderna reconhecida, que desafia a convencional. Diante desse argumento, sobreveio julgamento pelo tribunal recursal, em 24 de abril de 2013, de anulação do julgamento original, compreendendo-se que a atuação do artista teria *transformado* as imagens originais, configurando-se, portanto, como de uso permitido.

Não obstante, em setembro de 2014, essa decisão foi revertida, pois "*utilização transformadora*" não seria um dos quatro fatores descritos no *copyright act* como ensejadores de *fair use.*[73] Segundo o tribunal recursal, a lei exige que seja avaliado o fator "*propósito e caráter da cópia*" que, conforme a compreensão que prevaleceu no caso, não configuraria *fair use.*

À luz do direito nacional, se o caso se apresentasse, dever-se-ia perquirir: (i) se as obras de *Prince* seriam imitações das imagens de *Cariou* ou se constituiriam em obra derivada e/ou nova; (ii) se o uso das imagens de *Cariou* por *Prince* configurariam hipótese de citação ou de obra incidental; (iii) se a utilização das fotos de *Cariou* por *Prince* as prejudica; (iv) e se essa utilização ofende a reputação ou a honra do autor nessa condição.

As respostas a essas questões conduziriam à conclusão de se tratar de obra nova, perfeitamente admitida e, inclusive, protegida pelo direito autoral, ou de que mereceria acolhida o pleito de *Cariou.*

Ressalte-se, porém, que casos dessa natureza exigem sempre o exame das obras envolvidas, o que pode contar com o auxílio de perito, ou ser realizada exclusivamente com a percepção do julgador.

---

73. Propósito de crítica, comentários, jornalismo, ensino em sala de aula e pesquisa. Deve-se observar, ainda, o objeto copiado, a quantidade e a substância do que foi copiado em relação à obra como um todo e os efeitos econômicos do uso sobre a obra copiada (§ 107 US Copyright Act).

No segundo exemplo, *Jeff Koons*, conhecido artista plástico norte-americano, também enfrentou problemas no âmbito do direito autoral, tendo também alegado que sua obra se inseriria no âmbito da *appropriation art.* O fotógrafo *Art Rogers* entrou com uma ação contra ele por violação de direitos de autor em 1989,[74] o que resultou em caso paradigma da jurisprudência americana. A controvérsia estabeleceu-se sobre a obra designada *String of Puppies*, publicada na série *Banality,* que é reprodução tridimensional de uma fotografia em preto e branco de *Rogers*, que *Koons* vira ao comprar cartões em um aeroporto.[75] Confira-se:[76]

Koons fundamentara sua defesa na tese de *fair use,* pois sua obra se constituiria em paródia da fotografia de *Rogers*. O Tribunal, porém, julgou haver *substantial similarity*[77] entre as obras, tendo sido demonstrado o acesso de *Koons* à imagem.

Segundo o tribunal americano, a semelhança era tão evidente que qualquer leigo reconheceria na escultura de *Koons* a cópia do trabalho de *Rogers*, não se configurando a exceção de *fair use* por paródia, já que não acrescida criação nova, de natureza satírica.

---

74. <https://cyber.harvard.edu/people/tfisher/IP/2006%20Blanch%20Abridged.pdf>.

75. MAAßEN, Wolfgang. Plagiat, freie Benutzung oder Kunstzitat? Erscheinungsformen der urheberrechtlichen Leistungsübernahme in Fotografie und Kunst. In: WELLER, Mathias; KEMLE, Nicolai; DREIER (org.). *Raub – Beute – Diebstahl*: Tagungsband des Sechsten Heidelberger Kunstrechtstags am 28. und 29. September 2012. Baden-Baden: Nomos, 2013. p. 193.

76. <https://cpyrightvisualarts.wordpress.com/2011/12/20/art-rogers-vs-jeff-koons/>.

77. Para ganhar uma causa de violação de direitos autorais nos Estados Unidos, o autor deve mostrar que possui direitos autorais válidos, o réu realmente copiou o trabalho, para o que seu *acesso a ela deve estar demonstrado*, e o nível de cópia equivale a apropriação indevida. Sob a doutrina de "*substancial similarity*", um trabalho pode ser considerado infrator de direitos autorais mesmo que a redação do texto, os elementos visuais ou audíveis sejam alterados, desde que haja similaridade substancial.

Para determinar se a similaridade é substancial, os tribunais consideram não apenas a proporção da apropriação, mas também consideram a criatividade do executado em ambos os trabalhos e sua centralidade.

Na *common law*, o "*fair use*" (U.S.) ou "*fair dealing*" (U.K.) constituem defesas à violação do *copyright*, permitindo que terceiro faça uso de obra protegida, sem consentimento do detentor do *copyright*, desde que de forma razoável e por determinados propósitos, podendo se configurar na hipótese de uso da obra de arte ou literária com o propósito de pesquisa ou estudo, crítica ou análise, ou (exceto fotografia) para reportar fatos atuais. Essencial para autorizar a violação é que ela seja "*fair*".

Para determinar a "*fairness*", contudo, deve-se considerar o propósito e natureza do uso, se para benefício geral (da própria arte, por exemplo, como paródias e sátiras), ou meramente econômico do infrator – hipótese em que a *US Supreme Court* (*Rogers v. Koons*) entendeu que cópias para fins comercial ou lucrativo se presumem *unfair.*[78] Ainda, deve-se examinar a natureza da própria obra, se alicerçada em fatos reais, como livro biográfico, ou se produto exclusivo da criatividade do autor. A quantidade e proporção da obra copiada devem ser considerados, pois a cópia não pode, em tese, exceder "o necessário" para conceber a obra nova. Por fim, os efeitos do uso no valor de mercado da obra copiada, assim como a forma como foi ela obtida, são elementos para a apreciação do *fair use/dealing.*[79]

Transpostos os fatos para o direito brasileiro, deve-se indagar: (i) se a obra de *Koons* seria imitação da imagem de *Rogers* ou se se constitui em obra derivada ou nova, como sátira ou paródia ou como *approppriation art*; (ii) se se configuraria mera hipótese de citação ou de obra incidental; e (iii) se a utilização da foto de *Rogers* por *Koons* a prejudica; e se essa utilização ofendem a reputação ou a honra do autor. Da mesma forma que no caso anterior, as respostas a essas questões conduzem à conclusão de se tratar de obra nova, ou de utilização da obra protegida sem autorização do autor, o que é tido por ilegal, ensejando indenização.

No sentido diametralmente oposto aos exemplos anteriores foi o julgamento recente do caso *Blanch v. Koons.*[80] Nele, a controvérsia dizia respeito à tela de *Koons* denominada *Niagara*, na qual ele fez uso da fotografia *Silk Sandals by Gucci*, de *Andrea Blanch*. O artista compôs as pernas da fotografia original com outros três pares, sobre imagem das cataratas do Niágara. No fundo, incluiu um grande *cookie* com sorvete de creme, ladeados por *donuts* e outros pães doces. O par de pernas da fotografia de *Blanch* foi utilizado na sua concepção original,

---

78. Críticas contundentes ao julgamento podem ser lidas em: DEMARSIN, Bert; SCHRAGE, Eltjo; TILLEMAN, Bernard; VERBEKE, Alain (org). *Art & law*. Brugge: Keure, 2009. p. 264-288.

79. Veja-se: STOKES, Simon. *Art & Copyright*: revised Paperback edition. Oxford: Hart Publishing, 2003. p. 54 e seguintes; MERRYMAN, John; ELSEN Albert. *Law, Ethics and the Visual Arts*. 5th ed. Alphen aan den Rijn: Kluwer Law, 2007. p. 559 e seguintes.

80. <https://cyber.harvard.edu/people/tfisher/IP/2006%20Blanch%20Abridged.pdf>.

exceto quanto a sua orientação, pois foi virado 180º, estando posicionado na tela apontando para baixo, não para cima. Confira-se:[81]

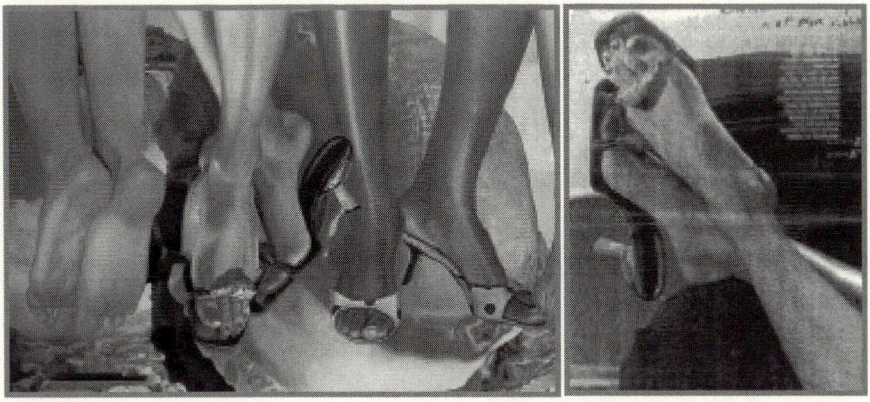

A decisão do Tribunal entendeu que *Koons* justificara o uso da obra na sua criação artística transformativa e que não haveria prejuízo financeiro a *Blanch*, já que as obras tinham mercados totalmente distintos.

Como se vê, avaliar se obra de arte serviu de apenas de inspiração para criação nova, ou se foi adaptada, reproduzida ou citada é atividade complexa.[82] Só a obra concreta em si é protegida pelos direitos autorais, mas não o método e estilo empregados, e nem tampouco ideias, concepções e motivos.[83] Aliás, dependendo do contexto, *a própria obra pode ser total ou parcialmente reproduzida de forma legal*, já que do artigo 46 da LDA consta, como referido, não constituir ofensa aos direitos autorais "a reprodução, em quaisquer obras, de pequenos trechos de obras preexistentes, de qualquer natureza, ou de obra integral, quando de artes plásticas, sempre que a reprodução em si não seja o objetivo principal da obra nova e que não prejudique a exploração normal da obra reproduzida nem cause um prejuízo injustificado aos legítimos interesses dos autores".

A apreciação dos casos, como se vê, envolve subjetividade. Quem pode auxiliar o julgador a avaliar se os limites do transformar foram ultrapassados e a obra imitada é, em regra, o perito, que pode ser consultado pela autoridade judicial.

---

81. <https://cpyrightvisualarts.wordpress.com/2011/12/20/jeff-koons-vs-andrea-blanch/>.

82. Para distinções entre plágio, adaptação e estilo na história da arte, veja-se: JAYME, Erik. Die Kopie als Original: Rechtsfragen einst und jetzt, *Bulletin Kunst & Recht* 2013/2 – 2014/1, p. 52-77.

83. MAAßEN, Wolfgang. Plagiat, freie Benutzung oder Kunstzitat?... p. 203 e seguintes.

b) Paródia

Uma modalidade de arte nova que se destaca é a paródia, que se constitui em obra literária, teatral, musical ou de outra forma, que imita obra original, *com objetivo jocoso, irônico ou satírico.*[84] Nos casos de paródia, o artista se encontra não apenas sobre o amparo da liberdade artística, mas também da liberdade de opinião.[85]

Na Europa, o tema foi abordado na Diretiva 2001/29/EG, de 22.06.2001, que trata da harmonização de certos aspectos do direito de autor e dos direitos conexos na União Europeia, no artigo 5.º, 2, k, que prescreveu ser possível aos Estados-Membros prever exceções ou limitações ao direito de reprodução previsto no artigo 2.º nos casos de utilização para efeitos de caricatura, paródia ou *pastiche.*[86]

O direito alemão nada dispôs quanto à previsão da diretiva, pois considerou essa modalidade de arte incluída na previsão genérica de *Bearbeitung, Umgestaltung, freie Benutzung* (§ 24 *UrhG*). Já o direito espanhol, por exemplo, conta desde a lei de proteção de direitos autorais do ano de 1879 com norma de proteção específica dessa modalidade artística, tão própria dos espanhóis, como flagrantemente exemplifica *Don Quijote de la Mancha*, obra clássica de *Miguel de Cervantes Saavedra*, que parodia os clássicos sobre cavaleiros.

No Brasil, paródias são prática comum, confirmando o senso de humor peculiar do brasileiro que comumente faz graça não apenas de seu meio, mas de si mesmo. Estão expressamente autorizadas pelo disposto no artigo 47 da LDA, *desde que não se constituam verdadeiras reproduções da obra primígena, nem lhe impliquem descrédito.*

O artista, portanto, deve aproximar sua obra tanto quanto possível da obra primígena para caracterizar que se refere à obra parodiada (ou a seu artista), não podendo, porém, usá-la excessivamente, sob pena de se configurar reprodução. Da mesma forma, tampouco pode prejudicar a obra parodiada.

Em caso julgado pelo STJ, no qual a controvérsia envolvia a utilização de música comumente empregada no programa do apresentador *Chacrinha* para publicidade, o que o tribunal não considerou se tratar de hipótese de paródia,[87] porque *não teria havido criação intelectual nova, irônica* sobre a peça original,

---

84. SCHACK, Haimo. *Kunst und Recht*... p. 183-186.

85. JAYME, Erik. Nachahmung oder Transformation: Zweitkunst im Zwielicht des Rechts, in: MOSIMANN, Peter; SCHÖNENBERGER, Beat (org.), *Kunst & Recht 2016/ Art Law 2016* – Referate zur gleichnamigen Veranstaltung der Juristischen Fakultät der Universität Basel vom 17. Juni 2016. Bern: Sämpfli Verlag, 2016. p. 23 e seguintes.

86. O "*pastiche*", "*pasticcio*" ou "*capriccio*" é palavra que indica prática utilizada nas artes visuais desde o século XVII em que se faz uso de partes de diferentes quadros para compor nova obra, como numa colagem.

87. REsp 1131498/RJ, rel. Min. Raul Araújo, Quarta Turma, julgado em 17.05.2011, *DJe* 08.06.2011.

mas mera modificação da letra para incorporar *"interesses comerciais do promovido na propaganda"*.

Em outro caso atual, o Tribunal de Justiça do Estado de São Paulo confirmou sentença que condenara o artista *Tiririca* a indenizar *EMI Songs*, detentora dos direitos autorais sobre a música "*O portão*", de *Roberto* e *Erasmo Carlos*, usada por ele na forma de paródia durante campanha eleitoral para o congresso nacional.[88] Segundo constou da reportagem que veiculou informações sobre o julgado, cujo acórdão ainda não foi publicado, o tribunal teria entendido que a utilização da música sem pagamento de direitos autorais não poderia se subsumir à exceção legal da paródia, já que teve por objetivo *angariar votos para si*, o que desconfiguraria a finalidade cultural ou artística que se deveria esperar da paródia. Assim, infere-se que o tribunal teria considerado que o uso da obra em paródia para fins eleitorais configuraria prejuízo à obra parodiada, pelo que não estaria inserida na exceção legal.

Recentemente, no julgamento de caso envolvendo periódico e portal de notícias ("*Falha-Folha" de São Paulo*[89]), o STJ reafirmou o disposto na lei, consignando de forma expressa que a paródia não depende de autorização do autor da obra primígena, sendo, outrossim, *indiferente o uso comercial da obra nova* para a avaliação da licitude, desde que não haja prejuízo para a obra parodiada. A controvérsia envolveu, ainda, direito marcário e concorrencial, pois a parte ré, que mantinha o domínio eletrônico *Falha de São Paulo*, realizava paródias com as matérias e reportagens publicadas pela parte autora da ação, o periódico *Folha de São Paulo*, "expressando-se, declaradamente, de modo contrário às opiniões expostas pelo jornal, por meio da sátira e humor". O voto condutor traçou interessante paralelo entre as publicações *Caras* e "*Bundas*", esta publicada por Ziraldo com ironia sobre a primeira; e *A Manhã* e *A Manha*, este suplemento satírico publicado pelo Barão de Itararé na década de 1920 em alusão ao primeiro, tradicional periódico da época.[90] Prevaleceu na Turma julgadora, singelamente resumindo, o entendimento de que não se configuraria ofensa a direito autoral, marcário e nem concorrencial, porque a atividade da ré é de paródia, "forma de expressão do pensamento", "que se utiliza do deboche e da ironia para entreter", sendo evidente aos leitores que se trata de publicações diversas, voltadas elas mesmas a público diverso, não implicando a paródia em descrédito da obra parodiada.

---

88. <http://g1.globo.com/sao-paulo/noticia/tiririca-e-condenado-a-pagar-indenizacao-por-usar-musica-de-roberto-carlos-em-campanha.ghtml>.

89. REsp 1548849/SP, rel. Min. Marco Buzzi, rel. p/ o Acórdão Min. Luis Felipe Salomão, Quarta Turma, julgado em 20.06.2017, *DJe* 04.09.2017.

90. No âmbito da controvérsia entre as revistas *Caras* e *Bundas*, o STJ teve oportunidade de se manifestar sobre o pedido de reparação de danos morais, tendo concluído pela inexistência de ilicitude. Veja-se: REsp 736.015/RJ, rel. Ministra Nancy Andrighi, Terceira Turma, julgado em 16.06.2005, *DJ* 01.07.2005, p. 533.

Para que se reconheça, portanto, a limitação ao direito autoral que veda uso da obra protegida por terceiro, em virtude de paródia, é preciso que a obra parodiada não seja reproduzida integralmente, mas que sirva de substrato para *criação pessoal* do artista satírico que, *pelo humor e ironia*, a interpreta – *ou a seu autor, ou a um determinado tema,* sendo indiferente o aproveitamento comercial da paródia, desde que não cause prejuízo nem descrédito à obra primígena. Deve-se observar, outrossim, que a paródia tampouco pode configurar ofensa a direito de personalidade de terceiro, como nos exemplos dos casos entre o Presidente *Erdoğan* e o artista *Jan Böhmermann,* e o do Ministro *Franz Josef Strauß*,[91] referidos no capítulo I.

c) Liberdade de panorama

Do parágrafo 59 da lei de direitos autorais alemã consta exceção que permite que as *obras que estão permanentemente em vias, ruas ou praças públicas* sejam reproduzidas, sem autorização do seu autor, por meio de pintura ou outro meio gráfico, foto ou filme (mas não em nova edificação), o que é designado como *Liberdade de Panorama* (*Panoramafreiheit* ou *Strassenbildfreiheit*),[92] que também é admitida em parte dos países europeus, como a Grã-Bretanha e Suíça, por exemplo, assim como pelos Estados Unidos,[93] mas não pela França.[94]

---

91. Vide capítulo I, 1. Arte e liberdade artística.

92. "§ 59 Werke an öffentlichen Plätzen

(1) Zulässig ist, Werke, die sich bleibend an öffentlichen Wegen, Straßen oder Plätzen befinden, mit Mitteln der Malerei oder Graphik, durch Lichtbild oder durch Film zu vervielfältigen, zu verbreiten und öffentlich wiederzugeben. Bei Bauwerken erstrecken sich diese Befugnisse nur auf die äußere Ansicht.

(2) Die Vervielfältigungen dürfen nicht an einem Bauwerk vorgenommen werden."

Em tradução livre da autora: § 59 Obras em locais públicos

(1) Deve ser permitido que as obras que estão permanentemente em vias públicas, ruas ou praças sejam reproduzidas, distribuídas/divulgadas e republicadas por meio de pintura ou gráfico, por foto ou filme. Para as construções, esta disposição apenas se aplica à aparência externa.

(2) As reproduções não podem ser constituídas em construção.

93. Leia-se do § 120 do Copyright Act, alínea a:

"*(a) Pictorial Representations Permitted.–*

The copyright in an architectural work that has been constructed does not include the right to prevent the making, distributing, or public display of pictures, paintings, photographs, or other pictorial representations of the work, if the building in which the work is embodied is located in or ordinarily visible from a public place."

94. Uma curiosidade interessante sobre o tema é a exploração das imagens da torre *Eiffel*. As imagens da torre *Eiffel* à luz do dia são de domínio público, sendo, portanto, admissível sua reprodução por terceiros, até mesmo para fins comerciais, independentemente de autorização prévia da sociedade encarregada da exploração da obra, em nome da cidade de Paris (*Société d'Exploitation de la tour Eiffel*, abrev. *SETE*). Já a vista da torre à noite tem exploração comercial limitada, porque as suas luzes (iluminação dourada, cintilação, farol e iluminação de eventos) são obras protegidas pelo direito autoral e o país não adotou norma para incorporar a liberdade de panorama. Assim, a exploração comercial de imagens da torre

Essa exceção tem por premissa a consideração de que *o artista, ao expor a obra definitivamente em ambiente público, a oferece a coletividade* – daí porque *deve suportar que qualquer um a reproduza, ainda que use a imagem para fins econômicos.*

Como exceção que é, a liberdade de panorama deve ser interpretada estritamente, motivo pelo qual apenas as obras que estejam expostas em logradouro público de forma definitiva podem ser reproduzidas sem consentimento do criador. Assim, inserem-se nesse preceito todos os prédios, monumentos, fontes, esculturas ou similares, assim como passagens ou átrios, ainda que sejam fechados à noite, desde que: (1) estejam permanentemente em logradouro público, acessíveis a qualquer pessoa e (2) sejam disponíveis à coletividade, e não restritos a uso privado.

Uma exceção clara a essa liberdade é que os ambientes internos das obras não estão incluídos na liberdade de panorama, ainda que não se pague nenhum valor para ingressar neles. Se a exposição em logradouro for temporária, tampouco a reprodução estará coberta pela liberdade de panorama.

Uma obrigação que decorre dessa exceção é que, caso haja utilização e publicação das imagens que reproduzem essas obras de arte, a autoria deve ser nominada na reprodução (*Quellenangabe*, § 63 UrhG; 24, II, LDA).

Se aquele que reproduz a obra contar com a autorização do proprietário, recomenda-se que seja por escrito, para dispor de prova, porque a liberdade de panorama, segundo interpretação doutrinária e jurisprudencial dominante, na Alemanha, limita os direitos do autor da obra, mas não os do seu dono. De fato, a liberdade de panorama não implica automaticamente na compreensão de que pode usar para qualquer destinação – comercial, por exemplo – a imagem da obra reproduzida, porque a exceção se configura *no âmbito dos direitos autorais* (*do artista arquiteto, escultor, etc.*) *e não inclui, portanto, os direitos do proprietário da obra ou terceiro que possa ter tido direitos ofendidos com a reprodução.*

No Brasil, liberdade de panorama é prevista expressamente no âmbito das limitações aos direitos autorais no artigo 48, segundo o qual "as obras situadas permanentemente em logradouros públicos podem ser representadas livremente, por meio de pinturas, desenhos, fotografias e procedimentos audiovisuais".

Apesar da hipótese de incidência do dispositivo não o prever, a jurisprudência do STJ já entendeu pela restrição dessa liberdade (exceção ao direito do autor) em casos recentemente julgados, diante da destinação dada à reprodução.

à noite sujeita-se à autorização prévia da *SETE*, mediante pagamento. Mais detalhes em: <http://www.toureiffel.paris/utiliser-limage-de-la-tour-eiffel/tourner-a-la-tour-eiffel>.

No caso da *estátua em cartão da Telemar*,[95] por exemplo, o STJ perquiriu da centralidade da obra de arte em relação ao conjunto retratado, opondo-se à centralização da fotografia de praça pública em escultura nela situada. Ainda, considerou impeditiva da liberdade de panorama a utilização econômica da fotografia (que reproduzia esculturas de praça pública em *São José de Ribamar*, no Maranhão) em cartão telefônico de sociedade estatal (*Telemar*), determinando o pagamento de indenização ao escultor.

Ocorre que, tanto a centralização da obra na imagem reproduzida, como eventual uso dessa reprodução, são circunstâncias alheias ao dispositivo legal autorizativo, não ensejando a ilicitude da reprodução, que é *autorizada pela lei pura e simplesmente em virtude da obra estar situada permanentemente em logradouro público e, portanto, por ter sido oferecida ao público pelo próprio artista.*

Por outro lado, em caso posterior, que até mesmo referiu o precedente da estátua em cartão da *Telemar*, o STJ não verificou ilegalidade na *reprodução fotográfica de estátua em ingressos para jogos de futebol* nas preliminares da copa do mundo, negando o pedido indenizatório,[96] porque a utilização da imagem teria tido fim de promoção do turismo local, que compreenderam como de natureza diversa da comercial.

Ora, promoção de turismo mediante publicidade em evento esportivo pago não é forma de exploração econômica? O uso da imagem em cartão telefônico não fomenta o turismo? Qual a vantagem econômica percebida pela Telemar no uso da imagem, se o valor cobrado pelo cartão é o do serviço de telefonia que lhe é independente?

Em qualquer caso, a despeito da incoerência da fundamentação, nos dois precedentes essa perquirição é pura conjectura de questão igualmente alheia ao preceito legal, pois o único requisito para configurar a exceção ao direito de reprodução *do autor* é estar a obra de arte de forma permanente em logradouro público.

Assim, em ambos os casos, a solução juridicamente acertada deveria ter sido reconhecer a legalidade das reproduções controvertidas.

Mais recentemente, em caso que analisou o uso de *foto de fachada de residência para ilustrar embalagem de tinta*, o STJ novamente consignou que, embora a residência cuja imagem foi reproduzida estivesse em via pública e a

---

95. REsp 951.521/MA, rel. Min. Aldir Passarinho Junior, Quarta Turma, julgado em 22.03.2011, *DJe* 11.05.2011.

96. Em sentido oposto foi o julgamento de recurso no caso em que houve reprodução não autorizada de escultura situada em logradouro público em ingresso para jogo nas eliminatórias da copa do mundo, porque considerado que o ato de reprodução em si consubstanciava evidente divulgação do patrimônio histórico, cultural, artístico, turístico ou paisagístico do local do evento. Veja-se: REsp 1438343/MS, rel. Min. Luis Felipe Salomão, Quarta Turma, julgado em 01.12.2016, *DJe* 22.02.2017.

publicidade tenha contado com autorização do proprietário, o arquiteto não consentira com o uso da imagem, motivo pelo qual ele faria jus à reparação, porque a hipótese estaria fora "do âmbito de aplicação do artigo 48" da LDA.[97] O tribunal não fundamenta, todavia, o porque dessa conclusão, aceitável apenas na hipótese da reprodução se consubstanciar em nova construção.

Ora, de acordo com o preceito legal, cujo fundamento é, reforça-se, a própria entrega pelo artista da sua obra à coletividade, o arquiteto não precisaria consentir. A lei prescreve exatamente isso: "*as obras situadas permanentemente em logradouros públicos podem ser representadas livremente*". Forçoso concluir, portanto, que, à míngua de prescrição legal específica, eventual exploração econômica da reprodução não afeta a liberdade de panorama – compreensão também adotada pelo ordenamento jurídico alemão sobre o tema.

Em precedente julgado pelo BGH[98] restou confirmado que a utilização de uma fotografia de obra de arte sobre um suporte tridimensional não constitui cópia ilegal, diante da liberdade de panorama. No caso, conhecido como "*East Side Gallery*", o réu pôs à venda torre de apartamentos, em construção, chamada "*Living Levels*", localizada atrás da área conhecida como "*East Side Gallery*", na rua Mühlenstraße, em Friedrichshain-Kreuzberg, à margem do rio *Spree*, local que é considerado galeria de arte ao ar livre, consubstanciando-se em área de 1.113 metros, no lado leste do *Muro de Berlim*, que foi preservado da demolição. Em seu *site*, o réu reproduziu o projeto imobiliário à venda, do qual constou imagem de maquete em que fora reproduzida sem autorização do autor obra da "*East Side Gallery*" – fato que ensejou o ajuizamento da ação judicial.

O tribunal rejeitou a ação, afirmando textualmente que a liberdade de panorama consiste *não só em poder fotografar uma obra em via, rua ou praça pública, mas também em poder explorar a imagem comercialmente, seja mediante*

97. Constou da fundamentação do julgado: "Em razão de as obras situadas permanentemente em logradouros públicos integrarem de modo indissociável o meio ambiente, a compor a paisagem como um todo, sua representação (por meio de pinturas, desenhos, fotografias e procedimentos audiovisuais), por qualquer observador, não configura, em princípio, violação ao direito autoral. A obra arquitetônica, ainda que situada permanentemente em propriedade privada, sendo possível visualizá-la a partir de um local público, integra, de igual modo, o meio ambiente e a paisagem como um todo, a viabilizar, nesse contexto (paisagístico) a sua representação, o que, também, não conduziria à violação do direito do autor. A hipótese, todavia, não é de mera representação da paisagem, em que inserida a obra arquitetônica, mas sim de representação unicamente da obra arquitetônica, com a *finalidade lucrativa*. Refoge, *em absoluto*, do âmbito de aplicação do art. 48 da Lei n. 9.610/1998, a representação por terceiro de obra arquitetônica com finalidade comercial, que, como detidamente demonstrado, consubstancia direito exclusivo de seu autor." (REsp 1562617/SP, rel. Min. Marco Aurélio Bellizze, Terceira Turma, julgado em 22.11.2016, *DJe* 30.11.2016)

98. BGH, 19.01.2017 – ZR I 242/15.

publicação de cartões postais ou outra forma[99] – no caso, a maquete incluída na publicidade do imóvel.

Deve-se reiterar, todavia, que prevalece no direito alemão a compreensão de que a exceção da liberdade de panorama afasta apenas a pretensão autoral, mas não direito do proprietário do imóvel reproduzido. Sobre o direito desse último, deve-se ponderar, porém, que a reprodução de obra de arte em fotografia, por si só, não ofenderia o direito de propriedade.

Embora a aparência da obra seja parte de sua substância, a mera reprodução dela em fotografia (ou outro meio) não a afeta e nem aos direitos do proprietário, motivo pelo qual o uso privado de imagens para lembranças é permitido.[100]

O uso, todavia, dessa imagem, por terceiro, que não o proprietário da obra, em exploração comercial, *poderia* representar lesão a seus direitos, a depender das circunstâncias.

A questão que se coloca é se *o proprietário de obra de arte em domínio público é titular de direito exclusivo de reprodução dela, podendo impedir que outras pessoas a reproduzam e explorem essa reprodução comercialmente.*[101] Diferentes ordenamentos jurídicos propuseram diferentes soluções à questão.

A lei de proteção de bens culturais do Vaticano (*Legge sulla tutela dei beni culturali,* de 25.07.2001, *Stato dela Città del Vaticano*), por exemplo, prevê expressamente que o proprietário do bem cultural tenha o direito exclusivo de explorar economicamente reprodução dele.[102]

O direito francês alcançou resultado análogo, desta feita a partir de decisões da *Court de Cassation*[103] acerca da interpretação do artigo 544 do *Code.*[104] Da leitura dos precedentes apreende-se que a exploração comercial da imagem do imóvel não é suficiente para demonstrar a violação do direito do proprietário, sendo necessário *provar que essa exploração causa distúrbio anormal* no gozar da propriedade como, por exemplo, violação de privacidade ou outro incômodo anormal. Se assim for demonstrado, então será considerada ilegal a exploração comercial da imagem de obra de arte por terceiro que não o proprietário.

---

99. SCHACK, Haimo. *Kunst und Recht...* p. 148.

100. PRENGEL, Timo. Abbildung gemeinfreier Kunstwerke – Rechte des Sacheigentümers. In: WELLER, Mathias; KEMLE, Nicolai; DREIER, Thomas (org.). *Kunsthandel – Kunstvertrieb*: Tagungsband des Fünften Heidelberger Kunstrechtstags am 7. und 8. Oktober 2011. Baden-Baden: Nomos, 2012. p. 103.

101. Sobre a questão, veja-se: JAYME, Erik. Reproduktionsrechte an Kunstwerken – Gibt es ein Recht am Bild der eigenen Sache?, in: Bulletin Kunst & Recht 1/2011, p. 11-27.

102. No original: "*i diritti di riproduzzione sfruttamento econômico dele cose di cui ala presente legge appartengono ai soggetti ai quali de cose spettano*".

103. "*L'arrêt du 10 mars 1999, café Gondrée; L'arrêt du 2 mai 2001, l'îlot du Roch Arhon ou la petite maison en Bretagne; e L'arrêt du 7 mai 2004, l'hôtel de Girancourt.*"

104. "544. *La propriété est le droit de jouir et disposer des choses de la manière la plus absolue, pourvu qu'on n'en fasse pas un usage prohibé par les lois ou par les règlements.*"

No direito alemão, também a jurisprudência concluiu que a utilização de imagem, ainda que autorizada no contexto da *Panoramafreiheit,* pode configurar conflito com os direitos do proprietário, porém delineou de forma diversa a solução jurídica. No julgamento do *caso dos castelos prussianos* (*Preußische Schlösse*) *e dos jardins e parques prussianos* (*Preußische Gärten und Parkanlage*),[105] o BGH considerou que o *direito exclusivo* de fotografar e utilizar fotografias de construções e jardins *incumbe ao proprietário do imóvel, sempre que esse retrato seja realizado a partir do interior do próprio imóvel.* Se a reprodução for realizada de ambiente *externo* ao imóvel, *não* subsistiria ofensa ao direito de propriedade.[106]

É certo que os referidos castelos e jardins são obras já em domínio público. Assim, compreendeu que o proprietário teria direito exclusivo ao *próprio espaço* (*Recht am eigenen Raum*).

O caso se configurou a partir da exploração econômica de imagens obtidas nos jardins dos castelos, mediante a impressão de cartões postais, pôsteres e DVDs, sem autorização do proprietário, tendo sido as fotos realizadas a partir da própria propriedade. Nos precedentes prevaleceu a compreensão de que a exceção que autoriza fotografar uma fachada de imóvel (*Panoramafreiheit*) seria contextualizada apenas no âmbito do *direito autoral*, não havendo disposição específica relativa a direito de outra natureza, motivo pelo qual imagens que ofendam a propriedade em geral – ou mesmo direito geral de personalidade (privacidade, por ex.) – não poderiam ser admitidos com base nesse dispositivo.

Dois casos são antecedentes lógicos desse entendimento: num deles, a proprietária do Castelo *Tegel*, que cobrava ingressos para ingresso num parque/ jardim *não visível a partir da rua*, ajuizou ação contra editora que contratou fotógrafo para obter imagens e reproduzi-las em cartões postais, requerendo a proibição da publicação das imagens, no que obteve êxito (*Schloss Tegel-Fall*).[107] Em outra ação, o proprietário de uma casa em estilo frísio, situada na ilha de *Sylt* no Mar do Norte, ajuizou ação contra empresa de têxteis que utilizara imagem da rua em que situada sua casa, incluindo-a, na capa do catálogo de seus produtos para casa e decoração, objetivando a cessação da exploração não autorizada da imagem e sua indenização. A ação foi rejeitada em ambas as instâncias e inadmitida a revisão, porque a imagem se resumia ao aspecto externo do imóvel, visível da via pública, o que é previsto como *Panoramafreiheit* (*Friesenhaus-Fall*).[108]

---

105. BGH 17.12.2010 – v zr 45/10 e BGH 01.03.2013, NJW 2013,1809. Comentários sobre o caso na obra de: SCHACK, Haimo; JOTZO, Florian; RAUE, Benjamin. *Das Geistige Eigentum in 50 Leitentscheidungen.* Tübingen: Mohr Siebeck, 2012. p. 163-172.

106. "*Das ausschließliche Recht zur Anfertigung und Verwertung von Fotografien von Bauwerken und Gartenanlagen steht dem Grundstückeigentümer zu, soweit diese Abbildungen von seinem Gründstück angefertig worden sind.*"

107. BGH, 20.09.1974 – I ZR 99/73, WRP 1975, 522, 523.

108. BGH, 09.03.1989, NJW 2251, 2252. Sobre os casos *Schloss Tegel* e *Friesenhaus*, veja-se: PRENGEL, Timo. Abbildung gemeinfreier Kunstwerke – Rechte des

A compreensão que prevaleceu no julgamento dos casos *Preußische Schlösse, Preußische Gärten und Parkanlage* é de ser criticada, todavia, porque amplia a exclusividade dos direitos de reprodução de obra de arte – que é interesse coletivo – para *além do prazo da proteção dos direitos autorais*, o que não encontra amparo em normas gerais de propriedade, sendo que, ademais, uma interpretação teleológica da própria liberdade de panorama deveria conduzir à conclusão de que ela também limitaria o direito do proprietário.[109]

De fato, a decisão estabelece um direito exclusivo de exploração ao proprietário de obra em domínio público, sem precedentes na lei e na doutrina.[110]

Ainda no contexto da amplitude da liberdade de panorama, a demonstrar que o aproveitamento econômico não a inibe, há o precedente designado *caso do Google street view*,[111] no qual o proprietário de um imóvel ajuizou ação para impedir, liminarmente, que sua casa fosse filmada pelo *Google street view*, ao fundamento de que sua privacidade seria comprometida, já que o jardim é frontal e tanto ele como os espaços de convivência da residência são protegidos por sebe alta, de aproximadamente dois metros, sendo que a câmera do réu é fixa em um veículo a uma altura de 3 metros. Além disso, o autor argumentou que nas imagens ele ou sua família poderiam ser vistos.

O Tribunal de Berlim claramente reforçou a jurisprudência, no sentido de que a realização de fotografias da fachada exterior de um edifício é normalmente permitida, desde que procedida da via pública, sem ofensa ao artigo 2, 1, da Lei Fundamental alemã e nem ao § 22 da *KUG*, ainda que haja o uso com fim econômico da imagem. Aduziu, contudo, que seria outra a interpretação, na hipótese das imagens serem intencionalmente voltadas aos quartos e pessoas – para o que, todavia, haveria falta de provas concretas no caso para justificar medida que determinasse a interrupção da atividade pelo réu, especialmente no contexto de medida jurídica preventiva – contexto em que foi intentada a ação. Além disso, anotou o tribunal que o *Google* informou sua intenção de tornar eventuais rostos de pessoas filmadas irreconhecíveis antes de publicação das imagens.

Por fim, cumpre referir que, ainda que a obra de arte não esteja firmemente fixada no solo, mas permaneça em constante deslocamento em espaço público,

---

Sacheigentümers. p. 104 e seguintes.

109. JAYME, Erik. Reproduktionsrechte an Kunstwerken – Gibt es ein Recht am Bild der eigenen Sache?, in: *Bulletin Kunst & Recht* 1/2011, p. 27.

110. SCHABENBERGER, Nemeczek: Mein Schloss, mein Garten, meine Verwertungserlöse? – Konsequenzen aus den BGH Entscheidungen "Preußische Schlösser und Gärten", GRURPrax 2011, p. 139.

111. KG, 25.10.2010 – 10 w 127/10. Subtrato teórico ao caso veja-se em: DREIER, Thomas; SPIECKER, Indra. *Die systematische Aufnahme des Straßenbildes*: zur rechtlichen Zulässigkeit von Online-Diensten wie "google street view", Baden-Baden: Nomos, 2010; e HOLZNAGEL, Bernd; SCHUMACHER, Pascal. Google Street View aus verfassungsrechtlicher Sicht, *Juristenzeitung* 2011, 57 e seguintes.

como vias, rios ou mares, prevalece no direito alemão a liberdade de panorama, consoante decidiu o BGH no caso *Aida-Kussmund*,[112] em que a controvérsia residia em determinar se a pintura externa de navio de cruzeiro estaria protegida pelo direito de autor ou se compreenderia como exceção, no contexto da liberdade de panorama, tendo o tribunal concluído por este último entendimento.

d) Obra acessória

A reprodução, a distribuição e a exposição pública de *obra acessória, incidental ou não-essencial* (*unwesentliches Beiwerk*), é permitida, sem remuneração do seu autor. Inserem-se nesse conceito quadros, por exemplo, que porventura estejam compondo o cenário de um filme, fixados na parede de fundo da área em que se passa a ação. Também é esse o caso de capas de livros, eventualmente reproduzidas em fotografias de prateleiras.

Para determinar se a obra é utilizada de forma incidental, deve-se avaliar se sua inclusão ou exclusão afeta substancialmente a obra principal.

Como regra, no direito alemão não se considera compreendida nessa limitação ao direito autoral a música de fundo, por se considerar que esta sempre afeta substancialmente outra obra de diferente natureza.[113]

Sobre o *caráter secundário de uma obra* em relação a outra, ou acessoriedade, a ensejar a configuração limitador do direito autoral, o BGH julgou, em 17.11.2014,[114] caso em que o demandado produzia e comercializava móveis, tendo acordado, em 2008, com o demandante exibir algumas telas dele em ambiente de sua composição. Ocorre que depois da devolução dos quadros, o pintor reconheceu numa foto do catálogo do demandado um quadro de sua autoria – utilização com a qual não tinha concordado, ajuizando ação para obter a percepção da retribuição financeira dessa exploração comercial da obra.

O réu defendeu-se, invocando o parágrafo 57 da UrhG,[115] segundo o qual, em tradução livre da autora, é permitido reproduzir, distribuir e comunicar ao público obras que sejam consideradas *incidentais* (*Beiwerk*) à obra que realmente se está reproduzindo, distribuindo ou comunicando ao público.

---

112. BGH, 27.04.2017- I ZR 247/15.

113. Também no Brasil a jurisprudência confirma ser devida retribuição pelo uso de música em obra de vídeo, tendo em vista os direitos autorais. Veja-se: REsp 439.881/RJ, rel. Min. Cesar Asfor Rocha, Quarta Turma, julgado em 05.06.2007, *DJ* 12.11.2007, p. 217; AgRg no AgRg no REsp 1484566/SP, rel. Min. João Otávio de Noronha, Terceira Turma, julgado em 06.08.2015, *DJe* 13.08.2015; e AgRg nos EDcl no REsp 885.783/SP, rel. Min. Ricardo Villas Bôas Cueva, Terceira Turma, julgado em 14.05.2013, *DJe* 22.05.2013.

114. BGH, 17.11.2014 - Az. I ZR 177/13.

115. "§ 57 Unwesentliches Beiwerk
Zulässig ist die Vervielfältigung, Verbreitung und öffentliche Wiedergabe von Werken, wenn sie als unwesentliches Beiwerk neben dem eigentlichen Gegenstand der Vervielfältigung, Verbreitung oder öffentlichen Wiedergabe anzusehen sind."

O BGH, todavia, não acolheu a tese de que o quadro seria mera *Beiwerk* (pt. obra acessória), porque o estilo da obra compunha o ambiente retratado de uma matéria característica como se se tratasse de cenário de peça teatral ou filme, pois o emprego das cores fundamentais (vermelho, amarelo e azul) opôs-se dramaticamente aos elementos pretos e brancos do mobiliário de escritório apresentados no catálogo, não se configurando a inclusão da tela como indiferente, marginal ou insignificante. Diante dessa compreensão, a fabricante de móveis teve de remunerar o pintor. Veja-se a imagem controvertida:[116]

No caso, o fator decisivo para destacar a obra, desconfigurando a tese de acessoriedade, foi o *estilo* dela.[117]

Caso brasileiro análogo, porém com resultado oposto, foi o do REsp 1.343.961/RJ,[118] em que tela de autoria da demandante foi utilizada em composição de cenário de filme publicitário sem sua autorização, o que o STJ considerou

116. Embora a impressão em preto e branco não o apresente, é possível imaginar dramaticidade da imagem a tela central, em cores vibrantes, opondo-se neutralidade do restante do ambiente. Para visualização da imagem original, veja-se: <http://juris.bundesgerichtshof.de/cgi-bin/rechtsprechung/document.py?Gericht=bgh&Art=em&sid=e6c8368a467c5cb7b32b6316a13997ac&nr=71060&pos=0&anz=1>.

117. Sobre estilo, vide capítulo I, 2, 2.1 a) singularidade e estilo.

118. REsp 1343961/RJ, rel. Min. Luis Felipe Salomão, Quarta Turma, julgado em 06.10.2015, *DJe* 09.11.2015.

legal, subsumindo o fato à exceção constante do artigo 46, VIII, da Lei de Direitos Autorais (permissão de exposição devido à acessoriedade da obra).[119]

No caso brasileiro, entendeu o tribunal *ter o emprego da tela caráter acessório em relação ao filme publicitário*, bem como ser inexistente prejuízo ao do autor. Segundo o STJ, não haveria "desfiguração da obra nova" [filme publicitário] pela remoção da tela, o que confirmaria sua acessoriedade em relação ao cenário com ela composto. Ademais, entendeu o tribunal que o prejuízo alegado pela autora não decorreria da "*exposição da obra, em si, no filme publicitário promovido por uma das rés, mas, na verdade, de descumprimento de um contrato firmado com outra ré, galeria de arte, tendo em vista o fato de a obra mencionada na contenda ter sido também objeto de consignação e ter sido dada à obra destinação alegadamente não pactuada*".

Embora a avaliação da acessoriedade da obra tenha um caráter subjetivo e seja suficiente à configuração da exceção, com o segundo argumento do relator não se pode concordar, pois o uso da obra no filme publicitário, sem autorização e nem remuneração, sequer reconhecimento nos créditos, configura prejuízo ao artista que espera reconhecimento e retribuição por qualquer uso de sua obra. No caso, todavia, a conclusão adequada tecnicamente seria de que a reparação desse prejuízo é que não é tida como devida, porque este é considerado insignificante, diante da violação não ser expressiva, mas incidental e sem importância.

e) Liberdade de citação

No direito alemão,[120] a *citação* deve ter *finalidade* de crítica ou recensão, relacionando-se a obra citada com o texto desenvolvido, num contexto de

---

119. "Art. 46. Não constitui ofensa aos direitos autorais (...) a reprodução, em quaisquer obras, de pequenos trechos de obras preexistentes, de qualquer natureza, ou de obra integral, quando de artes plásticas, sempre que a reprodução em si não seja o objetivo principal da obra nova e que não prejudique a exploração normal da obra reproduzida nem cause um prejuízo injustificado aos legítimos interesses dos autores."

120. "§ 51. Zitate

Zulässig ist die Vervielfältigung, Verbreitung und öffentliche Wiedergabe eines veröffentlichten Werkes zum Zweck des Zitats, sofern die Nutzung in ihrem Umfang durch den besonderen Zweck gerechtfertigt ist. Zulässig ist dies insbesondere, wenn

1. einzelne Werke nach der Veröffentlichung in ein selbständiges wissenschaftliches Werk zur Erläuterung des Inhalts aufgenommen werden,

2. Stellen eines Werkes nach der Veröffentlichung in einem selbständigen Sprachwerk angeführt werden,

3. einzelne Stellen eines erschienenen Werkes der Musik in einem selbständigen Werk der Musik angeführt werden."

Em tradução livre da autora: § 51. Citações

É permitida a reprodução, a distribuição e a exposição ao público de uma obra publicada para fins de citação, desde que o uso seja justificado por um propósito específico. Isto é permitido em particular, se

1. Após a publicação, obras individuais estão incluídas em obra científica independente

descrição, comentários ou avaliação.[121] A lei brasileira assim também o prevê,[122] prescrevendo ser admissível a citação para *fins* de estudo, crítica ou polêmica, na medida justificada para o fim a atingir. A citação não se justifica, portanto, para mero "embelezamento" da obra em que se apresenta.

A lei alemã reconhece, especialmente, três modalidades de citação: a "grande citação" (*Großzitat*, § 51, 1, UrhG), a citação pequena (*Kleinzitat*, § 51, 2, UrhG) e as citações da música (*Musikzitat*, § 51, 3, UrhG). Não obstante não estja prevista da *UrhG*, costuma ser aceita, ainda, a citação de imagens e filmes.

O direito mais amplo é o de "grande citação", que permite que a integralidade de uma obra científica seja utilizada na criação de outra obra, também científica. Nessa previsão não se inserem obras de informação cotidiana, como reportagens e artigos de jornal.

Para fins não-científicos, a liberdade de citação compreende apenas uma pequena parte de todo o trabalho. O fator decisivo é, em cada caso, avaliar a relação entre a extensão da citação e a da obra citada. Nessas condições, a citação de uma única foto, uma imagem ou um poema curto não seria possível, exceto sob a compreensão de se tratar de "*pequena 'grande citação'*" (*kleines Großzitat*), se presentes as outras condições do direito de citação.

Exemplo dessa compreensão foi confirmada no julgamento do *caso TV-Total*[123] em que o tribunal apreciou a legalidade da reprodução pelo

---

com o objetivo de esclarecimento do seu conteúdo,

2. Após a publicação passagens da obra são citadas em obra de linguagem,

3. As passagens individuais de uma obra musical lançada são citadas em uma obra musical independente.

121. EBLING, Klaus; SCHULZE, Marcel. *Kunstrecht*: Zivilrecht, Steuerrecht, Stiftungsrecht. 2nd ed. München: Beck: 2012, p. 44.

122. "Art. 46. Não constitui ofensa aos direitos autorais:

I – a reprodução:

a) na imprensa diária ou periódica, de notícia ou de artigo informativo, publicado em diários ou periódicos, com a menção do nome do autor, se assinados, e da publicação de onde foram transcritos;

b) em diários ou periódicos, de discursos pronunciados em reuniões públicas de qualquer natureza;

c) de retratos, ou de outra forma de representação da imagem, feitos sob encomenda, quando realizada pelo proprietário do objeto encomendado, não havendo a oposição da pessoa neles representada ou de seus herdeiros;

d) de obras literárias, artísticas ou científicas, para uso exclusivo de deficientes visuais, sempre que a reprodução, sem fins comerciais, seja feita mediante o sistema Braille ou outro procedimento em qualquer suporte para esses destinatários; [omissis]

III – a *citação* em livros, jornais, revistas ou qualquer outro meio de comunicação, de passagens de qualquer obra, para fins de estudo, crítica ou polêmica, na medida justificada para o fim a atingir, indicando-se o nome do autor e a origem da obra; [omissis]."

123. BGH, 20.12.2007, I ZR 42/05. Comentários sobre o caso na obra de: SCHACK, Haimo; JOTZO, Florian; RAUE, Benjamin. *Das Geistige Eigentum in 50 Leitentscheidungen*. Tübingen: Mohr Siebeck, 2012. p. 87-97.

moderador *Stefan Raab*, no programa homônimo do canal alemão *Pro7*, de trechos de gravações tomadas espontaneamente, chamadas "*Spontan-Jodeln*" (algo traduzível como canto à tirolesa espontâneo), que foram antes transmitidas por empresa de radiofusão do Estado de Hessen, Alemanha. Segundo o tribunal, a reprodução não estaria protegida pela liberdade de citação porque não houve trabalho próprio do artista sobre a obra original. Tampouco considerou que seria possível a reprodução com base em preceito legal que a admite para fins de informação, porque as gravações utilizadas não eram atuais.

A previsão de citação de música permite que passagens individuais de uma obra de música sejam inseridos em uma obra musical *nova, independente*. Por causa da rígida proteção da melodia, todavia, a citação de música está sujeita a limites estritos, que são verificados em casos concretos. No já referido precedente "*Metal on Metal*" (BGH, 20.11.2008, I ZR 112/06), por exemplo, o tribunal considerou que a sequência de cerca de dois segundos de duração do grupo *Kraftwerk* inserida na música "*Nur mir*" não estaria protegida pela liberdade de citação – tendo sido decidido o caso por fundamento diverso.

Além disso, se se tratar de *citação de texto*, deve ser restrita a poucas passagens, devidamente identificadas e devem estar relacionadas com o texto próprio, sob pena de se configurar como plágio ou cópia.[124]

Se *citação de imagem*, deve-se ressaltar que a mera inclusão de uma imagem de terceiro numa obra, apenas para chamar a atenção do leitor e sem vinculação com o texto, não estaria coberta pela liberdade de citação. Porém, a citação de uma imagem no centro de um texto pode ser considerada como "explicação do conteúdo", conforme prevê a lei, se tornar o texto mais inteligível – como feito com as imagens que foram acrescidas nesta obra.

Citações de obras de arte acompanhadas de fotografias delas devem conter não apenas o nome do artista da obra fotografada, mas do fotógrafo ou fonte, pois a própria foto é suscetível de proteção pelo direito autoral (§ 63 UrhG; 24, II, LDA).

A jurisprudência alemã criou, ainda, fundamentos particulares para *citação de obras de arte* a partir do julgamento, pelo *Bundesverfassungsgericht* no caso "*Germania III*",[125] em que a controvérsia se estabeleceu justamente sobre o tema da liberdade de citação na obra de mesmo título ("*Germania III – Gespenster am toten Mann*"), de *Heiner Müller*, que contém citações de *Bertold Brecht*.

---

124. Embora não se trate de conceito jurídico, compreende-se juridicamente o plágio como o emprego de obra protegida, no todo ou em parte, modificada ou não, com usurpação da autoria. In: SCHACK, Haimo. *Kunst und Recht*... p. 173 e seguintes. Sobre o tema, vide capítulo I, *in initio*.

125. BVerfG, 29.06.2000 – 1 BvR 825/98 – Rn. (1-33).

No julgamento original do *OLG München* foi acolhido o pedido dos titulares dos direitos autorais de *Bertold Brecht* para impedir a circulação de obra de *Heiner Müller*, em virtude das referidas citações, que estariam desacompanhadas de texto próprio.

Segundo o tribunal constitucional, todavia, que reformou o acórdão recursal, deve-se reconhecer não apenas a citação como meio de expressão *linguístico*, mas também de expressão *artístico*. No precedente, restou decidido que o artista tem permissão para incluir textos protegidos por direitos autorais, mesmo sem referência, em seu trabalho, na medida em que permaneçam como tais, e que faça sua própria declaração artística. Se a citação importa em crítica e apreciação do autor citado, amplamente reconhecido, ou se significa apenas o enriquecimento de um trabalho por propriedade intelectual de terceiros, isso deve ser determinado com base em uma avaliação abrangente de todo o trabalho, o que não fizera o tribunal recursal – motivo pelo qual a decisão foi reformada. Restou consignado que não haveria prejuízo financeiro aos autores em virtude da autorização das citações, notadamente porque as obras não concorrem entre si.[126]

Análogo ao direito de citação, reconhece-se, ainda, no direito alemão, a liberdade de inclusão de imagem em catálogo (*Katalogbildfreiheit, § 58 UrhG*) que, porém, segundo interpretação do BGH, não incluiria a possibilidade de exibição da imagem na *web*,[127] mas autorizaria inclusão em diretório de exposição pública permanente, desde que acompanhado de explicação e análise das obras.

Nesse contexto, o BGH pronunciou-se sobre a admissibilidade do *arquivamento on-line de relatórios de exposições de arte*,[128] contendo imagens de obras, de acordo com o § 50 UrhG. No caso *Städel Frankfurt Gemälde*, a controvérsia residia em determinar se o arquivamento *on line* de relatórios atuais da exposição, que mostram obras de arte, se desconfigurariam como relatórios atuais com o decurso do tempo, já que poderiam ser visualizados permanentemente *online*. O Tribunal recursal considerara admissível o arquivamento permanente dos relatórios, por entender que a avaliação da sua atualidade deveria se dar no momento da configuração do arquivo. Por outro lado, o BGH decidiu nesse caso, referindo sua jurisprudência anterior ("*Zeitungsbericht als Tageserignis*" e "*TV-Total*"), que a reprodução em reportagens sobre eventos atuais (*Berichterstattung über Tagesereignisse*, § 50 UrhG) só é possível porque tem a finalidade de trazer à coletividade informações atuais, diferenciando-se dos direitos de reprodução e distribuição. Portanto, só deve ser admitida *enquanto o evento ainda possa ser*

---

126. Sobre o caso, veja-se: SCHULZE, Gernot. Die Aneignung fremder Werke für eigenes Werkschaffen. In: MOSIMANN, Peter; SCHÖNENBERGER, Beat (org.), *Kunst & Recht 2016 – Art Law 2016* – Referate zur gleichnamigen Veranstaltung der Juristischen Fakultät der Universität Basel vom 17. Juni 2016, Sämpfli Verlag, Bern 2016, p. 44 e seguintes.

127. Nesse sentido: BGH 12.11.1992, NJW 1993, 1468 "*Traum einer sekunde*".

128. *Städel Frankfurt Gemälde-Fall* BGH, 30.06.1994, BGHZ 126, 313.

considerado um evento "atual", porque para o acesso público a reproduções de forma permanente seria necessária a concessão de direitos de exploração.

Assim, o tribunal deu à imprensa a oportunidade de manter seus relatórios sobre exposições de arte disponíveis na internet no prazo de quatro semanas antes do início e quatro semanas após o final da exposição. A supressão dos relatórios e reportagens após o termo deste período seria possível e razoável sem aviso prévio.

f) Comunicação ao público e streaming

O direito alemão prevê no § 52 UrhG[129] outra hipótese de limitação do direito autoral, esta com correspondência apenas parcial no direito brasileiro,[130] que é a liberdade de comunicação ao público (*Öffentliche Wiedergabe*) em alguns determinados contextos.

Segundo essa norma, em tradução livre, é permitido comunicar ao público um *trabalho publicado* se essa comunicação servir para *fins não lucrativos* para o organizador, se os participantes forem admitidos *gratuitamente* e, no caso de se tratar de uma palestra ou realização de um trabalho, se nenhum dos artistas (§ 73 UrhG) receber remuneração especial. *Uma remuneração razoável deve ser paga pela comunicação, exceto se* se tratar de eventos organizados pelo serviço de assistência à juventude (*Jugendhilfe*), pelo serviço de assistência social (*Sozialhilfe*), pelo serviço de assistência social e ao idoso (*Alten- und Wohlfahrtspflege*), pelo serviço de assistência a presidiários (*Gefangenenbetreuung*) ou se se tratar de *eventos escolares* (*Schulveranstaltungen*), na medida em que estejam disponíveis apenas para esse grupo específico, diante de sua finalidade social ou educacional.

---

129. "§ 52 Öffentliche Wiedergabe

(1) Zulässig ist die öffentliche Wiedergabe eines veröffentlichten Werkes, wenn die Wiedergabe keinem Erwerbszweck des Veranstalters dient, die Teilnehmer ohne Entgelt zugelassen werden und im Falle des Vortrags oder der Aufführung des Werkes keiner der ausübenden Künstler (§ 73) eine besondere Vergütung erhält. Für die Wiedergabe ist eine angemessene Vergütung zu zahlen. Die Vergütungspflicht entfällt für Veranstaltungen der Jugendhilfe, der Sozialhilfe, der Alten- und Wohlfahrtspflege, der Gefangenenbetreuung sowie für Schulveranstaltungen, sofern sie nach ihrer sozialen oder erzieherischen Zweckbestimmung nur einem bestimmt abgegrenzten Kreis von Personen zugänglich sind. Dies gilt nicht, wenn die Veranstaltung dem Erwerbszweck eines Dritten dient; in diesem Fall hat der Dritte die Vergütung zu zahlen.

(2) Zulässig ist die öffentliche Wiedergabe eines erschienenen Werkes auch bei einem Gottesdienst oder einer kirchlichen Feier der Kirchen oder Religionsgemeinschaften. Jedoch hat der Veranstalter dem Urheber eine angemessene Vergütung zu zahlen.

(3) Öffentliche bühnenmäßige Darstellungen, öffentliche Zugänglichmachungen und Funksendungen eines Werkes sowie öffentliche Vorführungen eines Filmwerks sind stets nur mit Einwilligung des Berechtigten zulässig."

130. Artigo 46, VI, LDA: a representação *teatral* e a execução *musical*, quando realizadas *no recesso familiar* ou, para fins exclusivamente didáticos, *nos estabelecimentos de ensino*, não havendo em qualquer caso intuito de lucro;

A exceção, segundo o dispositivo, não se aplica se o evento tem propósito lucrativo para um terceiro – circunstância em que esse terceiro pagará remuneração. Segundo a alínea 2 do mesmo parágrafo, também é permitido comunicar ao público uma obra publicada em serviço religioso (missa ou culto, por exemplo) ou em uma festa religiosa organizada por uma igreja ou comunidade religiosa. O organizador, no entanto, pagará a remuneração razoável ao autor. Por fim, o dispositivo prevê que apresentações em palcos públicos, disponibilização ao público e a transmissão de uma obra, bem como exibições públicas de obra cinematográfica dependem sempre do consentimento do titular do direito.

Dispositivo análogo encontra-se no art. 46, VI, da LDA, que prevê que a representação teatral e a execução musical, quando realizadas no recesso familiar ou, para fins exclusivamente didáticos, nos estabelecimentos de ensino, sem intuito de lucro, não ofendem direitos autorais. Como se vê, a lei brasileira confere à exceção amplitude muito menor, o que é mais flagrante nos exemplos de eventos favorecendo vulneráveis e no caso dos eventos escolares, que a lei brasileira exige serem realizados nos próprios estabelecimentos de ensino – o que não consta da lei alemã, em que o evento em si é permitido, independentemente do seu local. Em comunicações ao público em ambientes religiosos ou de cuidados com a saúde, por outro lado, a jurisprudência do STJ é firme em reconhecer a legalidade da cobrança dos direitos autorais.[131]

No direito alemão, o *streaming* foi enquadrado na previsão de comunicação ao público porque é modalidade de exploração na qual há disponibilização da obra mediante transmissão de dados na internet, sem necessidade de *download*, seja na modalidade *livestream* (ou apenas *stream;* ou *simulcasting*), "em que há transmissão simultânea de determinado conteúdo por meio de canais de comunicação diferentes", seja no *Web-radio* ou *Web-TV* (*webcasting*), em que o conteúdo oferecido pelo provedor é transmitido pela internet, existindo a possibilidade ou não de intervenção do usuário na ordem de execução. A não ser nas exceções previstas, depende de remuneração. O tribunal europeu manifestou

---

131. Exemplos: AgRg no AgRg no Ag 1061962/MT, rel. Ministra Maria Isabel Gallotti, Quarta Turma, julgado em 23.08.2011, *DJe* 31.08.2011; REsp 1067706/RS, rel. Min. Luis Felipe Salomão, Quarta Turma, julgado em 08.05.2012, *DJe* 19.06.2012; REsp 1380341/SP, rel. Min. Paulo De Tarso Sanseverino, rel. p/ Acórdão Min. Ricardo Villas Bôas Cueva, Terceira Turma, julgado em 08.09.2015, *DJe* 01.10.2015; REsp 1589598/MS, rel. Min. Ricardo Villas Bôas Cueva, Terceira Turma, julgado em 13.06.2017, *DJe* 22.06.2017; e AgInt no AREsp 802.891/RJ, rel. Min. Ricardo Villas Bôas Cueva, Terceira Turma, julgado em 22.08.2017, *DJe* 29.08.2017. No referido REsp 1380341/SP, buscara fundamentar o relator, que restou vencido, que os direitos autorais cederiam, excepcionalmente, diante de ser a difusão indireta, em ambiente hospitalar de instituição filantrópica, para público restrito, em favor do direito à saúde. Não obstante, prevaleceu acertadamente o entendimento que reconhece os direitos autorais como remuneração da criação do autor, que não pode ser limitada senão em caso de previsão expressa da lei.

a mesma compreensão no âmbito do direito europeu no julgamento EuGH, 26.04.2017, C - 527/15.[132]

O STJ[133] teve oportunidade de se manifestar sobre o tema, também enquadrando o *streaming* na hipótese de execução pública, tendo em vista que nele há transmissão de dados e informações pela internet, de modo contínuo. O voto condutor consignou que a simples disponibilização da obra já qualifica o seu uso como uma execução pública, abrangendo, portanto, a transmissão digital interativa (art. 29, VII, da Lei n. 9.610/1998) ou qualquer outra forma de transmissão imaterial. Disse, ainda, que o artigo as modalidades de utilização da obra dos incisos VII, VIII, *i*, IX e X do art. 29 LDA,[134] que são pertinentes ao *streaming*, requerem autorização prévia. Por fim, traçou paralelo entre os arts. 5.º, II, e 68, §§ 2.º e 3.º, LDA,[135] construindo tese de que a internet é "local de

---

132. "1) O conceito de 'comunicação ao público', na acepção do artigo 3.º, n. 1, da Diretiva 2001/29/CE do Parlamento Europeu e do Conselho, de 22 de maio de 2001, relativa à harmonização de certos aspectos do direito de autor e dos direitos conexos na sociedade da informação, deve ser interpretado no sentido de que abrange a venda de um leitor multimédia, como o que está em causa no processo principal, no qual foram pré-instaladas aplicações complementares, disponíveis na Internet, contendo hiperligações que remetem para sítios Internet, livremente acessíveis ao público, nos quais foram colocadas à disposição do público obras protegidas por direitos de autor sem autorização dos titulares desses direitos. 2) As disposições do artigo 5.º, ns. 1 e 5, da Diretiva 2001/29 devem ser interpretadas no sentido de que os atos de reprodução temporária, através de um leitor multimédia como o que está em causa no processo principal, de uma obra protegida por direitos de autor, obtida através de *streaming* num sítio Internet pertencente a um terceiro que disponibiliza essa obra sem autorização do titular dos direitos de autor, não preenchem os requisitos previstos nas referidas disposições." In: <http://curia.europa.eu/juris/document/document.jsf?docid=190142&doclang=PT>.

133. REsp 1559264/RJ, rel. Min. Ricardo Villas Bôas Cueva, Segunda Seção, julgado em 08.02.2017, *DJe* 15.02.2017.

134. "Art. 29. Depende de autorização prévia e expressa do autor a utilização da obra, por quaisquer modalidades, tais como: (...)

VII – a distribuição para oferta de obras ou produções mediante cabo, fibra ótica, satélite, ondas ou qualquer outro sistema que permita ao usuário realizar a seleção da obra ou produção para percebê-la em um tempo e lugar previamente determinados por quem formula a demanda, e nos casos em que o acesso às obras ou produções se faça por qualquer sistema que importe em pagamento pelo usuário;

VIII – a utilização, direta ou indireta, da obra literária, artística ou científica, mediante: (...) i) emprego de sistemas óticos, fios telefônicos ou não, cabos de qualquer tipo e meios de comunicação similares que venham a ser adotados;

IX – a inclusão em base de dados, o armazenamento em computador, a microfilmagem e as demais formas de arquivamento do gênero;

X – quaisquer outras modalidades de utilização existentes ou que venham a ser inventadas."

135. "Art. 68. Sem prévia e expressa autorização do autor ou titular, não poderão ser utilizadas obras teatrais, composições musicais ou lítero-musicais e fonogramas, em representações e execuções públicas. (...)

§ 2.º Considera-se execução pública a utilização de composições musicais ou lítero-musicais, mediante a participação de artistas, remunerados ou não, ou a utilização de

frequência coletiva", caracterizando-se, desse modo, a execução de obra protegida em seu ambiente como pública.

g) Direitos do proprietário e obras de arquitetura

Ao contrário do que se diz da propriedade em geral, a propriedade de obra de arte implica em *limitações aos direitos do proprietário* em favor do criador, especialmente no que diz respeito à reprodução, à exposição e à alteração/modificação da obra, as quais são *fundadas na Lei de Direitos Autorais.*

O parágrafo 14 *UrhG* prevê que o autor tem direito de proibir a deformação (*Entstellung*) ou outro tipo de interferência prejudicial (*Beeinträchtigung*) em sua obra, que coloque em perigo a propriedade intelectual ou seus interesses pessoais legítimos. Redação análoga consta do art. 24, IV, da LDA, que preceitua ter o autor o direito de assegurar a integridade da obra, opondo-se a quaisquer modificações ou à prática de atos que, de qualquer forma, possam prejudicá-la ou atingi-lo, em sua reputação ou honra.

No âmbito da arte aplicada, contudo, esses limites afiguram-se mais flexíveis, tendo em vista exatamente a utilidade dada à obra, o que se manifesta mais visivelmente nas obras de arquitetura.[136]

A distinção de tratamento entre obras de arte aplicada, em especial arquitetônicas, e outras obras é tão expressiva que em ordenamentos como o norte-americano, por exemplo, admite-se qualquer alteração do projeto arquitetônico sem consentimento do criador,[137] diante da utilização da obra.

No Brasil, o autor de projeto arquitetônico alterado sem o seu consentimento durante a execução ou após a conclusão da construção poderá repudiar o seu projeto, respondendo o proprietário da construção pelos danos que causar ao

---

fonogramas e obras audiovisuais, em locais de frequência coletiva, por quaisquer processos, inclusive a radiodifusão ou transmissão por qualquer modalidade, e a exibição cinematográfica.

§ 3.º Consideram-se locais de frequência coletiva os teatros, cinemas, salões de baile ou concertos, boates, bares, clubes ou associações de qualquer natureza, lojas, estabelecimentos comerciais e industriais, estádios, circos, feiras, restaurantes, hotéis, motéis, clínicas, hospitais, órgãos públicos da administração direta ou indireta, fundacionais e estatais, meios de transporte de passageiros terrestre, marítimo, fluvial ou aéreo, ou onde quer que se representem, executem ou transmitam obras literárias, artísticas ou científicas."

136. RIESENKAMPFF, Justus. *Inhalt und Schranken des Eigentums an Werken der Baukunst*: unter besonderer Berücksichtigung des Urheberrechts. Baden-Baden: Nomos, 2009. p. 20 e seguintes.

137. Leia-se do § 120 do Copyright Act, alínea b.

"*(b))Alterations to and Destruction of Buildings.–*

Notwithstanding the provisions of section 106(2), the owners of a building embodying an architectural work may, without the consent of the author or copyright owner of the architectural work, make or authorize the making of alterations to such building, and destroy or authorize the destruction of such building. (Added Pub. L. 101–650, title VII, § 704(a), Dec. 1, 1990, 104 Stat. 5133.)."

autor sempre que, após o repúdio, der como sendo daquele a autoria do projeto repudiado (art. 26 LDA).

Não obstante a possibilidade de repúdio do criador, é de ser destacado que se admite que haja a modificação da obra, pela qual o profissional que a proceder será responsável.[138]

Na Alemanha, porém, a compreensão é diversa. Os conflitos entre direitos do proprietário de modificar eventualmente uma obra arquitetônica ou de construção civil e os direitos autorais de cessar violação são tratados sob os parágrafos 14 (dt. *Entstellung des Werkes;* pt. distorção da obra)[139] e 39 (alteração da obra)[140] da UrhG. Teoricamente, qualquer que seja o motivo de modificação, seja alicerçado na funcionalidade da obra, em aspecto estético, ou até mesmo financeiro, o criador tem o direito de se opor a ela.

Segundo o § 14 da UrhG, o autor tem o direito de proibir a distorção ou qualquer outra interferência em sua obra, que possa prejudicar seus legítimos interesses intelectuais ou pessoais sobre ela. Deve-se avaliar, portanto, se a modificação pretendida pelo proprietário configura distorção ou interferência, se ela prejudica os interesses do criador e se esses interesses são legítimos, mediante o designado teste de três etapas (*Dreistufentest*).[141] O dispositivo é integrado pelo § 39, que autoriza alterações na obra e seu título no caso da negativa do autor contrariar a boa fé.

---

138. Nesse sentido, no âmbito de projeto arquitetônico, veja-se: REsp 1290112/PR, rel. Min. Luis Felipe Salomão, Quarta Turma, julgado em 03.05.2016, *DJe* 09.06.2016. Nesse caso, o tribunal consignou que, "em princípio, as alterações do projeto original só poderão [poderiam] ser feitas pelo profissional que o tenha elaborado, mas estando este impedido ou recusando-se a fazer, comprovada a solicitação, as alterações poderão ser feitas por outro profissional habilitado, a quem caberá sua responsabilidade a partir de então".

139. "§ 14. Entstellung des Werkes

Der Urheber hat das Recht, eine Entstellung oder eine andere Beeinträchtigung seines Werkes zu verbieten, die geeignet ist, seine berechtigten geistigen oder persönlichen Interessen am Werk zu gefährden."

Tradução livre da autora: § 14. Deformação da obra

O autor tem o direito de proibir a distorção ou qualquer outra interferência em seu trabalho, que seja adequada a prejudicar seus legítimos interesses intelectuais ou pessoais sobre a obra.

140. "§ 39 Änderungen des Werkes

(1) Der Inhaber eines Nutzungsrechts darf das Werk, dessen Titel oder Urheberbezeichnung (§ 10 Abs. 1) nicht ändern, wenn nichts anderes vereinbart ist.

(2) Änderungen des Werkes und seines Titels, zu denen der Urheber seine Einwilligung nach Treu und Glauben nicht versagen kann, sind zulässig."

Em tradução livre: § 39 Alterações da obra

(1) O proprietário de um direito de uso não está autorizado a alterar a obra, seu título e nem sua designação autoral (§ 10, 1), salvo acordo em contrário.

(2) As alterações na obra e título, o autor não pode recusar de acordo com a boa fé, são permitidas.

141. Vide capítulo II, 2, 2.2, b) Direito de assegurar a integridade da obra.

Três casos que tratam da questão são especialmente ilustrativos da compreensão da jurisprudência alemã sobre o tema.

O primeiro deles, conhecido como *Palmenhalle in Sparkasse*,[142] trata do arquiteto que criou uma escada para o hall central de agência bancária, inaugurada em 1993, caracterizada, em particular, pelo contraste entre a cúpula da escadaria, translúcida, numa construção de vidro e aço, e uma roseta de mármore no chão, em várias cores.

Em 1994, o banco, de acordo com o desenho de uma escultora, promoveu alterações nas escadas, modificando a concepção original – com o que o arquiteto-autor não concordou, ensejando a ação judicial para restaurar a criação original, pois, a despeito das mudanças estruturais constituírem nova obra de arte, seu próprio trabalho teria sido distorcido.

O Tribunal julgou procedente a demanda, por considerar que houve interferência significativa nos direitos autorais do arquiteto-autor pelo proprietário que, por sua vez, citou como motivo para a transformação meramente a circunstância de que a escada no *formato original não lhe agradara.*

O BGH confirmou esse entendimento, aduzindo que *razões estéticas não justificam as mudanças em projeto arquitetônico sem o consentimento do criador, ainda que elas mesmas representem uma obra de arte.*

O segundo caso, conhecido como *Berliner Hauptbahnhof*,[143] envolveu a cobertura da principal estação ferroviária de Berlim, considerada obra de arquitetura de alto grau de individualidade. A controvérsia cingiu-se a determinar se seria possível a instalação de um teto plano, em vez do teto abobadado transparente planejado pelos arquitetos, diante de argumentos acerca da funcionalidade e, especialmente, da redução de custos. Veja-se imagens da concepção:[144]

142. BGH, 01.10.1998 Az.: I ZR 104/96.

143. LG Berlin, 28.11.2006 Az.: 16 O 240/05.

144. Fonte da primeira imagem: <http://www.hosch-ga.de/gebaeudeautomation/hosch/wissenswertes/referenzensprechen-fuer-sich/berliner-hauptbahnhof.php>.

Fonte da segunda imagem: <https://www.berlin.de/tourismus/fotos/sehenswuerdigkeiten-fotos/1355918-1355138.gallery.html?page=8>.

Conforme entendimento do tribunal, todavia, a modificação do projeto para adotar um teto plano acarretaria uma *deturpação da obra, pois modificaria sua concepção geral*, não se justificando diante da *ausência de reflexo na funcionalidade*, ainda que os custos fossem mais elevados.

Por esse motivo, não foram permitidas alterações no projeto arquitetônico original.

Já o terceiro caso, denominado *Stuttgart 21*,[145] refere-se ao julgamento do OLG Stuttgart que, ponderando os direitos autorais do arquiteto *Bonatz* e o direito de propriedade da *Bahn AG*, empresa de transportes ferroviários alemã, confirmou a legalidade dos trabalhos de reforma da estacão central de trens de Stuttgart, projetada pelo primeiro, em processo ajuizado pelos seus herdeiros contra a *Bahn AG*.

O tribunal decidiu que a proibição de alteração de projeto arquitetônico (*das urheberrechtliche Änderungsverbot bei Bauwerken*) prevista na Lei de Direitos Autorais (*UrhG*) deve ser ponderada com interessses do proprietário do imóvel, devendo ser considerado fator determinante e crucial de ponderação (*maßgeblicher und wesentlicher Abwägungsfaktor*) o *grau de criação* (*Schöpfungsgrad*) e a posição da obra enquanto construção (*Rang des Bauwerkes*), que consideraram, no caso da estação ferroviária central de Stuttgart, como excelente ou excepcional. O segundo critério foi examinar o *tipo e a extensão da intervenção, a finalidade do uso e a utilização adequada da construção* (*Art und Ausmaß des Eingriffs, Gebrauchszweck und bestimmungsgemäße Verwendung des Bauwerks*).

Concluíram, ao final, que as alterações seriam legítimas como medidas de *modernização* porque a construção tinha mais de 90 anos e a reforma necessária, considerando a *funcionalidade* da obra.[146]

Isso posto, conclui-se que, à luz dos preceitos legais e da interpretação deles pela jurisprudência alemã, os direitos do proprietário do imóvel ou do arquiteto-criador podem ceder de acordo com as circunstâncias concretas, podendo-se concluir, não obstante que, em regra, a natureza singular da obra e sua funcionalidade tem precedência quando confrontadas com motivações estéticas ou econômicas.

---

145. OLG, 06.10.2010; LG 20.05.2010.

146. Sobre o direito do proprietário na alteração de obras de construção civil, leia-se: UNGERN-STERN, Joachim von. Urheberpersönlichkeitsrecht vs. Eigentümerinteressen: Architekt und Bauherr. In: WELLER, Mathias (org.). *Des Künstlers Rechte: die Kunst des Rechts*. Baden-Baden: Nomos, 2008. p. 47-61. Segundo o autor, a fluência do tempo importa numa relativização do direito do criador em favor do proprietário, o que se confirma no caso *Stuttgart 21*.

2.5 Direitos conexos

A expressão "direitos conexos" é usada muitas vezes de maneira imprópria na jurisprudência brasileira, até mesmo pelo próprio STJ,[147] sob a compreensão de verba ou pagamento. Contudo, esse não é o melhor entendimento.

No âmbito jurídico, em especial da propriedade imaterial, a expressão "direitos conexos" tem significado técnico e específico de indicar direitos que guardam relação estreita com o direito do autor, sendo, todavia, dele dependentes ou até mesmo a ele subordinados.

"Direitos conexos" é expressão que designa, como conceito geral, o *conjunto de direitos semelhantes aos direitos do autor, porém de natureza particular, não relacionada à criação espiritual de uma obra, mas sim, à prestação de outra natureza* (*"Leistungen anderer Art"*) que, por sua vez, é semelhante ao direito de autor ou guarda relação a obras protegidas pelo direito autoral, mas não se confunde com eles. São os direitos dos intérpretes ou executantes de obras de arte (como cantores, atores, músicos, bailarinos, dubladores etc.), bem como dos produtores fonográficos e empresas de radiofusão.

Na literatura, existem juristas que defendem haver equívoco na consideração dos intérpretes e executantes como titulares de direitos conexos, e não de direitos autorais, porque eles seriam *autores de sua própria interpretação*, diversamente dos produtores de fonograma e dos organismos de radiofusão que, embora possam contribuir criativamente na concepção da obra, dependem da *criação dos artistas*.[148] Há coerência científica, todavia, na classificação dos direitos dos intérpretes e executantes como conexos aos direitos de autor, porque a sua criação é, literalmente, subordinada à criação do autor, já que a transferem para outro meio. Apenas na hipótese de não o ser, isto é, no caso de haver criação de obra nova é que se poderia falar em direito autoral do intérprete/executante – como eventualmente ocorre na Alemanha no âmbito do *Regietheater*, tema a seguir examinado.

147. Veja-se o REsp 1238730/SC, rel. Min. Marco Buzzi, Quarta Turma, julgado em 19.11.2013, *DJe* 17.12.2013. Do precedente consta a assertiva: "O cachê é direito conexo e afasta-se do conceito de direito autoral. Enquanto o primeiro tem por escopo recompensar a apresentação do cantor, o segundo objetiva remunerar o uso da propriedade intelectual".

Ora, os direitos do intérprete são conexos aos direitos de autor, porque direito autoral tem apenas aquele que é criador da obra, restando ao intérprete e executante dela (cantor ou ator, por exemplo) um direito relacionado com o do autor – daí porque a terminologia "conexo". Cachê, por sua vez, é denominação de forma de retribuição da atividade artística.

148. Sobre o tema, veja-se: ABRÃO, Eliane Yachouch. *Direitos de autor e direitos conexos*. São Paulo: Editora do Brasil, 2002. p. 134; ABRÃO, Eliane Yachouch. Personagem: algumas considerações à luz do direito. In: Revista da ABPI, n. 90, 2007. p. 14; COUTINHO, Júlia Alves. Direitos do autor e direitos conexos: do autor ao intérprete. In: FEITEN WINGERT ODY, Lisiane (org.). *Estudos de Direito Civil, Comparado e de Propriedade Intelectual*. Porto Alegre, Faculdade de Direito da UFRGS, 2016. p. 279 e seguintes.

Em regra, intérpretes e executantes apenas *transferem para outro meio de expressão ou exibição criação do espírito do autor* – daí porque seus direitos são conexos, correlatos com os direitos dele. Músicos interpretam a partituras. Atores e atrizes fazem o mesmo com peças teatrais, programas de TV ou produções cinematográficas, por exemplo.

Deve-se consignar, todavia, que nos termos da legislação atual, a discussão sobre a natureza do direito do intérprete e executante revela-se mais como tema de interesse acadêmico no Brasil, do que prático, pois a LDA equipara os direitos dos intérpretes executantes aos do autor no que pertine ao tempo de duração da sua proteção, atribuindo aos primeiros, em regra, os mesmos direitos de que dispõem os últimos (artigo 89 LDA) – o que não ocorre, contudo, na Alemanha, em que os prazos de proteção dos direitos de autor e dos direitos conexos são distintos.

De fato, segundo o artigo 41 da LDA, os direitos patrimoniais *do autor* perduram por setenta anos contados de 1.º de janeiro do ano subsequente ao de seu falecimento, obedecida a ordem sucessória da lei civil.[149] Trata-se de regra análoga a do artigo 64 *UrhG*. Contudo, embora no direito brasileiro o prazo de proteção dos direitos conexos também seja de 70 anos (artigo 96 LDA), isso não ocorre no direito alemão, em que a proteção dos direitos conexos é limitada ao máximo 50 anos, a depender de que direito se trata.[150] A única diferença em relação

---

149. "Art. 41. Os direitos patrimoniais do autor perduram, inclusive para obras póstumas, por setenta anos contados de 1.º de janeiro do ano subsequente ao de seu falecimento, obedecida a ordem sucessória da lei civil."

Se se tratar de hipótese de co-autoria indivisível, o prazo deve ser contado da morte do último dos coautores sobreviventes, acrescendo-se aos dos sobreviventes os direitos do co-autor que falecer sem sucessores.

150. Para uma perspectiva didática, segue o quadro abaixo, informativo dos prazos de proteção de direitos conexos no direito alemão:

Âmbito de proteção	Duração	Dispositivo legal
Autor de edições científicas de obras antigas (*Verfasser wissenschaftlicher Ausgaben alter Werke*)	25 anos	§ 70 UrhG
Editor de obras póstumas (*Herausgeber nachgelassener Werke*)	25 anos	§ 71 UrhG
Fotógrafo (*Lichtbildner*)	50 anos	§ 72 UrhG
Intérpretes e executantes (*ausübende Künstler*)	50 anos	§§ 73 seg. UrhG
Organizador de performances artísticas (*Veranstalter künstlerischer Darbietungen*)	25 anos	§ 81 UrhG
Produtores de fonogramas (*Tonträgerproduzenten*)	50 anos	§§ 85 UrhG
Empresas de radiofusão (*Sendeunternehmen*)	50 anos	§ 87 UrhG
Criadores de banco de dados (*Datenbank-Produzenten*)	15 anos	§§ 87a UrhG
Produtores de filmes (*Hersteller von Filmwerken*)	50 anos	§ 94 UrhG

aos prazos de proteção do direito do autor e do intérprete e executante no direito brasileiro é o termo inicial deles que, para estes últimos, se conta a partir de 1.º de janeiro do ano subsequente à fixação, para os fonogramas; à transmissão, para as emissões das empresas de radiodifusão; e à execução e representação pública, para os demais casos.

Não apenas *a duração da proteção* dos direitos conexos distingue a disciplina do tema no direito alemão e brasileiro. De fato, a matéria tem na Alemanha disciplina substancialmente diferente do direito brasileiro, muito mais pormenorizada, pois na segunda parte da *UrhG*, a partir do parágrafo 70, estão tratadas uma a uma as várias formas de direitos conexos aos de autor, cuja amplitude de proteção não é equiparada a dos autores como no Brasil. Esse tratamento legislativo detalhado reflete-se, naturalmente, na doutrina especializada.[151]

Na *Urheberrechtsgesetz* estão previstos explicitamente os seguintes direitos conexos: edição científica (*Wissenschaftliche Ausgaben*, § 70), obras póstumas (*Nachgelassene Werke*, § 71), proteção do fotógrafo (*Lichtbilder*, § 72), proteção dos artistas intérpretes e executantes (*Schutz des ausübenden Künstlers*, §§ 73-84), proteção dos produtores de fonograma (*Schutz des Herstellers von Tonträgern*, §§ 85-86), proteção das empresas de radiofusão (*Schutz des Sendeunternehmens*, § 87), proteção dos criadores de bancos de dados (*Schutz des Datenbankherstellers*, §§ 87a-87e) e proteção dos editores de imprensa (*Schutz des Presseverlegers*, §§ 87f-87h).[152] Na terceira parte encontram-se, ainda, as normas específicas atinentes às obras cinematográficas (*Besondere Bestimmungen für Filme*, § 88).

Os primeiros dispositivos da segunda parte da lei (§§ 70 a 72 UrhG) recebem disciplina nesse ponto, embora não digam respeito à criação comparável à autoral e nem às prestações dos intérpretes e executantes, porque dizem respeito *a serviços igualmente vulneráveis*, como o da edição científica e o da publicação de obras inéditas de autor falecido e o do fotógrafo "simples", isto é, daquele que realiza fotografias não originais/artísticas, mas triviais, cotidianas.

Produtores de imagens em movimento *(Hersteller von Laufbildern)*	50 anos	§ 95 UrhG

151. O que não ocorre no Brasil, onde os direitos conexos são, infelizmente, negligenciados na literatura nacional, já que dela costumam constar poucas referências, geralmente a cantores, produtores de fonogramas e realizadores de radiofusão. Exemplo: CRIBARI, Isabela (Org.). *Produção Cultural e Propriedade Intelectual*. Recife: Fundação Joaquim Nabuco, Editora Massangana, 2006. p. 48; BITTAR, Carlos Alberto. *Direito de Autor*. Rio de Janeiro: Forense Universitária, 2000, p. 6.

152. Os temas da proteção dos produtores de fonograma, das empresas de radiofusão, dos criadores de bancos de dados e da imprensa, por estarem voltadas mais ao direito autoral – e menos ao direito da arte – não serão examinadas neste livro, especialmente porque contam no Brasil com regulamentação recente, a qual está de acordo com as particularidades das instituições nacionais.

Isso posto, passa-se a expor brevemente pontos relevantes desses temas para o direito da arte.

a) Edição científica

O direito autoral decorrente de edição científica, por exemplo, não consta explicitamente da LDA, da qual consta previsão apenas de edição genérica no artigo 29, II.

Na Alemanha, todavia, o parágrafo 70 da UrhG preceitua, em tradução livre da autora, que as edições de obras ou textos não protegidos por direitos autorais devem ser protegidas, *mutatis mutandis* os termos da Parte 1 dessa lei, *se representarem o resultado de atividade cientificamente organizada* e *diferindo substancialmente das edições anteriormente conhecidas das obras ou textos.* O autor da edição tem legitimidade de exercer esse direito, o qual expira 25 anos após a publicação da edição. Se a edição não tiver sido publicada no período, o prazo conta desde sua produção e deve ser calculado de acordo com o parágrafo 69 UrhG.

Sobre o tema é representativo o caso *Schopenhauer*,[153] no qual a controvérsia residiu em estabelecer se numa atividade de edição científica pode o trabalho do editor receber a proteção de direitos autorais.

No caso *Schopenhauer*, o tribunal considerou que a edição promovida pelo autor no texto do filósofo atendia aos requisitos legais para receber essa proteção, porque foram escritos acréscimos e comentários próprios, tendo ele realizado, ainda, modernização e atualização da redação do texto original, que usava a linguagem alemã do século XIX.

Assim, uma vez que o editor realizou prestação análoga à autoral, teve reconhecido seu direito conexo previsto no § 70 *UrhG*, recebendo a proteção prevista na lei, a qual perdurará por 25 anos. Durante esse período, portanto, quem buscar publicar a obra de *Schopenhauer* não poderá fazê-lo com as suas contribuições, a não ser que observe seus direitos morais e patrimoniais, nos termos da *UrhG*.

b) Obras póstumas

O caso *Motezuma*[154] envolveu a aplicação do parágrafo 71 da UrhG,[155] referente a obras póstumas, segundo o qual, em tradução livre da autora, a pessoa

153. KG 08.05.1990 GRUR 1991, 596.

154. BGH, 22.01.2009, GRUR 2009, 942.

155. "§ 71 Nachgelassene Werke

(1) Wer ein nicht erschienenes Werk nach Erlöschen des Urheberrechts erlaubterweise erstmals erscheinen läßt oder erstmals öffentlich wiedergibt, hat das ausschließliche Recht, das Werk zu verwerten. Das gleiche gilt für nicht erschienene Werke, die im Geltungsbereich

que tenha legalmente tornado pública obra inédita pela primeira vez após o termo final do direito autoral terá o direito exclusivo de explorar o trabalho. O mesmo se aplica a obras inéditas que nunca foram protegidas no território a que se aplica a UrhG, mas cujo autor tenha morrido há mais de 70 anos.[156]

O escopo da norma é compensar investimentos feitos na busca da obra inédita.

No caso, eram controvertidos os direitos sobre a ópera *Motezuma*,[157] título referente ao líder asteca com esse nome que teria vivido no século XVI, de autoria de *Antonio Vivaldi*, falecido em 1741.

Segundo a prova produzida no processo, obras de ópera podem ser consideradas divulgadas (*erscheinen*) por meio de reprodução feita à mão. Na Itália, na primeira metade do século XVIII, óperas apareciam assim: a pedido de interessados, copistas reproduziam a versão apresentada no teatro (*Aufführungstheater*), então designada original.

Vivaldi criara ópera com o título *Motezuma* que, em 14.11.1733, foi apresentada sob sua condução no teatro veneziano de Sant'Angelo. Pelo que consta da literatura, essa ópera também foi apresentada nesse mesmo teatro em 1772. Porém, segundo o libreto[158] de *Alvise* e *Girolamo Giusti* a obra foi considerada como perdida por muito tempo.

Nesse contexto é interessante destacar que as óperas são consideradas *obras compostas* (en. *compound work;* dt. *verbundenes Werk*), pois as contribuições de cada artista são de *tipos diferentes*, notadamente, o libreto, que corresponde ao texto, e a música. Trata-se de conceito não presente na LDA. A relação entre o compositor e o libretista depende do direito contratual, pois sua ligação tem natureza obrigacional. A ilustrar essa questão, veja-se o caso envolvendo os herdeiros do compositor *Richard Strauss*, morto em 1949, e do libretista *Hugo von Hofmannsthal*, morto em 1929.[159] No caso, os herdeiros do primeiro deixaram

---

dieses Gesetzes niemals geschützt waren, deren Urheber aber schon länger als siebzig Jahre tot ist. Die §§ 5 und 10 Abs. 1 sowie die §§ 15 bis 24, 26, 27, 44a bis 63 und 88 sind sinngemäß anzuwenden.

(2) Das Recht ist übertragbar.

(3) Das Recht erlischt fünfundzwanzig Jahre nach dem Erscheinen des Werkes oder, wenn seine erste öffentliche Wiedergabe früher erfolgt ist, nach dieser. Die Frist ist nach § 69 zu berechnen."

156. Sobre o dispositivo em comento, veja-se: WAITZ, Anton. *Das Leistungsschutzrecht am nachgelassenen Werk*. Baden-Baden: Nomos, 2008.

157. O nome do líder asteca consagrado na Europa é "Montezuma". Não obstante, da partitura manuscrita controvertida consta Motezuma.

158. Um libreto (it. *libretto*) contém o texto de uma peça musical do tipo ópera, opereta, musical, oratório ou cantata, que inclui não apenas as palavras das partes cantadas, como também as faladas, não se confundindo com o roteiro da obra.

159. LG Munchen, 14.06.2007, ZUM 2007, 674.

de pagar aos sucessores do segundo o rendimento devido pela criação composta, sob o argumento de que transcorridos 70 anos desde a morte do autor do libreto. O tribunal, contudo, considerou indevida a suspensão dos pagamentos, por se tratar de obra composta, que deve ser considerada como um todo (*Gesamtwerk*), determinando o restabelecimento dos pagamentos até que a obra caísse em domínio público.

De volta ao caso *Motezuma*, em 2002, o músico Dr. *Steffen Voss*, de Hamburg, encontrou nos arquivos da associação musical demandante, *die Berliner Singakademie*, sociedade civil de longa tradição e cujo escopo é a promoção da música, sob o registro (*Signatur*) SA 1214, partitura manuscrita, que ele considerou se tratar da versão original, nunca antes publicada. Ele a reproduziu por fac-símile e ofereceu em sua página da internet por € 60 cada exemplar.

A demandada, uma das adquirentes das cópias alienadas pelo Dr. *Voss*, iniciou, em 2005, atos preparativos para apresentar a ópera em questão num festival, na Itália, com o que a associação-demandante não concordou, ensejando o ajuizamento da ação judicial, pois ela acreditava-se detentora dos direitos autorais, nos termos do parágrafo 71 da UrhG, acima exposto.

Segundo o entendimento do tribunal, contudo, quem busca a proteção de obra postumamente encontrada, deve demonstrar que ela não foi executada/publicada antes, sendo que o fato de uma obra ter sido considerada perdida por muito tempo não autoriza a conclusão de que não tenha sido publicada anteriormente. Com efeito, o ônus da prova é o problema principal da solução da controvérsia, pois demonstrar que uma obra *não* foi tornada pública constitui o que a doutrina designa como prova diabólica (lt. *probatio diabolica*), tanto no direito brasileiro, quanto no alemão, já que se trata de condição negativa.

O tribunal considerou suficiente a refutação dos fatos apresentados sobre a publicização da obra.[160] Dessa forma, não foi reconhecido o direito invocado pela demandante, sendo possível a apresentação da ópera *Motezuma* a partir da partitura manuscrita encontrada em seus arquivos.

Por fim, o caso se revelou também interessante porque nele o tribunal trabalhou "melodia" como conceito jurídico[161] e renovou a discussão sobre o livre acesso a bens culturais.

---

160. JAYME, Erik. Grenzen des Leistungsschutzrechts: Der Fall "Motezuma". In: WELLER, Mathias; KEMLE, Nicolai; LYNEN, Peter Michael (org.). Des Künstlers Rechte – die Kunst des Rechts: Tagungsband des Ersten Heidelberger Kunstrechtstags am 8. September 2007. Baden-Baden: Nomos, 2008. p. 65-70.

161. JAYME, Erik. Grenzen des Leistungsschutzrechts: Der Fall "Motezuma". In: WELLER, Mathias; KEMLE, Nicolai; LYNEN, Peter Michael (org.). Des Künstlers Rechte – die Kunst des Rechts: Tagungsband des Ersten Heidelberger Kunstrechtstags am 8. September 2007. Baden-Baden: Nomos, 2008. p. 70-73.

c) Proteção do fotógrafo e direito de imagem

A fotografia que recebe proteção do direito autoral é aquela que se constitui numa declaração artística – decorrente, por exemplo, do motivo, do enquadramento, da perspectiva, parâmetros técnicos –, e não é mera representação do que foi fotografado.

A fotografia não-artística, mas representação trivial, cotidiana, não faz jus à proteção autoral.[162]

No direito alemão, as fotografias não protegidas pelo direito de autor recebem a proteção dos direitos conexos, em conformidade com o disposto a partir do § 72 UrhG.

Para determinar quais fotografias satisfazem o critério de *Gestaltungshöhe* e são, portanto, protegidas como obras de direito autoral deve-se verificar cada caso concreto.[163]

Sobre os direitos autorais incidentes sobre imagens, a regra geral consta do parágrafo 72 UrhG,[164] que preceitua, em tradução livre da autora, serem as disposições da parte 1 [atinentes aos direitos autorais] aplicáveis às obras fotográficas e artigos fabricados de forma semelhante às fotografias, incumbindo ao fotógrafo o exercício desse direito, que expira 50 anos após a divulgação da fotografia ou, se a sua comunicação ao público tiver ocorrido antes dessa data, 50 anos dela, embora o direito caduque 50 anos após a produção se a fotografia não foi divulgada nem comunicada legalmente ao público dentro deste período, que deve ser calculado de acordo com o § 69 UrhG.[165]

---

162. A mesma conclusão se observa no direito português. Veja-se: Acórdão do Tribunal da Relação de Lisboa de 02.07.2009, processo 1848/2009, *in*: REIS, Daniel [et alii]. *Arte e Direito.* Coimbra: Almedina, 2016. p. 85 e seguintes.

163. Nesse sentido confirmou o Tribunal de Justiça da União Europeia de 01.12.2011 (processo C-145/10, *Eva-Maria Painer* contra *Standard Verlag GmbH* e outros), caso no qual foi decidido que a escolha do fundo, pose, iluminação, enquadramento, técnica e eventual edição permitem ao autor expressão criativa de sua personalidade.

164. *No original:* "§ 72 Lichtbilder

(1) Lichtbilder und Erzeugnisse, die ähnlich wie Lichtbilder hergestellt werden, werden in entsprechender Anwendung der für Lichtbildwerke geltenden Vorschriften des Teils 1 geschützt.

(2) Das Recht nach Absatz 1 steht dem Lichtbildner zu.

(3) Das Recht nach Absatz 1 erlischt fünfzig Jahre nach dem Erscheinen des Lichtbildes oder, wenn seine erste erlaubte öffentliche Wiedergabe früher erfolgt ist, nach dieser, jedoch bereits fünfzig Jahre nach der Herstellung, wenn das Lichtbild innerhalb dieser Frist nicht erschienen oder erlaubterweise öffentlich wiedergegeben worden ist. Die Frist ist nach § 69 zu berechnen."

165. No Brasil, os direitos autorais e os direitos conexos, persistem até setenta anos da morte do autor (artigo 64 LDA) não se distinguindo, portanto, o direito do fotógrafo.

No âmbito da fotografia, portanto, os direitos do fotógrafo amador ou profissional, mas não artista, são, na Alemanha, da mesma amplitude de outros direitos conexos, observado o prazo de duração da proteção. Em qualquer caso, porém, esses direitos sofrem limitações em eventual conflito com direito de personalidade ou com direito de propriedade.

Deve-se diferenciar entre o direito do autor da imagem e/ou do titular dos direitos sobre ela e os direitos do retratado.

De fato, os *direitos do retratado* não se confundem com os do criador da fotografia. Sobre o tema, no Brasil, veja-se a decisão que negou a admissibilidade do recurso especial proposto pela atriz *Deborah Secco* contra a revista *Playboy*, em feito que discutia uso alegadamente não autorizado de fotografia dela em exemplar do periódico. O relator no âmbito do STJ acertadamente rejeitou a admissão do recurso, porque ele fora limitado a invocar direito de autor – de que é titular o fotógrafo –, e não direito de personalidade (imagem) da atriz, que era a recorrente insatisfeita com o julgamento de causa envolvendo o uso de sua imagem pela demandada.[166]

Quanto ao direito de reprodução de imagem, deve-se reiterar a existência no direito alemão da já mencionada lei especial sobre direitos em obras de arte visual e fotografia (dt. *Gesetz betreffend das Urheberrecht an Werken der bildenden Künste und der Photographie*; sigla *KUG*), referida no capítulo em que examinada a amplitude da liberdade artística. Essa lei é especialmente relevante no âmbito *do direito geral de personalidade à própria imagem* (*Recht am eigenen Bild*), porque prevê em seu artigo 22 o uso da imagem é permitido apenas se houver *consentimento* (*Einwilligung*) *do retratado*, exceto nas hipóteses do parágrafo 23 da mesma lei.

O dispositivo, transcrito no ponto 2.2 do capítulo 1 desta obra, refere imagens da história contemporânea; imagens em que as pessoas aparecem apenas como um acessório, no contexto de uma paisagem ou localidade; fotos de atividades das quais as pessoas representadas participaram; e retratos não preparados sob pedido, desde que a distribuição ou exibição sirvam ao maior interesse de arte. Sobre a interpretação dada a essas hipóteses, pode-se sistematizar, singelamente, as seguintes conclusões: (i) Se houve pagamento para posar em uma fotografia, compreende-se implícito o consentimento. Afinal, a modelo sabia porque estava sendo fotografada. (ii) Compreende-se que sob a expressão "imagens da história contemporânea" estariam incluídas principalmente fotos de eventos importantes ou de figuras públicas, como políticos, governantes e celebridades, já que decorre dessas condições ou funções, pelo menos até certo ponto, a exposição de suas imagens. (iii) Como "fotos em que as pessoas constam como acessórios" são

---

166. Veja-se: REsp 1322704/SP, rel. Min. Luis Felipe Salomão, Quarta Turma, julgado em 23.10.2014, *DJe* 19.12.2014.

compreendidas especialmente as fotografias de atrações ou locais públicos, em que não se pode evitar os transeuntes involuntários e identificá-los representaria um esforço desproporcional. O mesmo ocorre em imagens de paisagens ou eventos, em que não é de interesse um determinado indivíduo. (iv) A autorização que refere "imagens que servem um interesse mais elevado da arte" diz respeito a publicação em que não há razões comerciais ou de sensacionalismo.[167]

Apesar dessas exceções, não é autorizada a publicação de qualquer imagem, sendo vedada, por exemplo, a publicação de imagens que envolvam a esfera privada ou íntima, imagens em que a pessoa representada seja exposta ao ridículo, que tenham fins publicitários, ou que causem perigo a pessoa retratada.

Embora não tenhamos lei semelhante à *KUK* no Brasil, o Código Civil prevê, como já referido, que não haja a utilização da imagem de indivíduo por terceiro,[168] inexistindo, contudo, disposição com critérios para eventual ponderação, em caso de conflito entre direitos. Por esse motivo, interessa conhecer os critérios como os da lei alemã, que podem contribuir para construir orientação jurisprudencial sobre em que casos pode haver a proteção do direito de personalidade (imagem, nome, intimidade etc), em detrimento da liberdade de expressão ou artística, por exemplo. Nesse contexto, importa definir o que são "imagens da história contemporânea" e "o que significa maior interesse da arte", pois são hipóteses em que se poderia admitir a utilização da imagem sem consentimento do retratado em nome de outro interesse constitucionalmente assegurado, como direito à informação ou liberdade artística, por exemplo.

Revelando uma tendência à interpretação restritiva das exceções tem-se o julgamento paradigmático, em 24.06.2004, pelo Tribunal Europeu de Direitos Humanos da ação proposta por Sua Alteza Real *Caroline de Mônaco*, que decidiu em favor da proteção da sua vida privada, proibindo a imprensa alemã de publicar fotografias dela no cotidiano – prática que não receberia abrigo sob a perspectiva da liberdade de imprensa.[169]

O dispositivo invocado pela Princesa era o artigo 8.º da Convenção Europeia de Direitos humanos, segundo o qual "a vida privada e familiar inclui a intimidade do domicílio e a inviolabilidade da correspondência".

Na fundamentação do julgado consignaram os juízes que, embora a liberdade de expressão também se aplique à publicação de fotos, deve distinguir entre a exposição de ideias e a mera publicação de imagens contendo informações muito pessoais – ou mesmo íntimas – sobre uma pessoa. Além disso, o tribunal observou que as fotos que aparecem na imprensa tabloide são muitas vezes feitas

---

167. Sobre esse ponto, veja-se o caso *Techno Viking*, a seguir.

168. Vide capítulo I, 1, 1.2 Contraponto com a percepção de liberdade artística do direito brasileiro no paradigma da ADIn das biografias.

169. EGMR, Beschwerde-Nr. 59320/2000, 24. Juni 2004 (EGMR NJW 2004, 2647).

em condições que equivalem a um incômodo constante, senão perseguição. O fundamento central do julgado foi, todavia, de que, para defender a liberdade de expressão, assim como a privacidade, deve-se considerar se as fotos são publicadas *com o objetivo de contribuir para um debate acerca de um interesse público, ou no interesse comercial da publicação.* Se se tratar de imagens da vida cotidiana, obtidas sem conhecimento e nem consentimento do retratado, muitas vezes secretamente, estas não poderão ser consideradas de interesse geral de informação, ainda que a retratada seja pessoa de vida pública, como é a Princesa de Mônaco.

Em caso julgado mais recentemente,[170] em que a publicação de outras fotos foi controvertida, o tribunal não teve a mesma compreensão, porque modificado o contexto em que as imagens foram realizadas. Considerando os mesmos critérios (contribuição a um debate de interesse geral, notoriedade da pessoa retratada e objeto da reportagem, comportamento anterior da pessoa retratada e as circunstâncias em que realizadas as fotos), afastou a ilegalidade de publicações que retratavam a princesa durante período de enfermidade de seu pai, o falecido Príncipe *Ranier*, relacionando-a com os cuidados a ele e à sucessão ao trono monegasco – circunstância que consideraram autorizar a publicação, por haver um interesse público no estado de saúde do Príncipe e na sua sucessão.

Nesse mesmo contexto do direito à imagem, apresenta-se o tema do *direito a ser esquecido* (en. *right to be forgotten;* dt. *Recht auf Vergessenwerden*) que nada mais é do que permitir que informações relativas a indivíduos não fiquem indefinidamente à disposição no ambiente digital.

O direito o esquecimento está associado ao cientista jurídico e político austríaco *Viktor Mayer-Schönberger,* que defende que as informações armazenadas eletronicamente tenham data de validade ou expiração, para que uma informação digital com referência pessoal não fique permanentemente disponível.[171]

No âmbito europeu, o direito de exclusão de informações é disciplinado pelo artigo 17 da Regulamento básico de Proteção de Dados (*Datenschutz-Grundverordnung*), que entrou em vigor em 24 de maio de 2016 e será diretamente aplicável a partir de 25 de maio de 2018 em todos os Estados membros da UE.

Informações irrelevantes ou desatualizadas são, portanto, passíveis de serem apagadas. Segundo a *Telemediengesetz ou Internetgesetz* (sigla: TMG),[172] lei alemã que se refere aos serviços de informação e comunicação eletrônica e abarca todas as propostas no ambiente da internet, como *Webshops*, leilões-*Online*, mecanismos de buscas como google, por exemplo, serviços de *email*, serviços de

170. EGMR, Nr. 40660/2008 e 60641/2008.

171. Veja-se em: <http://eur-lex.europa.eu/legal-content/EN/TXT/?uri=uriserv:OJ.L_.2016 .119.01.0001.01. ENG &toc=OJ:L:2016: 119:FULL>.

172. Comparável ao marco civil da internet, como é conhecida a Lei n. 12.965/2014, que estabelece princípios, garantias, direitos e deveres para o uso da Internet no Brasil.

informação, como clima e trânsito, *Podcasts*, *Chatrooms*, *Dating-Communitys*, portais, *sites* e *blogs*, serviços de busca – *provedores de serviço* (*Dienstanbieter*[173]) *não são* responsáveis pela exclusão de imagens da *web*, *desde que não* tenham disposto a comunicação, *não* tenham selecionado os destinatários das informações e *nem* tenham selecionado ou modificado as informações compartilhadas.[174] Buscadores, como o Google, por outro lado, não são considerados "provedores de serviço" no sentido do § 8.º da TMG (§ 8 *Durchleitung von Informationen*),[175] sendo responsáveis, porém, pela exclusão da informação, a partir da ciência da ausência de autorização do indivíduo a quem a informação se refere.[176]

Exemplo recente da compreensão de que existe direito a se ter a própria imagem excluída da Internet e que essa obrigação incumbe àquele que disponibilizou a imagem *on line* é o caso *Techno Viking,* fenômeno que foi filmado em julho de 2000, na *Technoparade,* em Berlim, mas teve o vídeo carregado no *YouTube* na Internet em 2006, tornando-se desde então, viral, alcançando mais de 16 milhões de visualizações.

O vídeo mostra um homem jovem de torso nu usando um martelo de Thor durante desfile de musica eletrônica em Berlin. Perto de si dança uma moça de cabelos azuis que, ao tropeçar, é agarrada brevemente por outro homem. O "*Techno Viking*" o afasta, empurrando-o, fazendo sinal com dedo em riste. A câmera segue registrando o confronto. Ato contínuo, um outro jovem oferece

---

173. "*Telemediengesetz (TMG), § 2 Begriffsbestimmungen*

Im Sinne dieses Gesetzes 1. ist Diensteanbieter jede natürliche oder juristische Person, die eigene oder fremde Telemedien zur Nutzung bereithält oder den Zugang zur Nutzung vermittelt; bei audiovisuellen Mediendiensten auf Abruf ist Diensteanbieter jede natürliche oder juristische Person, die die Auswahl und Gestaltung der angebotenen Inhalte wirksam kontrolliert."

Em tradução livre da autora: Lei relativa à mídia e internet, § 2 Definições conceituais

Para os propósitos desta lei 1. é um provedor de serviços qualquer pessoa física ou jurídica que detém telemídia própria ou de terceiros para uso ou fornece acesso ao uso; no caso de serviços de mídia audiovisual a pedido, o prestador de serviços é qualquer pessoa singular ou jurídica que efetivamente controle a seleção e apresentação do conteúdo oferecido.

174. Nesse sentido foi a compreensão do Tribunal Europeu no processo C-131/12, entre *Google Spain SL* e *Google Inc.* contra *Agencia Española de Protección de Datos (AEPD)* e *Mario Costeja González*. O caso originou-se de pedido de *M. Costeja González* para ver excluído dois resultados de consulta a seu nome de pesquisa no *Google,* que referiam execução de dívida no ano de 1998, há muito saldada. Veja-se o inteiro teor do julgado em: <http://curia.europa.eu/juris/document/document.jsf? docid=138782& mode =lst&pageIndex=1&dir=&occ=first&part=1&text=&doclang=PT&cid=2522240>.

175. "*§ 8 Durchleitung von Informationen*

(1) Diensteanbieter sind für fremde Informationen, die sie in einem Kommunikationsnetz übermitteln oder zu denen sie den Zugang zur Nutzung vermitteln, nicht verantwortlich, sofern sie 1. die Übermittlung nicht veranlasst, 2. den Adressaten der übermittelten Informationen nicht ausgewählt und 3. die übermittelten Informationen nicht ausgewählt oder verändert haben."

176. Nesse sentido: LG Frankfurt, 09.02.2017.

uma garrafa de água com o bocal voltado para baixo ao *Viking* que, ao beber dela, começa a se acalmar e a dançar. O filme foi reproduzido inúmeras vezes, resultando, ainda, em incontáveis memes.

A sequência do filme apresenta a visão do artista sobre o evento, sob uma perspectiva particular, mediante o uso de *Knee-Cam*. Ele selecionou e editou o filme a partir de horas de material filmado, suscitando o resultado final dúvidas no telespectador sobre a realidade ou encenação da passagem. O trabalho foi apresentado em exposições e palestras, tendo sido apreciado em recensões, tendo sido posto no *Youtube*, de quem recebeu uma retribuição financeira (*Pro-Klick-Vergütung*) desde 2008 no total de € 10.621,50.[177]

Em 2009, teve início disputa legal entre o dançarino e *Matthias Fritsch*, autor da filmagem e do *upload*, a qual foi resolvida em 30.05.2013, quando o Tribunal de Berlim decidiu que o dançarino teria direito à cessação da distribuição do vídeo e dos artigos de *merchandising*, uma vez que não consentiu expressamente na publicação do vídeo.

Embora de acordo com a fundamentação nos critérios da fórmula "*Je-desto*" e com precedentes como o do canibal de Rohtenburg, a decisão é passível de críticas, porque o filme se configura como arte, ainda que tenha havido exploração econômica não-autorizada. Um argumento relevante é de que o dançarino deveria saber que poderia ter sido retratado, considerando que se tratava de manifestação em via pública, sendo que, em todo caso, o teor da filmagem o retrata de forma absolutamente neutra – nem positiva, nem negativa – e real.

Louisa Specht defende que, no caso, teria sido recomendável interpretar o caso conforme o § 23, 4, KUK, admitindo-se a reprodução não autorizada pelo retratado em virtude do "maior interesse da arte", pois do contrário o conteúdo eficacial da liberdade artística (*Wirkbereich der Kunstfreiheit*) restaria comprometido no meio digital.[178]

Não obstante, esse não foi o entendimento que prevaleceu, notadamente porque se optou pela preservação da imagem do retratado enquanto expressão de sua personalidade, tendo em vista que ele desconhecia a realização do filme na oportunidade em que fora filmado e não consentira com a publicação das imagens posteriormente.

---

177. SPECHT, Louisa. Zum Konflikt von Persönlichkeitsrecht und Kunstfreiheit im Internet – Der Fall des "Techno-Vikings". In: WELLER, Matthias; KEMLE, Nicolai (org.). *Eigentum – Kunstfreiheit – Kulturgüterschutz*: Tagungsband des Achten Heidelberger Kunstrechtstags am 31. Oktober und 1.November 2014. Baden-Baden: Nomos, 2015. p. 117.

178. SPECHT, Louisa. Zum Konflikt von Persönlichkeitsrecht und Kunstfreiheit im Internet... p. 121-136.

d) Proteção dos artistas intérpretes e executantes

Como antes referido, cantores, atores, músicos, dançarinos ou regentes envolvidos na realização de uma obra de arte musical, teatral, de TV ou de cinema não realizam, em regra, uma criação, porque se limitam a transferir criação do espírito do autor – de um texto ou composição – para outro meio diferente – este também digno de proteção, mas numa outra dimensão.

A tecnologia hoje proporciona que essas execuções e interpretações possam ser disponibilizadas por rádio, TV, internet sem conhecimento do executante ou intérprete – ou até mesmo contra a sua vontade –, o que, naturalmente, pode comprometer a sua retribuição pela sua atividade. Por esse motivo é tão importante que a regulamentação dos seus direitos seja adequada.[179]

A lei alemã define o artista executante ou intérprete (*Ausübender Künstler*) como aquele que, em tradução livre da autora, executa, canta, toca ou de alguma outra forma participa, artisticamente, de uma obra ou de uma forma de expressão de arte popular.[180] Além deles, estão abrangidos na proteção dos direitos conexos aqueles que estão artisticamente envolvidos, mesmo que indiretamente, no desempenho do artista, como o maestro ou o diretor de som, sendo indiferente se a participação seja anterior à performance do artista – como ocorre com a do diretor de palco, a do figurinista ou a do cenografista – ou posterior a ela, como ocorre com o editor de som.

Por outro lado, não se incluem na proteção participantes da execução ou interpretação que tenham atuação meramente técnica-organizacional, como técnicos de som e luz, por exemplo. Isso porque é indispensável uma interpretação artística mínima (*Mindestmaß an künstlerischer Interpretation*), motivo pelo qual mesmo estrelas da pornografia não criam e nem interpretam obras.[181] De fato, se o filme pornô se limitar a mostrar apenas atos sexuais de forma primitiva, não pode haver reivindicação de proteção como obra cinematográfica, porque ausente a criação espiritual pessoal (*Gestaltunghöhe*).[182] *Discjockeys,* salvo na hipótese de realizarem criação própria, inserem-se na mesma compreensão.

---

179. Para a proteção dos artistas intérpretes e executantes no âmbito internacional, veja-se a obra de KLOTH, Matthias. *Der Schutz der ausübenden Künstler nach TRIPS und WPPT*. Baden-Baden: Nomos, 2000.

180. "§ 73 Ausübender Künstler
Ausübender Künstler im Sinne dieses Gesetzes ist, wer ein Werk oder eine Ausdrucksform der Volkskunst aufführt, singt, spielt oder auf eine andere Weise darbietet oder an einer solchen Darbietung künstlerisch mitwirkt."

181. REHBINDER, Manfred; PEUKERT, Alexander. *Urheberrecht*. München: C.H. Beck, 2015. Rn. 783

182. Nesse sentido: DREIER; SCHULZE. 5ª ed. 2015, UrhG § 2 marg. 208-217. Precedente: LG Munich I ZUM-RD 2013, 558, 559.

Diferentemente do diretor de teatro, que é, em regra, considerado como artista executante ou intérprete, o diretor de cinema é titular dos direitos autorais no recém-criado trabalho cinematográfico. De fato, ao diretor de teatro só são reconhecidos direitos autorais pela adaptação (*Bearbeiterurheberrecht*) se sua atividade constituir uma criativa reformulação fundamental da peça – o que ocorre, contudo, com certa regularidade na Alemanha.[183]

Pode ocorrer, ainda, que a obra do intérprete ou executante se constitua, paralelamente, como criação autoral, por exemplo, nos casos em que o cantor ou músico realizam improvisos.

A obra executada ou interpretada deve ser suscetível de proteção no âmbito do direito autoral para que haja proteção da performance, ainda que já tenha recaído em domínio público.[184] Na Alemanha, os artistas de "teatro de revista" (en. *vaudeville*; *music hall*) e do circo não pertencem ao grupo protegido, por ter sido considerado não configurado o desempenho de atividade artística, isto é, sua performance não alcançaria grau criativo suficiente (*Gestaltungshöhe*) para ser considerado arte.[185]

Aos intérpretes e executantes é atribuído o direito de serem reconhecidos como tais,[186] além do direito de impedir distorções ou outro tipo de interferência prejudicial que prejudique seu prestígio ou reputação,[187] analogamente ao que se dá com os autores.

---

183. Vide capítulo II, 2, 2.5, e) *Regietheater*. A favor dessa tese veja-se: HEMKE, Rolf. Was hat der Film, das der Theaterproduktion fehlt? Die Theaterinszenierung als Gesamtwerk nach dem Vorbild des Filmwerks. In: WELLER, Mathias; KEMLE, Nicolai; DREIER, Thomas; KIESEL, Markus; LYNEN, Peter (org.). *Das Recht des Theaters – Das Recht der Kunst auf Reisen*: Tagungsband des Vierten Heidelberger Kunstrechtstags am 1. Und 2. Oktober 2010. Baden-Baden: Nomos, 2011. p. 39-50.

184. REHBINDER, Manfred; PEUKERT, Alexander. *Urheberrecht*. München: C.H. Beck, 2015. Rn. 781.

185. O artigo 9.º do Acordo de Roma, que revisou a Convenção de Berna, dispôs serem livres os Estados-contratantes para, por sua legislação nacional, estender a proteção prevista na Convenção aos artistas que não executem obras literárias ou artísticas.

186. "§ 74 Anerkennung als ausübender Künstler

(1) Der ausübende Künstler hat das Recht, in Bezug auf seine Darbietung als solcher anerkannt zu werden. Er kann dabei bestimmen, ob und mit welchem Namen er genannt wird.

(2) Haben mehrere ausübende Künstler gemeinsam eine Darbietung erbracht und erfordert die Nennung jedes einzelnen von ihnen einen unverhältnismäßigen Aufwand, so können sie nur verlangen, als Künstlergruppe genannt zu werden. Hat die Künstlergruppe einen gewählten Vertreter (Vorstand), so ist dieser gegenüber Dritten allein zur Vertretung befugt. Hat eine Gruppe keinen Vorstand, so kann das Recht nur durch den Leiter der Gruppe, mangels eines solchen nur durch einen von der Gruppe zu wählenden Vertreter geltend gemacht werden. Das Recht eines beteiligten ausübenden Künstlers auf persönliche Nennung bleibt bei einem besonderen Interesse unberührt."

187. "§ 75 Beeinträchtigungen der Darbietung

Der ausübende Künstler hat das Recht, eine Entstellung oder eine andere Beeinträchtigung seiner Darbietung zu verbieten, die geeignet ist, sein Ansehen oder seinen Ruf als ausübender

O artista intérprete ou executante tem, outrossim, o direito exclusivo de realizar gravação de áudio ou vídeo de sua performance em imagens ou fonogramas, bem como os direitos de reproduzir e distribuir essas gravações, aplicando-se, *mutatis mutandis*, o previsto no parágrafo 27 da *Urheberrechtsgesetz.*[188]

O direito de tornar pública a performance do intérprete ou executante é regulamentado no parágrafo 78 da *UrhG*,[189] que prevê a sua remuneração como contraprestação, enquanto o parágrafo 79 da *UrhG* dispõe sobre os direitos de exploração e sua transferibilidade.[190]

Künstler zu gefährden. Haben mehrere ausübende Künstler gemeinsam eine Darbietung erbracht, so haben sie bei der Ausübung des Rechts aufeinander angemessene Rücksicht zu nehmen."

188. "§ 77 Aufnahme, Vervielfältigung und Verbreitung

(1) Der ausübende Künstler hat das ausschließliche Recht, seine Darbietung auf Bild- oder Tonträger aufzunehmen.

(2) Der ausübende Künstler hat das ausschließliche Recht, den Bild- oder Tonträger, auf den seine Darbietung aufgenommen worden ist, zu vervielfältigen und zu verbreiten. § 27 ist entsprechend anzuwenden."

189. "§ 78 Öffentliche Wiedergabe

(1) Der ausübende Künstler hat das ausschließliche Recht, seine Darbietung

1. öffentlich zugänglich zu machen (§ 19a),

2. zu senden, es sei denn, dass die Darbietung erlaubterweise auf Bild- oder Tonträger aufgenommen worden ist, die erschienen oder erlaubterweise öffentlich zugänglich gemacht worden sind,

3. außerhalb des Raumes, in dem sie stattfindet, durch Bildschirm, Lautsprecher oder ähnliche technische Einrichtungen öffentlich wahrnehmbar zu machen.

(2) Dem ausübenden Künstler ist eine angemessene Vergütung zu zahlen, wenn

1. die Darbietung nach Absatz 1 Nr. 2 erlaubterweise gesendet,

2. die Darbietung mittels Bild- oder Tonträger öffentlich wahrnehmbar gemacht oder

3. die Sendung oder die auf öffentlicher Zugänglichmachung beruhende Wiedergabe der Darbietung öffentlich

wahrnehmbar gemacht wird.

(3) Auf Vergütungsansprüche nach Absatz 2 kann der ausübende Künstler im Voraus nicht verzichten. Sie können im Voraus nur an eine Verwertungsgesellschaft abgetreten werden.

(4) § 20b gilt entsprechend."

190. *No original*: "§ 79 Nutzungsrechte

(1) Der ausübende Künstler kann seine Rechte und Ansprüche aus den §§ 77 und 78 übertragen. § 78 Abs. 3 und 4 bleibt unberührt.

(2) Der ausübende Künstler kann einem anderen das Recht einräumen, die Darbietung auf einzelne oder alle der ihm vorbehaltenen Nutzungsarten zu nutzen.

(2a) Auf Übertragungen nach Absatz 1 und Rechtseinräumungen nach Absatz 2 sind die §§ 31, 32 bis 32b, 32d bis 40, 41, 42 und 43 entsprechend anzuwenden.

(3) Unterlässt es der Tonträgerhersteller, Kopien des Tonträgers in ausreichender Menge zum Verkauf anzubieten oder den Tonträger öffentlich zugänglich zu machen, so kann der ausübende Künstler den Vertrag, mit dem er dem Tonträgerhersteller seine Rechte an der

Esses dispositivos[191] contemplam o intérprete ou executante com direitos de exploração e remuneração que estão enumerados taxativamente e que são suscetíveis de transferência plena. Na prática, os artistas transferem suas pretensões de remuneração para uma sociedade de cobrança de exploração de direitos conexos (*Gesellschaft zur Verwertung von Leistungsschutzrechten mbH*, abrev. *GVL*), enquanto os direitos de exclusividade pertencem ao produtor de fonogramas ou ao empregador, por exemplo.

Sobre eventual responsabilidade civil dos *colaboradores e participantes* (*Mitwirkenden*) houve muita discussão após a estreia em Köln, em 02.05.2009, da obra *Samson et Dalila*, do compositor francês *Camille Saint-Saëns*, com libreto de *Ferdinand Lemaire*, apresentada pela primeira vez em 2 de dezembro de 1877 no *Hoftheater* de Weimar, na Alemanha. O regente *Tilman Knabe* transferira a obra, baseada nos capítulos 13 a 16 do livro *Juízes* da Bíblia, contando a história de Sansão, forte o suficiente para derrotar os filisteus, inimigos de Israel, mas não para resistir à malícia de Dalila, para a faixa de Gaza, com cenas de guerra e estupro tão violentas que a protagonista se demitiu e 1/3 do coro se afastou por motivos de saúde.

Nesse contexto, os direitos dos intérpretes e executantes foram avaliados à luz da legislação comum, notadamente do § 275, 3, BGB,[192] no sentido de que a negativa de prestação fora causada pelo próprio credor – motivo pelo qual não seriam responsáveis pelos prejuízos suportados pelo cancelamento das apresentações.

Aufzeichnung der Darbietung eingeräumt oder übertragen hat (Übertragungsvertrag), kündigen. Die Kündigung ist zulässig.

1. nach Ablauf von 50 Jahren nach dem Erscheinen eines Tonträgers oder 50 Jahre nach der ersten erlaubten Benutzung des Tonträgers zur öffentlichen Wiedergabe, wenn der Tonträger nicht erschienen ist, und

2. wenn der Tonträgerhersteller innerhalb eines Jahres nach Mitteilung des ausübenden Künstlers, den Übertragungsvertrag kündigen zu wollen, nicht beide in Satz 1 genannten Nutzungshandlungen ausführt. Ist der Übertragungsvertrag gekündigt, so erlöschen die Rechte des Tonträgerherstellers am Tonträger. Auf das Kündigungsrecht kann der ausübende Künstler nicht verzichten."

191. Para atores, dançarinos ou outros profissionais que estejam envolvidos na produção de um trabalho cinematográfico, são aplicáveis regras específicas para os direitos sobre filmes, previstas a partir do artigo 92 da UrhG.

192. "§ 275, 3, BGB. *Der Schuldner kann die Leistung ferner verweigern, wenn er die Leistung persönlich zu erbringen hat und sie ihm unter Abwägung des seiner Leistung entgegenstehenden Hindernisses mit dem Leistungsinteresse des Gläubigers nicht zugemutet werden kann.*"

e) Direito do teatro e Regietheater

Ainda no contexto dos direitos conexos um tema relevante é o do direito do teatro (dt. *Theaterrecht*), em especial o *Regietheather* (em tradução livre, "teatro do diretor"), que consiste numa prática moderna (principalmente na Alemanha, pós-Segunda Guerra Mundial) de admitir liberdade ao diretor acerca da forma como uma peça – especialmente ópera – será encenada, ensejando alterações substanciais na criação original.[193] Opõe-se à expressão *Werktreue* ou *Werkgerechtigkeit*, que indicam que a exibição será em conformidade com criação original – ou "fiel" a ela.[194]

Embora menos recorrente no Brasil, alguns episódios de *Regietheater* marcaram os palcos brasileiros, como quando *Gerald Thomas* realizou transformações em *Tristão e Isolda,* de *Wagner,* no Rio de Janeiro (2003), expondo-os como drogadictos e incluindo até mesmo *Freud* na apresentação,[195] ou quando *Christoph Schlingensief* introduziu uma escola de samba em *O navio fantasma* encenado no festival de ópera de Manaus (2007),[196] ou *André Heller* incutiu humor nos preconceitos de *Sarastro*, em *A flauta mágica*, no teatro municipal de São Paulo (2017).[197]

Nesse tema, o caso paradigmático no direito alemão, chamado *Maske in Blau,* foi julgado pelo BGH em 1970. Nele o tribunal considerou que em caso de modificação da criação original do autor pelo diretor, deveria prevalecer o direito do primeiro, porque o público tem expectativa de ver apresentada a obra com seu nome, sem poder diferenciar, em regra, modificações perpetradas pelo regente.[198] A conclusão do julgamento é de que deve haver respeito, portanto, ao espírito original da obra.[199]

---

193. Exemplo dessa prática experienciei pessoalmente ao assistir à ópera de Mozart "*Entführung aus dem Serail*" (pt. O rapto do serralho ou harém) na *Komische Oper*, em Berlin, há dez anos, tomada de surpresa, pois adquiri os tickets inadvertidamente, sem saber que se tratava de *Regietheater*. A obra conta a tentativa do herói, Belmonte, auxiliado por seu servo, Pedrillo, de resgatar sua amada Konstanze, do harém de Pasha Selim. A obra estreara em 16 julho de 1782 no Burgtheater de Viena, com o compositor condutor libreto é de *Christoph Friedrich Bretzner*, com adaptações de *Gottlieb Stephanie*. Na encenação que assisti, a apresentação se dava com *todos os artistas permanentemente nus*!

194. JAYME, Erik. Regietheater als Rechtsproblem, in: WELLER, Matthias (org.). *Kulturgüterschutz – Künstlerschutz*: Tagungsband des Zweiten Heidelberger Kunstrechtstags am 5. und 6. September 2008. Baden-Baden: Nomos, 2009. p. 137 e seguintes.

195. Veja-se: <http://cultura.estadao.com.br/noticias/geral,vaiado-no-rio-gerald-thomas-debocha-da-plateia,20030818p2292>.

196. Veja-se: <http://www1.folha.uol.com.br/fsp/ilustrad/fq2404200718.htm>.

197. Veja-se: <http://cultura.estadao.com.br/noticias/musica,teatro-municipal-estreia-uma-nova-producao-da-opera-a-flauta-magica,70002120548>.

198. BGH, 29.04.1970, BGHZ 55, 1.

199. JAYME, Erik. Rechtsfragen der Operette – vom "Dreimäderlhaus" zur "Maske in Blau", *Bulletin Kunst & Recht* 2015/1; p. 16.

No mesmo sentido foi a decisão do *Kammergericht Berlin*, no julgamento de 21.06.2005, em que a controvérsia envolvia a apresentação da peça *Die Weber* (pt. Os tecelões), de *Gerhard Hauptmann.*[200] A obra original descrevia a situação dos trabalhadores de tecelagens, desempregados como decorrência do processo de industrialização. O diretor "atualizou" o tema, acrescentando, por exemplo, choros dos desempregados atuais e xingamentos a políticos – com o que não concordou a parte detentora dos direitos autorais, sucessores de *Hauptmann*, ajuizando ação contra o teatro de Dresden. No julgamento restou decidido que o diretor *não* pode modificar a obra de forma radical *sem* o consentimento do autor ou do detentor dos direitos autorais. Restou consignado, por outro lado, que quando o diretor *cria* uma encenação individual e *distante da original*, esta constitui obra de arte própria, recebendo proteção autoral.[201]

Todavia, essa compreensão tem sido sistematicamente abalada pela jurisprudência em casos recentes.

O papel do diretor teatral pode ser avaliado, portanto, sobre diferentes prismas: (i) ele seria *autor* de sua encenação, e não mero intérprete ou executante da criação do autor; (ii) ele não pode ser considerado autor, porém conta com direitos de maior estatura, se comparado aos demais intérpretes ou executantes da criação do autor; (iii) a fidelidade à criação original é "preguiça",[202] sendo inerente à atividade do diretor teatral a "recriação" da obra.[203]

A questão fundamental é se encenação (dt. *Inszenierung;* fr. *mettre en scène*) é criação artística posterior (*nachschöpferische Kunst*) ou reprodução de criação artística (*wiedergebende Kunst*). Teoricamente, poder-se-ia concluir pela primeira hipótese se a encenação em si alcançasse um determinado grau criativo (*Gestaltungshöhe*), segundo o direito alemão. Nos sistemas francês e

200. Sobre o caso, veja-se o artigo de GRUNERT, Eike. Hauptmanns "Weber" und "Hartz IV": Strenger Werkschutz des Autors ode freier Gestaltungsspielraum der Bühnenregie? In: WELLER, Matthias; KEMLE, Nicolai; LYNEN, Peter (org.). *Kulturgüterschutz – Künstlerschutz:* Tagungsband des Zweiten Heidelberger Kunstrechtstags am 5. und 6. September 2008. Baden-Baden: Nomos, 2009. p. 147-155.

201. Veja-se: JAYME, Erik. Liberdade de arte no direito constitucional: repercussões no direito privado. In: GRUNDMANN, Stefan; MENDES, Gilmar [et alii]. *Direito privado, Constituição e Fronteiras*: encontros da associação luso-alemã de juristas no Brasil. São Paulo, RT, 2012, p. 148.

202. Frase atribuída ao diretor *Fritz Kortner.* In: RASCHER, Andrea. Gegen ein Urheberrecht des Bühnenregisseurs!?. In: WELLER, Mathias; KEMLE, Nicolai; DREIER, Thomas; KIESEL, Markus; LYNEN, Peter (org.). *Das Recht des Theaters – Das Recht der Kunst auf Reisen*: Tagungsband des Vierten Heidelberger Kunstrechtstags am 1. Und 2. Oktober 2010. Baden-Baden: Nomos, 2011. p. 34.

203. RASCHER, Andrea. Gegen ein Urheberrecht des Bühnenregisseurs!?... p. 28 e seguintes.

italiano, assim como o português, parece existir uma inclinação mais favorável a reconhecer o diretor teatral como autor.[204]

Quem defende que a encenação deve ser sempre considerada como direito autoral entende que a colocação da obra na linguagem teatral pode ser comparada *mutatis mutandis* ao trabalho do tradutor, que também oferece a obra original numa outra linguagem, sendo, em regra, reconhecido como titular de direito autoral. Isso porque o diretor teatral transfere a obra escrita para a dimensão visual.

Por outro lado, quem compreende que autor é apenas aquele que criou a obra, concretizando uma ideia, rejeita, em regra, a compreensão de ser o diretor titular de direito *autoral*, dispondo, sim, de proteção no âmbito dos direitos conexos. Porém, mesmo nesses casos é comum ser reconhecido que a atividade do diretor, que integra a da orquestra, do coro, dos cantores, dos dançarinos, dos atores etc. é diversa da dos demais artistas envolvidos, orientados por sua concepção. Isso porque é possível visualizar essa orientação de forma "objetiva", como sendo a contribuição artística do diretor, que pode ser, inclusive, encenada independentemente de sua presença. Ainda a favor dos direitos autorais do diretor, tem-se a premissa fundamental de que a sua criatividade, como dos demais artistas, não deve ser limitada, sendo ela inerente à atividade.

A lei brasileira nada dispõe sobre a amplitude dos direitos do diretor teatral, a quem não se aplica o disposto no artigo 25 LDA, que preceitua caber exclusivamente ao diretor o exercício dos direitos morais sobre a obra audiovisual, pois esta última, nos termos do artigo 5.º, VIII, *i*, LDA, é a que "resulta da *fixação de imagens* com ou sem som, que tenha a finalidade de criar, por meio de sua reprodução, a impressão de movimento, independentemente dos processos de sua captação, do suporte usado inicial ou posteriormente para fixá-lo, bem como dos meios utilizados para sua veiculação" (cinema e TV, por exemplo).

Contudo, são muitas as relações que se estabelecem no contexto do teatro e do direito: a do teatro, representado por seu administrador, com o diretor da obra encenada; a relação deles com o autor da peça teatral, musical ou ópera; bem como a relação com o público, com críticos e com os próprios artistas intérpretes (membros da orquestra, atores e cantores).[205] Todas elas merecem reflexão sobre suas implicações jurídicas.

Sobre a relação que se estabelece no âmbito do direito do teatro com os críticos, por exemplo, pode-se referir decisão do tribunal do império alemão rejeitou a existência de um direito de acesso de um crítico a uma determinada

---

204. Nesse sentido, veja-se: RASCHER, Andrea. Gegen ein Urheberrecht des Bühnenregisseurs!?... p. 29-30.

205. JAYME, Erik. Regietheater – Metatheatralität der Inszenierung – Rechtsfragen der Oper. *Kunst und Recht Bulletin*, 12/2011, p. 32.

apresentação, para a qual não era bem-vindo, ainda que o acesso se afigurasse como essencial ao exercício de sua profissão.[206]

No caso, um crítico fora proibido verbalmente de assistir apresentações em um teatro estatal. Mesmo assim, mediante auxílio de terceiros, adquiriu o ingresso e compareceu à apresentação. Não obstante, identificado no público quando do espetáculo, o crítico foi retirado do local – fato que ensejou o ajuizamento da ação para ressarcimento do valor do ingresso e indenização por dano moral. Em sua inicial, alegou que um teatro público, subsidiado com recursos públicos, não poderia se negar a vender entradas a quaisquer pessoas. Disse, ainda, que, para ele, era essencial assistir ao espetáculo, já que criticá-lo constituiria sua profissão, aduzindo que a negativa do teatro ofenderia também a liberdade de imprensa.

Os julgadores entenderam que, apesar do teatro estatal constituir monopólio dessa atividade, como outros negócios de empresas públicas de conclusão obrigatória, como correio e vias férreas, não haveria abuso na negativa de conclusão do contrato e admissão do crítico ao teatro a ensejar obrigação de indenizar porque a recusa não foi arbitrária. O tribunal entendeu que a negativa era legítima, diante da liberdade de conclusão dos contratos, porque fundamentada em comportamento pretérito do próprio demandante em apresentações anteriores, pois embora tenha originalmente prestigiado os espetáculos, passara a realizar comentários não objetivos, infrutíferos e desdenhosos, devido ao fato de que a administração da cidade se recusara a dar apoio financeiro para seu periódico. Assim, uma vez que restou comprovado que a negativa de ingresso se alicerçava em prevenir danos ao teatro, por críticas "irrelevantes", "incorretas" e "prejudiciais", não haveria ilegalidade na proibição do ingresso do crítico ao espetáculo, prevalecendo a liberdade contratual.

Nos casos em que controvertida a insatisfação do público com o *Regietheater*, por sua vez, porque a apresentação não foi fiel à criação original, a jurisprudência alemã tem se manifestado favoravelmente ao diretor, considerando que o público poderia ter se informado da concepção da apresentação da obra na oportunidade em que adquiriu os ingressos. Exemplo dessa compreensão é o caso *Fledermaus*,[207] que faz referência à opereta[208] de composição de *Johann Strauss* II e libreto de *Carl Haffner* e *Richard Genée*, e que estreou no Teatro de Wien em 05.04.1874. O autor da ação adquirira da ré duas entradas para o espetáculo de estreia, no dia 17.08.2001, no *Salzburger Festspiele,* tendo pago valores expressivos para assistir o evento. Todavia, insatisfeito com as liberdades tomadas pelo regente da

---

206. RG, 7.11.1931, RGZ 133, 388.

207. LG Salzburg, 10.03.2003 Juristische Blätter 2003, 587.

208. Para o conceito jurídico de opereta, veja-se: JAYME, Erik. Rechtsfragen der Operette – vom "Dreimäderlhaus" zur "Maske in Blau", *Bulletin Kunst & Recht* 2015/1; p. 21-23. As operetas se distinguem das óperas por não constarem de partitura, constituindo-se em textos declamados, que podem ser modificados, geralmente apresentados com acompanhamento ao piano.

condução da obra, requereu a devolução do montante, com o que os promotores do evento não concordaram, ensejando a ação judicial. No julgamento da causa, o tribunal entendeu que o público não teria direito a receber de volta o dinheiro do ingresso porque *deveria ter se informado* que a obra fora modernizada pelo seu condutor, tendo em vista a atualidade desse tipo de iniciativa, sendo que essa informação constava da brochura.

Já num outro caso local com a mesma temática, julgado em Hamburg, uma família adquirira ingressos para assistir a obra de Shakespeare "*Muito barulho por nada*" (en. *Much ado about nothing*). Insatisfeitos com a apresentação, em que a liberdade criativa do regente tornou irreconhecível a peça, buscaram obter a devolução do dinheiro despendido com os ingressos, com o que o teatro não concordou, ensejando a ação julgada pelo *Amtsgericht Hamburg* em 15.04.2008.[209] Por ocasião do julgamento, o julgador negou o pedido, por entender que não haveria defeito a ensejar a devolução do dinheiro dos ingressos, pois a obra teria sido apresentada de acordo com *uma perspectiva moderna aceitável.* Disse o juiz, que no teatro alemão atual, fortes modificações interpretativas e nos personagens são possíveis e não autorizam o desfazimento do negócio. Ao contrário, consignou que *quem busca uma encenação fiel à concepção original deve certificar-se disso* ao comprar os ingressos, pois, em regra, na Alemanha, é de se esperar *Regietheater*, não tendo o teatro obrigação de informar o que, em princípio, é óbvio.[210]

Em suma: na Alemanha, original de *Shakespeare* não existe mais, exceto se assim for divulgado!

Com efeito, o *Regietheater* mostra um problema antigo dos palcos: antes, o diretor era considerado como outro participante de uma apresentação, assim como os intérpretes, estando sua realização protegida no âmbito dos direitos conexos. Atualmente, todavia, aceita-se que sua reprodução da peça seja original, constituindo-se em si mesma como *criação* original, suscetível de proteção pelo direito autoral.[211]

Esse entendimento, não obstante, vai de encontro aos direitos do autor, notadamente ao direito de ver reconhecida a autoria e ao direito de exploração da obra, ensejando, outrossim, alegação de que poderia haver plágio na observância de regência ou direção anterior. Coerentemente, é claro que se a regência configura como criação original, a conclusão lógica é de que se houver regência

---

209. *NJW* 2009, 782.

210. Disse o julgador, no original: "*wer angesichts der heute üblichen Theaterinszenierung eine ausnahmsweise vorlagentreue Inszenierung besuchen will, muss durch Erkundigungen im Vorfeld eigens sicherstellen, dass es sich um einen solchen Aushnahmefall handelt*". Prosseguiu o julgador, afirmando que "*keine Pflicht des Theaters, in seiner Werbung oder mittels Aushangs an der Abendkasse auf eine Bearbeitung des Stücks hinzuweisen*".

211. JAYME, Erik. Regietheater als Rechtsproblem... p. 139.

similar, estar-se-ia diante de imitação ou plágio da direção anterior. Assim, dessa compreensão jurídica podem decorrer outros conflitos, até então inexistentes.

Sobre a relação do diretor da obra com o diretor do teatro que busca impedir a liberdade de encenação, em pelo menos dois casos a jurisprudência alemã considerou devida a prevalência dos direitos do primeiro. Tanto no caso *Götterdämmerung*,[212] de Frankfurt, como no *Csárdásfürstin*,[213] de Dresden, os tribunais reconheceram direitos autorais ao diretor, admitindo medidas de urgência contra alterações promovidas pelo diretor do teatro (*Unterlassungsansprüche gegen Veränderung*),[214] que tencionava suprimir as modificações determinadas pelo *Regisseur*.

No primeiro caso, o julgamento chegou a reconhecer as alterações procedidas pelo regente nos termos do § 39, 2, UrhG, que dispõe, em tradução livre, serem permitidas as alterações na obra e seu título que o autor não possa recusar conforme os ditames da boa-fé.[215] A opereta *"Die Csárdasfürstin"*, de *Emmerich Kálmán*, que teve estreia em 13.11.1915, em Wien, conta uma história de amor: o príncipe *Edwin de Liebensdorf* está apaixonado por *Sylva Maresco* (Princesa *Czardas*), uma linda e sedutora cantora. Porém, o Príncipe *Leopold-Marie de Liebensdorf* não quer essa união para o filho e envia seu irmão a Budapeste para conduzi-lo de volta a Viena, onde planeja casá-lo com a Condessa *Stasi*. A cantora, por sua vez, vai aos Estados Unidos, desiludida com o amor de *Edwin*, prometido a outra. Meses depois, em Viena, o Príncipe e a Princesa de *Liebensdorf* realizam evento em seu palácio para formalizar o noivado do filho. *Sylva* aparece na companhia de *Boni Kansciano*, amigo do jovem príncipe, a quem ela apresenta como marido, para despertar ciúmes. Enquanto isso, *Boni* apaixona-se por *Stasi*. Por ter seu casamento impedido pelos pais do príncipe, a cantora deixa o palácio. Depois, o Príncipe *Leopold-Marie de Liebensdorf* descobre por acaso que sua própria esposa, *Agathe*, é uma ex-cantora de cabaré, que o impede de se opor ao casamento de *Edwin* e *Sylva*. Assim, *Boni* casa-se com *Stasi* e o príncipe *Edwin* com *Sylvia*. A obra acaba com a união matrimonial em que preconceito e orgulho desaparecem.

Apesar de concebida como romance, na encenação do regente *Peter Konwitschny*, em lugar da obra se passar em *palácios* vienense e húngaro, foi transferida para *trincheiras*, áreas bombardeadas, com o fim de enfatizar o contraste entre a música alegre e a ação, no contexto político mundial sombrio da I Guerra Mundial. O diretor do teatro *Semperoper* determinou modificações na

212. OLG Frankfurt am Main, 4.12.1975, GRUR 1976, 199.

213. OLG Dresden, 16.05.2000, NJW 2001, 622.

Leia-se: JAYME, Erik. Rechtsfragen der Operette – vom "Dreimäderlhaus" zur "Maske in Blau", *Bulletin Kunst & Recht* 2015/1. p. 18.

214. Sobre os casos, veja-se: JAYME, Erik. Regietheater als Rechtsproblem... p. 142.

215. "§ 39 (2) Änderungen des Werkes und seines Titels, zu denen der Urheber seine Einwilligung nach Treu und Glauben nicht versagen kann, sind zulässig."

encenação de *Konwitschny* após interrupções do público durante a estreia, o que originou a ação judicial, promovida por *Konwitschny* contra o diretor do teatro, para que este se abstivesse de interferir em sua encenação.

O diretor do teatro defendera sua interferência não apenas com fundamento do direito do autor (a obra ainda não está em domínio público, mas os sucessores do autor não se opuseram à encenação), como também em defesa dos artistas intérpretes. No julgamento, todavia, restou consignado que "está compreendida no exercício da profissão de ator a atuação em peças difíceis, inclusive com reação negativa do público" –entendimento que foi confirmado pelo tribunal recursal.[216]

Como se vê, a tensão que se configura diante do *Regieteather* é justamente entre o direito autoral do criador da obra e os direitos do diretor. É claro que o diretor da obra não tem direito autoral se sua atuação se limitar à execução simples do roteiro, música ou libreto. Para que lhe seja reconhecido direito autoral, sua contribuição tem de ter independência, alcançando um determinado grau criativo (*Gestaltungshöhe*). É preciso que sua versão adaptada alcance uma expressão criativa própria, seja internamente, seja na forma externa,[217] oferecendo sua concepção individual, que reúna a direção dos artistas, do figurino, do cenário etc.

Mutatis mutandis, poder-se-ia aplicar raciocínio análogo ao da fórmula *Je-desto*, no sentido de que, quanto mais o regente se afastar da concepção original, mais protegida estará sua atuação. Não obstante, nesse contexto caberia análise do disposto no § 14 UrhG e no artigo 24, IV e VI, LDA (proibição de deformação ou outro tipo de interferência prejudicial), se não se tratar de obra em domínio público, já que os contratos firmados entre o teatro, os detentores de direitos autorais e regentes não preveem, em regra, cláusulas sobre as modificações perpetradas pelo regente na criação original.

Recentemente estabeleceu-se controvérsia análoga nos tribunais franceses em relação a ópera "*Dialogues des carmelites*", música e libreto de *Francis Poulenc*, concluída em 1956. A ópera conta uma versão fictícia da história das *Mártires de Compiegne*, freiras carmelitas que, em 1794, durante os dias finais do terror durante a Revolução Francesa, foram guilhotinados em Paris por se recusarem a renunciar a sua vocação. A estreia mundial da ópera ocorreu (em uma tradução italiana) em 26 de janeiro 1957 no *La Scala,* em Milão. A estreia da versão original em língua francesa teve lugar em Paris, em 21 de junho de 1957.

Os herdeiros do compositor e libretista processaram o diretor *Dmitrij Tcherniakow*, por considerar que sua condução realizada na opera de Munique

---

216. MOSIMANN, Peter. Kunst im Recht. In: WELLER, Matthias; KEMLE, Nicolai; LYNEN, Peter (org.). Kultur im Recht – Recht als Kultur: Tagungsband des Neunten Heidelberger Kunstrechtstags am 30. und 31. Oktober 2015. Baden-Baden: Nomos, 2016. p. 25 e seguintes.

217. JAYME, Erik. Regietheater als Rechtsproblem... p. 143.

desfigurava a obra, já que nela apenas a figura principal se suicidou, salvando, porém, as outras irmãs.

Rejeitado o pedido em primeiro grau, esse restou acolhido em segunda instância pelo tribunal de Paris, em julgado havido em 13.10.2015. Contudo, a *Court de Cassation* em 22.06.2017 reformou o julgado contra a *Bayerische Staatsoper München*, afirmando que "*la mise en scène litigieuse ne modifiait ni les dialogues, absents dans cette partie des œuvres préexistantes, ni la musique*", embora "*loin d'être l'expression d'une interprétation des œuvres des auteurs, elle en modifie la signification et en dénature l'esprit*". Assim, concluiu que a corte recursal não fizera a melhor interpretação do artigo L.113-4[218] do Código de propriedade intelectual francês (fr. *Code de la propriété intellectuelle*), deixando de proporcionar um justo equilíbrio entre a liberdade de criação do regente (*metteur en scène*) e a proteção do direito moral do compositor e autor do libreto.

De fato, entendeu a Corte de Cassação francesa que, ainda que tenha modificado a obra original, não lhe afetou o significado, nem alterou seu espírito, já que manteve diálogos e música originais.[219]

f) Direito do cinema

Primeiramente, deve-se distinguir entre o filme-cinema (*Filmwerke*), produto da arte e disciplinado entre os §§ 88 e 94 *UrhG*, e quaisquer outras imagens filmadas (*Laufbilder*), pois o direito alemão oferece proteção mais limitada a filmagens simples (como partes de filmes, filmes caseiros, filmagens ao vivo, filmagens de atividades esportivas ou jornalísticas, por exemplo, que não reúnam o esforço representado pela realização de um filme), que não atendem ao critério de qualidade para serem consideradas obras de arte, do que a estendida a obras cinematográficas. Às filmagens simples, aplicam-se, nos termos do § 95 UrhG, *mutatis mutandis*, apenas as disposições atinentes a filmes presentes nos parágrafos 88, 89, alínea 4, 90, 93 e 94 da *UrhG*.

Uma característica particular das obras cinematográficas é o seu custo elevado, que representa um risco para seus produtores,[220] responsáveis pelo

---

218. "L.113-4. *L'oeuvre composite est la propriété de l'auteur qui l'a réalisée, sous réserve des droits de l'auteur de l'oeuvre préexistante.*"

219. Em exemplo diametralmente oposto, tem-se *Carmen*, música de *Bizet* e libreto de *Meilhac* e *Halévy*, apresentada recentemente no *Teatro del Maggio*, em Firenze, sob regência de *Cristiano Chiarot* e *Leo Muscato*. Nessa encenação, a pretexto de "moralizar" a ópera, na qual originalmente a protagonista é morta a facadas pelo ex-amante *Don Jose* em razão de sua paixão pelo toureiro *Escamillo*, ela o alveja. Os regentes alegaram que a apresentação fiel da obra legitimaria a violência contra a mulher. Veja-se: <http://www.lanazione.it/firenze/spettacoli/carmen-opera-1.3650457>.

220. Terminologicamente, deve-se distinguir o diretor de cinema do produtor do filme. O diretor é aquele que dirige a realização do filme, controlando os aspectos *artísticos e dramáticos*, conforme sua visão do roteiro. O produtor, por sua vez, administra as *finanças,*

orçamento. Outra particularidade do cinema é o fato de combinar trabalhos e performances de profissionais e artistas muito diferentes, constituindo um todo, uma única obra (*Gesamtwerk*), que poderia ter a exploração prejudicada se apenas um dos envolvidos se opusesse às ideias dos outros sobre sua exploração – o que também comprometeria os custos de produção consideravelmente. Por esses motivos atribuem-se ao produtor do filme (*Filmhersteller*) os direitos patrimoniais decorrentes da criação dos filmes. No entanto, ele não detém os direitos morais, que incumbem, em regra, ao *diretor principal* (*Regiesseur*) da obra cinematográfica, observando-se o preceito básico de proteção da autoria do criador (§ 7 UrhG). Podem ser considerados coautores, se apresentarem contribuição criativa, os cinegrafistas (*Kameramann*), o responsável pela iluminação (*Oberbeleuchter*), mestre de áudio (*Tonmeister*), produtor do filme (*Filmproduzent*), além do roteirista, compositor, etc.

No direito alemão, entende-se que, se o criador de um romance, uma peça teatral ou outra obra permite ao produtor usar seu trabalho para a criação de um filme, ele transfere não apenas direitos de uso simples, mas o direito exclusivo de uso do filme acabado, bem como traduções e outras adaptações cinematográficas para todos os tipos de uso, nos termos do § 88,[221] 1, *UrhG*. Os direitos, no entanto, são limitados a uma versão concreta do filme. O produtor de filmes não tem, todavia, direito a refilmagem (§ 88, 2 *UrhG*).

o marketing e a distribuição do filme, selecionando roteiros, planejando e coordenando a criação do filme, inclusive contratando seu diretor, equipe e elenco.

221. "§ 88 Recht zur Verfilmung

(1) Gestattet der Urheber einem anderen, sein Werk zu verfilmen, so liegt darin im Zweifel die Einräumung des ausschließlichen Rechts, das Werk unverändert oder unter Bearbeitung oder Umgestaltung zur Herstellung eines Filmwerkes zu benutzen und das Filmwerk sowie Übersetzungen und andere filmische Bearbeitungen auf alle Nutzungsarten zu nutzen. § 31a Abs. 1 Satz 3 und 4 und Abs. 2 bis 4 findet keine Anwendung.

(2) Die in Absatz 1 bezeichneten Befugnisse berechtigen im Zweifel nicht zu einer Wiederverfilmung des Werkes. Der Urheber ist berechtigt, sein Werk nach Ablauf von zehn Jahren nach Vertragsabschluß anderweit filmisch zu verwerten. Von Satz 2 kann zum Nachteil des Urhebers nur durch eine Vereinbarung abgewichen werden, die auf einer gemeinsamen Vergütungsregel (§ 36) oder einem Tarifvertrag beruht."

Em tradução livre: § 88 Direito de filmagem

(1) Se o autor permitir que outra pessoa faça um filme a partir de sua obra, isso deve, em caso de dúvida, ser considerado como envolvendo a concessão do direito exclusivo de usar o trabalho de forma inalterada ou após adaptação ou transformação na produção de uma obra cinematográfica e de utilizar a obra cinematográfica, bem como traduções e outras adaptações cinematográficas de todas as maneiras de uso. O § 31ª, 1, 3ª e 4ª frases, 2 a 4 não se aplicam.

(2) Os direitos designados na alínea 1, em caso de dúvida, não autorizam o trabalho a ser refilmado. O autor deve ser autorizado a explorar seu trabalho de forma cinematográfica de outra forma após o termo de dez anos após a conclusão do contrato. A derrogação da segunda frase em detrimento do autor só será possível através de um acordo que se baseie em um acordo de remuneração conjunto (§ 36) ou acordo coletiva.

Distingue-se as obras pré-existentes à filmagem (§ 88 *UrhG*) – que podem ser utilizadas para a produção de um filme, mas também podem ser exploradas fora do filme, como o texto literário, a música de filme, seu roteiro, os imóveis reproduzidos na obra etc. – do trabalho cinematográfico dos cineastas, cujas contribuições criativas – filmar e editar, por exemplo – estão inexoravelmente ligadas à obra-filme, e não podem ser exploradas separadamente.

Nada impede, todavia, que um único indivíduo apresente duas contribuições criativas diversas, como o diretor e, portanto, cineasta, que também tenha escrito o roteiro do filme. Às vezes, por outro lado, o autor do roteiro (*Drehbuch*), mesmo sem ser diretor, pode fornecer instruções específicas para a adaptação do filme, de modo que o filme seja produzido de acordo com o roteiro, tornando-se o roteirista não apenas o autor de um trabalho pré-existente, mas também cineasta, ensejando a teoria da dupla natureza da atividade (*Lehre vom Doppelcharakter*). Isto é especialmente claro quando o roteirista muda seu roteiro durante o trabalho de filmagem, adaptando-o às novas circunstâncias criadas pelo trabalho de filmagem anterior, por exemplo, por meio de novos diálogos ou sequências de ação.

É possível, ainda, que o trabalho preexistente seja um filme de terceiro, que se constitui como parte da nova obra, num processo de reformulação ou edição. O autor dessa obra pré-existente muitas vezes sequer participa dessa adaptação ao filme, feita mediante edição. Essa circunstância não altera o fato do filme ter sido concebido independente, já que o autor da obra pré-existente – editada (possivelmente) – não contribuiu para o conjunto da nova obra.

Os direitos sobre obras cinematográficas estão disciplinados no § 89 UrhG, segundo o qual, em caso de dúvida, qualquer pessoa que participa na criação de um filme (diretor, *cameraman* ou cinegrafista, editor, etc.) que se submeta ao regime dos direitos autorais como obra cinematográfica, concede ao produtor do filme (*Filmhersteller*) o direito exclusivo de usar de todas as maneiras o filme cinematográfico, incluindo traduções e outras adaptações cinematográficas ou transformações da obra cinematográfica. O parágrafo 31, 1, 3ª e 4ª frases, 2 a 4 da *UrhG* não se aplica a essas produções. Se o intérprete tiver atribuído antecipadamente um desses direitos a um terceiro deve, no entanto, assegurar o direito de ceder ou conceder esse direito em relação à exploração da obra cinematográfica para o produtor do filme, de acordo com o § 92 *UrhG*.

Várias disposições que afetam os autores em outras áreas são restritas no campo do cinema, de acordo com o disposto no § 90 da *UrhG*, que dispõe, por exemplo, serem inaplicáveis ao direito do cinema[222] as disposições sobre a transferência de direitos de uso (§ 34, Übertragung von Nutzungsrechten), a

---

222. O dispositivo prevê, ainda, que a limitação relativa à transferência dos direitos de uso não se aplica até o início dos trabalhos de filmagem. Pode acordado com o autor antecipadamente para excluir o direito de revogação para não exercício (§ 41) até o início da filmagem por um período de até cinco anos. Outrossim, também é inaplicável ao cinema

concessão de outros direitos de uso (§ 35, *Einräumung weiterer Nutzungsrechte*) e os direitos de revogação (§§ 41 e 42, *Rückrufsrechte*).

Outra particularidade do direito do cinema na Alemanha é que *a proteção contra distorções ou outras interferências na obra cinematográfica* é, em princípio, restrita apenas à *desfiguração bruta* ou a outra *interferência grosseira* (§ 93 *UrhG*).[223]

Nos termos do § 94 *UrhG*, o produtor do filme tem o direito exclusivo de reproduzir, distribuir, apresentar ao público, transmitir gravação de vídeo ou gravação de vídeo e áudio, podendo proibir qualquer distorção ou restrição suscetível de prejudicar os seus interesses legítimos, podendo, ainda, transferi-lo.

Cumpre ressaltar, porém, que esse direito do produtor não constitui direito exclusivo a um determinado motivo ou estilo, assim como na literatura e na pintura, tampouco havendo proteção do "formato" da obra – filme ou programa de TV. Assim confirmou o BGH ser a melhor interpretação da lei, em julgamento de caso em que se controvertia a concepção de um programa em que uma criança realizava entrevistas.[224]

o disposto no § 40a UrhG, que trata do direito de uso para outros fins após dez anos de remuneração forfetária, isto é, sem valor pré-estabelecido.

223. "§ 93 Schutz gegen Entstellung; Namensnennung

(1) Die Urheber des Filmwerkes und der zu seiner Herstellung benutzten Werke sowie die Inhaber verwandter Schutzrechte, die bei der Herstellung des Filmwerkes mitwirken oder deren Leistungen zur Herstellung des Filmwerkes benutzt werden, können nach den §§ 14 und 75 hinsichtlich der Herstellung und Verwertung des Filmwerkes nur gröbliche Entstellungen oder andere gröbliche Beeinträchtigungen ihrer Werke oder Leistungen verbieten. Sie haben hierbei aufeinander und auf den Filmhersteller angemessene Rücksicht zu nehmen.

(2) Die Nennung jedes einzelnen an einem Film mitwirkenden ausübenden Künstlers ist nicht erforderlich, wenn sie einen unverhältnismäßigen Aufwand bedeutet."

224. BGH, 26.06.2003 – Az. I ZR 176/2001.

III

ARTE E O PODER PÚBLICO

1. Instrumentos nacionais de promoção e proteção do patrimônio cultural, histórico e artístico

Arte não é mercadoria ordinária. Não tem aplicação no cotidiano, como colchões, escovas de dentes ou aparelhos de telefones. O seu valor transcende o dos materiais nela empregados, especialmente quando a obra reflete a história ou a identidade de um país, como bem cultural seu, incumbindo ao Estado preservá-la para gerações futuras.

Bens culturais são obras que testemunham o passado e o presente, por isso sua preservação para o futuro é obrigação moral de qualquer nação civilizada.[1] Contudo, o tema geralmente é acompanhado de controvérsia, pois determinar a quem pertence o passado não é tarefa simples.

Obras de arte que se constituam em bens culturais têm definição bastante abrangente, incluindo diferentes categorias: podem se constituir de telas e esculturas, bens arqueológicos e até mesmo restos humanos. Muitos têm, ainda, significado místico ou religioso.

---

1. Exemplo interessante de como obras de arte são importantes elementos de identidade nacional tem-se no caso da Dinamarca, cujo ministro da cultura, em 2004, teve iniciativa de reunir em livro as obras mais representativas da arte dinamarquesa, para que a população as conhecesse. Ele instalou comissões para determinar quais seriam as 12 "pérolas" da pintura, arquitetura, design, teatro música e literatura dinamarquesas, as quais foram reunidas no livro, integrado também por CD e DVD, entregue a cada cidadão dinamarquês, a fim de conscientizá-lo de sua identidade. Muito antes disso, no período do processo de unificação alemão e italiano, *Canova* envolvia-se obras de arte *nacionais* italianas, enquanto seu discípulo *Christian Daniel Rauch* fazia o mesmo na Alemanha. Sobre o tema, veja-se: JAYME, Erik. Globalization in Art Law... p. 933.

Objetos arqueológicos, por exemplo, distinguem-se de outros bens culturais em pelo menos quatro aspectos. Primeiro, porque são descobertos em escavações, organizadas, clandestinas ou fortuitamente, sendo seu proprietário original desconhecido. Segundo, em muitos países o Estado tem interesse especial nesses objetos, que expressamente se constituem em sua propriedade – como no Brasil[2] –, de que dispõem para fins de pesquisa científica. Em terceiro, seu contexto pode ser mais relevante do que o objeto em si. De fato, um *Rembrandt* tem valor em si independentemente de onde seja achado, enquanto tesouros arqueológicos, como o *SEVSO treasure*, cuja origem húngara se tentou ocultar para legitimar sua comercialização a partir do Líbano, tem valor histórico ou científico diretamente relacionado ao local em que descobertos.[3] Por último, conhecido o local da escavação do bem arqueológico, sua "nacionalidade" pode ser mais facilmente relacionada com esse local.

Bens culturais podem, ainda, ser peças que se constituem em acervo de museus estatais ou ser herança nacional e, portanto, bem público e insuscetível de inclusão no comércio. Uma diferenciação racional conduz a distinguir esses bens e oferecer tratamento legal que observe essas particularidades.[4]

1.1 Preservação de bens culturais e restrições ao direito de propriedade: registro, inventário e tombamento

No direito alemão, há distinção bem delineada entre a proteção do patrimônio histórico e monumentos (*Denkmalschutz*)[5] e a proteção de bens culturais (*Kulturgüterschutz*). Uma vez que a primeira impõe restrições ao direito de propriedade, assegurado no artigo 14 GG, foi necessária a regulamentação do tema que, na Alemanha, em virtude da soberania cultural (*Kulturhoheit*) dos Estados (*Länder*), conforme o artigo 30 GG, é de competência legislativa deles. Além disso, certos monumentos culturais são protegidos pelo artigo 304 do Código Penal (*Gemeinschädliche Sachbeschädigung*).

As leis dos 16 *Länder* alemães para a proteção dos monumentos usam terminologia diferente, designando esses bens ora como monumento cultural (*Kulturdenkmal*), ora simplesmente como monumento (*Denkmal*), por vezes como cuidado de monumento (*Denkmalpflege*) ou mesmo como proteção de monumento (*Denkmalschutz*), divergindo, outrossim, em seu conteúdo. Porém,

---

2. Conforme disposto no artigo 20, X, da Constituição.

3. Exemplos de SIEHR, em "Globalization and national culture: recent trends toward a liberal exchange of cultural objects". In: Vanderbilt Journal of transnational law, Symposium International Legal dimensions of art and cultural property. p. 1085 e seguintes.

4. SIEHR, Kurt. Mystifizierung und Entmystifizierung von Kulturgüter und das Recht, KUR 3/4, 2011, p. 87-109; e SIEHR, Kurt. Globalization and national culture: recent trends toward a liberal exchange of cultural objects. In: *Vanderbilt Journal of transnational law*, Symposium International Legal dimensions of art and cultural property. p. 1067-1094.

5. SCHACK, Haimo. *Kunst und Recht...* p. 421 e seguintes.

todas essas leis alicerçam-se na premissa básica de que proteger bens culturais de valor histórico é de interesse público, tratando da proteção de monumentos situados em território alemão.

Em regra, essas leis adotam ou o sistema declarativo (*nachrichtliches System; deklaratives System*), segundo o qual todos os objetos que satisfazem os critérios definidos na lei protetora – inclusive os ainda não descobertos, ocultos sob o solo, por exemplo –, estão automaticamente incluídos na proteção de monumentos; ou o constitutivo (*konstitutives System*), em que, satisfeitos os requisitos da lei protetiva, o monumento deverá ser declarado pela Administração como tal e inscrito em lista para desfrutar da proteção. Na primeira hipótese, a lista é meramente informativa. Assim, a segunda modalidade oferece maior segurança jurídica. Contudo, é possível que o *Land* adote sistema misto, como *Baden-Württemberg*, por exemplo, em que se admite as duas práticas.

Essas leis são aplicáveis a bens imóveis. Em se tratando de bens móveis, há as leis de arquivos (*Archivgesetze*) e a lei de proteção de bem cultural (*Gesetz zum Schutz von Kulturgut*).

A Constituição alemã explicitamente prevê no seu artigo 73, § 1, n. 5 ser competência da União (*Bund*) proteger o patrimônio cultural (*Kulturgüter*) e evitar sua exportação.

Até 2016, a proteção a patrimônio cultural na Alemanha não era disciplinada numa única lei, coerentemente organizada, mas decorria de várias normas, como a lei de proteção cultural, de 1955, que reunia regulamentos existentes desde 1919 (*Kulturgutschutzgesetz von 1955*); a lei de restituição, de 1998 e que foi alterada em 2007 (*Kulturgüterrückgabegesetz von 1998, ergänzt 2007*); e, para casos envolvendo conflitos armados, uma terceira lei, que positivava a Convenção de Haia para proteção de bens culturais em caso de conflito armado, de 1954 (*Haager Konvention*).

Por não serem abrangentes e eficazes o suficiente, bem como por serem de difícil inteligibilidade, diante das referências cruzadas e, em parte, tomadas de redundâncias e inconsistências, essas fontes foram reunidas e melhoradas na nova lei, que é produto de acordo entre os principais partidos políticos alemães, a união democrata-cristã (*Christlich Demokratische Union Deutschlands,* abrev. *CDU*), a união social-cristã (*Christlich-Soziale Union in Bayern,* abrev. *CSU*) e o partido social-democrata da Alemanha (*Sozialdemokratische Partei Deutschlands,* abrev. *SPD*), que tem por fim coibir o comércio ilegal de arte, especialmente originária de áreas de guerra e crise, como, atualmente, o Oriente Médio (Síria, Iraque etc.), contribuindo, assim, para a proteção do patrimônio da humanidade e, da mesma forma, impedir que patrimônio alemão seja exportado.[6]

---

6. Sobre a lei e seu processo legislativo, veja-se: *Das neue Kulturgutschutzgesetz*: Handreichung für die Praxis, obra oferecida pelo governo, no âmbito de cultura e mídia

No Brasil, a disciplina do tema tem substrato legislativo diverso, constando as principais prescrições atinentes à proteção do patrimônio cultural brasileiro de dispositivos constitucionais.

De fato, no direito brasileiro, há conceito formal de *bem cultural* no artigo 216 CF,[7] segundo o qual "constituem patrimônio cultural brasileiro os *bens de natureza material e imaterial*, tomados individualmente ou em conjunto, portadores de *referência à identidade, à ação, à memória dos diferentes grupos formadores da sociedade brasileira*, nos quais se incluem as formas de expressão; os modos de criar, fazer e viver; as criações científicas, artísticas e tecnológica; *as obras, objetos, documentos, edificações e demais espaços destinados às manifestações artístico-culturais*; os conjuntos urbanos e sítios de valor histórico, paisagístico, artístico, arqueológico, paleontológico, ecológico e científico". O conjunto de bens culturais denomina-se *patrimônio cultural.*

Patrimônio histórico, por sua vez, refere-se a bens vinculados a fatos memoráveis da história do Brasil.

O Decreto 80.978/1977 promulgou no Brasil a Convenção relativa à proteção do *patrimônio mundial*, cultural e natural, segundo a qual são considerados como patrimônio cultural *os monumentos*, assim entendidos como "obras arquitetônicas, de escultura ou de pintura monumentais, elementos de estruturas de carácter arqueológico, inscrições, grutas e grupos de elementos com *valor universal*

(*Bundesregierung für Kultur und Medien,* abrev. *BKM*), 2017, disponível em: <https://m.bundesregierung.de/Content/Infomaterial/BPA/ BKM/Das_neue_Kulturgutschutzgesetz_Handreichung.pdf;jsessionid=F0ABEB1764FD147DE9FFD85A1B5461AC.s4t1?__blob=publicationFile&v=9>.

7. Conceito análogo ao do artigo 2.º da Lei Portuguesa 107/2001, que preceitua:

"1 – Para os efeitos da presente lei integram o património cultural todos os bens que, sendo testemunhos com valor de civilização ou de cultura portadores de interesse cultural relevante, devam ser objecto de especial protecção e valorização.

2 – A língua portuguesa, enquanto fundamento da soberania nacional, é um elemento essencial do património cultural português.

3 – O interesse cultural relevante, designadamente histórico, paleontológico, arqueológico, arquitectónico, linguístico, documental, artístico, etnográfico, científico, social, industrial ou técnico, dos bens que integram o património cultural reflectirá valores de memória, antiguidade, autenticidade, originalidade, raridade, singularidade ou exemplaridade.

4 – Integram, igualmente, o património cultural aqueles bens imateriais que constituam parcelas estruturantes da identidade e da memória colectiva portuguesas.

5 – Constituem, ainda, património cultural quaisquer outros bens que como tal sejam considerados por força de convenções internacionais que vinculem o Estado Português, pelo menos para os efeitos nelas previstos.

6 – Integram o património cultural não só o conjunto de bens materiais e imateriais de interesse cultural relevante, mas também, quando for caso disso, os respectivos contextos que, pelo seu valor de testemunho, possuam com aqueles uma relação interpretativa e informativa. [...]."

excepcional do ponto de vista da história, da arte ou da ciência"; *os conjuntos*, considerados "grupos de construções isoladas ou reunidos que, em virtude da sua arquitetura, unidade ou integração na paisagem têm valor *universal excepcional* do ponto de vista da história, da arte ou da ciência"; e os *locais de interesse*, tidos como "obras do homem, ou obras conjugadas do homem e da natureza, e as zonas, incluindo os locais de interesse arqueológico, com um *valor universal excepcional* do ponto de vista histórico, estético, etnológico ou antropológico".

O artigo 216-A da Constituição, incluído pela EC 71/2012, instituiu o Sistema Nacional de Cultura (sigla: SNC), fundamentado na política nacional de cultura e nas suas diretrizes, estabelecidas no Plano Nacional de Cultura (sigla: PNC), e regendo-se pelos princípios da diversidade das expressões culturais, da universalização do acesso aos bens e serviços culturais; do fomento à produção, difusão e circulação de conhecimento e bens culturais; da cooperação entre os entes federados, os agentes públicos e privados atuantes na área cultural; da integração e interação na execução das políticas, programas, projetos e ações desenvolvidas; da complementaridade nos papéis dos agentes culturais; da transversalidade das políticas culturais; da autonomia dos entes federados e das instituições da sociedade civil; da transparência e compartilhamento das informações; da democratização dos processos decisórios com participação e controle social; da descentralização articulada e pactuada da gestão, dos recursos e das ações; e da ampliação progressiva dos recursos contidos nos orçamentos públicos para a cultura.

Como se vê, uma obra de arte pode se caracterizar como bem constante do patrimônio histórico de uma nação, ou mesmo como patrimônio cultural e artístico, podendo ser considerando, ainda, patrimônio da humanidade, assim reconhecido pela Unesco.

Nesse contexto legislativo emergem instituições públicas que fazem parte do sistema brasileiro de proteção do patrimônio histórico, cultural e artístico, dentre as quais destacam-se o IPHAN, o IBRAM e o SBM.

O Instituto do Patrimônio Histórico e Artístico Nacional (sigla: IPHAN), que é autarquia federal vinculada ao Ministério da Cultura e que responde pela preservação do patrimônio cultural brasileiro, mediante proteção e promoção dos bens culturais do país.

Ao Instituto Brasileiro de Museus (sigla: IBRAM), criado pela Lei n. 11.906/2009, compete, entre outras atribuições, regular, fomentar e fiscalizar o setor museológico; coordenar o Sistema Brasileiro de Museus (sigla: SBM); e regular, coordenar e manter atualizado para consulta o registro de museus, o cadastro nacional de museus, o inventário nacional dos bens culturais musealizados e o cadastro nacional de bens culturais musealizados desaparecidos.[8]

---

8. No dia 10.09.2018, enquanto esta obra estava no prelo, o governo federal publicou a Medida Provisória 850, que autorizou o governo federal a instituir a Agência Brasileira de

O Sistema Brasileiro de Museus, por sua vez, tem por objetivo a gestão integrada e o desenvolvimento dos museus, acervos e processos museológicos brasileiros, tendo previsão legal na Lei n. 11.904/2009, que instituiu o Estatuto dos Museus.

O Decreto n. 8.124/2013 regulamenta ambas as leis (11.904/2009 e 11.906/2009), disciplinando, entre outras questões, as condições para declaração de interesse público de bens culturais, assim como as regras especiais sobre a facilitação do acesso e reprodução dos bens culturais que integrem acervos dos museus brasileiros.

No âmbito das instituições mencionadas é que operam mecanismos internos de proteção de bem integrante do patrimônio histórico, cultural e artístico brasileiro, como o registro, o inventário e o tombamento – procedimentos que, em nível federal, incumbem ao IPHAN.

No direito brasileiro, o Decreto-Lei 25/37 (sigla: *DL*) divide o patrimônio cultural em imaterial e *material*, sendo este último subdividido em (1) patrimônio arquitetônico, paisagístico e étnico; (2) histórico; (3) "belas artes" e "artes aplicadas", submetidos a *tombamento e preferência*, isto é, a medidas especiais de proteção que importam em restrições da propriedade.

O *patrimônio cultural imaterial* deve ser submetido a *registro* num dos quatro Livros de Registro previstos no Decreto 3.551/2000, que instituiu o registro de bens culturais de natureza imaterial que constituem patrimônio cultural brasileiro, criando o programa nacional do patrimônio imaterial. No livro de registro dos saberes são inscritos conhecimentos e modos de fazer enraizados no cotidiano das comunidades; no livro de registro das celebrações são inscritos rituais e festas que marcam a vivência coletiva do trabalho, da religiosidade, do entretenimento e

Museus – ABRAM, pessoa jurídica de direito privado, "com a finalidade de gerir instituições museológicas e seus acervos e promover o desenvolvimento do setor cultural e museal". A referida norma prevê a extinção do IBRAM e a incorporação de seu patrimônio ao da União, assim como dispõe serem atribuições da recém criada agência, que atuará conjuntamente com a Secretaria de Museus e Acervos Museológicos, aquelas que incumbiam à autarquia extinta.

A urgência da medida foi justificada pelo Governo Federal pela necessidade de obter recursos privados, sob pena de novos comprometimentos do patrimônio museológico brasileiro, haja vista o incêndio do Museu Nacional do Brasil, ocorrido no dia 02.09.2018, no Rio de Janeiro, a que se tem atribuído como causa a falta de recursos destinados a sua manutenção. O novo formato da instituição – agência, constituída como pessoa jurídica de direito privado – autoriza o uso de recursos privados, o que seria inviável ao IBRAM, constituído como autarquia.

Considerando que a referida MP ainda não foi convertida em lei, optou-se por manter a redação original deste capítulo, fazendo apenas a referência à nova norma para orientar o leitor.

A MP 851/2018 autoriza a administração pública a firmar instrumentos de parceria e termos de execução de programas, projetos e demais finalidades de interesse público com organizações gestoras de fundos patrimoniais, entre outras providências.

de outras práticas da vida social; no livro de registro das formas de expressão são inscritas manifestações literárias, musicais, plásticas, cênicas e lúdicas; e, por fim, no livro de registro dos lugares são inscritos mercados, feiras, santuários, praças e demais espaços onde se concentram e reproduzem práticas culturais coletivas.

O inventário, por sua vez, também é referido como inventário nacional de referências culturais (sigla: INRC), e se constitui numa "*metodologia de pesquisa*" desenvolvida pelo Iphan para "produzir conhecimento sobre os domínios da vida social aos quais são atribuídos sentidos e valores e que, portanto, constituem marcos e referências de identidade para determinado grupo social". Tem previsão normativa infralegal, na Instrução Normativa do n. 001, de 2 de março de 2009, do IPHAN, destinando-se a inventariar não apenas as categorias estabelecidas no Registro, mas também "edificações associadas a certos usos, a significações históricas e a imagens urbanas, independentemente de sua qualidade arquitetônica ou artística".

A mais importante modalidade de proteção do patrimônio cultural e artístico nacional é, todavia, o *tombamento*, que é instrumento de reconhecimento e proteção do patrimônio cultural disponível à administração federal,[9] estadual e municipal.

O termo costuma causar estranheza ao jurista português, pois não se emprega naquele país a mesma terminologia, embora a palavra tombamento com o significado de registro derive da circunstância de ter se estabelecido o Arquivo Nacional Português,[10] fundado por *D. Fernando,* em 1375, em uma das torres do Castelo de São Jorge, chamada de "Torre do Tombo".

São quatro as modalidades de livros do Tombo,[11] a depender se o bem cultural possui valor arqueológico, etnográfico e paisagístico; valor histórico; valor artístico "não utilitário" ou valor artístico associado a sua função utilitária.

O STJ julgou no REsp 840.918[12] caso paradigmático no contexto da proteção de bem tombado e reconhecido como patrimônio histórico e artístico nacional, bem como patrimônio mundial. Nesse caso, em que moradores de um prédio da área do Cruzeiro em Brasília tinham a intenção de gradear o piso térreo do imóvel, a controvérsia envolvia a interpretação dos termos "*mutilar*" e "*destruir*", utilizados pelo artigo 17 do Decreto-Lei n. 25/1937, e que, segundo o tribunal, não têm apenas o sentido estrito de salvaguarda de edifícios e construções isolados, mas também "de proteção da globalidade arquitetônica e urbanístico-paisagística, isto é, dos bens agregados em universalidade de direito".

---

9. Na esfera federal, o tombamento foi instituído pelo Decreto-lei n. 25/1937, cujos preceitos mantém-se em vigência.

10. Site do arquivo nacional português: <http://antt.dglab.gov.pt/>.

11. <http://portal.iphan.gov.br/pagina/detalhes/608>.

12. REsp 840.918/DF, rel. Ministra ELIANA CALMON, rel. p/ o Acórdão Min. Herman Benjamin, Segunda Turma, julgado em 14.10.2008, *DJe* 10.09.2010.

A cidade de Brasília, como se sabe, foi projetada na década de 1950 pelos renomados arquitetos *Oscar Niemeyer* e *Lúcio Costa* e pela sua concepção artística e arquitetônica singular, de que é exemplo seu traçado em formato de avião/sinal da cruz e seus prédios notáveis, foi reconhecida pela Unesco como patrimônio mundial no ano de 1987. Incluída nessa criação *sui generis* está a noção de "cidade aberta", sem grades ou muros, favorecendo a circulação de pessoas pelas áreas verdes entre pilares nos andares térreos dos prédios de moradia.

Ocorre que, no Brasil, por questões de segurança, cercar prédio com grades costuma ser compreendido como direito do proprietário – o que justificou a iniciativa dos moradores do prédio do bairro Cruzeiro com a qual o IPHAN não concordou, ajuizando o feito, pois, segundo o DL 25/1937, monumentos de valor histórico e cultural devem ser protegidos de destruição, demolição, mutilação, submetendo-se a reparos, demolição e restauros apenas com autorização prévia e expressa do IPHAN.

Apesar de exitosa a ação em primeira instância, em grau recursal o Tribunal Regional Federal da 1ª Região reformou a decisão, autorizando a colocação das grades. Nesse contexto que sobreveio o julgamento de recurso pelo STJ, que, por sua vez, restabeleceu a sentença, consignando ser devida a apreciação da modificação pretendida em contexto mais abrangente, não limitado ao prédio em si, mas à cidade como concebida originariamente.

Segundo o STJ, o projeto arquitetônico de Brasília seria revolucionário, oferecendo espaços livres e abertos ao convívio e circulação, motivo pelo qual as grades, mesmo que não deformassem o prédio, comprometiam a concepção da cidade como um todo.

Elemento de convicção no caso foi o fato do arquiteto *Lúcio Costa*, no seu projeto para a capital, ter concebido uma cidade aberta, sem muros ou grades, objetivando manter amplos espaços públicos e trânsito desimpedido de pessoas pelo interior das superquadras e por baixo dos prédios construídos sobre pilotis. Segundo consta, na sua concepção, "o piso térreo deveria ficar exposto e aberto ao público, na esperança de uma maior aproximação dos moradores entre si e deles com a Natureza à sua volta", motivo pelo qual concluiu o tribunal que a instalação de grades em volta dos pilotis dos blocos de apartamentos mutilaria a criação e, assim, infringiria o art. 17 do Decreto-lei n. 25/1937 e violaria o espírito da Convenção da Unesco.

Assim, reconhecida a cidade como bem cultural brasileiro tombado e como patrimônio mundial da Unesco, os direitos dos moradores do bairro e os do Distrito Federal (proprietário do prédio), foram limitados. No mesmo sentido houve julgamento de caso semelhante posteriormente, confirmando-se a orientação jurisprudencial.[13]

---

13. No mesmo sentido: REsp 761.756/DF, rel. Min. Teori Albino Zavascki, Primeira Turma, julgado em 15.12.2009, *DJe* 02.02.2010.

No direito internacional existe, ainda, uma demanda por regulamentação da *arte tradicional* (*überlieferte Kunst*) ou folclore (*Folklore*), destinada a proteger as formas de expressão de povos ou sociedades indígenas, e sociedades culturais ou outras, que transferem o folclore por gerações, especialmente como forma de identificação própria – o que pode ser designado como herança cultural viva (*lebendiges Kulturalerbe*), não apenas nas artes visuais, mas literatura, música, coreografia etc.[14] O projeto WIPO sobre o tema, designado no Brasil como proteção dos conhecimentos tradicionais,[15] prevê seja titular desse direito *sui generis* não o indivíduo, mas a sociedade, grupo ou clã em que essa obra existe.[16]

Além da preservação dos bens culturais, incumbe ao poder público proporcionar acesso a eles – contexto em que se insere a atividade museológica.

1.2 Acesso público a bens culturais: museologia e estatuto dos museus brasileiros

Colecionar é instintivo para a humanidade. Consta que as primeiras coleções de arte datam do final do século XV na Itália, merecendo referência como grandes colecionadores da época *Isabella d'Este*, em Mântua, e *Cosimo Medici*, em Florença. *Katharina, a Grande*, notória pela sua fé em autoaperfeiçoamento formou enorme coleção, posteriormente convertida em divisas por *Stalin*. Na história recente, merece referência *Solomon Guggenheim*, que deixou a atividade negocial para formar o acervo que posteriormente veio a compor seu museu em New York, e a família *Rothschild*, que possuiu um dos acervos mais significativos do mundo.

Suas causas podem ser passatempo, especulação, filantropia ou até mesmo a busca por prestígio. Como investimento de capital, é raro que colecionar seja atividade vantajosa, considerando os custos da transação, os índices de inflação, tributos incidentes, necessidade eventual de restauração, valor do prêmio do seguro e os riscos do mercado. Por outro lado, coleções de arte são símbolos

---

14. LEWINSKI, Silke von. Neues Recht für überlieferte Kunst – Herausforderungen eines Rechtsschutzes für Folklore. In: WELLER, Matthias (org.). *Neue Kunst – Neues Recht*: Tagungsband des Siebten Heidelberger Kunstrechtstags am 22. und 23. November 2013. Baden-Baden: Nomos, 2014. p. 167-185.

15. No Brasil, o tema encontra regulamentação na Lei n. 13.123/2015, que não é específica para o tema da arte, mas volta-se aos conhecimentos tradicionais em geral.

16. Sob o curioso título de *Batik in Bethlehem, Hikaye in Hannover* (algo traduzível como 'tingimentos artesanais javaneses em Belém e narrações tradicionais de mulheres palestinas em Hannover'), *Lenski* examina a proteção de herança cultural (dt. *Kulturerbe*; en. *cultural heritage*) e suas implicações territoriais e nacionais. Veja-se: LENSKI, Sophie-Charlotte . *Batik in Bethlehem, Hikaye in Hannover*: Der rechtliche Schutz des Kulturerbes zwischen kulturellem Internationalismus und nationaler Identität. Baden-Baden: Nomos, 2014. Mais sobre o tema, veja-se, em inglês, no site da organização internacional de propriedade intelectual: <http://www.wipo.int/tk/en/>.

usuais de prestígio e status social e, nesse contexto, quanto mais caras as obras, melhor!

Contudo, coleções de arte são como bibliotecas e refletem, portanto, a personalidade do colecionador. Por isso são geralmente conservadas unas após seu óbito, por meio da constituição de uma fundação ou por meio de doação a museu, já que conservá-las privadamente pode representar custo excessivo aos herdeiros.

A designação *museu* é atribuída a *Ptolomeu I*, em Alexandria, no início do século III antes de *Cristo*, que fundou o "*Museion*", lugar sagrado dedicado às musas, deusas das artes, para servir de centro de pesquisa, aprendizado e escola. A origem do termo também é reveladora da finalidade mais importante dos museus: proporcionar aprendizado.

Os museus de hoje são locais de acesso público, onde são guardados objetos sem uso prático atual, porém de valor estético ou função de aprendizado. Assim como objetos de arte do passado foram cultuados, como estátuas e retábulos, hoje exposições em museus adquiriram outro significado. Devido à utilização imprópria, as peças de arte adquiriram uma outra "*aura*". Sem atmosfera solene, as obras passaram a ser meros objetos de opinião. Muitas peças acabam inclusive por serem destinadas a arquivo, sendo mantidas em locais escuros, sem nunca serem expostas. Assim, perdem seu valor para a comunicação, pois não podem mais ser percebidas. Essa perda é mais visível, se comparadas a objetos de culto, expostas como se postas em ostensório.[17]

O primeiro museu aberto ao público na Alemanha foi o *Museum Fridericianum des Landgrafen Friedrich II,* em Kassel, construído nos anos de 1769 a 1776. O primeiro museu civil se estabeleceu na França com a abertura do *Louvre*, em 1793, cujo acervo, primeiramente oriundo de igrejas e castelos, foi posteriormente aumentado com a pilhagem de *Napoleão.*[18]

Embora, em regra, as obras expostas sejam originárias de vários lugares do mundo, os grandes museus são cristalização de um sentimento de nacionalismo.[19] A função dos museus como memória de uma nação esclarece também o por quê da recorrente proibição de venda de obras de arte para exportação, de forma a proporcionar que bens culturais permaneçam no país.[20]

---

17. SCHACK, Haimo. Kunst und Recht: Bildende Kunst..., p. 46.
18. MERRYMAN, John; ELSEN Albert. Law, Ethics and the Visual Arts. 5th ed. Alphen aan den Rijn: Kluwer Law, 2007. p. 4 e seguintes.
19. O que se verifica até mesmo do próprio nome da instituição, como *Germanisches Nationalmuseum* (Nürnberg), *Nationalmuseum* (Estocolmo e Varsóvia), *Nationalgalerie* (Berlin, Londres, Edimburgo, Washington), o *British Museum*, fundado em 1753, como o *Musée National du Louvre.*
20. GSKG, § 21 e seguintes; Lei 11.906/2009, art. 4.º.

Museus podem ser, todavia, públicos ou privados. Isso porque o cuidado com a cultura não é necessária e exclusivamente atribuição do Poder Público. É claro que as obras de arte se beneficiam da concorrência e da existência de coleções particulares, pois museus estatais favorecem a arte "*estabelecida*", enquanto colecionadores privados são mais propensos a riscos e gostos fantasiosos.

A título de curiosidade, vale referir que a maioria dos 604 museus alemães são públicos, enquanto o contrário ocorre nos Estados Unidos. Aliás, na Alemanha, os incentivos à cultura de origem privada são na ordem de 8% do total, ao contrário do que ocorre nos Estados Unidos, onde se apura percentual de 90%.[21]

No Brasil, o primeiro museu data de 1862, o Museu do Instituto Arqueológico Histórico e Geográfico Pernambucano. Os outros museus brasileiros foram todos fundados durante o século XX, sendo o mais importante, pela qualidade do acervo, o MASP – Museu de Arte de São Paulo, fundado em 1947.

A *formação do acervo de um museu* dá-se, em regra, por compra (*Kauf*), empréstimo (*Leihgabe*) ou doação (*Schenkung*).[22] Em tempos de preços elevados e recursos financeiros públicos limitados, os museus têm adquirido menos obras de arte para suas coleções do que seus diretores gostariam, o que enseja outras modalidades de ampliação do acervo, como empréstimos por prazo determinado ou não, em que a instituição recebe apenas posse das peças, e o recebimento de doações, por meio do qual há transferência da propriedade.[23]

O perigo, todavia, de constituir acervo de museu por empréstimos está na hipótese de o comodante requerer a devolução das obras, como ocorreu com o empreendedor imobiliário *Hans Grothe* que, em 2005, decidiu não renovar o empréstimo ao museu de arte de Bonn, que as expôs por mais de 30 anos,[24] comprometendo a instituição em sua finalidade.

Por outro lado, doações podem apresentar encargos difíceis de serem cumpridos – como a exigência de que as obras integrem acervos permanentes, ou que sejam expostas (ou não) num determinado ambiente, por exemplo. Ademais, a designação empréstimo (comodato) nem sempre é a mais apropriada, pois por vezes o colecionador é remunerado.

O direito tributário tem contribuído para as novas aquisições pelos museus em muitos países. Nos EUA, desde 1917 a generosidade de doadores para com entidades que favorecem a coletividade reduz o imposto de renda por eles

---

21. SCHACK, Haimo. Kunst und Recht: Bildende Kunst..., p. 48.

22. Sobre as relações que se estabelecem entre museus públicos e colecionadores privados, veja-se: FISCHER, Cornelia. *Partner oder Kontrahenten?* Eine rechtliche Untersuchung der Zusammenarbeit öffentlicher Museen und privater Kunstsammler. Baden-Baden: Nomos, 2012.

23. SCHACK, Haimo. Kunst und Recht: Bildende Kunst..., p. 50.

24. <http://www.tagesspiegel.de/kultur/ausverkauf-hans-grothe-stoesst-kunstsammlung-ab/622318.html>.

devido. Na Europa, alguns países aceitam dação de obras de arte em pagamento de impostos, como ocorre na França que, em 40 anos, recebeu obras de arte que favoreceram museus estatais no total de 809 milhões de euros.[25] Os dados falam por si, revelando como o patrimônio museológico pode se beneficiar da participação da iniciativa privada. O exemplo mais bem-sucedido é o da "*Dation Picasso*" (dação em pagamento), que foram entregues mais de 3.000 obras de arte não apenas de autoria do próprio pintor para abater 290 milhões de francos devidos em sua sucessão e que constituem a parte central do *Musée Picasso* em Paris.[26]

É também perfeitamente compreensível a aquisição de obras de arte pelo Estado para evitar que sejam remetidas para o exterior, motivo pelo qual a França (1968),[27] Itália (1982), Portugal (1985), Bélgica (1985), Espanha (1987) e Reino Unido contam com leis que regulamentam essa hipótese. É regra em quase todos os museus estatais europeus a proibição de venda, em virtude da destinação pública conferida às obras, expostas à coletividade, embora a alienação seja possível em alguns casos.[28] Assim, também a permuta tem relevância prática na formação dos acervos desses museus.

Embora raro, pode eventualmente um país alienar obras de arte por motivo financeiro ou mesmo ideológico, como ocorreu com o *Eremitage*, de São Petersburgo, durante a revolução russa, em que parte do acervo foi alienado para obter recursos para essa causa.

A atividade museológica no Brasil é, como referido, disciplinada pela Lei n. 11.904/2009, que instituiu o *estatuto dos museus brasileiros*, disciplinando seu regime jurídico, e os definiu, no âmbito de suas disposições, como as instituições sem fins lucrativos que conservam, investigam, comunicam, interpretam e expõem, para fins de preservação, estudo, pesquisa, educação, contemplação e turismo, conjuntos e coleções de valor histórico, artístico, científico, técnico ou de qualquer outra natureza cultural, abertas ao público, a serviço da sociedade e de seu desenvolvimento. Dessa definição constante do artigo 1.º da lei, consta a intrigante função de "interpretar", além da finalidade de "turismo", estranhas ao conceito universal de museu.

---

25. SCHACK, Haimo. *Kunst und Recht*: Bildende Kunst..., p. 48-49.

26. SCHACK, Haimo. *Kunst und Recht*: Bildende Kunst..., p. 53.

27. Para conhecimento do procedimento na França, que envolve os ministérios da cultura e finanças, veja-se: CORNU, Marie; MALLET-POUJOL, Nathalie. *Droit, oeuvres d'art et musées*. Paris: CNRS, 2001, p. 109 e seguintes.

28. Um exame completo sobre a prática de museus alienarem parte de seu acervo pode ser conferido em obra que examina a sistemática de museus ingleses e da *common law*. Veja-se: PALMER, Norman. Relinquishment and responsability: The De-Acessioning of objects from museum collections in England and other common law contries. In: MOSIMANN, Peter; SCHÖNENBERGER, Beat (org.). *Kunst & Recht* 2011: Referate zur gleichnamigen Veranstaltung der Juristischen Fakultät der Universität Basel vom 17 Juni 2011. Bern: Stämpfli, 2012. p. 13-77.

A Lei n. 11.906/2009, por sua vez, criou o *Instituto Brasileiro de Museus* (sigla: IBRAM), autarquia federal, dotada de personalidade jurídica de direito público, com autonomia administrativa e financeira, vinculada ao Ministério da Cultura, cuja finalidade é, precipuamente, promover e assegurar a implementação de políticas públicas para o setor museológico e estimular a participação de instituições museológicas e centros culturais nessas políticas, incentivando programas e ações que viabilizem a preservação, a promoção e a sustentabilidade do patrimônio museológico brasileiro, bem como fortaleçam as instituições museológicas. Ainda, também é fim do IBRAM, entre outros, a promoção do estudo, preservação, valorização e divulgação do patrimônio cultural sob a guarda das instituições museológicas, assim como da permanente qualificação e valorização de recursos humanos do setor.[29]

Analogamente ao IBRAM, há na Alemanha o Liga de Museus Alemães (*Deutscher Museumsbund*).

Em nível internacional, cumpre referir o *International Council of Museums* (ICOM), fundado em 1946, em Paris. Nele 146 países tomam parte e 21.000 museus são associados, definidos estes últimos como "*a non-profit, permanente institution in the service of society and its development, open to the public, which acquires, conserves, resercheres, communicates and exhibits the tangible and intangible heritage of humanity and its environment for the purposes of education, study and enjoyment*".

O ICOM, que é órgão da Unesco, elaborou em 1986 um Código de Ética para Museus, que se ocupa precipuamente da aquisição e alienação de obras de arte.[30]

a) Direito de preferência

Isso posto, cumpre referir que, além das possibilidades de registro, inventário e tombamento para fins de preservação de bem cultural, o Poder Público conta com direito de *preferência sobre bens considerados como de interesse público*, previsto na Lei 11.904/2009 e regulamentado no Decreto 8.124/2013, além da *preferência sobre bens tombados*.[31] Mediante o exercício desse direito, o Estado pode adquirir as obras, que passarão a compor o patrimônio público.

---

29. Vide nota acima, no início do capítulo, que noticia a publicação da MP 850/2018, criando a ABRAM.

30. MERRYMAN, John; ELSEN Albert. *Law, Ethics and the Visual Arts*. 5th ed. Alphen aan den Rijn: Kluwer Law, 2007. p. 232 e seguintes.

31. Segundo o artigo 63 da mencionada lei, os museus integrados ao Sistema Brasileiro de Museus gozam do direito de preferência em caso de venda judicial ou leilão de bens culturais, cujo prazo para exercício é de quinze dias. Sob pena de nulidade do ato de aquisição, a preferência só poderá ser exercida se o bem cultural em questão integrar a política de

A Lei 11.904/2009 prevê em seu artigo 5.º que *bens culturais dos museus* podem ser objeto de *declaração de interesse público*, no todo ou em parte.[32]

O Decreto n. 8.124/2013, que regulamenta dispositivos dessa lei, instituindo o Estatuto de Museus, e da Lei n. 11.906/2009, que criou o Instituto Brasileiro de Museus – IBRAM, dispõe em seu artigo 35 que a declaração de interesse público de bens culturais, considerados individualmente ou em conjunto, dependerá de homologação do Ministro de Estado da Cultura, após processo administrativo instaurado perante a Presidência do IBRAM, ouvido o Conselho Consultivo do Patrimônio Museológico.

Todavia, o referido decreto *estende* as hipóteses de declaração de interesse público para além dos bens culturais musealizados, referidos na lei que pretende regulamentar, referindo *bens culturais passíveis de musealização*[33] como suscetíveis de declaração de interesse público.

Esse alargamento da hipótese de declaração de interesse público, de flagrante ilegalidade, é relevante diante das possíveis consequências dessa declaração, que inclui limitações no uso e proibição de exportação.

aquisições do museu, sendo que, eventual caso de concorrência entre os museus do Sistema, caberá ao Comitê Gestor determinar a qual o museu se dará primazia.

O artigo 20 do decreto regulamentador, por sua vez, disciplina as providências a serem tomadas pelo responsável pelo leilão ou alienação judicial, o que inclui notificação prévia.

Em se tratando de bem tombado, o artigo 892, § 3.º, do CPC/2015 dispõe a ordem em que eventual direito de preferência pode ser exercido pelos entes federativos.

32. "Art. 5.º Os *bens culturais dos museus, em suas diversas manifestações, podem ser declarados como de interesse público*, no todo ou em parte.

§ 1.º Consideram-se bens culturais passíveis de musealização os bens móveis e imóveis de interesse público, de natureza material ou imaterial, tomados individualmente ou em conjunto, portadores de referência ao ambiente natural, à identidade, à cultura e à memória dos diferentes grupos formadores da sociedade brasileira.

§ 2.º Será *declarado como de interesse público o acervo dos museus* cuja proteção e valorização, pesquisa e acesso à sociedade representar um valor cultural de destacada importância para a Nação, respeitada a diversidade cultural, regional, étnica e linguística do País."

33. "Art. 35. A declaração de interesse público de bens culturais, considerados individualmente ou em conjunto, dependerá de homologação do Ministro de Estado da Cultura, após processo administrativo instaurado perante a Presidência do IBRAM, ouvido o Conselho Consultivo do Patrimônio Museológico.

§ 1.º Poderão ser declarados de interesse público os bens culturais musealizados *e passíveis de musealização,* cuja proteção e valorização, pesquisa e acesso à sociedade representarem valor cultural de destacada importância para o País, respeitada a diversidade cultural, regional, étnica e linguística.

§ 2.º Em caso de risco à integridade do bem cultural, a declaração de interesse público poderá ser concedida cautelarmente pelo Ministro de Estado da Cultura, ficando a concessão definitiva condicionada ao processo administrativo no âmbito do IBRAM."

De fato, havendo a declaração de interesse público, fica o proprietário do bem obrigado a protegê-lo e preservá-lo, devendo informar ao IBRAM sobre o seu estado de conservação, bem como sobre casos de danos, furto, extravio, ou outras ocorrências que ameacem a sua integridade. Acaso sofra dificuldades de ordem econômica ou material que impossibilitem a garantia da proteção e preservação do bem, deve o proprietário informar ao IBRAM, não podendo, tampouco, intervir no bem senão com prévia anuência dele.

A declaração de interesse público confere ao IBRAM direito de preferência em caso de alienação onerosa do bem, porém não inibe o proprietário de gravar livremente a coisa. Contudo, *veda a saída permanente do bem do país*, admitindo-a apenas se por curto período, para fins de intercâmbio cultural, com a prévia autorização do Conselho Consultivo do Patrimônio Museológico ou, caso se destine a transferência de domínio, desde que comprovada a observância do direito de preferência do IBRAM (artigo 20 da Lei 11.904/2009).

Por eventuais prejuízos causados pela omissão na prestação das informações, o proprietário ou responsável pelo bem cultural declarado de interesse público será responsabilizado nas esferas administrativa, civil e penal (artigo 43 do decreto regulamentador).

Como se posicionará a Administração e o Poder Judiciário diante da franca extrapolação do poder regulamentador – que estende a declaração de interesse público para além de bens culturais musealizados para outros, passíveis de musealização – não se pode antecipar. Todavia, as ilegalidades constantes do decreto não passaram desapercebidas pelos juristas nacionais, tendo sido claramente apontadas por colecionadores e advogados do ramo das artes.[34]

Em todo caso, cumpre destacar que, dentre as competências do IBRAM está o exercício, em nome da União, do *direito de preferência na aquisição de bens culturais móveis*, prevista no art. 22 do Decreto-lei n. 25/1937, respeitada a precedência do IPHAN. Além disso, insere-se nas suas atribuições a promoção do inventário sistemático dos bens culturais musealizados, a implantação e manutenção atualizada do cadastro nacional de museus e a propositura de medidas que visem a impedir a evasão e a dispersão de bens culturais musealizados. Por

34. Veja-se reportagem veiculada no jornal *O Estado de S. Paulo* <http://cultura.estadao.com.br/noticias/geral,em-livro-colecionador-questiona-poder-estatal-sobre-bens-privados,1173602> e em site de fundação da área artística <http://institutovolpi.com.br/o-juizo-sobre-a-arte.php>, que apontam as falhas da legislação.

No mesmo sentido, os artigos jurídicos de: CATALANO, Kátia. *Da ilegalidade da declaração de interesse público de bens musealizados e passíveis de musealização* – Análise do decreto federal n. 8.124/2013. In: <https://www.linkedin.com/pulse/da-ilegalidade-declara%C3%A7%C3%A3o-de-interesse-p%C3%BAblico-bens-e-catalano>. E MASTROBUONO, Pedro. *Direto ao ponto*. In: <http://interessenacional.com/index.php/edicoes-revista/direto-ao-ponto/>.

fim, cumpre ao IBRAM pronunciar-se acerca de requerimentos ou solicitações de sua movimentação no Brasil ou no exterior.

b) Direito de "facilitação de acesso" a reproduções

Outra aparente limitação dos direitos do proprietário que se apresenta na novel legislação é a previsão, pelo artigo 42 da Lei 11.904/2009, de *facilitação de acesso* à imagem e reprodução de bens culturais, nos seguintes termos: os "museus facilitarão o acesso à imagem e à reprodução de seus bens culturais e documentos conforme os procedimentos estabelecidos na legislação vigente e nos regimentos internos de cada museu".

O dispositivo parece querer resguardar os direitos autorais ao prescrever em seu parágrafo único que haverá "garantia dos direitos de propriedade intelectual, inclusive *imagem*". Acerca de como se daria essa garantia, contudo, não há qualquer informação. Aliás, tampouco é esclarecido no que consistiria esse direito de "propriedade intelectual de imagem", referido no artigo.

Importa, não obstante, refletir sobre como ocorreria a facilitação do acesso à imagem e reprodução, resguardando-se direitos autorais. Significa que só será facilitado o acesso e a reprodução de obra em domínio público ou que conte com autorização do titular do direito patrimonial para fazê-lo? Improvável que fosse essa a intenção do legislador, porque para essa compreensão estrita seria desnecessária nova disposição legal. Por fim, nada é dito sobre os direitos do proprietário da obra, na hipótese de não ser o museu.

Do artigo 27 do Decreto regulamentador consta que a "utilização de imagens e reproduções de bens culturais e documentos pertencentes ao acervo de museus deverá ser precedida de autorização da instituição a que esteja vinculada e, quando for o caso, do autor ou de seus sucessores". O artigo 29, por sua vez, não exclui a possibilidade de cobrança pelo acesso, utilização e reprodução de bens culturais e documentos, segundo critérios estabelecidos pelo museu ou entidade a que esteja vinculado, cabendo ao IBRAM regulamentar a autorização do uso de imagem e reprodução de obras dos acervos dos museus que o integram.

Cabe, todavia, refletir sobre essa disposição, pois se a obra está em domínio público, seria lícito ao Poder Público, a pretexto de facilitação do acesso a ela, cobrar por ele, ou pela sua utilização ou reprodução? E se a obra não estiver em domínio público, mas sob proteção do direito autoral, qual seria a eficácia dessa norma, confrontada com a LDA?

Sobre a reprodução de obras de museus públicos, houve julgamento pelo tribunal de Stuttgart[35] de ação ajuizada pelo Museu *Reiss-Engelhorn*, da cidade de *Mannheim*, contra a publicação na *Wikimedia Commons* de imagens de seu

---

35. OLG Stuttgart, 31.05.2017 – 4 U 204/16; *GRUR* 2017, 905.

acervo. Na ocasião, restou assentado que o proprietário de uma obra de arte não comercial pode proibir a publicação de fotografias das obras porque ela representaria interferência prejudicial, ainda que de forma particular, no direito de propriedade, previsto no § 1004 BGB.

Esse entendimento, que aplica o § 72 UrhG para fotografias de obras e amplia a interpretação conferida nos precedentes castelos prussianos (*Preußische Schlösse*) e dos jardins e parques prussianos (*Preußische Gärten und Parkanlage*)[36] para bens móveis estende o prazo de proteção (não mais autoral, mas agora do proprietário!) ilimitadamente. Cria, assim, a possibilidade de museus e colecionadores excluírem obras que estariam em domínio público de divulgação pública – o que é contrassenso se houver reflexão sobre a premissa de que se deve fomentar o acesso à arte e à cultura.[37]

O artigo 42 da Lei 11.904/2009, assim como os artigos 27 e 29 do respectivo decreto regulamentador, apesar de referirem ter por escopo a facilitação do acesso à cultura, parecem tomar o mesmo caminho monopolizador da obra de arte – com o agravante de que o IBRAM e o respectivo museu não seriam necessariamente proprietários da obra, nada constando quanto à obra estar ou não em domínio público.

Esses dispositivos parecem estar indo na contramão da facilitação do acesso.

Se a intenção é tornar as obras de arte acessíveis ao público, a possibilidade de cobrança pelo acesso, utilização ou reprodução deveria ser excluída, notadamente se se tratar de obra em domínio público. Se a obra estiver sob proteção do direito autoral, então os direitos de uso e reprodução incumbem ao titular desses direitos, observados, eventualmente, os direitos do criador, caso ele não seja mais o titular dos direitos de reprodução.

Por realmente buscarem facilitar o acesso de obras de arte ao público, devem ser referidas as iniciativas e projetos como o *Wikimedia Commons*[38] ou *Europeana Collections*,[39] dedicados à preservação digital e à distribuição do patrimônio cultural – os quais, todavia, provavelmente terão dificuldades de compor suas bases de dados com imagens de pinturas significativas, se prevalecerem preceitos como os da novel legislação brasileira – de legalidade duvidosa – e entendimentos como o do tribunal de Stuttgart.

---

36. Vide capítulo II, 2, 2.4, c) Liberdade de panorama.

37. LUTZI, Tobias. Digitalisate klassischer Gemälde – zwischen Lichtbildschutz, Eigentumseingriff und Gemeinfreiheit, Zugleich Besprechung von OLG Stuttgart "Reiss-Engelhorn-Museen". *GRUR,* 2017, p. 878.

38. <https://commons.wikimedia.org/wiki/Main_Page>.

39. <http://www.europeana.eu/portal/pt>.

2. Proteção internacional de patrimônio histórico, cultural e artístico

2.1 Prevenção

a) Direito internacional público

Em tese, todos se interessam pela proteção de obras de arte ameaçadas de destruição. Por esse motivo a Convenção de Haia para proteção de bens culturais em caso de conflito armado de 1954 e o segundo protocolo de 1999[40] referem "herança cultural da humanidade", isto é, patrimônio universal, e não apenas nacional. Assim também ocorre na Convenção da Unesco sobre a proteção do patrimônio mundial cultural e natural (Übereinkommen zum Schutz des Kultur- und Naturerbes der Welt, abrev.: *Welterbekonvention*). Esses atos representam avanço, mas não asseguram a integridade desses bens que importam a toda a humanidade,[41] tal como seu viu dos ataques pelo talibã a peças nos museus em Cabul e aos *Budas de Bamiyan*, considerados heréticos para os fundamentalistas, e às ruínas romanas de Palmira, na Síria, pelo Estado Islâmico.[42]

Por outro lado, é ainda mais complexo alcançar um entendimento internacional para proteção de bens culturais em tempo de paz, evitando-se a exportação deles, já que países com mais recursos desejam investir em arte e os menos favorecidos almejam conservar suas obras em seus respectivos territórios. A livre negociação de obras de arte, impulsionada pela lei da oferta e da procura, proporcionou a museus europeus no século XIX e americanos no século XX a formação de acervos diversificados, enriquecidos com obras de inúmeros países.

A Convenção da Unesco de 1970 sobre os meios para proibir e prevenir a importação, exportação e transferência de propriedade ilícitas de propriedade cultural (*Unesco-Übereinkommen über Maßnahmen zum Verbot und zur Verhütung der unzulässigen Einfuhr, Ausfuhr und Übereignung von Kulturgut*), subscrita

---

40. <http://www.planalto.gov.br/ccivil_03/_ato2004-2006/2006/decreto/d5760.htm>. Sobre o tema, veja-se: WOLFRUM, Rüdiger. Reflections on the protection of cultural property in armed conflict. In: MANSEL, Heiz-Peter; PFEIFFER, Thomas; KRONKE, Herbert; KOHLER, Christian; Hausmann, Rainer (org.). *Festschrift für Erik Jayme*. München: Sellier, 2004. p. 1789-1800.

41. Sobre avanços no âmbito do Direito Internacional Público para a proteção dos mais valiosos bens culturais da humanidade, veja-se: ODENDAHL, Kerstin. Der Schutz der wertvollsten Kulturgüter der Menschheit: aktuelle völkerrechtliche Entwicklungen. In: WELLER, Matthias (org.). *Neue Kunst – Neues Recht*: Tagungsband des Siebten Heidelberger Kunstrechtstags am 22. und 23. November 2013. Baden-Baden: Nomos, 2014. p. 23-49.

42. Veja-se: <https://www.publico.pt/2001/03/12/culturaipsilon/noticia/unesco-classifica-de-crime-contra-a-cultura-a-destruicao-dos-budas-no-afeganistao-14452>; <https://www.publico.pt/2015/09/01/mundo/noticia/onu-confirma-destruicao-do-principal-templo-de-palmira-1706541>.

por 115 países, é o tratado internacional mais significativo sobre o tema,[43] sem esquecer das diretivas que tratam da questão no âmbito da União Europeia. Seus signatários adotaram providências para fazer cumprir seus preceitos fundamentais, quais sejam: (i) descobertas arqueológicas são de propriedade do Estado; (ii) bens culturais de significado especial para o patrimônio cultural serão considerados *res extra commercium;* (iii) a exportação de bens culturais de significado especial para o patrimônio cultural é proibida ou depende de autorização específica.

b) Proibição de exportação e declaração de interesse público

A Alemanha conta com nova lei de proteção de bens culturais (*Gesetz zum Schutz von Kulturgut* ou *Kulturgutschutzgesetz*; sigla *KGSG*). Dois dispositivos são especialmente relevantes: a proibição de sua colocação no mercado (*Verbot des Inverkehrbringens*, § 40) e o dever de diligência a ele relativo (*allgemeine Sorgfaltspflichten*, § 41), que são semelhantes aos da lei brasileira.

A nova lei alemã de proteção do patrimônio cultural (*neues Kulturgutschutzgesetz,* sigla: *KGSG*), de 06.08.2016, tem dois objetivos claros: evitar a exportação de bens culturais valiosos para o país e, caso isso ocorra, facilitar sua restituição, e lutar contra o comércio ilegal de bens culturais de estados estrangeiros na Alemanha.

Em primeiro lugar, a nova lei moderniza e torna mais precisas as regras referentes à proteção contra à exportação. Um exemplo claro disso está no § 7 KGSG, que conceitua bem cultural nacional valioso (*nationales wertvolles Kulturgut*),[44] e no § 6.º KGSG, que define bem cultural nacional (*nationales*

---

43. Embora o tratado tenha sido firmado em 1970, os Estados Unidos foram o primeiro país a implementá-lo internamente no ano de 1983, no *convention on cultural property implementation act.* Na norma não há previsão de proteção de bens culturais *norte-americanos* contra exportação para o exterior. Apenas museus americanos tem a obrigação de preservar bens dos nativos (*first people*), de acordo com o *native american graves protection and repatriation act* (sigla: NAGPRA). Há, sim, regulamentação para a proteção de bem cultural estrangeiro. Para mais informações, além de exposição dos modelos suíço e britânico de proteção de bens culturais baseado na convenção da Unesco de 1970, veja-se: SIEHR, Kurt. Die Umsetzung des Unesco-Übereinkommens von 1970 in Deutschland aus der Sicht der Wissenschaft. In: WELLER, Matthias; KEMLE, Nicolai; LYNEN, Peter (org.). *Kulturgüterschutz – Künstlerschutz:* Tagungsband des Zweiten Heidelberger Kunstrechtstags am 5. und 6. September 2008. Baden-Baden: Nomos, 2009. p. 79-97.

Veja-se seu inteiro teor em: <https://eca.state.gov/files/bureau/97-446.pdf>.

44. "§ 7 Eintragung in ein Verzeichnis national wertvollen Kulturgutes

(1) Kulturgut ist von der obersten Landesbehörde in ein Verzeichnis national wertvollen Kulturgutes einzutragen, wenn

1. es besonders bedeutsam für das kulturelle Erbe Deutschlands, der Länder oder einer seiner historischen Regionen und damit identitätsstiftend für die Kultur Deutschlands ist und

2. seine Abwanderung einen wesentlichen Verlust für den deutschen Kulturbesitz bedeuten würde und deshalb sein Verbleib im Bundesgebiet im herausragenden kulturellen öffentlichen Interesse liegt.

Kulturgut),[45] e na implementação de novas regras sobre a exportação de bens culturais, não apenas para fora da UE, mas também para o âmbito da UE – hipótese em que se passou a exigir *autorização para a exportação* (*Ausfuhrgenehmigung*).

Outrossim, a lei facilita o tráfego de obras de arte entre museus, por meio de "aprovação aberta geral" (*allgemeine offene Genehmigung*)[46] e de "aprovação

Werke lebender Urheber oder Hersteller dürfen nur mit deren Zustimmung eingetragen werden.

(2) Eine Sachgesamtheit ist auch dann nach Absatz 1 in ein Verzeichnis national wertvollen Kulturgutes einzutragen, wenn die Sachgesamtheit als solche, nicht aber zwingend ihre einzelnen Bestandteile die Kriterien nach Absatz 1 erfüllen. Einer Eintragung steht nicht entgegen, wenn eine Sachgesamtheit 1. teilweise zerstört ist, 2. an unterschiedlichen Orten im Inland aufbewahrt ist oder 3. teilweise im Ausland aufbewahrt ist.

(3) Zuständig für die Eintragung in ein Verzeichnis national wertvollen Kulturgutes ist die oberste Landesbehörde des Landes, in dem sich das Kulturgut zum Zeitpunkt der Einleitung des Eintragungsverfahrens befindet. Die Zuständigkeit bleibt bestehen, bis die Entscheidung über die Eintragung unanfechtbar geworden ist.

(4) Die Eintragung von Kulturgut im Eigentum der Kirchen und der als Körperschaften des öffentlichen Rechts anerkannten Religionsgemeinschaften richtet sich nach § 9."

45. "§ 6. Nationales Kulturgut

(1) Nationales Kulturgut ist Kulturgut, das 1. in ein Verzeichnis national wertvollen Kulturgutes eingetragen ist, 2. sich in öffentlichem Eigentum und im Bestand einer öffentlich-rechtlichen Kulturgut bewahrenden Einrichtung befindet, 3. sich im Eigentum und im Bestand einer Kulturgut bewahrenden Einrichtung befindet, die überwiegend durch Zuwendungen der öffentlichen Hand finanziert wird, oder 4. Teil einer Kunstsammlung des Bundes oder der Länder ist.

(2) Nur mit Zustimmung des Verleihers oder Deponenten gegenüber der zuständigen Behörde gilt Kulturgut in einer öffentlich-rechtlichen Kulturgut bewahrenden Einrichtung oder einer solchen, die überwiegend durch Zuwendungen der öffentlichen Hand finanziert wird, für die Dauer des Leih- oder Depositalvertrages vorübergehend ebenfalls als nationales Kulturgut. Der Verleiher oder der Deponent kann seine Zustimmung jederzeit widerrufen. Die Einrichtung hat den Verleiher oder Deponenten über die Rechtsfolgen des Verzichts auf den Schutz als nationales Kulturgut nach den §§ 69 und 70 zu unterrichten. Dieser Schutz endet mit der Kündigung oder mit dem Ablauf des Leih- oder Depositalvertrages."

46. "§ 25 Allgemeine offene Genehmigung

(1) Für die vorübergehende Ausfuhr von Kulturgut kann die zuständige oberste Landesbehörde einer Kulturgut bewahrenden Einrichtung auf Antrag eine zeitlich befristete generelle Genehmigung (allgemeine offene Genehmigung) erteilen, wenn diese Einrichtung regelmäßig Teile ihrer Bestände vorübergehend für öffentliche Ausstellungen, Restaurierungen oder Forschungszwecke ausführt. Die allgemeine offene Genehmigung kann mit Nebenbestimmungen versehen werden.

(2) Die allgemeine offene Genehmigung kann erteilt werden für die Ausfuhr in Mitgliedstaaten oder Drittstaaten. Beide Genehmigungen können in einem Bescheid erteilt werden.

(3) Der Antragsteller muss die Gewähr dafür bieten, dass das zur Ausfuhr bestimmte Kulturgut in unbeschadetem Zustand und fristgerecht wiedereingeführt wird.

(4) Die Geltungsdauer einer allgemeinen offenen Genehmigung darf fünf Jahre nicht überschreiten. Die zuständige oberste Landesbehörde veröffentlicht im Internetportal zum

aberta específica" (*spezifische offene Genehmigung*)[47] – esta última especialmente para obras que deixam a Alemanha *temporariamente*, mas *com frequência*, como os instrumentos musicais raros que acompanham o músico que os toca em temporadas de orquestra – ou mesmo *laissez-passer,* que permite que obras de qualquer idade ou valor fiquem por até dois anos no país sejam exportadas para outro país da UE sem qualquer autorização. Esse preceito, válido para qualquer pessoa, foi idealizado considerando especialmente comerciantes e restauradores.

Outrossim, a lei disciplina normas para a importação de obras e para sua restituição na hipótese de terem ingressado ilegalmente no país, de forma a assim prevenir o comércio ilegal, preceituando deveres de cuidado e registro para aqueles que colocam bens culturais no mercado. Exemplo de norma que regula a exportação é o de que apenas obras criadas há mais de 75 anos e de valor superior a € 300.000 precisam de autorização, se a exportação se der no âmbito da União Europeia (§ 24 KGSG). O critério se modifica para 50 anos e valor de € 150.000 se a exportação for para um Estado fora do bloco.

A lei fixou critérios para que uma obra possa ser considerada como "bem cultural valioso", o que traz segurança jurídica e transparência (§§ 14-19 KGSG). Se não houver evidência de se tratar de "bem cultural valioso", a previsão é de que a exportação seja aprovada em no máximo dez dias úteis.

Para empréstimo internacional a museus públicos e privados há a previsão de licenças, mediante promessa de retorno.

A modificação legislativa tem pretensão de fechar as lacunas da legislação anterior, exigindo, inclusive, licença para atuar com patrimônio cultural arqueológico, sendo indispensável a demonstração da origem clara e legal do bem. Preceitua § 40, 1, KGSG, que a colocação de bens culturais no mercado que

Kulturgutschutz nach § 4 diejenigen Kulturgut bewahrenden Einrichtungen, denen eine allgemeine offene Genehmigung erteilt worden ist.

(5) Teile des Bestandes einer Kulturgut bewahrenden Einrichtung können von der allgemeinen offenen Genehmigung durch die zuständige oberste Landesbehörde ausgenommen werden."

47. "§ 26 Spezifische offene Genehmigung

1) Für die regelmäßige vorübergehende Ausfuhr von Kulturgut kann die zuständige oberste Landesbehörde dem Eigentümer oder rechtmäßigen unmittelbaren Besitzer auf Antrag eine zeitlich befristete, auf ein bestimmtes Kulturgut bezogene Genehmigung (spezifische offene Genehmigung) erteilen, wenn das Kulturgut im Ausland wiederholt verwendet oder ausgestellt werden soll.

(2) Die spezifische offene Genehmigung kann erteilt werden für die Ausfuhr in Mitgliedstaaten oder Drittstaaten. Beide Genehmigungen können in einem Bescheid erteilt werden.

(3) Die Genehmigung darf nur erteilt werden, wenn der Antragsteller die Gewähr dafür bietet, dass das zur vorübergehenden Ausfuhr bestimmte Kulturgut in unbeschadetem Zustand und fristgerecht wiedereingeführt wird.

(4) Die Geltungsdauer einer spezifischen offenen Genehmigung darf fünf Jahre nicht überschreiten."

tenham sido escavados ou exportados ilegalmente é proibida e que os negócios jurídicos obrigacionais ou dispositivos envolvendo esses bens são nulos. Essa norma é de enorme significado, porque constitui exceção à regra geral do direito civil alemão no que pertine à negociação de obras de arte.

De fato, pelo princípio da separação (*Trennungsprinzip*), diferencia-se no direito alemão o negócio jurídico obrigacional do negócio jurídico dispositivo, por meio dos quais a propriedade é transmitida. Pelo princípio da abstração (*Abstraktionsprinzip*), a eventual nulidade de um contrato não atinge o outro, que permanece válido, conferindo mais segurança a terceiros do que sistema caracterizado pela unidade e causalidade. No âmbito das obras de arte, portanto, essa separação não mais existe, restando contaminado o contrato subsequente se houver nulidade no pacto anterior.

Há evidente inspiração dessa última norma no episódio do *Disco de Nebra* (*Himmelsscheibe von Nebra*),[48] caso em que a peça e outros objetos (espadas de bronze, duas hachas, um cinzel e fragmentos de pulseiras espirais) foram descobertos em 1999 por *Henry Westphal* e *Mario Renner*, que buscavam encontrar tesouros mediante uso de detector de metais. Eles operavam sem licença e sabiam que a atividade constituía saque e era ilegal, pois artefatos arqueológicos são propriedade do *Land*, no caso, Saxônia-Anhalt. Eles danificaram o disco e destruíram partes do sítio arqueológico, tendo vendido todo o tesouro no dia seguinte para um revendedor em Köln por DM 31.000. Veja-se:[49]

48. O disco do céu de Nebra é um disco de bronze, de cerca de 30cm de diâmetro e 2,2kg de peso, com pátina azul-esverdeada e encravado com símbolos em ouro, geralmente interpretados como um sol ou lua cheia, um crescente lunar e estrelas. Os dois arcos dourados ao longo dos lados marcam o ângulo entre os solstícios, teriam sido adicionados mais tarde, assim como um terceiro arco, na parte inferior. Foi datado a cerca de 1.600 antes de Cristo e é diferente de qualquer estilo artístico conhecido do período, constituindo-se como a mais antiga representação concreta do cosmos em todo o mundo (Era de Bronze), tendo sido incluído, em junho de 2013, no Registro da Memória do Mundo da Unesco como um dos achados arqueológicos mais importantes do século XX.

49. Dbachmann [GFDL <http://www.gnu.org/copyleft/fdl.html> or CC-BY-SA-3.0 <http://creativecommons.org/licenses/by-sa/3.0/>], via Wikimedia Commons.

As peças foram mudando de mãos nos anos seguintes, chegando a ser comercializadas por mais de 1 milhão de marcos. Em 2001, sua existência tornou-se pública e, em fevereiro de 2002, o arqueólogo do serviço público *Harald Meller* conseguiu reaver o disco em uma operação policial, em Basel, de um casal que colocara as peças no mercado negro por 700 mil DM. Atualmente, o disco e os achados que o acompanham encontram-se no Museu Estadual de Pré-História, em Halle, sendo considerados como de valor inestimável.[50]

No Brasil, o artigo 216 da Constituição Federal de 1988 reconhece os bens de natureza material de valor arqueológico como Patrimônio Cultural Brasileiro, sendo eles considerados bens da União (artigo 20, X, CF),[51] definidos e protegidos nos termos da Lei n. 3.924/1961. Sítios arqueológicos têm, portanto, proteção legal, devendo ser inscritos no Cadastro Nacional de Sítios Arqueológicos (CNSA), regulamentado pelo Decreto n. 6.844/2009. Os demais bens culturais brasileiros não são, necessariamente, bens de propriedade da União que, todavia, tem a atribuição constitucional de promovê-los e protegê-los, por meios acima referidos, como inventários, registros, vigilância, tombamento e desapropriação.[52]

Sobre a exportação de bem cultural, antes da nova lei alemã, diante da normativa europeia, era contornável a exigência de autorização prévia, mediante condução anterior da obra de arte para outro país da UE, com regulamentação mais flexível do tema, como a Inglaterra, por exemplo, onde o único critério de avaliação era o da existência de interesse na peça *para a história britânica*. Assim, uma vez em Londres, a peça podia ser facilmente exportada para fora da Europa.

Na atual regulamentação, os bens considerados bem cultural valioso/significativo passam a ser submetidos a registro (*Eintragung in ein Verzeichnis national wertvollen Kulturgutes*), nos termos do § 7.º KGSG, sendo responsabilidade dos Estados, mediante consulta a comitê de especialistas (com representação de pessoas competentes na área de museus, exposições, arquivo,

---

50. A título de curiosidade, após a descoberta do disco, estabeleceu-se nova controvérsia, desta feita acerca do uso da sua imagem. Veja-se: LG Magdeburg, Urteil v. 16.10.2003, Az. 7 O 847/03, *in*: <https://www.telemedicus.info/urteile/Urheberrecht/Editio-princeps/626-LG-Magdeburg-Az-7-O-84703-Himmelsscheibe-von-Nebra.html>. E LG Magdeburg, acórdão v. 19.04.2005, Az. 5 W 32/05, *in*: <https://www.telemedicus.info/urteile/Urheberrecht/Editio-princeps/627-LG-Magdeburg-Az-5-W-3205-Himmelsscheibe-von-Nebra-II.html>.

51. Egito, Grécia, Itália, Suíça, Espanha e Turquia contam com normas análogas. Veja-se: RASCHÈR, Andrea. *Kulturgütertransfer und Globalisierung*. Geneve: Schulthess, 2000. p. 15.

52. Sobre as perspectivas para regulamentação internacional do comércio de bens arqueológicos, leia-se: BRODIE, Neil. Historical and social perspectives on the regulation of the international trade in archeological objects: the examples of Greece and India. In: Vanderbilt Journal of transnational law, Symposium International Legal dimensions of art and cultural property, p. 1051-1067.

bibliotecas, ciências e colecionadores), decidir sobre o pedido[53] dentro de um período de até seis meses.

Também o proprietário da obra pode dar início ao procedimento, com o qual *obtém benefícios fiscais* (analogamente à dedução das despesas com as medidas de conservação, no valor de 9% cada em dez anos, isenção total de sucessões e doações), conforme o § 12 KGSG.

Além dessas alterações, os pedidos de restituição de bens culturais tiveram prazo prescricional prorrogado de 30 para *75 anos*, inclusive para colecionadores privados.

Considerando o conjunto de seus preceitos, a lei proporciona aos colecionadores mais segurança no que pertine à proveniência.

Para grande maioria dos negociantes de arte e proprietários de galeria alemães, por outro lado, possivelmente não haverá impacto significativo com a nova lei, pois quem atua com obras de arte contemporânea dificilmente comercializa peças com mais de 75 anos e num valor maior que € 300.000. Para os outros, porém, aumenta a carga burocrática, pois a lei estende no âmbito da UE, regras anteriormente aplicadas apenas para a exportação para fora do bloco (Nova York e Basel, por exemplo). Entende-se, porém, que a formulação de obrigações de vigilância e de documentação claras reforça a confiança no mercado de arte no país.[54]

Os acervos dos museus do setor público na Alemanha, por sua vez, passam a ser considerados como um "tesouro nacional", recebendo proteção especial, focada nas reivindicações de retorno internacionais. Ocorrendo roubo de obras de museus públicos alemães e sua condução para o exterior, o governo alemão passa a ter reivindicação internacional para o retorno devido ao status de proteção.

A jurisprudência já decidiu que a proteção de bens de grande valor cultural nacional não é incompatível com o direito à propriedade, previsto no artigo 14 GG.[55] Tampouco se considera que as restrições comprometam a livre circulação de bens na União Europeia, porque as regras promovem a diversidade cultural na União Europeia e a identidade europeia, sendo que o artigo 36 do Tratado sobre o Funcionamento da União Europeia (abrev. TFUE), prevê a possibilidade de proibições de importação e exportação "de proteção do património nacional de valor artístico, histórico ou arqueológico" – hipótese já regulamentada por quase todos os países membros – alguns até mesmo de forma mais rigorosa que a Alemanha.

---

53. <www.kulturgutschutz-deutschland.de>.
54. No mesmo sentido orientam-se as novas normas atinentes à prevenção de lavagem de dinheiro. Vide capítulo V, 2. Lavagem de dinheiro por meio de obras de arte.
55. BVerwGE 92, 288.

Na Itália, particularmente rica em obras de arte e objetos culturais, pois se estima que 65% dos bens culturais do mundo[56] – templos helênicos, túmulos etruscos, foros romanos, centros urbanos medievais, palácios e igrejas da renascença ou barrocos – se situem nesse país, quase todas as obras de arte estão sob proteção no *Codice dei beni culturali e del paesaggio,* norma atualizada no ano de 2004, que contém 184 artigos dispersos em 5 partes. O preceito fundamental para a proteção dos bens culturais nesse país consta do artigo 9 da *Costituzione dela Repubblica Italiana,*[57] segundo o qual, em tradução livre, a república promove o desenvolvimento da cultura e pesquisa científica e técnica e protege a paisagem e o patrimônio histórico e artístico da nação.

Embora não exista definição de "tesouro nacional" na lei italiana, considera-se bem cultural para fins da norma protetiva todos os bens que representam testemunho material de valor civilizatório para a nação italiana e tenham adquirido um significado cultural para a Itália (artigo 10 do *Codice*). Obras de coleções públicas são *res extra commercium.* Conforme o artigo 65 do *Codice*, cada caso envolvendo obra de arte de mais de 50 anos e cujo criador não é mais vivo deve ser submetido à autorização específica para exportação (art. 65, 3, *Codice*). Um empréstimo permanente é quase impossível![58]

Na França, por sua vez, distingue-se entre "*bien culturel*" (bens culturais) e "*trésor national*" (tesouro nacional) no *Code du patrimoine* (abrev. *CDP*), que é compilação das normas de proteção de bens culturais (art. L 111-2 e art. L 111-1). "Tesouros nacionais" é a expressão pela qual são conhecidos os objetos culturais que são de interesse histórico, artístico e arqueológico. A exportação temporária ou permanente de bens culturais é sujeita à aprovação do Ministério da Cultura e comunicações; tesouros nacionais, por sua vez, podem deixar a França apenas temporariamente – sejam de coleções públicas e privadas, podendo ser sucessivamente denegada a autorização. O país tem direito de fazer oferta ao seu titular para aquisição que, todavia, pode recusá-la. Uma particularidade interessante é que a aquisição de boa-fé da propriedade de coisa roubada é teoricamente possível, tendo o proprietário o prazo de três anos para exigir a devolução da obra (art. 2.279 do *Code*). Em se tratando de má-fé, o prazo é de 30 anos. Porém, essas regras *não* são aplicáveis se a obra for originária de um museu

56. HACHMEISTER, Annamaria. *Gestohlene und unrechtmäßig verbrachte Kulturgüter im Kaufrecht*: nationales, internationales und Einheitskaufrecht. Baden-Baden: Nomos, 2012. p. 116.

57. "*Art. 9. La Repubblica promuove lo sviluppo della cultura e la ricerca scientifica e tecnica. Tutela il paesaggio e il patrimonio storico e artistico della Nazione.*"

58. HACHMEISTER, Annamaria. *Gestohlene und unrechtmäßig verbrachte Kulturgüter im Kaufrecht*: nationales, internationales und Einheitskaufrecht. Baden-Baden: Nomos, 2012. p. 116-122.

estatal (*Musée de France*), caso em que incide o art. 451-3 CDP, sequer fluindo prazo prescricional.[59]

No Reino Unido, é exigida uma autorização para as exportações para o mercado interno e o exterior da UE, que são baseados nos limites de idade e valor previstos no Regulamento (CE) n. 116/2009. Um comitê do governo, composto por oito peritos, avalia se as peças representativas da cultura britânica podem ser vendidas no exterior.[60]

Na Espanha, a proteção dos bens culturais é descentralizada, sendo de responsabilidade das regiões e, portanto, é regulada de forma diferente em diferentes partes do país. Porém, lei espanhola de 1985 (*Ley* 16/1985) dispõe sobre o "*Patrimonio histórico español*", regulamentando os casos em que as peças dependem de autorização para serem exportadas e os casos em que a exportação é totalmente proibida.

Na Áustria, a exportação de bens culturais é regulamentada na Lei de Proteção a Monumentos (*Denkmalschutzgesetz,* abrev. *DMSG,* do ano 2000). Basicamente, as licenças de exportação do governo são necessárias para todos os objetos de arte, objetos arqueológicos ou manuscritos históricos. O mesmo se aplica aos desenhos e fotografias a partir de um valor estimado de € 15.000, e a esculturas e tapetes a partir de € 50.000.

Como se vê, com a nova norma, a Alemanha se alinha aos demais países europeus, rejeitando formalmente uma política cultural alicerçada em dinheiro, em que os preços das obras de arte são valorizados acima delas mesmas, convertidas em luxo decorativo adquirido nos bons tempos e posta à disposição nos maus momentos. O país quer reforçar os recursos na área cultural, firme na convicção de que arte é inestimável para uma sociedade humana.

O direito brasileiro busca o mesmo, pois, além de limitação da propriedade decorrente de tombamento e das hipóteses de direito de preferência, a nova legislação nacional também prevê limitações ao direito do proprietário fundadas em *declaração de interesse público em bem cultural* (artigo 35 do Decreto 8.124/2013, que regula a Lei 11.904) que, entre outras consequências, *impede alienação da obra ao exterior*, ainda que não importe em desapropriação dela pelo Estado.

---

59. HACHMEISTER, Annamaria. *Gestohlene und unrechtmäßig verbrachte Kulturgüter im Kaufrecht*: nationales, internationales und Einheitskaufrecht. Baden-Baden: Nomos, 2012. p. 110-116. Sobre o tema, veja-se, ainda: <http://www.culturecommunication.gouv.fr/Thematiques/Musees/Les-collections/Tresors-nationaux>.

60. HACHMEISTER, Annamaria. *Gestohlene und unrechtmäßig verbrachte Kulturgüter im Kaufrecht*: nationales, internationales und Einheitskaufrecht. Baden-Baden: Nomos, 2012. p. 124-130.

Ocorre, porém, que a novel legislação, além de não ter regulamentado alguns temas relevantes, apresenta as inconsistências já referidas anteriormente nas questões que regulamentou.

Deve-se mencionar, ainda, que com o objetivo de proteger as obras e, ao mesmo tempo, proporcionar *o acesso do público* a elas, o direito alemão – e europeu em geral – assegura a *livre circulação de obras de arte para exposições internacionais*, conferindo a elas *salvo-conduto* (fr. *sauf conduit*; dt. *freies Geleit*), que assegura seu retorno ao comodante, ainda que haja demanda por restituição de uma terceira parte.[61]

É precedente histórico dessa concepção de que as *obras de arte contam como interesses globais* a demanda de *Canova*,[62] famoso escultor e diplomata do papa, na conferência de Paris de 1815, pela devolução de obras tomadas por *Napoléon* da Itália e conduzidas para a França.[63]

2.2 Devolução de bens culturais

Essas questões imediatamente conduzem à reflexão sobre casos de restituição de obras de arte consideradas bens culturais. De fato, muitos são os casos em que a propriedade de obras de arte é disputada entre nações, porque delas se constituiriam bem cultural, sendo alguns deles proeminentes, como é o caso das peças de mármore do Parthenon, expostas no *British Museum,* em London, do busto de *Nefertiti*, que compõe o acervo do *Neues Museum,* em Berlin, ou do *Codex Sinaiticus*, dividido entre quatro nações. Além desses, em que a tomada das obras ocorreu em tempos de paz, tem-se os casos de obras tomadas em conflitos armados havidos há muitos séculos, como o da *Bibliotheca Palatina*, cujo destino foi selado ainda ao tempo do *Tratado de Tolentino.*[64]

---

61. JAYME, Erik. Il salvacondotto delle opere d'arte prestate dall'estero, in: CALVO CARAVACA, Alfonso Luis; BLANCO MORALES LIMONES, Pilar (org.). *Globalización y Derecho.* Madrid: COLEX, 2003, p. 11 – 21; e JAYME, Erik. L'immunité des oeuvres d'art prêtées – quelques procédures et législations récentes en Europe. In: RENOLD, Marc-André; GABUS, Pierre. *Claims for the Restitution of Looted Art,* Basel 2004, p. 175-182.

62. Sobre a contribuição de Canova para a concepção de nacionalidade de obras de arte, em especial de peças italianas, veja-se: JAYME, Erik. Die Entstehung des „nationalen" Kunstwerks: Zu seiner Deutung anhand Antonio Canovas "Italia", *ZNR – Zeitschrift für Neuere Rechtsgeschichte,* 2004, p. 217-226.

63. JAYME, Erik. Globalization in Art Law: clash of interests and international tendencies. In: *Vanderbilt Journal of transnational law*, Symposium International Legal dimensions of art and cultural property, v. 38, outubro 2005, n. 4, p. 930 e seguintes.

64. O Tratado de Tolentino é acordo diplomático firmado entre a França e os Estados Papais, assinado nessa cidade, em 19.02.1797, por imposição de *Napoleón Bonaparte* ao Papa *Pio VI*, como condição de obter a paz. Por meio dele "legitimou-se" a espoliação de obras de arte italianas pelos franceses. Para o significado desse tratado no âmbito de roubos de arte, veja-se o artigo de: JAYME, Erik. Der Vertrag von Tolentino (1797) und seine Auswirkungen auf das Internationale Recht des Kunstraubs. In: WELLER, Mathias; KEMLE, Nicolai; DREIER

Deve-se refletir sobre as diferenças no substrato fático desses casos, comparando-os com os de subtração flagrantemente ilegal havida no contexto da II Guerra Mundial (capítulo V), a fim de determinar se também se caracterizam como hipóteses de restituição ou se pode haver outra compreensão jurídica deles.

Os mármores do Parthenon, também conhecidos como "*Elgin Marbles*", em referência a *Thomas Bruce*, o *Lord Elgin*, embaixador inglês junto ao Império Otomano desde 1799, quando este dominava a Grécia, e que os trouxe de Atenas para Londres em 1806, constituem-se em conjunto de métopas, tríglifos, frisos e esculturas em mármore, cuja demanda de restituição tornou-se *cause célèbre* entre os casos que envolvem patrimônio cultural.[65]

O Parthenon situa-se no ponto mais alto da Acrópolis de Atenas e servia de cidadela e local de culto a *Athena*, deusa padroeira e protetora da cidade. Foi concebido por *Péricles,* sendo que as peças do friso, atribuídas ao escultor *Fídias*, hoje em sua maioria no *British Museum*, descrevem, em baixo relevo, datado de 438 a.C., a procissão *Panathenaea*, festival que acontecia em Atenas a cada quatro anos em honra a deusa Athena, e culminam no canto leste com uma descrição dos deuses gregos sentados, atendidos por serviçais ao centro. As métopas, executadas em alto relevo (prática até então usada somente em metais preciosos) são atribuídas a *Cálamis*: as do lado leste descrevem a *Gigantomaquia* (a luta entre os deuses do olimpo e os gigantes); as do oeste, a *Amazonomaquia* (a batalha dos atenienses contra as amazonas); as do sul mostram a *Centauromaquia Tessaliana* (a batalha entre os lápios, ajudados por Teseu, e os centauros); enquanto as do norte, apesar de danificadas, parecem se referir ao saque de Tróia.[66]

Além de refletirem os efeitos do tempo, as peças apresentam danos causados também por uma bala de canhão lançada em 1687 de navio da armada de *Francesco Morosini*, general veneziano, o que destruiu 14 colunas, relegando a construção a paiol do Império Otomano. Outrossim, as peças também sofreram danos substanciais no próprio *British Museum,* devido a limpeza procedida com materiais não apropriados na década de 1930.

Consta que o objetivo inicial de *Elgin* era simplesmente copiar, com moldes de gesso, parte das peças, para o fim de decorar a mansão que preparava para receber sua esposa, na Escócia. Para tanto, obteve autorização do dirigente local da fortaleza. Eventualmente, contudo, teria decidido "salvar" as peças de novos danos e, aproveitando-se de sua condição de embaixador do Império Britânico, fortalecido pela vitória de *Nelson* na Batalha do Nilo diante das tropas de *Napoléon*,

(org.). *Raub – Beute – Diebstahl*: Tagungsband des Sechsten Heidelberger Kunstrechtstags am 28. und 29. September 2012. Baden-Baden: Nomos, 2013. p. 17-33.

65. GREENFIELD, Jeanette. *The return of cultural treasures*. Cambridge: Cambridge University Press, 1989. p. 47 e seguintes. E MERRYMAN, John; ELSEN Albert. *Law, Ethics and the Visual Arts*. 5th ed. Alphen aan den Rijn: Kluwer Law, 2007. p. 345 e seguintes.

66. GREENFIELD, Jeanette. *The return of cultural treasures...* p. 47 e seguintes.

pediu e obteve *firman*[67] para levar para o Reino Unido "'*qualque' pezzi di pietra com iscrizione e figure*" (o italiano era, à época, a língua franca) – expressão que posteriormente foi objeto de grande controvérsia, pois o termo "*qualque*" poderia ter significado "umas poucas" ou "quaisquer" peças.

O fato é que, munido do documento que alegadamente o autorizava, *Elgin* trouxe ao Parthenon no ano de 1803 equipe de 300 homens que trabalharam durante mais de um ano na retirada das peças, que foram encaixotadas para transporte até a Escócia – o que foi retardado por alguns anos, enquanto o embaixador foi feito prisioneiro na França, ainda em hostilidades com o Império Britânico.

De volta a Londres, em 1806, após cerca de três anos de cativeiro na França de *Napoléon*, à época em permanente conflito com o resto da Europa, *Elgin* foi duramente criticado pela tomada das peças, inclusive por *Byron*, que escreveu "*what the goths spared, the Scots destroyed*", mas assim mesmo o conjunto foi exposto em Piccadilly e Burlington House.[68]

Em 1816, Elgin inquiriu o Parlamento se haveria interesse na aquisição das peças. Após cuidadosa consideração das circunstâncias que envolveram sua extração, apesar das persistentes dúvidas acerca das intenções de *Elgin*,[69] o Parlamento decidiu, diante do *fait accompli*, adquiri-las, claramente com o propósito de protegê-las num dos maiores e melhores museus do mundo, pelo preço de £ 35.000, menos da metade do que teria custado a *Elgin* removê-las.[70]

Em ato específico do Parlamento, os mármores foram atribuídos perpetuamente ao *British Museum* como *trustees*.

Em 1832, a Grécia libertou-se do jugo otomano e, desde então, fez esforços informais para a devolução das peças. No período durante a II Guerra Mundial, o governo britânico cogitou devolvê-las num gesto de boa vontade para com o país, que também se opunha ao nacional-socialismo alemão, porém essa iniciativa foi adiada para maior reflexão após o término no conflito, mas não teve seguimento mesmo após o fim dele.

Na década de 1980, a então ministra da cultura grega, a atriz *Melina Mercouri* iniciou a reivindicação pelo retorno das peças. Um comitê da Unesco foi formado com o fim específico de tratar da questão, tendo concluído pela restituição das

---

67. *Firman* (persa) ou *ferman* (turco) significa um comando ou ordem real ou decreto de um soberano de estado islâmico, notadamente no Império Otomano. Singelamente, um *firman* era permissão escrita, outorgada pela autoridade islâmica oficial.

68. GREENFIELD, Jeanette. *The return f cultural treasures*... p. 62.

69. Na literatura, muito se questiona sobre o agir de Elgin. Contudo, parece haver consenso de que, pelo menos, não agiu de forma premeditada e dolosa, mas oportunista (GREENFIELD, Jeanette. *The return f cultural treasures*... p. 74). Não obstante, o termo "*elginism*" designa a tomada de patrimônio cultural de um pais por outro, sendo clara a sua conotação pejorativa (veja-se: <https://www.britannica.com/topic/elginism>).

70. GREENFIELD, Jeanette. *The return of cultural treasures*... p. 72.

peças *para reincorporação* ao prédio do Parthenon – o que, contudo, afigura-se fisicamente impossível.

Na oportunidade, a ICOM exarou resolução favorável ao pleito restitutório, apesar de pelo menos 10 abstenções (5 delas dos representantes britânicos) – o que foi considerado como uma vitória moral da Grécia. Uma reviravolta no caso veio a seguir, com a tomada de resolução pela Assembleia Parlamentar do Conselho da Europa,[71] sigla APCE (en. *Parliamentary Assembly of the Council of Europe*; sigla: *PACE*) que, entre outras coisas, considerou "*the unity of the european cultural heritage*" e declarou que "*claims for the return of cultural property within the european area must be considered differently from claims for the return of property outside this area*". O conselho utilizou a expressão "retorno" (*return*), e não restituição (*restitution*) em seu relatório, por considerar que esta última implicitamente indica posse ilegal, sendo que seria a "*incontroversa a propriedade de boa-fé*" do *British Museum* no caso. Concluíram que a questão diria respeito mais a julgamento cultural, histórico e social, senão político, do que jurídico, e que seria admissível eventual compensação, secundariamente.

Legalmente, a questão é duvidosa, subsistindo, ainda, a controversa questão da prescrição, já que os gregos demoraram mais de 150 anos para formalizar o pedido de retorno das peças.

Desde o início do século XX em Berlin e recentemente com nova residência no *Neues Museum*, na *Museuminsel*, é ainda hoje muito controvertida a presença do busto de *Nefertiti* (ou *Nefretete*) na Alemanha, demandando o Egito sua devolução.[72]

Não há retrato da antiguidade mais conhecido do que o de *Nefertiti*, cujo nome significa "*the beautiful one has come*", e foi a primeira esposa do faraó *Amenhotep IV* (ca. 1350-1333 a.C.), depois denominado *Akhenaten*.[73] A obra, imputada ao escultor *Thutmose*, foi encontrada em 1912 em *Tel-el-Amarna* por uma expedição de arqueólogos alemães, autorizada pelo governo egípcio.

Desde 1883 o Egito conta com lei protetiva de suas antiguidades, a qual prevê, todavia, por exceção, que obras descobertas em atividades arqueológicas

---

71. APCE é um dos dois órgãos estatutários do Conselho da Europa, que é organização internacional fundada a 5 de maio de 1949, tendo por propósitos a defesa dos direitos humanos, o desenvolvimento democrático e a estabilidade político-social na Europa. Tem personalidade jurídica reconhecida pelo direito internacional e serve cerca de 800 milhões de pessoas em 47 Estados, incluindo os 28 que formam a União Europeia, não se confundindo, portanto, com esta.

72. SCHÖNENBERGER, Beat. Restitution von Kulturgütern: Ein Überblick über die rechtlichen Mögligkeiten. In: MOSIMANN, Peter; SCHÖNENBERGER, Beat (org.). *Kunst & Recht 2010*: Referate zur gleichnamigen Veranstaltung der Juristischen Fakultät der Universität Basel vom 18 Juni 2010. Bern: Stämpfli, 2011. p. 99-119.

73. MERRYMAN, John; ELSEN Albert. Law, Ethics and the Visual Arts. 5th ed. Alphen aan den Rijn: Kluwer Law, 2007. p. 414.

autorizadas sejam divididas igualmente entre o Serviço de Antiguidades Egípcio e os seus descobridores.

Segundo lei egípcia de 14.06.1912, vigente ao tempo da descoberta da escultura que retrata *Nefertiti*, o possuidor de autorização tinha direito de escolher a parte que desejava tomar como sua propriedade, para exportá-la do Egito, num sistema denominado *Partage.*[74] No entanto, o país teria prerrogativa de escolher peça dessa porção, negociando o preço. Essa sistemática, comum até a II Guerra Mundial, proporcionava vantagens, como a de incentivar a escavação por arqueólogos estrangeiros, que agiam sob bases científicas e com conhecimento histórico, o que muitas vezes resultava na formação de profissionais locais, além de enriquecer museus e despertar interesse sobre as peças em muitos países no mundo.

Contudo, o *Partage* posteriormente passou a ser visto negativamente, como instrumento de exploração do Ocidente, deixando de ser procedimento aceito.

O busto de *Nefertiti* estava compreendido na parte que incumbiu ao escavador autorizado *James Simon*, que posteriormente transferiu a titularidade da peça ao Estado da Prússia, em 1920. Este último transferiu, em 1957, por sua vez, a sua propriedade à fundação que gere o patrimônio cultural prussiano.

Apesar de nunca ter formalizado pedido de restituição da peça, que desde 1922 esteve exposta com sucesso no museu egípcio em Berlin,[75] o Egito requereu em 2003 a repatriação do busto, motivado, provavelmente, pela obra de arte contemporânea dos artistas húngaros *Balint Havas* e *András Gálik* que, juntos, denominando-se "*Little Warsaw*", criaram "*The body of Nefertiti*", exposto na Bienal de Veneza daquele ano. A obra deles constituiu-se em escultura de bronze de um torso nu e sem cabeça, com dimensões e proporções adequadas ao busto de *Nefertiti*, tendo ficado em exposição junto a ele no museu em Berlin até que seu diretor e um restaurador os reuniram por alguns instantes, o que foi filmado. Veja-se:[76]

---

74. Denomina-se *Partage,* do francês "*partager*" (dividir), a sistemática legal que permitia a escavador exportar legalmente a metade de suas descobertas.

75. Porém em pelo menos três oportunidades buscara negociar seu retorno: em 1925, negou a escavadores alemães permissão de trabalho, exceto se retornassem o busto; em 1929, ofereceu outras antiguidades valiosas em troca da peça; e nos anos 1950, quando inquiriu se a Alemanha teria interesse em negociá-la.

76. Little Warsaw, The Nefertiti Project, 2003, bronzová socha <http://divus.cc/praha/en/article/little-warsaw-2002-2004-displaced-monuments-and-deconstructive-strategie>.

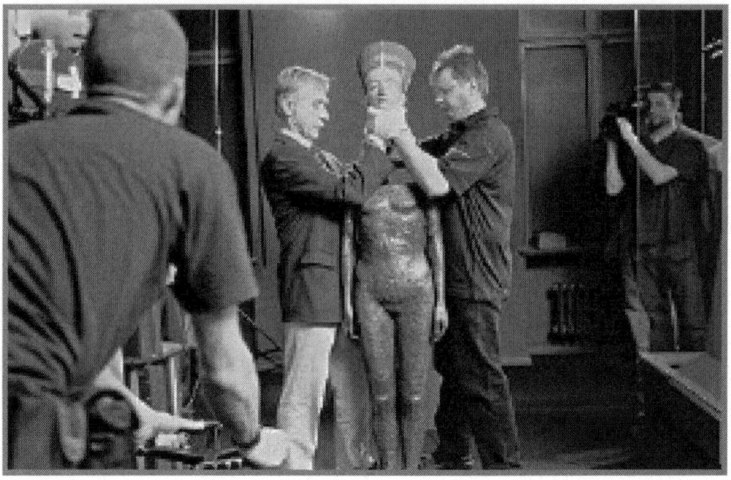

Essa apropriação e recontextualização resultou em instalação notável, que ganhou reconhecimento no mundo artístico, mas recebeu censuras severas do Egito, que considerou um desrespeito a cultura antiga, passando a exigir, então formalmente, o retorno da peça.[77]

O melhor exemplo de composição envolvendo diferentes países é o do *Codex Sinaiticus,* que é o mais antigo manuscrito conhecido da bíblia, descoberto pelo pesquisador alemão *Konstantin Tischendorf* em 1844 no mosteiro ortodoxo de Santa Catarina, na península do Sinai, onde certamente a obra se encontrava desde o século VI.[78]

Na oportunidade, o pesquisador obteve 43 páginas da obra, que levara consigo para a biblioteca da Universidade de Leipzig. Ocorre que o pesquisador retornou ao Sinai em 1859, quando recebeu 347 páginas da obra para fins de cópia. Desta feita, todavia, encontrava-se a serviço do czar russo, motivo pelo qual levou essa grande parte do *Codex Sinaiticus* para São Petersburgo, onde a expôs e publicou.

A controvérsia sobre a titularidade desse documento extraordinário teve início em 1960, quando foi localizada nos arquivos do mosteiro de Santa Catarina correspondência de *Tischendorf,* em que ele se compromete a devolver o *Codex Sinaiticus* quando solicitado. Foram localizadas, ainda, correspondências do ano de 1869 que davam conta de que o arcebispo tencionava oferecer o *Codex*

---

77. MERRYMAN, John; ELSEN Albert. *Law, Ethics and the Visual Arts.* 5th ed. Alphen aan den Rijn: Kluwer Law, 2007. p. 416.

78. SCHÖNENBERGER, Beat. *Restitution von Kulturgut*: Anspruchsgrundlagen, Restitutionshindernisse, Entwicklung. Bern: Stämpfli, 2009, p. 20-22.

Sinaiticus ao czar que, por sua vez, pretendia realizar doação substancial de dinheiro, mas nada além disso.

Ainda em digressão histórica, cumpre anotar que, em 1933, os soviéticos venderam ao *British Museum* o *Codex* por £ 100.000, ficando com apenas 6 fragmentos dele em St. Petersburg. Dessa forma, os fragmentos da obra ficaram divididos entre a Alemanha, a Rússia, a Inglaterra e o Egito (no mosteiro, que hoje é considerado patrimônio mundial pela Unesco).

No exitoso acordo, foi estabelecido que as partes do *Codex* deveriam ser digitalizadas, reunidas digitalmente e tornadas acessíveis ao público, num processo de conservação, digitalização em sentido estrito, transcrição e adição de comentários científicos.

Os resultados, que falam por si, podem ser verificados em consulta ao site da *British Library*.[79]

A *biblioteca do Palatinado* (*Bibliotheca Palatina*) foi a biblioteca mais importante do renascimento alemão com cerca de 5.000 livros impressos e 3.524 manuscritos, tendo sido iniciada em 1430, na Igreja do Espirito Santo (*Heiliggeistkirche*), em Heidelberg.

O Palatinado sofreu na Guerra dos Trinta anos (nos anos de 1618 a 1648), entre estados protestantes e católicos do fragmentado Sacro-Império Romano-Germânico. Em 1622, Heidelberg, onde *Luther* estivera para a Disputa de 1528 (*Heidelberger Disputation*),[80] fora saqueada pela liga católica, sob o comando de *Von Tilly*, a serviço de *Maximilian I,* da Baviera, que decidira oferecer ao papa *Gregório XV* as obras em sinal de lealdade.[81]

A biblioteca ficou no Vaticano até que, pelo Tratado de Tolentino, em 1797, o papa cedeu 39 manuscritos à República Francesa, que os depositou na Biblioteca Nacional francesa, em Paris.[82]

No Congresso de Viena de 1814-1815, restou decidido que as obras de arte tomadas pelos franceses nas invasões de *Napoléon* deveriam ser devolvidas – oportunidade em que, assim como a notória Quadriga de *Schadow,* do *Brandenburger Tor*, foi devolvida a Berlin, se considerou adequada a restituição da biblioteca à Heidelberg, e não à Roma, que decidiu, por sua vez, também devolver 852 manuscritos, os quais foram entregues à Universidade de Heidelberg, onde atualmente podem ser estudados.

---

79. <http://www.bl.uk/turning-the-pages/?id=b00f9a37-422c-4542-bfbd-b97bf3ce7d50&type=book>.

80. No sistema escolástico de educação da Idade Média, *disputatio* (lt.) era método formal de debate para descobrir 'verdades' na teologia e nas ciências.

81. SCHACK, Haimo. *Kunst und Recht*... p. 245.

82. JAYME, Erik. *Kunstwerk und Nation*: Zuordnungsprobleme im internationalen Kulturgüterschutz. Heidelberg, Winter, 1991. p. 25 e seguintes.

Podem ser trazidos, ainda, como importantes exemplos de devolução de bem cultural articulada politicamente a dos *manuscritos da Islândia* (*Icelandic Manuscripts: Flateyjarbók* e *Codex Regius*), obras dos séculos XIII e XIV, devolvidas pela Dinamarca, onde ficaram por quase 250 anos, após a independência do país,[83] e o caso da "*Tavola Doria*", pintura que retrata a parte central do famoso trabalho de mural da Batalha de *Anghiari*, atribuída a *Leonardo Da Vinci*, e que pertencera à família genovesa *Doria* entre 1621 e 1939, quando despareceu. Em junho de 2012, graças a investigações policiais do comando do patrimônio cultural italiano, essa tela de *Da Vinci*, que era mantida em banco de Genebra em nome do Museu de Arte de Tóquio *Fuji*, que a comprara de boa-fé em 1992, foi doada à Itália. No acordo, firmado com o Japão, restou pactuado que por 26 anos a obra será exposta alternadamente entre os dois países, devendo permanecer ao final, permanentemente, na Itália.[84]

a) Nacionalidade da obra de arte

Embora esses casos não se constituam apenas em exemplos bem sucedidos de devolução, já que subsiste controvérsia quanto aos mármores do Parthenon e ao busto de *Nefertiti*, eles têm em comum o fato de dizerem respeito à disputa de obras de arte, que também se configuram como bens culturais e/ou históricos desses países, não se revestindo – pelo menos flagrantemente – de ilegalidade os respectivos atos de aquisição pelos Poderes Públicos que hoje possuem essas obras, pois a transferência delas ocorreu dentro da percepção de legalidade daqueles períodos históricos.

A mesma reflexão cabe em relação ao patrimônio cultural brasileiro, pois vigem atualmente restrições antes inexistentes à exportação de (i) artefatos, coleções ou acervos tombados pelo IPHAN (sejam pinturas, esculturas, gravuras, peças de mobiliário, peças ou coleções de moedas e medalhas antigas e outros objetos cujo valor excepcional esteja reconhecido individualmente ou em conjunto); (ii) de obras de arte e ofícios produzidos ou introduzidos no Brasil até o fim do período monárquico, nos termos da Lei n. 4.845/1965; (iii) de objeto de interesse arqueológico ou pré-histórico, incluindo peças ou coleções de moedas e medalhas antigas, consoante prescreve a Lei n. 3.924/1961; e (iv) de livros e acervos documentais constituídos de obras brasileiras ou sobre o Brasil, editadas nos séculos XVI a XIX, conforme a Lei n. 5.471/1968.

Refletindo sobre a história do país, é forçoso considerar que houve no passado exportação de obras que, sob a percepção atual, seriam tidas como ilegais. Porém, deve-se considerar que esse mesmo contexto – de descobrimento, colonização,

---

83. Sobre o caso, veja-se: GREENFIELD, Jeanette. *The return of cultural treasures*... p. 10-46.

84. Sobre o caso, veja-se: JAYME, Erik. *Die Rückführung von Kunstwerken zwischen Recht und Wirklichtkeit*. Dresden: Kübler Rogier & Partner, 1998. p. 8-11.

independência e república, em que se desenvolveram a arte brasileira indígena, barroca, o neoclássica – são parte inseparável do processo histórico de formação da nação brasileira, que não ocorreu de forma estanque, mas com interconexões com outros países, como Portugal, Holanda, Espanha, por exemplo, os quais *hoje guardam parte da nossa memória como parte da memória de seu próprio processo histórico* – o que torna complexo qualquer pedido de restituição eventualmente formulado.

Embora não se tenha notícia de caso paradigmático envolvendo pedido de restituição ou devolução de obras de arte brasileiras de valor cultural ou histórico, o Superior Tribunal de Justiça julgou, recentemente, recurso com essa temática, fazendo valer a norma que proíbe a exportação de bens culturais anteriores ao advento da república.

O Ministério Público Federal ajuizara ação civil pública diante de ofensa a dispositivos da Lei 4.845/1965, que proíbe a saída, para o exterior, de obras de arte e ofícios produzidos no país, até o fim do período monárquico.[85] No caso, a parte ré pretendera transportar para o Uruguai obras de arte diversas, porém "teve seus objetivos obstados por agentes da Receita Estadual do Rio Grande do Sul – que interceptaram veículo de transporte de cargas em cujo interior se encontravam peças de arte históricas, desacompanhadas da documentação respectiva (própria para transporte desse matiz)". Determinada a avaliação dos bens, sobreveio laudo pericial informando que, dos 129 objetos apreendidos, apenas 13 não estariam abrangidos pela Lei n. 4.845/1965, estando os demais sujeitos a pena de perdimento em favor do Estado, diante da tentativa de exportação ilegal (artigo 5.º da Lei n. 4.845/1965), em violação ao patrimônio histórico nacional, motivo pelo qual os bens foram encaminhados ao Museu Nacional de Belas Artes, mantendo-se aos cuidados do IPHAN.

Reconhecer obra como patrimônio cultural de um país, atribuindo-lhe *nacionalidade* para o fim de evitar sua exportação, é tema delicado e complexo, pois o artista pode ter realizado sua criação fora de seu território de origem, o qual, por sua vez, pode ter tido o respectivo processo de formação como Estado recentemente. Veja-se a situação de Veneza, outrora pertencente ao Império Austro-húngaro, hoje, cidade italiana, ou mesmo do Brasil, antes parte do Reino Portugal.

Assim, deve-se questionar se a 'nacionalidade da obra de arte' deveria ser reconhecida de acordo com a do artista que a concebeu, de acordo com o território onde atuou ou, ainda, de acordo com Estado atualmente estabelecido no local em que a obra fora criada ou onde hoje a obra se situa.

---

85. AgInt no AREsp 622.585/RS, rel. Ministra Assusete Magalhães, Segunda Turma, julgado em 16.02.2017, *DJe* 08.03.2017.

Veja-se o exemplo do retrato do presidente alemão *Theodor Heuss*, realizado por *Oskar Kokoschka*, pintor de nacionalidade austríaca que, desde 1947 se tornou britânico, e que morou nos anos que antecederam seu falecimento em 1980 na França. Certamente a tela é patrimônio cultural alemão, estando hoje situada no Museu Ludwig, de Köln. Todavia, não se pode afirmar que a obra seja bem cultural *apenas* da Alemanha.[86]

Para determinar a nacionalidade de uma obra de arte deve-se considerar a nacionalidade do artista ou sua residência (no caso de ser estrangeiro no país em que concebeu a obra) e o local onde a peça se encontra. Deve-se ter em conta, outrossim, se a peça foi negociada ou presenteada com o consentimento do país de origem ou se se insere em culto religioso particular. Esses elementos auxiliam na determinação da nacionalidade de uma obra de arte, mas não tem, contudo, o condão de determinar nacionalidade por si só. *Nação* é termo menos compreensível que Estado. Considera *características objetivas*, como língua, usos, leis, religião, etnias e país, mas também a *característica subjetiva* da "consciência de pertencer".[87]

Cada nação deve poder preservar sua identidade. Por isso a nacionalidade do artista, ainda que esteja em primeiro plano, deve ceder à nação, que vem em primeiro lugar.

Assim, consideradas essas circunstâncias, a nacionalidade de uma obra de arte deve ser determinada *menos pela do artista que a concebeu e mais pela recepção e apreciação que ela desfruta num determinado país, que é determinante do interesse nacional em preservá-la como bem cultural em seu território.*[88] De fato, o interesse nacional deve estar associado a uma *consciência e sentimentos atuais* da sociedade, no sentido de considerar a obra como parte de sua identidade.[89]

---

86. SCHACK, Haimo. *Kunst und Recht*... p. 286. Sobre o tema, veja-se: JAYME, Erik. *Kunstwerk und Nation*: Zuordnungsprobleme im internationalen Kulturgüterschutz. Heidelberg, Winter, 1991. p. 11 e seguintes.

87. JAYME, Erik. *Kunstwerk und Nation*: Zuordnungsprobleme im internationalen Kulturgüterschutz. Heidelberg, Winter, 1991. p. 31.

88. Não obstante, vejam-se os casos *Goya*, em que tribunal inglês rejeitou pedido de restituição da tela "*Marquesa de Santa Cruz*", de autoria desse pintor, porque não pertenceria ao Estado Espanhol, e *Matisse*, em que a Itália requereu inexitosamente a restituição da tela "*Portrait sur Fond Jaune*" em tribunal americano, tendo sido fundamentada a decisão no fato de ser pintor de nacionalidade francesa (*Jeanerett v. Vichey*). Exemplos expostos em: JAYME, Erik. Die Nationalität des Kunstwerks als Rechtsfrage. In: *Wiener Vorträge*: Internationales Privat- und Verfahrensrecht, Rechtsvergleichung, Kunst- und Kulturrecht. Wien: Manzsche, 2001. p. 129-153; JAYME, Erik. Rechtsbegriffe und Kulturgeschichte. In: *Neues Recht zum Schutz von Kulturgut*: Internationaler Kulturgüterschutz. REICHELT, Gerte (org.). Wien: Manz, 1997, p. 16; e JAYME, Erik. *Kunstwerk und Nation*: Zuordnungsprobleme im internationalen Kulturgüterschutz. Heidelberg, Winter, 1991. p. 16-17.

89. JAYME, Erik. Globalization in Art Law... p. 935.

Não há melhor exemplo dessa conclusão de que a reflexão acerca da nacionalidade do monumento do "Cristo Redentor", no Rio de Janeiro, o qual, embora tenha sido idealizado por brasileiro, *Heitor da Silva Costa*, foi esculpido por *Paul Landowski*, nacional francês de origem polonesa, com o auxílio do engenheiro e escultor francês, especializado em concreto armado, *Albert Caquot*, e do escultor romeno *Gheorghe Leonida,* incumbido pelo primeiro da realização do rosto da estátua.

É claro que "O Cristo" é especialmente recepcionado e apreciado no Brasil, que tem especial interesse em preservá-lo como bem cultural brasileiro em seu território, já que são evidentes a consciência e sentimentos atuais da sociedade brasileira no sentido de considerar a obra como parte de identidade nacional.

O mesmo ocorre com a "Estátua da Liberdade" (en. *Liberty Enlightening the World*; fr. *La liberté éclairant le monde*), instalada na Ilha da Liberdade, no porto de New York, que foi projetada pelo escultor francês *Frédéric Auguste Bartholdi* e construída em cobre por *Gustave Eiffel*, constituindo-se em presente do povo francês aos Estados Unidos.

De acordo com essa compreensão, uma peça criada por nacional brasileiro, no território nacional, pode ser perfeitamente considerado bem cultural de outro país, como Portugal, por exemplo, ou qualquer outro. Por esse motivo as questões que dizem respeito ao tema não são tão singelas como se poderia imaginar à primeira vista.

b) Fundamentos jurídicos da pretensão à devolução e seus impedimentos

Costumam servir de *fundamento jurídico* dos pedidos de restituição pretensões de natureza real, isto é, fundadas em direito de *propriedade*, cuja base histórica é a *rei vindicatio* romana,[90] que consta das grandes codificações, como a austríaca (artigo 366 *ABGB*), a alemã (§ 985 *BGB*), a suíça (artigo 641, 2, *ZGB*), a francesa (artigo 2276 *Code*), a italiana (artigo 948 *Codice Civile*) e a belga (artigo 5:2 *BW-Burgerlijk Wetboek*). Em oposição ao direito continental, a pretensão restitutória costuma se alicerçar na *common law* no direito delitual, isto é, na responsabilidade civil, pois o pensamento pragmático dessa família jurídica dispensa uma definição de propriedade e, portanto, dos direitos dela decorrentes, ocupando-se diretamente da medida jurídica para o caso de interferência desautorizada em bem alheio. Originalmente, a *common law* conhecia várias hipóteses de incidência de responsabilidade civil para ensejar a restituição bem,

---

90. Essa era a demanda no direito romano clássico do proprietário sem posse contra o possuidor, tendo por propósito confirmar a propriedade do proprietário e obrigar o possuidor a restituir o bem – ou, se isso não fosse possível, determinar o pagamento de indenização em dinheiro.

como *trespass* (*violação física*), *conversion*, *detinue*, *reversionary injury* ou *replevin*, hoje limitadas especialmente à *conversion* e *replevin*.[91]

Podem constituir *impedimento à restituição* a inaptidão do designado bem cultural para ser considerado propriedade, como são os cadáveres e restos mortais de seres humanos, que recaem sobre a *no property rule*[92] da *common law*, de que são exemplos o caso da controvérsia que envolveu a restituição do "*Negro de Bañolas*" (en. "*Negro of Banyoles*"; dt. *Betjouana-Mann*) e os casos envolvendo restos mortais de indígenas norte-americanos.[93]

Ainda, no âmbito da *civil law*, a perda da propriedade por usucapião é uma das circunstâncias que comumente impedem restituição, protegendo-se terceiro que tenha adquirido o bem de boa-fé, ainda que originariamente o proprietário tenha perdido o bem ilegalmente. Tem pouco significado na *common law*, todavia, porque, como antes referido, esse sistema desconhece o instituto, vedando especialmente aquisição advinda de ilícito, porque ninguém pode transferir a outrem mais direitos do que os que tem (*nemo plus iuris transfere potest quam ipse habet*). Entre esses dois extremos – proteção plena da boa-fé do terceiro

---

91. *Detinue* não tem mais relevância no direito americano ou inglês atual, tendo caído em desuso no primeiro há muito tempo e tendo sido revogado na Inglaterra em 1977. *Wrongful interference with goods* pode ser atualmente tratada principalmente sob *trespass* ou *conversion*, servindo o primeiro para o caso de interferência física ilegal, enquanto pressuposto para segundo é haver apropriação de coisa alheia ou manuseio dela em desconformidade com os direitos do proprietário real. Na *conversion*, a responsabilidade é independente de culpa e o réu pode ser, portanto, terceiro de boa-fé. A demanda fundada em *conversion* pode ocorrer até mesmo depois de ter sido alienada a coisa pelo possuidor ilegal – hipótese em que o autor obterá apenas indenização. No direito inglês atual (*Torts Act 1977*) e na prática norte-americana, tem-se, ainda, a *specific restitution*, que é medida excepcional, em que o bem subtraído deve ser restituído em espécie, sem possibilidade de substituição por outro ou por dinheiro. Já a *replevin* é a ação mais geral, bastando ao proprietário provar sua condição e a perda da posse por motivo contrário ao direito, ou contra seu consentimento ou vontade. Ademais, precisa provar que o réu está na posse ilegítima do bem.

Sobre o tema, veja-se: SCHÖNENBERGER, Beat. *Restitution von Kulturgut*: Anspruchsgrundlagen, Restitutionshindernisse, Entwicklung. Bern: Stämpfli, 2009. p. 66 e seguintes.

92. SCHÖNENBERGER, Beat. *Restitution von Kulturgut*: Anspruchsgrundlagen, Restitutionshindernisse, Entwicklung. Bern: Stämpfli, 2009. p. 107-110.

93. SCHÖNENBERGER, Beat. *Restitution von Kulturgut*: Anspruchsgrundlagen, Restitutionshindernisse, Entwicklung. Bern: Stämpfli, 2009. p. 24-25. Interessante referir que os Estados Unidos, como ex-colônia inglesa, francesa e espanhola, teve de lidar com situações semelhantes relativamente aos índios (*first people*), para o que o congresso aprovou o *native american graves protection and repatriation act* (sigla: NAGPRA), de 1990, que proporciona a proteção e repatriação da arte dos nativos norte-americanos.

Sobre o tema, veja, ainda: RUPRECHT, Karolina. Human rights aspects of indigenous cultural property repatriation. In: ODENDAHL, Kerstin; WEBER, Peter (org.). *Kulturgüterschutz – Kunstrecht – Kulturrecht*: Festschrift für Kurt Siehr zum 75. Geburtstag aus dem Kreise des Doktoranden- und Habilitandenseminars "Kunst und Recht". Baden-Baden: Nomos, 2010. p. 191-227.

adquirente,[94] de que é exemplo do artigo 1153 do *Codice Civile*, que a admite até em caso de obra roubada, e a negativa total dela, da *Common law* – tem-se sistemas intermediários, que limitam a aquisição por terceiro de boa-fé a alguns casos ou que exigem transcurso de prazo particular. Em se tratando de aquisição de coisa roubada, por exemplo, o sistema alemão e o austríaco admitem a proteção da boa-fé do aquirente apenas na hipótese de ter adquirido a obra em leilão, enquanto o a Espanha e também a Áustria a admitem na hipótese de compra profissional (*gewerblichen Kauf*). Já na França, Suíça e Holanda, os prazos são reduzidos para na hipótese de se tratar adquirente de boa-fé.[95]

Ainda, podem existir *impedimentos práticos à restituição*, como os custos elevados da demanda judicial,[96] por exemplo, ou o fato da obra se encontrar num museu que, por prescrição legal ou regulamentar, encontra-se sobre proibição de alienação de seu acervo (dt. *Veräusserungsverbote*; en. *deaccessioning*).

A *proibição de exportação e a imunidade* entre Estados também podem configurar empecilhos à restituição.

A devolução de bens culturais pode se dar não apenas por meio meios judiciais, mas também por *meios alternativos de resolução de disputas* (*alternative dispute resolution*, abrev. *ADR*), como a arbitragem ou, especialmente, a mediação.[97] O conselho internacional de museus (ICOM) e a organização mundial de propriedade intelectual (*WIPO*) desenvolveram processo especial de mediação para disputas envolvendo arte e bens culturais, em que são consideradas questões de natureza comercial, cultural, ética, histórica, moral, religiosa ou espiritual. Os obstáculos típicos aos litígios judiciais, como a prescrição, podem ser superados na mediação. Para a arbitragem, o centro de arbitragem e mediação WIPO (*WIPO Arbitration and Mediation Center*) oferece, entre outros serviços, auxílio às partes para submeter a causa ao procedimento, na hipótese de não existir cláusula contratual contendo previsão nesse sentido. Os procedimentos alternativos de resolução de disputas são consensuais e devem, portanto, resultar de iniciativa de ambas as partes. Os resultados, contudo, considerando custos, celeridade e profissionalismo, os recomendam.[98]

---

94. Não obstante, deve-se ter em conta que em muitos países europeus os bens culturais são *res extra commercium*, motivo pelo qual a aquisição deles não poderia se dar de boa-fé – o que relativiza a proteção do terceiro adquirente.

95. Mais sobre o tema da usucapião de obras de arte a seguir: capítulo IV, 1, 1.2 (1.2 Formas de aquisição da propriedade de obras de arte).

96. No caso *City of Gotha v. Sotheby's und Cobert Finance S.A.*, por exemplo, a Alemanha teve de arcar com custas judiciais e honorários advocatícios de cerca de 1 milhão de euros. Veja-se: SCHÖNENBERGER, Beat. *Restitution von Kulturgut*... p. 170.

97. Para literatura em língua portuguesa sobre o tema, veja-se: REIS, Daniel [et alii.]. *Arte e Direito*. Coimbra: Almedina, 2016. p. 95 e seguintes.

98. Para maiores informações sobre os procedimentos, veja-se o site da organização mundial de propriedade intelectual: <www.wipo.int/amc>.

Outrossim, para informações sobre casos de disputas de propriedade de obras de arte e

Quando se examina pedido de devolução de bens culturais deve-se perquirir dos interesses culturais nesses bens – o que não se resume ao interesse na preservação da sua substância, mas perfaz, ainda, o interesse científico de historiadores, arqueólogos, antropólogos, paleontólogos e historiadores de arte, por exemplo, e o interesse da coletividade em acessar e conhecer a peça.

Além desses elementos de reflexão, deve-se considerar que muitas vezes esses bens culturais estão inseridos num conjunto, cuja conservação como coleção ou como todo é recomendada para a manutenção da integridade da obra. Esse é o caso dos mármores do Parthenon e do *Codex Sinaiticus*, por exemplo.

Deve-se, ainda, ponderar as conexões culturais do bem, sua afiliação ou relação de pertencimento a um determinado grupo de seres humanos, como no caso do "Cristo". A *Bibliotheca Palatina* é outro exemplo, "pertencendo" mais à história alemã, inserindo-se no contexto da Reforma protestante, do que às conquistas francesas ou mesmo à Igreja Católica. Esse "pertencimento" (en. *to belong*; dt. *Zugehörigkei*) não se confunde com interesses afetivos, associados aos dos colecionadores ou aos de sobreviventes de um conflito, que com a devolução do bem subtraído experienciam uma recomposição da perda, ou mesmo homenageiam outras vítimas.

Por fim, é certo que os interesses dos proprietários desses bens culturais não podem ser negligenciados, já que há interesse público na valorização da propriedade, que é direito reconhecido nas constituições de praticamente todos os países da história contemporânea. Aliás, esclarecer que o proprietário do bem não será ignorado em caso de transferência do bem também contribui para o desenvolvimento da sociedade, porque insere esse bem cultural na atividade econômica, protegendo o tráfego negocial e promovendo turismo, por exemplo, como acontece na Itália.[99]

bens culturais resolvidas por métodos de resolução de disputas alternativos ou mesmo por processos judiciais tradicionais, veja-se o site da *ArThemis*, que é um banco de dados mantido pelo centro de direito da arte da Universidade de Genebra: <https://plone.unige.ch/art-adr>.

Para doutrina sobre meios alternativos de resolução de disputas envolvendo direito da arte, veja-se: RENOLD, Marc-André (org.). Resolving disputes in cultural property. Geneve: Schulthess, 2012. Para cooperação judiciária international em matéria penal envolvendo tráfico ilícito de bens culturais, veja-se: BOILLAT, Marie. *Trafic illicite de biens culturels et coopération judiciaire internationale en matière pénale.* Génève: Schukthess, 2012.

99. SCHÖNENBERGER, Beat. *Restitution von Kulturgut*: Anspruchsgrundlagen, Restitutionshindernisse, Entwicklung. Bern: Stämpfli, 2009. p. 40-60.

IV

ARTE E DIREITO CIVIL

1. Direitos reais

1.1 Direito de propriedade, direito da propriedade intelectual e propriedade de obras de arte

O direito de propriedade, ao contrário do direito autoral, remonta a milhares de anos, desde a Antiguidade. Na Mesopotâmia a propriedade privada já era protegida há mais de 2000 antes de *Cristo*, assim como era reconhecido esse direito no ordenamento jurídico grego, romano e hebreu.

Embora no *direito romano antigo* fosse direito relativo, desde o *direito romano clássico* passou a ser considerado absoluto e, portanto, oponível *erga omnes*. Nesse período, fazia-se uso das expressões "*dominium*", para designar o poder do patriarca sobre pessoas e coisas em sua família, e "*proprietas*", para atribuir uma determinada coisa a uma pessoa. As hipóteses de interferência do Poder Público na propriedade privada eram limitadas, como, por exemplo, a venda forçada de imóvel para a construção de aquedutos. Limitações de natureza privada, por outro lado, eram comuns, notadamente em relação a direito de vizinhança, como direito de passagem ou de recolher frutos que eventualmente tivessem caído em terreno alheio.[1]

No período do *direito vulgar* ou *pós-clássico*, o direito de propriedade atenuou-se, *mas* sob Justiniano foi restabelecido, mantendo-se o uso das expressões

1. RIESENKAMPFF, Justus. *Inhalt und Schranken des Eigentums an Werken der Baukunst*: unter besonderer Berücksichtigung des Urheberrechts. Baden-Baden: Nomos, 2009. p. 26-27.

dominium e *proprietas* – a primeira designando a dominação e utilização de uma coisa, e a segunda caracterizando atribuição.[2]

A escola do direito natural (*Naturrechtlehre*), de que é exponente *Hugo Grotius*, por sua vez, via a propriedade não apenas como atribuição de uma coisa a uma pessoa, mas também como repartição da propriedade entre mais de um legitimado, o que fundamentava a relação entre senhor feudal e o vassalo sob sua autoridade.

Com as mudanças sociais no início do século XIX e o pensamento científico da pandectística (*Pandektenwissenschaft*) a propriedade passou a ser compreendida como poder de dominação absoluto do proprietário, expressando veementemente o pensamento liberal.

O conceito de propriedade constante do BGB – e assim também do direito brasileiro – é baseado no direito romano clássico, ensejando, portanto, limitações, tanto pela lei como por direitos de terceiros. Essas limitações não constam apenas da codificação civil, estando dispersas em normas de direito público, como para proteção de bens culturais, históricos ou artísticos, e de direito privado, como direito autoral.[3]

A proteção da criação intelectual, cumpre referir, é ramo jurídico muito mais jovem que os direitos reais, não tendo sido desenvolvido senão após a invenção da imprensa por *Gutenberg* no século XV,[4] quando se passou a distinguir a propriedade intelectual da material, discutindo-se a natureza dessa primeira.[5]

As ideias de *Locke* sobre o direito do homem a fruto de seu trabalho,[6] expondo a propriedade não apenas como um direito natural, mas como decorrência do trabalho, foram apreendidas por *Wilhelm von Humboldt*, que constatou que a criação tinha aspecto espiritual.[7]

Foi *Kant,* por sua vez que, em publicação no *Berlinermonatsschrift* no ano de 1785, lançou a pedra fundamental da concepção do direito autoral como direito de personalidade, opondo-se ao direito de reimpressão das editoras e defendendo que elas agiam em nome dos autores. Um século depois e à luz da lei de proteção

2. Após, passou-se a distinguir entre domínio direto (*dominium directum*), em que uma pessoa mantinha a atribuição jurídica da propriedade, e domínio útil (*dominium utile*), direito de fruir.

3. RIESENKAMPFF, Justus. *Inhalt und Schranken des Eigentums an Werken der Baukunst...* p. 27-30.

4. Vide nota no capítulo I, 2, 2.1, b) original de falsificação.

5. Com efeito, o direito autoral não se amolda à concepção de propriedade, porque não envolve bem corpóreo, sendo sua aquisição originária pela criação. Tanto é assim que não há usucapião de propriedade intelectual. Outrossim, é direito limitado no tempo.

6. *Theory of value and property.*

7. KOWALSKI, Wojciech W. A comparative law analysis of the retained rights of artists. In: *Vanderbilt Journal of transnational law,* Symposium International Legal dimensions of art and cultural property, v. 38, outubro 2005, p. 1145-1146.

dos direitos autorais, *von Gierke* lapidou essa concepção, construindo a tese de que o objeto do direito autoral é emanação do espírito (*Geisteswerk*), com valor independente de sua fixação externa, que é, por sua vez, parte indissociável da personalidade de seu criador, que é o sujeito do direito autoral.[8]

A partir dessa compreensão *Kohler* concebeu a teoria dualista do direito autoral,[9] adicionando o componente patrimonial à criação intelectual, indicando existir um direito exclusivo a valores patrimoniais decorrentes da criação, inconfundível com o direito de personalidade subjacente. Embora intimamente relacionados, esses direitos não constituiriam direito único, mas dois direitos separados, pois *poderiam ser perfeitamente destacados os direitos patrimoniais da pessoa do criador.*[10]

A teoria monista, expressa na lei alemã em seu § 11[11] acentua a *coesão dos direitos patrimoniais e morais*. Segundo essa teoria, os direitos autorais não são compostos de dois elementos distintos. São, sim, *direito único, com dupla função*, que não tem natureza patrimonial e nem de direito da personalidade, mas natureza mista e singular.

A teoria dualista, que é própria do sistema anglo-americano (*copyright*), também foi adotada na França. *A diferença fundamental entre o monismo alemão e o dualismo francês está na extensão da proteção dos direitos do autor.*

Em tese, na França, ainda que haja a fluência do prazo para proteção dos direitos patrimoniais, os direitos morais seriam perpetuamente protegidos, sob titularidade dos sucessores, enquanto na Alemanha a fluência do prazo de proteção afetaria tanto os direitos patrimoniais como morais. Diz-se "*em tese*", porque, na prática, os direitos morais do autor exercidos pelos titulares *post mortem*

---

8. Na *common law*, delinearam-se conclusões mais práticas sobre as ideias de *Locke*, resultando na compreensão de que, num processo comercial, a obra resultante da criação de um indivíduo não pode ser legalmente tomada por outro. De fato, enquanto no copyright reconhece-se a conexão entre criador e sua obra como resultado de *trabalho* criativo que reflete a personalidade do autor, mas depende de esforço físico e intelectual, *no droit d'auteur* é a *personalidade* do artista que tem maior importância e é a essência da relação entre o artista e sua obra. De fato, o aspecto principal do copyright é a propriedade da criação; no *droit d'auteur* a criação é a evidência do desenvolvimento e expansão da personalidade do artista. Veja-se: KOWALSKI, Wojciech W. A comparative law analysis of the retained rights of artists... p. 1146 e seguintes.

9. KOHLER, Josef. Die Idee des geistigen Eigentums, *AcP* 32, 1894, p. 141-242, reimpresso em *UFITA* 123, 1993, p. 99 e seguintes.

10. RIESENKAMPFF, Justus. *Inhalt und Schranken des Eigentums an Werken der Baukunst*... p. 34.

11. "§ 11 UrhG. Das Urheberrecht schützt den Urheber in seinen geistigen und persönlichen Beziehungen zum Werk und in der Nutzung des Werkes. Es dient zugleich der Sicherung einer angemessenen Vergütung für die Nutzung des Werkes."

Em tradução livre: O direito autoral protege o autor em sua relação intelectual e pessoal com a obra e a utilização dela. Presta-se igualmente a assegurar uma retribuição adequada pela utilização da obra.

não necessariamente correspondem à vontade (presumida) do autor, podendo haver abusos – hipótese em que a própria lei refere ser devida a prevalência dos direitos do autor sobre os interesses de seus sucessores[12] – o que compromete o entendimento de que a França teria adotado completamente a teria monista.

No Brasil, evidencia-se a adoção implícita da teoria dualista, tendo em vista a previsão de *duração da proteção dos direitos patrimoniais* (título III, capítulo III da Lei 9.610/1998), inexistente no capítulo relativo a duração dos *direitos morais*. Embora se possa imaginar que a questão seja meramente acadêmica, essa conclusão não procede, pois, como visto, a teoria subjacente à positivação dos direitos autorais é fundamental para compreender a extensão dos direitos morais do autor *post mortem*.

Em se tratando de obra de arte os *direitos do proprietário* são de natureza derivada, submetendo-se às limitações atinentes ao direito autoral. Portanto, o preceito *in re potestas* não encontra aplicação no contexto do direito da arte, pois nele coexistem duas propriedades: a imaterial, associada aos direitos de personalidade e protegida pelos direitos morais de autor, e a material, de natureza econômica, atribuída ao proprietário da obra de arte, que dela pode fruir, observando, contudo, as limitações intrínsecas.

Além desses interesses eminentemente privados, verifica-se com clareza que existem outros conflitos de interesse envolvendo o direito da arte, como interesses globais, de proporcionar acesso às obras e de proteção delas em face de violações aos direitos humanos; interesses nacionais, de proteção de patrimônio histórico e cultural de uma nação; interesses que se voltam à própria obra, como o de conservação de sua integridade, função e contexto; assim como interesses do mercado, especialmente no que pertine à liberdade negocial e controle da atividade.[13]

Diante desse contexto particular, existem exceções à regra de que o proprietário possui direito *erga omnes* sobre o bem, podendo usar, dispor e fruir dele, pois o fato do objeto da propriedade ser obra de arte impõe limitações ao direito de propriedade. O proprietário de uma obra de arte não pode perverter, nem distorcer obra de arte, pintando por cima de um quadro, por exemplo. Tampouco pode prejudicá-la de qualquer outra forma, sob pena de ofender direito de personalidade do artista ou, se se tratar de bem cultural, os interesses do país.[14]

---

12. LDA, Art. 35. Quando o autor, em virtude de revisão, tiver dado à obra versão definitiva, não poderão seus sucessores reproduzir versões anteriores.

13. JAYME, Erik. Globalization in Art Law: clash of interests and international tendencies... p. 928 e seguintes.

14. Vide capítulo II, 2, 2.2, b) direito de assegurar a integridade da obra, em que exposto o § 14 da UrhG.

Ademais, mesmo que haja alienação da obra, o direito de uso (*Verwertungsrecht*), que inclui o de reproduzir a obra, é mantido com o artista, salvo pacto em contrário ou disposição legal.

Um caso interessante sobre a extensão dos direitos de propriedade de obra de arte está no *caso Oskar Schlemmer*,[15] em que o proprietário da tela "*Rote Mitte*", criada por este artista, demandou neto dele, residente na Itália, para fazê-lo cessar de se identificar como dono da obra junto à determinada editora de livros de arte. O BGH considerou que essa afirmação de propriedade por parte do demandado, se tomada a sério por terceiro, configuraria uma perturbação no direito de propriedade (*Eigentumsberühmung*) do demandante, julgando procedente o pedido. A tela, pintada em 1931, foi adquirida por uma galeria alemã em 1959 num leilão nos Estados Unidos e desde 1983 estava em poder do requerente que, pelo menos por usucapião, nos termos do § 937 BGB, teria adquirido sua propriedade, ainda que a obra possa ter sido confiscada durante o regime nacional-socialista.[16]

1.2 Formas de aquisição da propriedade de obras de arte

A aquisição da propriedade de obras de arte pode se dar por formas voluntárias, mediante criação, especificação, contrato e transferência por tradição ou registro, usucapião e licitação, assim como por formas não-voluntárias, como desapropriação, exercício de direito de preferência pelo poder público e confisco.

Desde a *criação* da obra (*Werkschöpfung*), independentemente de registo, a obra pertence ao seu criador.

Há, ainda, a hipótese de aquisição da propriedade por *especificação*[17]

---

15. BGH, 24.10.2005, NJW 2006, 689.

16. JAYME, Erik. Ersitzung im Kunstrechtsstreit am Beispiel der Heidelberger Papyrussamlung. In: WELLER, Mathias; KEMLE, Nicolai; DREIER, Thomas; LYNEN, Peter Michael (org.). *Kunst im Markt – Kunst im Recht*: Tagungsband des Dritten Heidelberger Kunstrechtstags am 9. und 10. Oktober 2009. Baden-Baden: Nomos, 2010. p. 129. JAYME, Erik. *Original und Fälschung im Spannungsfeld von Persönlichkeitsscutz, Urheber-, Marken- und Wettbewerbsrecht*. Wien: Manzsche, 2007. p. 38.

17. "Art. 1.269. Aquele que, trabalhando em matéria-prima em parte alheia, obtiver espécie nova, desta será proprietário, se não se puder restituir à forma anterior."

"Art. 1.270. Se toda a matéria for alheia, e não se puder reduzir à forma precedente, será do especificador de boa-fé a espécie nova.

§ 1.º Sendo praticável a redução, ou quando impraticável, se a espécie nova se obteve de má-fé, pertencerá ao dono da matéria-prima.

§ 2.º Em qualquer caso, inclusive o da pintura em relação à tela, da escultura, escritura e outro qualquer trabalho gráfico em relação à matéria-prima, a espécie nova será do especificador, se o seu valor exceder consideravelmente o da matéria-prima."

"Art. 1.271. Aos prejudicados, nas hipóteses dos arts. 1.269 e 1.270, se ressarcirá o dano que sofrerem, menos ao especificador de má-fé, no caso do § 1.º do artigo antecedente, quando irredutível a especificação."

(*Verarbeitung*[18]), quando o artista cria uma obra a partir de matéria-prima, eventualmente de outra pessoa. Uma forma de especificação poderia ser a sobrepintura (dt. Übermalung; en. *overpainting*), em que novas camadas de tinta são postas sobre uma pintura existente, com o objetivo de "melhorá-la", criando obra nova. É técnica antiga, mas ainda utilizada, como se vê do já referido caso em que Picasso ocultou sob A mulher agachada (1902) uma paisagem de outro artista.[19] Não se confunde, todavia, com a atividade do restaurador, pois nesta não há criação nova, mas mero restabelecimento da criação anterior.

A especificação adquire maior relevância jurídica na hipótese de não ser o artista o proprietário da matéria-prima, pois, se não tiver agido com boa-fé, a propriedade da obra não será do artista, mas do proprietário da matéria-prima (artigos 1.269-1.271 CC).

No direito alemão, interessantemente, o mesmo não acontece: aquele que cria obra de arte com matéria-prima móvel de terceiro, adquire a propriedade (§ 950, 1, 1 BGB) – regra que prevalece para bens móveis.[20] O proprietário da matéria-prima não pode demandar a restituição dela, mas apenas indenização do artista. Para imóveis, todavia, o mesmo raciocínio não se aplica, pois a transferência de bem imóvel depende de ato formal. Destaca-se, portanto, que se a obra for realizada na parede de um imóvel, por exemplo, o artista não terá a propriedade dela, que será do proprietário do imóvel. [21]

Nesse contexto de obra de arte criada em imóvel de terceiro é interessante o caso da obra "*Fettecke*" [22] (literalmente, canto de gordura), de *Joseph Beuys*, renomado artista alemão, que em seu *atelier* na Academia de Artes em Düsseldorf criou obra constituída em 5 libras de gordura disforme postas na parede de imóvel afastadas do piso, como símbolo do "frio intelectual do polo oposto", tendo-a oferecido a seu aluno, *Johannes Stüttgen*, no ano de 1982, com a singela mensagem

---

18. "§ 950 Verarbeitung

(1) Wer durch Verarbeitung oder Umbildung eines oder mehrerer Stoffe eine neue bewegliche Sache herstellt, erwirbt das Eigentum an der neuen Sache, sofern nicht der Wert der Verarbeitung oder der Umbildung erheblich geringer ist als der Wert des Stoffes. Als Verarbeitung gilt auch das Schreiben, Zeichnen, Malen, Drucken, Gravieren oder eine ähnliche Bearbeitung der Oberfläche.

(2) Mit dem Erwerb des Eigentums an der neuen Sache erlöschen die an dem Stoffe bestehenden Rechte."

19. Exemplo que ganhou repercussão foi do trabalho dos irmãos Chapman em treze aquarelas pintadas por *Adolf Hitler*, que atribuíram mais cor às obras, intitulando a coleção "*If Hitler had been a hippy, how happy would we be*". Veja-se: SCHACK, Haimo. *Kunst und Recht*... p. 91-92.

20. EBLING, Klaus; SCHULZE, Marcel. *Kunstrecht*: Zivilrecht, Steuerrecht, Stiftungsrecht. 2a ed. München: Beck: 2012. p. 49.

21. Sobre o caso, leia-se: EBLING, Klaus; SCHULZE, Marcel. *Kunstrecht*: Zivilrecht, Steuerrecht, Stiftungsrecht. 2a ed. München: Beck: 2012. p. 50.

22. A obra pode ser visualizada em: <https://web.archive.org/web/20160412230706/http://www.hamburger-kunsthalle.de/sammlungav/ html_sammlung/b/beuys_1992_01.html>.

de que "*Johannes*, agora faço para ti finalmente a tua '*Fettecke*'". Veja-se imagem da criação e de seu criador:[23]

Falecido o artista em 1986, o seu atelier foi limpo por funcionários da Academia de Artes. Tendo o pessoal da limpeza considerado a *Fettecke* como sujeira, eliminou-a completamente. *Stüttgen*, então, ajuizou ação contra o Estado de *Nordhein-Westfalen*, porque destruída sua propriedade sobre a obra de arte *Fettecke*. Porém a ação foi julgada improcedente, tendo em vista que ele não seria o proprietário da *Fettecke* pela mera tradição. Não se precisou decidir, contudo, se o proprietário seria o artista ou o proprietário imóvel, no caso, o Estado. Em qualquer hipótese, isso dependeria de conhecer se a gordura estava firmemente ligada ao prédio ou se seria facilmente dele destacada...

A título de curiosidade, vale referir que caso teve inaudito desdobramento quando, dos restos da destruída *Fettecke* foram obtidos pelos artistas *Markus Löffler, Andree Korpys* e *Dieter Schmal* cerca de 4 litros de bebida destilada (*Schnaps*), distribuídos em 19 garrafas, assim etiquetadas: "*Joseph Beuys Reste einer staatlich zerstörten Fettecke Geist 50% 2014*" (traduzível como "de Joseph Beuys, restos de um canto de gordura destruído pelo Estado, bebida alcoólica de teor 50%, ano 2014"). A viúva do artista ajuizou ação contra a fundação *Museum Kunstpalast*, requerendo que as etiquetas não incluíssem imagem da *Fettecke*, porque sua reprodução exigiria sua autorização, conforme disposições

---

23. Joseph Beuys with Fettecke, 1969, from 'When Attitudes Become Form', Kunsthalle Bern, 1969. Fotógrafo: Balthasar Burkhard. Cortesia do The Getty Research Institute, Los Angeles (2011.M.30), ao Pinterest que a publicou. Link: <https://br.pinterest.com/pin/545780048577791195/>.

da UrhG. Outrossim, insurgiu-se contra a utilização do nome do falecido esposo nas garrafas, porque não seriam obras suas, o que ofenderia não apenas normas de direito autoral, mas também atinentes a seu direito geral de personalidade. Por fim, a viúva se opôs à construção frasal que dava a entender a futuras gerações ter sido a obra de *Beuys* intencionalmente destruída pelo Estado, o que não fora o caso.

A viúva de *Beuys* e os artistas *Löffler, Korpys* e *Schmal* realizaram transação,[24] em que acordaram a alteração das etiquetas para o seguinte texto: "*Geist – Reste der zerstörten Fettecke von Joseph Beuys (1982, Raum 3 Staatliche Kunstakademie Düsseldorf) – Geist 50% Vol. – Edition 1/16, Korpys/Löffer/ Schmal, 2014*".[25] Cada garrafa é comercializada pelo preço de € 2.500. Veja-se:[26]

Nas aquisições de obras de arte informadas exclusivamente pelo direito privado, em que alienação se deu por pessoa legitimada (*Veräußerung durch Berechtigen*), o *contrato* (sem forma específica, em regra) constitui título. A transferência dar-se-á pelo *registro* (*Eintrag im Grundbuch*) e obedecerá a forma prescrita em lei, se o bem for imóvel,[27] ou pela *tradição* (*Übergabe*), se o bem for móvel. Se bem incorpóreo, a aquisição dar-se-á por cessão (*Übertragung*). O

---

24. Sobre o caso, veja-se: MAHMOUDI, Yasmin. Wie aus einer zerstörten Fettecke von Joseph Beuys zunächst Schnapps destilliert wurde und dann ein Rechtstreit entstand. *Bulletin Kunst & Recht 2016/2-2017/1*, p. 102-107.

25. Em tradução livre: "Bebida alcóolica – Restos do destruído canto de gordura de *Joseph Beuys* (ano 1982, sala 3 Academia estatal de arte de Düsseldorf) – Teor alcoólico 50% – edição 1/16, *Korpys/Löffer/Schmal*, 2014."

26. Veja-se: <http://www.artist-kunstmagazin.de/de/seite/editionen/ansicht/334>.

27. Além dos afrescos como da Capela Sistina, no Vaticano, e de outras obras realizadas em castelos e igrejas, pode-se referir especialmente o notável *Cenacolo Vinciano,* isto é, a

adquirente tornar-se-á, portanto, proprietário, porém, salvo negociação expressa, não adquirirá os direitos patrimoniais sobre a obra de arte.

É possível apresentação de certificado de autenticidade (*Echtheitzertifikat*) pelo autor, mas este não é essencial, pois a lei protege tanto o autor, quanto o proprietário, especialmente se demonstrada a autenticidade e proveniência da obra.[28]

A aquisição pode decorrer, ainda, de alienação sob outras circunstâncias (Übereignung bzw. Veräußerung), por exemplo, numa *relação de emprego*, hipótese em que a obra pertencerá ao empregador, que pagou pela produção da obra, ainda que reconhecidos os direitos autorais.

Pode haver, ainda, *aquisição de pessoa ilegítima* (dt. *Veräußerung durch Nichtberechtigen*), porque o alienante não seria o titular da obra para desfazer-se dela (lt. *a non domino*). Nesse caso, deverá ser avaliado se o adquirente procedeu de *boa-fé* (*Gutgläubigung*), hipótese em que receberá a propriedade, protegendo-se o terceiro, e alcançando ao proprietário originário indenização. Essa é a compreensão da maior parte dos países europeus continentais,[29] como se lê dos parágrafos 932 e 935, 2, do *BGB*,[30] este último se a aquisição tiver se

---

pintura da Última Ceia, por *Leonardo da Vinci*, no refeitório do convento de *Santa Maria delle Grazie*, a pedido de *Ludovico il Moro*, realizada entre 1494-1497.

Um exemplo de obra em imóvel e que posteriormente tornou-se móvel é o mural "*Familie*", de *Oskar Schlemmer*, criado em 1940 e que se tornou móvel em 1995, quando demolido o imóvel em que realizado, encontrando-se hoje exposto na *Staatsgalerie* Stuttgart.

28. Proveniência pode ser singelamente definida como a história da propriedade, sendo importante porque contribui para a autenticidade, importância histórica e título de aquisição.

29. Em princípio, vale a premissa *lex rei sitae*; exceção: bens culturais nacionais, aos quais aplica-se a lei da origem (*lex originis*) – parágrafos 54 e 72 da *Kulturgutschutzgesetz* (2016).

A título de curiosidade, envolvendo tema de direito internacional privado, vale referir o julgamento do BGH 08.04.1987, BGHZ 100, 31, que tratou de dirimir a controvérsia envolvendo coleção de moedas roubada do estado de Schleswig-Holstein, na Alemanha, e adquiridas em leilão na Suíça, de boa-fé, por comerciante de moedas, em favor de dois clientes. O Estado de Schleswig-Holstein exigiu a devolução das moedas, negociadas por mais de 7.000 francos, após tomar conhecimento de sua alienação em leilão. Entregues, todavia, as moedas, pela arrematante para o banco federal alemão (*Deutsche Bundesbank*) para parecer, ele as repassou diretamente para o estado-demandante, sem que houvesse qualquer ressarcimento. Assim, a negociante de moedas demandou judicialmente o pagamento do dinheiro perdido, consoante prevê o artigo 934, 2, Código Civil Suíço (ZGB), que prevê a devolução do preço da arrematação como condição para devolver as peças – o que não tem previsão no direito alemão. Embora o tribunal tivesse de aplicar o direito suíço, porque nesse país houve a transferência da propriedade, entendeu o BGH que a superveniente transferência ocorrida na Alemanha em favor dos clientes modificara a lei aplicável, motivo pelo qual a demandante não foi ressarcida. Veja-se: SCHNABEL, Gunnar; TATZKOW, Monika. *Nazi looted art*: Handbuch Kunstrestitution weltweit. Berlin: Proprietas, 2007. p. 280.

30. "§ 932 Gutgläubiger Erwerb vom Nichtberechtigten

(1) Durch eine nach § 929 erfolgte Veräußerung wird der Erwerber auch dann Eigentümer, wenn die Sache nicht dem Veräußerer gehört, es sei denn, dass er zu der Zeit, zu der er

dado em leilão; do artigo 934 do Código Civil da Suíça;[31] do artigo 367 do *ABGB* Austríaco[32] e do artigo 2277 do *Code.*[33]

nach diesen Vorschriften das Eigentum erwerben würde, nicht in gutem Glauben ist. In dem Falle des § 929 Satz 2 gilt dies jedoch nur dann, wenn der Erwerber den Besitz von dem Veräußerer erlangt hatte.

(2) Der Erwerber ist nicht in gutem Glauben, wenn ihm bekannt oder infolge grober Fahrlässigkeit unbekannt ist, dass die Sache nicht dem Veräußerer gehört."

"§ 935 Kein gutgläubiger Erwerb von abhanden gekommenen Sachen

(1) Der Erwerb des Eigentums auf Grund der §§ 932 bis 934 tritt nicht ein, wenn die Sache dem Eigentümer gestohlen worden, verloren gegangen oder sonst abhanden gekommen war. Das Gleiche gilt, falls der Eigentümer nur mittelbarer Besitzer war, dann, wenn die Sache dem Besitzer abhanden gekommen war.

(2) Diese Vorschriften finden keine Anwendung auf Geld oder Inhaberpapiere sowie auf Sachen, die im Wege öffentlicher Versteigerung oder in einer Versteigerung nach § 979 Absatz 1a veräußert werden."

31. Código Civil suíço disponível on line em: <https://www.admin.ch/opc/de/classified-compilation/19070042/index.html>.

"*Art. 934 – b. Bei abhanden gekommenen Sachen*

1 Der Besitzer, dem eine bewegliche Sache gestohlen wird oder verloren geht oder sonst wider seinen Willen abhanden kommt, kann sie während fünf Jahren jedem Empfänger abfordern. Vorbehalten bleibt Artikel 722.

1bis Das Rückforderungsrecht für Kulturgüter im Sinne von Artikel 2 Absatz 1 des Kulturgütertransfergesetzes vom 20. Juni 2003, die gegen den Willen des Eigentümers abhanden gekommen sind, verjährt ein Jahr, nachdem der Eigentümer Kenntnis erlangt hat, wo und bei wem sich das Kulturgut befindet, spätestens jedoch 30 Jahre nach dem Abhandenkommen.

2 Ist die Sache öffentlich versteigert oder auf dem Markt oder durch einen Kaufmann, der mit Waren der gleichen Art handelt, übertragen worden, so kann sie dem ersten und jedem spätern gutgläubigen Empfänger nur gegen Vergütung des von ihm bezahlten Preises abgefordert werden.

3 Die Rückleistung erfolgt im Übrigen nach den Vorschriften über die Ansprüche des gutgläubigen Besitzers."

32. "*367 ABGB*

(1) Die Eigentumsklage gegen den rechtmäßigen und redlichen Besitzer einer beweglichen Sache ist abzuweisen, wenn er beweist, dass er die Sache gegen Entgelt in einer öffentlichen Versteigerung, von einem Unternehmer im gewöhnlichen Betrieb seines Unternehmens oder von jemandem erworben hat, dem sie der vorige Eigentümer anvertraut hatte. In diesen Fällen erwirbt der rechtmäßige und redliche Besitzer das Eigentum. Der Anspruch des vorigen Eigentümers auf Schadenersatz gegen seinen Vertrauensmann oder gegen andere Personen bleibt unberührt.

(2) Ist die Sache mit dem Recht eines Dritten belastet, so erlischt dieses Recht mit dem Erwerb des Eigentums durch den rechtmäßigen und redlichen Besitzer, es sei denn, dass dieser in Ansehung dieses Rechtes nicht redlich ist."

33. "*Article 2277 Code*

Si le possesseur actuel de la chose volée ou perdue l'a achetée dans une foire ou dans un marché, ou dans une vente publique, ou d'un marchand vendant des choses pareilles, le propriétaire originaire ne peut se la faire rendre qu'en remboursant au possesseur le prix qu'elle lui a coûté.

Le bailleur qui revendique, en vertu de l'article 2332, les meubles déplacés sans son consentement et qui ont été achetés dans les mêmes conditions doit également rembourser à l'acheteur le prix qu'ils lui ont coûté."

Também se pode adquirir a propriedade de uma obra de arte pela posse duradoura, conforme as hipóteses e requisitos das diferentes modalidades de *usucapião* (*Ersitzung*).

A *usucapião* tem suas raízes na *usucapio* romana, tendo sido acolhida nas codificações europeias continentais. Veja-se: § 937 *BGB*, § 1460 e seguintes *ABGB*, art. 728 *ZGB*, art. 2262 *Code*, arts. 1147 e 1161 *Codice Civile*, 1955, 1, 1299 e 1300, 2. Código Civil português e art. 3:99 *BW*. Parte desses dispositivos contempla apenas a proteção do usucapiente de boa-fé, outros dispensam esse requisito, demandando prazo maior para a aquisição da propriedade.

No direito brasileiro, prescrevem os artigos 1201 e 1202 CC ser de boa-fé a posse se o possuidor ignora o vício, ou o obstáculo que impede a aquisição da coisa - perdendo este caráter no caso e desde o o momento em que as circunstâncias façam presumir que o possuidor não ignora que possui indevidamente.

Ainda, conforme o Código Civil, a posse mantém, salvo prova em contrário, o mesmo caráter com a qual foi adquirida,

O direito alemão não admite a hipótese de aquisição da propriedade por usucapião se o possuidor, ao tempo da aquisição da posse, não agia de boa-fé, ou se, posteriormente, tomasse conhecimento de não ser sua a propriedade. Segundo o parágrafo 932 BGB, não há boa-fé do possuidor quando ele sabe – ou não sabe *devido à negligência grosseira* (*grobe Fahrlässigkeit*) – que o alienante não era o proprietário do bem que pretende adquirir. Nesse contexto é que a jurisprudência e a doutrina desenvolveram a tese de exigir *Nachforschungspflichten* (deveres de investigação) do adquirente,[34] a fim de resguardar seus direitos, em caso de 'defeito' quanto à proveniência.

Outros países, por outro lado, têm uma regulamentação totalmente diversa do tema da usucapião. Na Itália, por exemplo, é possível que haja usucapião, ainda que o adquirente tenha incorrido em má-fé, se este permanecer por 20 anos com o bem (art. 1161 *Codice Civile*). Na Suíça, por sua vez, o prazo será de 30 anos, se se tratar de bem cultural (art. 728 ZGB), sendo que na hipótese de usucapião de outros bens móveis se exige apenas 5 anos.[35]

---

34. JAYME, Erik. Ersitzung im Kunstrechtsstreit am Beispiel der Heidelberger Papyrussamlung. In: WELLER, Mathias; KEMLE, Nicolai; DREIER, Thomas; LYNEN, Peter Michael (org.). Kunst im Markt – Kunst im Recht: Tagungsband des Dritten Heidelberger Kunstrechtstags am 9. und 10. Oktober 2009. Baden-Baden: Nomos, 2010. p. 130.

35. Pode-se sintetizar que o direito suíço admite a aquisição da propriedade derivada *a non domino* se houver boa-fé (artigo 933-935 ZGB), assim como originária, por usucapião (artigo 728 ZGB). O direito alemão, em comparação, não admite aquisição de boa-fé de bens culturais, exceto se havida em leilão público (§ 835, 2, BGB). O prazo para a usucapião na Suíça é, em geral, de 5 anos, mas de 30 anos para bens culturais, enquanto na Alemanha o prazo é de 10 anos (§ 937 BGB). O direito suíço privilegia as hipóteses de aquisição de coisa perdida ou roubada em leilão, no mercado ou de negociante, prevendo que só possa haver devolução do bem, mediante restituição do preço pago (artigo 934, 2, ZGB). A lei suíça

É relevante destacar que também a distribuição do ônus da prova relativamente à alegação de boa-fé é diferente. Segundo a lei alemã e austríaca, quem demandar a restituição de bem roubado de possuidor não precisa provar a má-fé dele, sendo o possuidor que precisa demonstrar que agiu de boa-fé ao tempo da transferência da coisa (§ 1006, I, 2 BGB e § 368, I, 1 ABGB). Já no direito suíço, à semelhança do brasileiro, a boa-fé é presumida, cabendo ao demandante da restituição provar que a transferência da propriedade se deu por má-fé (artigo 3, I, ZGB).[36]

No Brasil, como se sabe, a jurisprudência é firme na compreensão de ser a boa-fé presumida, devendo ser provada a má-fé do adquirente (vide REsp n. 956.943-PR – TEMA 243 STJ, que corrobora essa afirmação).

Diretamente relacionada com a boa-fé está a amplitude dos deveres de diligência (*Sorgfaltspflichten*) acerca da autenticidade e proveniência da obra: do negociante profissional exige-se mais do que do leigo, submetendo-se o primeiro a exigências mais rigorosas.[37]

São exemplos dessa compreensão no direito alemão os *casos OLG Celle 10.07.2003, LG Berlin 31.01.2008* (KUR 2009, 20) *e LG Wiesbaden 22.06.2007.*[38] No primeiro, abadia tcheca requereu a devolução de livros valiosos, adquiridos em antiquários, uma vez que funcionários da biblioteca os subtraíram e comercializaram – pleito que foi acolhido. No segundo, estabeleceu-se discussão sobre titularidade de tela que pertencera a colecionador judeu, tendo o autor ajuizado a ação, objetivando declaração de sua propriedade sobre as telas que estavam em sua posse. Porém, o tribunal entendeu que não teria se desincumbido do ônus da prova atinente à aquisição de boa-fé. Já o terceiro tornou possível o retorno de tela de *van Dyck* na coleção de *Heylschen Stiftung*, em Worms.

de proteção ao patrimônio cultural prevê deveres de cuidados específicos para pessoas que atuam na negociação de arte e leilões, de forma que casos suspeitos exigem investigação, que inclui não apenas consultas a bancos de dados como o "looted art", mas a identificação dos vendedores e a exigência de apresentação por eles de declaração sobre o bem que se pretende alienar. Há, ainda, deveres de contabilidade, guarda e informação perante o órgão estatal de proteção à cultura (*Buchführungs-, Aufbewahrungs- und Auskunftspflichten*). Em caso de inobservância desses deveres, o negócio é desfeito e é cabível indenização. Bens arqueológicos, que constituem propriedade de cada *Kanton,* e bens culturais inscritos, de propriedade nacional, são *res extra commercium* – o que não existe no direito alemão. A pretensão restitutória (lt. *rei vindicatio*) é imprescritível no direito suíço, enquanto, no direito alemão, a pretensão prescreve em 30 anos, apesar da convenção Unidroit de 1995 não prever a aquisição de bens culturais roubados ou contrabandeados. Sobre a proteção de bens culturais na Suíça, veja-se: WEBER, Marc. Internationale Aspekte des gutgläubigen Erwerbs gestohlener Kulturgüter. In: WELLER, Mathias; KEMLE, Nicolai; DREIER (org.). *Raub – Beute – Diebstahl*: Tagungsband des Sechsten Heidelberger Kunstrechtstags am 28. und 29. September 2012. Baden-Baden: Nomos, 2013. p. 45-75.

36. SIEHR, Kurt. Guter Glaube im Kunsthandel. In: *Bulletin Kunst und Recht*, 2012 (3), 12.

37. SIEHR, Kurt. Guter Glaube im Kunsthandel... p. 13.

38. JAYME, Erik. Ersitzung im Kunstrechtsstreit... p. 134-135.

O quadro desaparecera no caos da II Guerra, ressurgindo num leilão em 2004, em Viena. O tribunal determinou a devolução da obra, reputando ter havido negligência grosseira na investigação da proveniência.[39]

Na *common law*, por outro lado, a usucapião não encontra aplicação, pois o adquirente de um bem recebe a propriedade na mesma condição de que dela dispôs o alienante. Portanto, não há, em regra, aquisição conforme a boa-fé de bem roubado, já que o ladrão não é proprietário e a má-fé não s separa e nem se dissocia da sua posse.

Embora a *common law* desconheça a usucapião, há prescrição extintiva da pretensão do proprietário reaver o bem do possuidor. No direito inglês (*Limitation Act 1980*), a *section* 2-4 prevê prazo prescricional de 6 anos para a *conversion*, contados da tomada ilegal da posse, findos os quais o proprietário perde o título, e não apenas a pretensão[40] sobre a coisa. Se se tratar de bem roubado, o prazo não tem início na tomada do bem, mas na transferência dele a terceiro de boa-fé – cuja prova dessa circunstância incumbe a ele mesmo. No direito americano, tem-se a teoria da *adverse possession*, segundo a qual o prazo prescricional se inicia no momento em que posse se torna *hostile*, *open* and *notorious*, o que dificilmente se configura em se tratando de obra de arte. Aliás, nesse último caso, os estados americanos dividem-se na invocação da teoria da *demand and refusal* – o prazo prescricional tem início no momento em que o proprietário toma conhecimento da localização da peça roubada e interpela o possuidor para devolvê-la – e da *discovery rule* – que soma à teoria anterior a exigência de ter o proprietário tomado "as providências necessárias" para encontrar a coisa –, questões exemplificadas a seguir.

A crítica à teoria da *demand and refusal* está no fato de que, na prática, o início prazo prescricional pode ser sistematicamente adiado, o que não contribui para a segurança jurídica, bem como na circunstância de que não se utiliza para caso de possuidor de má-fé, que não é interpelado para devolver, tendo o prazo contado desde a tomada do bem, recebendo tratamento mais favorável que o possuidor de boa-fé. Já a *discovery rule* está associada à *due diligence rule*, segundo a qual o prazo prescricional tem início no momento em que o proprietário da coisa roubada a localiza e tem informações suficientes sobre o possuidor, sendo necessário que tenha tomado providências para encontrar a coisa. A *common law* faz uso, ainda, da objeção de *laches*[41] no âmbito da *Equity*, que destaca a falta de diligência na reivindicação do bem. Seu conteúdo corresponde à máxima muitas

39. LG Wiesbaden, 22.06.2007, IPRAX 2010, 78. Sobre o caso, veja-se: JAYME, Erik. Mercato d'arte e diritto civile: aspetti internazionale, in: VITULIA, Ivone (org.). *Protezione della proprietà intellettuale e artística*: Atti del Convegno 5 marzo 2009. Rubbettino Editore, Salerno 2011, p. 34-41.

40. SCHÖNENBERGER, Beat. *Restitution von Kulturgut*: Anspruchsgrundlagen, Restitutionshindernisse, Entwicklung. Bern: Stämpfli, 2009. p. 131.

41. A origem do termo é o francês "*lâchesse*".

vezes escutadas no banco universitário de que "o direito não socorre aquele que dorme", podendo ser invocada como resposta no contexto da *demand and refusal rule*, desde que haja *delay, unreasonableness* e *prejudice*, isto é que o proprietário tenha demorado injustificadamente para formalizar sua demanda restitutória em prejuízo do réu.[42] A consequência jurídica para a parte que a invoca é comparável à aquisição da propriedade por usucapião nos sistemas de *civil law*.

Um caso que despertou questões muito relevantes – notadamente a hipótese de aquisição por *usucapião* diante da má-fé do possuidor original, suscetível de ser transferida a possuidor posterior – foi o que envolveu *a coleção de papiros da universidade de Heidelberg* (*Heidelberger Papyrussammlung*), designada *Zauberbuch* (pt. livro mágico),[43] que não conta com julgamento, pois as partes efetuaram composição. Nele, um funcionário da Universidade de Heidelberg levara papiros valiosos em empréstimo, para neles trabalhar, em casa, no ano de 1945, vindo a falecer, sem que tivesse procedido a sua restituição. A esposa do funcionário não só não devolveu as peças como, na década de 1980, ofereceu-as ao neto que, mais tarde, buscou alienar a coleção – o que atraiu o interesse da Universidade, que identificou como o material como o desaparecido de seu próprio acervo.

A questão fundamental no caso envolve o requisito da boa-fé para a aquisição da propriedade mediante a prescrição aquisitiva, prevista no par. 937 BGB. Se a posse se transmitiu aos sucessores, a qualidade dessa posse, no caso, de má-fé, não se teria transferido também? Questiona-se se os sucessores não teriam obrigação de pesquisar a proveniência do bem, sob pena de ser considerada negligência grosseira.[44]

Prevalece na jurisprudência alemã o entendimento de que, sendo a boa-fé e a má-fé estado subjetivo, não haveria a transferência desse elemento ao sucessor na posse[45] – entendimento, portanto, diametralmente oposto ao da *common law*.

Assim, em tese, o fato de ter o avô se apropriado de bem do acervo da universidade, transferido a avó, que não ignorava ser de terceiro a propriedade da obra, não comprometeria a posse de boa-fé do neto.

Outro caso envolvendo a tese de usucapião por boa-fé em que presente má-fé do possuidor original é *o caso Bernsteinzimmer* (pt. Sala de Âmbar).

---

42. LERNER, Ralph; BRESLER Judith. *Art Law*: the guide for collectors, investors, dealers, and artists. V. 1, 2 e 3. 3ª ed. New York: Practising Law Institute; 2005. p. 272 e seguintes.

43. JAYME, Erik. Ersitzung im Kunstrechtsstreit, p. 129.

44. JAYME, Erik, Ersitzung im Kunstrechtsstreit p. 129 e seguintes.

45. Informação inicial do artigo de KRÄMER, a propósito do caso da Sala Âmbar, a seguir examinado. Veja-se: KRÄMER, Gerd. Bernsteinzimmermosaik, das Bernsteinzimmer-Mosaik: Ersitzung durch den gutgläubigen Erben des bösgläubigen Besitzers? In: *NJW* 1997, 2580.

A Sala de Âmbar (rs: Янтарная комната) é uma câmara mundialmente famosa, decorada com painéis de âmbar apoiados com folha de ouro e espelhos, localizado no Palácio *Tsarskoye Selo*, nas proximidades de St. Petersburg. Originalmente construído no século XVIII, na Prússia, desapareceu durante a Segunda Guerra Mundial, sendo considerada por muitos a "*oitava maravilha do mundo*". O quarto foi projetado pelo escultor barroco alemão *Andreas Schlüter* e pelo artesão dinamarquês *Gottfried Wolfram*, que se dedicaram à obra por pelo menos seis anos, quando então os trabalhos foram assumidos por *Gottfried Turau* e *Ernst Schacht*, de Gdansk. O também designado 'gabinete âmbar' permaneceu no Berlin até 1716 quando foi dado pelo rei prussiano *Frederick William I* ao seu então aliado, o czar *Pedro*, o Grande, do Império Russo. Na Rússia, o quarto foi ampliado e depois de várias reformas, chegou a conter mais de 6 toneladas de âmbar.

Subtraído durante a II Guerra Mundial pelo exército nazista, foi trazido para Königsberg para a reconstrução e exposição, porém seu paradeiro é ignorado até a atualidade.

Desde 1979 foram envidados esforços para reconstrução da sala, que, desde 2003, depois de décadas de trabalho por artesãos russos e doações de Alemanha, foi reinaugurada na Rússia.

Em 13.05.1997, a polícia alemã apreendeu em Bremen em negociações de venda um advogado e uma obra de arte que, após avaliação por peritos, restou identificada como *um dos quatro mosaicos florentinos de mármore da Sala de Âmbar*, de valor de vários milhões de dólares. Segundo foi apurado, um soldado alemão trouxera a peça para a casa em 1941, não tendo sido encontrada senão por seu filho em 1978, após seu falecimento. Consta que o herdeiro desconhecia o valor e a natureza excepcional da peça, até identificá-la num programa de TV, quando passou a invocar deter direito de propriedade, por usucapião.

Sobre o caso, em artigo publicado em 1997, *Krämer* fundamentou veementemente que não poderia ter havido aquisição de boa-fé, porque o próprio possuidor não acreditava que a peça teria pertencido legitimamente ao pai.[46]

Numa *Erwiderung*[47] publicada dez anos mais tarde, *Finkenauer*[48] sustentou que haveria apenas sucessão do lapso temporal, mas não do elemento subjetivo, aduzindo que eventual má-fé do sucessor deveria restar demonstrada – entendimento que prevalece majoritariamente na literatura alemã.

---

46. KRÄMER, Gerd. Bernsteinzimmermosaik, das Bernsteinzimmer-Mosaik: Ersitzung durch den gutgläubigen Erben des bösgläubigen Besitzers? In: *NJW* 1997, 2580.

47. É comum na academia alemã que os cientistas contraponham seus argumentos e teses em publicações consecutivas. A réplica a uma tese é comumente designada *Erwiderung*.

48. FINKENAUER, Thomas. Gutgläubiger Erbe des bösgläubigen Erblassers – das Bernsteinzimmer-Mosaik. In: *NJW* 1998, 960.

Um contraponto à hipótese de usucapião, ainda que haja boa-fé, vê-se no caso *Menzel*, julgado na década de 1930.[49] Nele, a autora havia doado a *Neue Pinakothek* München 66 obras originais de *Adolf von Menzel*, das quais seu representante legal (curador; dt. *Vormund*) demandava restituição, tendo em vista a nulidade do ato, diante da incapacidade civil, e do enriquecimento sem causa do museu. O tribunal acolheu o pedido, afastando a defesa da pinacoteca-ré, que invocava usucapião, alegando que não haveria *título* para configurá-lo.

No direito brasileiro, a par das normas de usucapião de bens imóveis, dispõe o Código Civil no artigo 1.260, que a aquisição de bens móveis por usucapião ocorre quando o possuidor tiver a coisa móvel como sua, contínua e incontestadamente durante *três anos*, com justo título *e* boa-fé. Se a posse da coisa móvel se prolongar por *cinco anos*, haverá usucapião, *independentemente de título ou boa-fé* (artigo 1.261 CC). Os artigos 1.207 e 1.243 CC preveem a soma das posses do antecessor e do sucessor, desde que contínuas e pacíficas e, no caso de usucapião ordinária (artigo 1.242 CC), com justo título e de boa-fé.

A aquisição de obra de arte pode ser informada pelos princípios próprios do direito público, pois o poder público dispõe de mecanismos para a aquisição de obras de arte em nome do interesse da coletividade, fundados no preceito constitucional de que o Estado deve zelar pelo acesso à cultura.[50]

O primeiro a mencionar é a *licitação*, prevista na Lei 8.666/1993. O procedimento mais utilizado à obtenção de uma atividade técnica, cientifica ou artística é a modalidade de concurso público, que só pode ser dispensado (*Aussetzung der öffentlichen Ausschreibung*) em situações de necessidade premente, em guerra, quando a ordem pública estiver severamente perturbada ou se o valor do bem for baixo. Há, ainda, a hipótese de inexigibilidade de licitação (*Undurchführbarkeit der öffentlichen Ausschreibung*), quando for necessária a obra com qualidade específica, que não possa ser substituída por outra.

Outra forma usual de obras de arte serem adquiridas pelo poder público é a transferência de acervos particulares ao Poder Público por meio de sucessão ou legado, ou mesmo em vida, por doação.

Paralelas às formas voluntárias de aquisição de obras de arte, existem modalidades em que a Administração adquire a propriedade de obras de arte até mesmo sem o consentimento do artista e do proprietário. Trata-se dos casos de *desapropriação*, do exercício de *preferência*, seja em bens tombados, seja de bem declarado como de interesse público no âmbito do Sistema Brasileiro de Museus

---

49. RG 06.10.1930 RGZ 130, 69.
50. Sobre o tema no direito italiano, veja-se: FIORIO, Maria Teresa. Gestione e acquisti di opere d'arte da parte di musei e altre istituzioni pubbliche. In*: Commercio e circolazione delle opere d' arte*. COSTANZA, Maria (org.). Padova: CEDAM, 1999.

(sigla SBM) constituído pela Lei 11.904/2009 e regulamentado pelo Decreto 8.124/2013, e o *confisco*.

No direito alemão, as expressões *Sozialpflichtigkeit des Eigentums* ou *Sozialbindung des Eigentums* (pt. 'Responsabilidade' social da propriedade) referem-se ao preceito jurídico e social filosófico fundamental na Alemanha, segundo o qual a propriedade obriga, devendo favorecer também o bem geral (*Wohle der Allgemeinheit*), nos termos do artigo 14 da GG,[51] que prevê a hipótese de desapropriação por interesse público.

O direito brasileiro admite não apenas a desapropriação em razão do desatendimento da função social da propriedade, fundamento análogo ao da responsabilidade social da propriedade, mas também a *desapropriação para fins de proteção de bem ou patrimônio cultural*.[52]

O Decreto-lei n. 3.365/1941 prevê as hipóteses de desapropriação por utilidade pública e a Lei 4.132/1962 regula as hipóteses de desapropriação por interesse social. O artigo 216 da Constituição, já referido, prevê a desapropriação pelo valor cultural do bem, subsistindo no artigo 19 do Decreto-lei n. 25/1937 a previsão de desapropriação de bem já tombado. Por fim, a Lei 10.257/2001 (Estatuto da Cidade) prevê em seu art. 2.º, XII, o caso de desapropriação como política urbana, o que poderia conduzir à revitalização de centros históricos, por exemplo.

Sobre a preferência, foram revogados os dispositivos atinentes a esse direito sobre bens tombados constantes do Decreto-lei n. 25/1937, disciplinando-se atualmente o tema nos artigos 889 e 892 do CPC/2015.[53]

Além disso, o artigo 5.º da Lei n. 11.904/2009[54] criou a já referida hipótese de declaração de interesse público sobre bens culturais, hipótese regulamentada

---

51. "*(3) Eine Enteignung ist nur zum Wohle der Allgemeinheit zulässig. (...).*"

52. Artigo 5.º, XXIV, CF.

53. "Art. 889. Serão cientificados da alienação judicial, com pelo menos 5 (cinco) dias de antecedência:

[*omissis*] VIII – a União, o Estado e o Município, no caso de alienação de bem tombado."

"Art. 892. Salvo pronunciamento judicial em sentido diverso, o pagamento deverá ser realizado de imediato pelo arrematante, por depósito judicial ou por meio eletrônico.

[*omissis*] § 3.º No caso de leilão de bem tombado, a União, os Estados e os Municípios terão, nessa ordem, o direito de preferência na arrematação, em igualdade de oferta."

54. Artigo 5.º da Lei 11.904/2009:

"Art. 5.º Os bens culturais dos museus, em suas diversas manifestações, podem ser *declarados como de interesse público*, no todo ou em parte.

§ 1.º Consideram-se *bens culturais passíveis de musealização os bens móveis e imóveis de interesse público*, de natureza material ou imaterial, tomados individualmente ou em conjunto, portadores de referência ao ambiente natural, à identidade, à cultura e à memória dos diferentes grupos formadores da sociedade brasileira.

§ 2.º Será declarado como de interesse público o *acervo dos museus* cuja proteção e valorização, pesquisa e acesso à sociedade representar um valor cultural de destacada

pelo artigo 35[55] e seguintes do Decreto n. 8.124/2013, de cujas consequências jurídicas destaco atribuir ao IBRAM direito de preferência em caso de alienação onerosa do bem (que, todavia, não inibe o proprietário de gravar livremente a coisa) e proibir a saída permanente do bem do país, sob pena de responsabilização civil, administrativa e penal.

O confisco[56] decorre do artigo 91 do Código Penal, se se tratar de obra adquirida com produto de crime.

importância para a Nação, respeitada a diversidade cultural, regional, étnica e linguística do País."

55. Artigo 35 do Decreto 8.124/2013:

"Art. 35. A declaração de interesse público de bens culturais, considerados individualmente ou em conjunto, dependerá de homologação do Ministro de Estado da Cultura, após processo administrativo instaurado perante a Presidência do IBRAM, ouvido o Conselho Consultivo do Patrimônio Museológico.

§ 1.º Poderão ser declarados *de interesse público os bens culturais musealizados e passíveis de musealização*, cuja proteção e valorização, pesquisa e acesso à sociedade representarem valor cultural de destacada importância para o País, respeitada a diversidade cultural, regional, étnica e linguística.

§ 2.º Em caso de risco à integridade do bem cultural, a declaração de interesse público poderá ser concedida cautelarmente pelo Ministro de Estado da Cultura, ficando a concessão definitiva condicionada ao processo administrativo no âmbito do IBRAM."

"Art. 36. O IBRAM manterá cadastro específico dos bens declarados de interesse público para fins de documentação, monitoramento, promoção e fiscalização, que poderá fazer parte de outros instrumentos da política nacional de museus.

[*omissis*]

Art. 40. Para concretizar o disposto no § 1.º do art. 216 da Constituição e no art. 5o da Lei n. 11.904, de 2009, *o proprietário ou responsável pelo bem declarado de interesse público*:

I – adotará as medidas de proteção e preservação do bem;

II – informará anualmente o IBRAM sobre o estado de conservação do bem, ou informará, imediatamente, os casos de danos, furto, extravio, ou outras ocorrências que ameacem a sua integridade;

III – comunicará ao IBRAM dificuldades de ordem econômica ou material que impossibilite a garantia da proteção e preservação do bem;

IV – intervirá no bem, somente com prévia anuência do IBRAM;

V – *conferirá ao IBRAM direito de preferência* em caso de alienação onerosa do bem, que não inibirá o proprietário de gravar livremente a coisa; e

VI – *não procederá à saída permanente do bem do país*, exceto por curto período, para fins de intercâmbio cultural, com a prévia autorização do Conselho Consultivo do Patrimônio Museológico ou, caso se destine a transferência de domínio, desde que comprovada a observância do direito de preferência do IBRAM.

[*omissis*]

Art. 43. O proprietário ou responsável pelo bem cultural declarado de interesse público será responsabilizado nas esferas administrativa, civil e penal, pelos prejuízos causados pela omissão na prestação das informações referidas neste capítulo."

56. "Art. 91. São efeitos da condenação:

I – tornar certa a obrigação de indenizar o dano causado pelo crime;

II – *a perda em favor da União, ressalvado o direito do lesado ou de terceiro de boa-fé*

a) dos instrumentos do crime, desde que consistam em coisas cujo fabrico, alienação, uso, porte ou detenção constitua fato ilícito;

2. Direito contratual: negociação de obras de arte (*Kunsthandel*)

2.1 Formação dos contratos

Contratos de compra e venda de obras de arte não são concluídos de forma diversa dos demais: havendo consenso sobre o objeto e o preço, o contrato está concluído.

O consenso é expresso por duas manifestações de vontade: proposta e aceitação. Não se pode considerar, todavia, a mera exposição de obra de arte numa vitrine ou catálogo como proposta, constituindo-se, sim, como mera *invitatio ad offerendum*, oferecendo uma oportunidade para os clientes entregarem uma proposta a partir do preço sugerido. Outra forma de contratar é o interessado na peça buscar efetuar uma proposta, que pode ser rejeitada ou aceita pelo vendedor.[57]

Se concluído o negócio, então deve haver a entrega pelo vendedor do objeto contratado, livre de defeitos, e o respectivo pagamento do preço e recebimento da obra pelo comprador.

Como obrigações laterais ou anexas do vendedor pode-se referir, por exemplo, deveres de esclarecimento sobre a peça, o seu transporte até o adquirente ou mesmo a apresentação de informações comprovadas sobre a sua proveniência.

Sendo a obra móvel, prevalece a liberdade de forma contratual, podendo ser realizado o contrato inclusive verbalmente. Não obstante, recomenda-se, para fins de facilitação da prova em caso de controvérsia posterior, que se faça contrato escrito, especialmente se a obra tiver valor elevado.

O contrato poderá ser anulado, se ocorrer lesão, ou mesmo se restarem demonstrados vícios de consentimento, isto é, se houver coação, dolo ou erro.[58] O caso *Leibl-Duveneck*, popular nas obras preparatórias aos exames estatais prestados pelos juristas alemães, ilustra bem essa última hipótese.

A controvérsia dizia respeito à venda de pintura a óleo por um preço de DM 6.000,00. A transferência de propriedade teve lugar duas semanas mais tarde, pois a pintura estava emprestada a um amigo do alienante. Ambos os contratantes acreditavam erroneamente que se tratava de uma obra de *Frank Duveneck*, denominada "*Retrato de um homem jovem*" (dt. *Bildnis eines jungen Mannes*), porque assim tinha sido certificado por perito. Na realidade, como restou posteriormente comprovado por outro perito, o quadro provinha de um pintor

b) *do produto do crime ou de qualquer bem ou valor que constitua proveito auferido pelo agente com a prática do fato criminoso.* (...)."

57. HOEREN, Thomas; HOLZNAGEL, Bernd; ERNSTSCHNEIDER, Thomas (org.). *Handbuch Kunst und Recht*. Frankfurt am Main; Berlin; Bern; Wien (u. a.): Peter Lang, 2008. p. 167-189.

58. Para análise do erro em negócios envolvendo obras de arte, leia-se: SIEHR, Kurt. Irrtum in Kunsthandel. In: Bulletin Kunst und Recht, 2015 (1), 24-34.

ainda mais famoso, *Wilhelm Leibl*. O vendedor percebeu seu erro poucos dias após o negócio, quando descobriu a pintura de forma aleatória em um catálogo de colecionador. Alegou que nunca soubera disso antes e que, se o tivesse sabido, nunca teria vendido a pintura, buscando imediatamente a rescisão do contrato de venda e a restituição da tela. O adquirente, todavia, já a tinha vendido por cerca de DM 25.000,00 (ca. de € 6.000,00 atualmente).

No julgamento da ação, o BGH considerou a autoria do quadro questão essencial do contrato (*verkehrswesentliche Eigenschaft des Vertrags*), motivo pelo qual concluiu pela presença dos requisitos para anulação do negócio por erro, conforme o § 142 BGB, *ab initio*,[59] determinando ao comprador que restituísse a tela.[60] É de se questionar, contudo, qual seria a responsabilidade do primeiro perito, que certificara equivocadamente a autoria da obra, caso não tivesse sido anulado o negócio e o quadro devolvido.[61]

---

59. No direito brasileiro, erro substancial quanto à qualidade essencial do objeto (artigo 139, I, CC).

Sobre o tema, em "notas sobre direito do consumidor e arte", disponível no site do TJRJ (<http://www.tjrj.jus.br/documents/10136/29539/o-consumidor-e-as-obras-de-arte.pdf>), é relatada a ocorrência de fato análogo. Porém, o subscritor dessas notas defende que o caso ensejaria "*venda ad corpus*", estando o vendedor adstrito à oferta (artigo 30 CDC) e que o negócio restaria concluído (*pacta sunt servanda*), motivo pelo qual rediscutir o valor da obra iria contra a boa-fé, invocando, ainda, artigo 1.265 CC, que trata de achado de tesouro, e o preceito que veda o enriquecimento sem causa.

Data maxima venia, os argumentos são totalmente dissociados da questão jurídica posta, expondo a deficiência da formação do jurista brasileiro em relação a Direito da Arte. A venda *ad corpus*, como se sabe, opõe-se a *ad mensuram*, tratando-se de questão atinente à venda de imóvel – se como todo, ou se como medida de extensão. É claro que o alienante pode rever o preço se tiver incorrido em erro essencial – sendo essa a previsão expressa do artigo 139, I, CC, pois se trata de vício de consentimento, interno à formação do contrato – cabendo consignar, outrossim, que a boa-fé é preceito que obriga ambas as partes contratantes, não apenas o "fornecedor", mas também o "consumidor", como comumente se esquece em obras nacionais. Não há a menor similitude fática entre o substrato fático que ensejou a positivação da norma do artigo 1.265 CC e o caso exposto – no qual, se houve alguém que enriqueceu sem causa foi o adquirente!

60. A mesma conclusão já tinha alcançado o tribunal do império alemão (*Reichsgericht*) em 1929, numa decisão histórica, em que uma vendedora de um par de vasos chineses obteve anulação da venda, na qual recebeu *RM* 390, ao descobrir que os objetos, que reputava serem do século XIX, eram, na verdade, da Dinastia *Ming* (séculos XIV a XVII, portanto), tendo sido arrematados pelo Museu *Kensington* em London por *RM* 200.000. Veja-se: RGZ 124, 115. Sobre o caso: JAYME, Erik. Rechtsbegriffe und Kulturgeschichte. In: *Neues Recht zum Schutz von Kulturgut*: Internationaler Kulturgüterschutz. REICHELT, Gerte (org.). Wien: Manz, 1997. p. 14.

61. HOYNINGEN-HUENE, Gerrick. Zur Rechtsstellung und Haftung des Kunstssachvertändiger. In: MANSEL, Heiz-Peter; PFEIFFER, Thomas; KRONKE, Herbert; KOHLER, Christian; Hausmann, Rainer (org.). Festschrift für Erik Jayme. München: Sellier, 2004. p. 1462

Um caso internacionalmente conhecido envolvendo falta de autenticidade de uma obra, *dolo* e inobservância de deveres anexos relativamente à proveniência da obra foi o *caso Campendonk.*

Nesse caso, a reclamante exigiu da ré, casa de leilões de arte internacionalmente conhecida, fundada em 1845 e com sede em Colônia, indenização, afirmando ter adquirido, em 29 de novembro de 2006, no leilão de Arte Moderna realizado por ela, pintura a óleo intitulada *Rotes Bild mit Pferden*, assinado *Campendonk* e datado de 1914, mas que não teria sido criação do pintor *Heinrich Campendonk* (1889-1957).

A interveniente no processo (*Streithelfer*) teria levado a obra para a casa de leilões em setembro de 2006, indicando como procedência a "Coleção *Werner Jägers*" (1912-1992), seu avô, que seria conhecido comerciante da cidade de Köln. Ocorre que ele jamais colecionara arte. A mencionada coleção não era senão invenção da interveniente para legitimar por anos a venda em diferentes casas de leilão de obras que foram falsificadas por seu marido.

A demanda contra a ré se fundamenta no fato de que aceitara como proveniência da obra a referida coleção, sem maiores verificações, o que alega ter feito em virtude de já ter alienado outros seis quadros de mesma proveniência, sem que houvesse suspeita de falsificação. Refere-se que apenas uma obra, alegadamente pintada por *Hans Purrmann*, entregue em 1995 pela irmã da interveniente, tinha sido devolvida sem ser oferecida ao público, pois no verso continha um rótulo com as palavras "coleção *Flechtheim*", o que levantou suspeitas.

O quadro em questão no processo tinha o mesmo adesivo no verso, com uma imagem esculpida de um homem e a indicação escrita à mão "*Nr. 11*" e "*Heinrich Campendonk, Seeshaupt, Rotes Bild mit Pferden*".

Em 1920 foi realizada exposição na galeria *Flechtheim* em Düsseldorf, da qual subsiste o respectivo catálogo. Na página 6, as pinturas a óleo e aquarelas expostas por *Heinrich Campendonk* com seus títulos estão listados e, junto ao ano de 1914, no número de série 11 é encontrado o título *Rotes Bild mit Pferden.* Não há, porém, imagem, nem tampouco descrição da tela.

Heinrich Campendonk estava entre os artistas cujas obras os nazistas classificaram como degenerada. Ele emigrou para a Holanda em 1930, sendo muitos de seus trabalhos considerados perdidos.

À casa de leilões ré incumbia verificar a autenticidade da pintura, o que fez pelos seus próprios empregados. A controvérsia, portanto, no caso, está em avaliar a suficiência das medidas que tomou para verificar a autenticidade da tela. Contatada por carta e e-mail pelo perito da parte autora, nada respondeu.

No catálogo em que a casa de leilões-ré anunciou o leilão de Arte Moderna de 2006 constou expressamente que a obra estivera na exposição da galeria

Flechtheim em Düsseldorf em 1920, aduzindo-se que desde então estivera em coleção privada, de família francesa. A referência à proveniência da "coleção *Werner Jägers*" foi expressamente omitida, a pedido da alienante.

Cumpre informar que o ano de 1914 foi especialmente importante para Campendonk, que nesse mesmo ano concluiu a obra *Der sechste Tag*, hoje no Wilhelm Lehmbruck Museu, em Duisburg. Nesse contexto, a casa de leilões-ré estimou o preço de *Rotes Bild mit Pferden* entre 800.000 e 1.200.000 €.

No item 3 dos Termos do leilão (*Versteigerungsbedingungen*), afirmou a casa de leilões, como é praxe nesses negócios, que os dados do catálogo (*Katalogangaben*) são "fornecidos de boa fé e segundo seus melhores conhecimentos, mas sem garantias no sentido legal e que seu conteúdo não faz parte da qualidade contratualmente acordada".[62] No item 4 do mesmo documento, a ré comprometeu-se, "em caso de desvios da descrição do catálogo, cancelar o valor ... ou reduzi-lo de maneira não insignificante", fazer valer os seus direitos contra o alienante e reembolsar o comprador o preço de compra total, se o pedido fosse exitoso. Em caso de "falsidade comprovada", se comprometeu a restituir sua comissão apenas.

A adquirente do quadro encaminhou-o para avaliação científica e, em março de 2008, quando sobreveio avaliação do *Doerner Institut* em München, que pôs dívidas quanto à autenticidade, pois foram encontrados traços de óxido de titânio rútilo, que só passou a ser explorado industrialmente no final da década de 1930. Conclusão análoga foi apresentada por outro perito. Diante desse contexto, a adquirente requereu da casa de leilões o desfazimento do contrato e a devolução dos valores pagos pela tela. Indicou, a reforçar a conclusão de falsificação, que na queixa criminal apresentada contra a alienante, interveniente no feito cível contra a casa de leilões, em 2010, restou apurado que, de fato, seu avô nunca colecionara arte.

O *Landesgericht Köln* aplicou o parágrafo 123, 1, BGB, que trata de dolo e coação, concluindo que a adquirente foi enganada pela alienante/interveniente, ainda que esta não tenha "dito" pessoalmente a ela que o quadro em questão teria sido exposto em 1920 em Düsseldorf, porque deu a entender esse fato pela apresentação do quadro com o adesivo *Flechtheim* – procedimento que sequer se pode confirmar que tenha ocorrido de verdade, pois não há prova de que a galeria fazia uso dessa prática. O tribunal afirmou ainda, que a casa de leilões-ré responderia pelo dolo de terceiro, porque, nos termos do parágrafo 123, 2, BGB, sabia ou deveria saber do vício de proveniência. Embora o prazo prescricional para a ação fosse 1 ano, o tribunal entendeu que este não correu senão após a descoberta do vício (parágrafo 124 BGB), para o que considerou a denúncia

---

62. "*nach bestem Wissen und Gewissen erstellt*", "*aber keine Garantien im Rechtssinne und auch nicht Bestandteil der vertraglich vereinbarten Beschaffenheit*".

criminal de 17 de Junho de 2010, e não a data da perícia que revelara o uso do óxido de titânio rútilo, pois essa circunstância apenas significaria "suspeita de fraude".

Assim, concluiu que a autora faria jus à indenização por violação de deveres (*Pflichtverletzung*, parágrafo 280 BGB). Concluiu o tribunal que a casa de leilões requerida foi negligente porque ignorou *cuidado necessário* (§ 276, 2, BGB), pois seria seu o dever de diligência de apurar a procedência do quadro, por ser essa a conduta esperada de um negociante prudente, leiloeiro profissional e que é remunerado por comissão. Segundo o tribunal, havendo poucos dados objetivos acerca da obra e sua proveniência e, tendo se efetuado avaliação em valor elevado, seria de se esperar uma perícia científica da obra, e não apenas exame histórico pelos seus próprios funcionários. Entendeu, ainda, que publicar a obra no catálogo oferece credibilidade e faz presumir sua autenticidade. Por esse motivo, a observação de que "não seriam responsáveis pelos dados" seria ineficaz, segundo as regras aplicáveis para o controle das condições gerais do negócio (dt. *Allgemeine Geschäftsbedingungen;* sigla *AGB*), as cláusulas devem ser adequadas e razoáveis (*angemessene Klausel*), e não prejudiciais e desvantajosas a uma das partes (*nachteilige Klausel*).

Assim, por considerar que a negligência da casa de leilões foi a causa direta dos prejuízos da autora, condenou-a a indenizá-los totalmente, inclusive juros de mora (parágrafo 293 BGB), entendendo que esta última estaria configurada pela negativa de receber de volta a pintura quando assim demandado formalmente.

Enfim, a conclusão do tribunal foi no sentido de que, *se o alienante for especializado, responde pela autenticidade da obra*, porque investigá-la e à procedência dela, é seu dever de diligência.

O caso tornou-se especialmente famoso porque o falsificador, marido da interveniente no feito, é *Wolfgang Beltracchi*,[63] a partir de então reconhecido como o maior falsificador de pinturas desde a II Guerra Mundial, que teria lucrado cerca de 50 milhões de euros em vendas a casas de leilão em condições semelhantes a este caso.

Além de defeitos do negócio, podem-se configurar direitos de garantia, na hipótese de existir defeitos na relação jurídica (*Rechtsmangel*) ou defeitos da própria obra (*Sachmangel*).

De fato, conceitos jurídicos de direito civil podem ter grande relevância no âmbito do direito da arte. A questão de vícios ou defeitos do objeto ou redibitórios, por exemplo, merece especial atenção, por exemplo, na compra de uma pintura que careça de autenticidade ou que tenha proveniência duvidosa. Contudo, a

---

63. Sobre o falsificador e as consequências das falsificações, veja-se: KEAZOR, Henry (org.). *Der Fall Beltracchi und die Folgen*: interdisziplinäre Fälschungsforschung heute. Berlin [u.a.]: De Gruyter, 2014.

solução de demanda de responsabilidade civil nesses casos é variável, conforme o tipo de contrato firmado e quais as partes envolvidas – elementos que determinam a lei aplicável.

Se a compra se der em leilão, então dois diferentes contratos podem ser firmados: o primeiro, de comissão (*Komissionsgeschäft*), em que o leiloeiro contrata em nome próprio por conta de terceiro; e o segundo, em que contrata em nome alheio, em favor do ofertante da obra – hipótese em que o contrato entre o ofertante da obra e o seu arrematante é concluído mediante representação, sendo o leiloeiro é responsável como administrador. É comum, ainda, a exclusão da responsabilidade (*Haftungsausschluss*) por defeito, por constar disposição expressa do § 474 BGB para hipótese de leilão. Porém essa exclusão de responsabilidade não seria admissível no direito brasileiro, se aplicável lei protetiva do consumidor. No comércio internacional, outrossim, preceitos próprios regem as relações contratuais.

Dessa forma, uma vez que se afigura possível a aplicação do CDC, do Código Civil e, eventualmente, da CISG, conforme forem as circunstâncias do negócio, deve-se examinar os fatores que determinam a aplicabilidade dessas normas.

2.2 A lei aplicável

a) CISG e a compra e venda internacional de obras de arte

Os negociantes de obras de arte orientam-se internacionalmente, voltando-se aos centros historicamente desenvolvidos, onde se consolidaram mercados tradicionais, como London e New York, ou mesmo Paris, Köln e Maastricht. Embora a compra de obras de arte possa ser comparada à compra de outros bens, deve-se destacar que elas não se equiparam a reles mercadorias, que podem ser medidas, pesadas, e objetivamente controladas – o que resulta na avaliação de seu valor e preço pelo mercado. Por esse motivo que a França e alguns Estados americanos têm leis específicas sobre a negociação de obras de arte, que disciplinam essas questões jurídicas próprias.

No âmbito do direito internacional, a Convenção das Nações Unidas para a Venda Internacional de Mercadorias (en. *United Nations Convention on Contracts for the International Sale of Goods*, sigla: *CISG*) é tratado internacional, desenvolvido pela Comissão das Nações Unidas para o Direito Comercial Internacional (UNCITRAL), que foi assinado em Viena, em 1980, uniformizando as regras para a compra e venda internacional de mercadorias. Entrou em vigor na Alemanha em 21.01.1991 e no Brasil em 01.04.2014.[64]

---

64. Parte significativa do comércio internacional mundial submete-se às regras da CISG, já ratificada por 88 países, residindo seu sucesso na aproximação das tradições legais dos sistemas da *common law* e da *civil law*, o que foi possível porque sua elaboração se deu em francês e inglês. Não obstante, as partes que aderiram à CISG submetem-se a seis

Seu campo de incidência está previsto nos primeiros seis artigos da Convenção, que prevem sua aplicação, sob a perspectiva do objeto, a negócios entre profissionais envolvendo bens comerciais (dt. *Waren*; en. *commercial goods*), não se destinando a regular compra e venda de bens pessoais, familiares ou utilidades domésticas. Tampouco se aplica a leilões (artigo 2, b, CISG) e a negócios envolvendo barcos, aeronaves, crédito (ações, títulos etc) e serviços. A situação de software é controversa e depende da análise do caso concreto.

Sobre a perspectiva subjetiva, a CISG prevê sua aplicabilidade a partes que realizam negócios em diferentes países ("*between parties whose places of business are in different States*", artigo 1), sendo que essa realização deve se dar de forma duradoura (artigo 10 CISG), não bastando, no âmbito do direito da arte, que seja negócio estabelecido provisoriamente, numa feira, por exemplo.[65] Se o negociante de arte não concluir o negócio em nome próprio, como comissário, mas como mero representante do vendedor, a aplicabilidade da CISG vai depender se este último tem estabelecimento em país diverso do adquirente, pois serão apenas eles as partes contratantes. É importante, outrossim, destacar que se a aquisição se der por colecionador pessoa física, e não negociante profissional ou museu, fica excluída a aplicabilidade da CISG.

Assim, pode-se concluir pela que a CISG tem pouco significado na prática para a compra e venda de objetos de arte. Na eventualidade, todavia, da convenção vir a ser aplicável, deve-se observar que eventual falta de conformidade (*lack of conformity*) da obra previsto do artigo 35 CISG (contratual, item 1, e subsidiário, item 2) não ensejará, em regra, execução específica (*Specific Performance*), diante da singularidade da obra de arte.[66]

b) Proteção do consumidor no mercado de arte

Não se tratando de compra e venda internacional de obra de arte, são aplicáveis ao negócio os preceitos do Código Civil ou do CDC, a depender das circunstâncias fáticas do negócio o configurarem como relação paritária ou como contrato em que há necessidade de proteção de sujeito vulnerável.

versões igualmente autênticas (árabe, chinês, inglês, francês, russo e espanhol), que devem ser consultadas em casos de contradição. A versão em português, não "autêntica", contém problemas linguísticos que dificultam sua aplicação, motivo pelo qual se optou por fazer uso dos termos em inglês nesta obra. Veja-se inteiro teor da convenção nesse idioma em: <http://www.uncitral.org/pdf/english/texts/sales/cisg/V1056997-CISG-e-book.pdf>.

Para a importância de aplicar a convenção de acordo com sua concepção original, veja-se: BELL, Gary. Taking the languages of the CISG seriously. In: BÜCHLER, Andrea; MÜLLER-CHEN, Markus (org.). *Private law: national – global – comparative*. Festschrift für Ingeborg Schwenzer zum 60. Geburtstag. Bern: Stämpfli, 2011. p. 143-157.

65. SCHACK, Haimo. *Kunst und Recht*: Bildende Kunst... p. 217-218.

66. DECHOW, Angela. *Die Anwendbarkeit des UN-Kaufrechts im Internacionalen Kunsthandel*. Münster: LIT, 2000.

No mercado da arte atuam diferentes sujeitos: negociantes de arte (*Kunsthändler*), galeristas (*Galeristen*), casas de leilão (*Auktionshäuser*) e leiloeiros, expositores/feiras (*Messen*), artistas (*Künstler*), colecionadores (*Sammler*) e compradores privados (*private Käufer*).

Nesse contexto a primeira questão que se propõe para perquirir de eventual proteção do consumidor no âmbito do mercado de arte é como atribuir a esses sujeitos as categorias de consumidor (*Verbraucher*) ou fornecedor (*Untenehmer*), assim como a de objeto da negociação à peça negociada, já que a obra de arte (*Kunstwerk*) não se coaduna com o conceito de mercadoria de consumo.

Para se definir *fornecedor*, deve-se considerar que as formas negociais típicas de arte são o mercado primário (*Primärmarkt*), constituído pelas galerias, que atuam junto aos artistas e os apoiam; e o secundário (*Sekundärmarkt*), que é o constituído pelos negócios envolvendo obras que já foram pelo menos uma vez negociadas. Diz-se que o terciário seriam as casas de leilões.[67]

Os *galeristas* atuam, em regra, mediante comissão (§ 383 HGB; 693-709 CC), podendo ser o próprio artista ou outro proprietário o comitente. Nesse caso, o percentual para artistas pouco conhecidos costuma ser de 50%. Para artistas mais destacados, o percentual pode ser menor, respondendo o galerista, em todo o caso, pela tributação.[68] Raras vezes atuam mediante corretagem (§ 652 BGB, *Entstehung des Lohnanspruchs*; art. 722-729 CC) ou como meros representantes ou procuradores (§§ 164-167 BGB, *Vertretung*; 653-666 CC). Todavia, é comum que o negociante de arte adquira a obra para depois revendê-la, sem manter vínculo contratual com o antigo proprietário.

Em geral, o vínculo estabelecido entre galerista e artista é de prestação de serviço (675 BGB; art. 593-609 CC). Não é prevista nenhuma formalidade especial para a conclusão desse tipo de negócio. Porém, é comum na Alemanha que o galerista tome parte em entidade associativa que represente a atividade em nível federal (por exemplo: *Bundesverband Deutscher Galerien e.V.* ou *Bundesverband des Deutschen Kunst- und Antiquitätenhandels e.V.*).

Eventual recomendação de adquisição uma obra como investimento por parte de um galerista não importa em garantia de valorização da obra, sob pena de responsabilidade deste. Nesse sentido foi a compreensão da justiça alemã em caso julgado pelo tribunal de Düsseldorf, conhecido como "*Absolutes Schnäppchen*" (pt. barganha absoluta).[69] Nele o dono de uma galeria era o réu de uma demanda

---

67. MANGOLD, Stephan. *Verbraucherschutz und Kunstkauf im deutschen und europäischen Recht.* Frankfurt am Main; Berlin; Bern; Wien (u.a.): Lang, 2009. p. 47.

68. FURER, Hans. Der Galerievertrag zwischen Galerist(in) und Künstler(in). In: STUDER, Peter & SCHWANDER, Ivo (org.). *Neuigkeiten im Kunstrecht*: Referate der Tagung des IPR-HSG und des schweizerischen Kunstvereins vom 19.10.2007 im Kunsthaus Zürich. STUDER, Peter & SCHWANDER, Ivo (org.), St. Gallen, 2008. p. 105-109.

69. OLG Düsseldorf, 06.11.1998 – 22 U 89-98.

por indenização, fundada no fato de que teria recomendado a um cliente (parte autora da ação judicial), cerca de dois anos antes da ação, a aquisição de uma tela por DM 29.000, como investimento, porque teria valorização de dezenas de vezes esse montante. Contudo, posteriormente, verificou-se que a obra teria valor entre DM 6.000 e 8.000. O tribunal afirmou que a recomendação não era mais que mera conjectura sobre uma futura valorização incerta, não se consubstanciando em garantia profissional. Consignou, ainda, que um comprador habitual de obras de arte deve ter uma certa experiência, não sendo crível que tivesse a valorização da obra como garantida.

Além dos galerista, que não são diretamente comerciantes, mas se afiguram mais como mentores dos artistas,[70] existem ainda os *negociantes autônomos*, que costumam oferecer peças ou conjuntos de peças específicos, geralmente de grande valor, de forma discreta.

Nas *exposições* costuma haver uma relação simples de locação entre o proprietário do local da exposição e o organizador, uma relação complexa entre os organizadores do evento e expositores, que concluem um negócio complexo com características de locação, prestação de serviços, empreitada e até mesmo compra e venda,[71] e relação simples de compra e venda entre expositor e comprador.

As *casas de leilões* são o segmento de negociação de obras de maior valor e prestígio. No plano internacional, *Sotheby's* e *Christie's* juntas dominam 90% do setor. Na Alemanha as duas casas de leilões mais representativas são a *Kölner Kunsthaus Lempertz* e em Berlin a *Villa Grisebach.*

As casas de leilão seguem, em regra, o mesmo rito: primeiro recebem a peça do ofertante (*Einlieferer*), para avaliação e catalogação. No processo de avaliação, estima-se um valor mínimo e máximo, assim como se estabelece um valor de segurança, abaixo do qual a obra não será vendida. Após, a peça é levada a leilão, onde é arrematada pelo lance mais elevado.

Um dos atrativos da sistemática dos leilões é o anonimato, pois nem o ofertante e nem o arrematante precisam se expor aos olhares curiosos de ladrões ou do fisco, já que a participação no certame pode se dar por escrito, telefone ou meio eletrônico. Todavia, entre ofertante e arrematante não é concluído nenhum negócio.[72] Aliás, o arrematante, em regra, sequer conhece o ofertante.

---

70. HOEREN, Thomas; HOLZNAGEL, Bernd; ERNSTSCHNEIDER, Thomas (org.). *Handbuch Kunst und Recht.* Frankfurt am Main; Berlin; Bern; Wien (u. a.): Peter Lang, 2008. p. 103.

71. MANGOLD, Stephan. *Verbraucherschutz und Kunstkauf im deutschen und europäischen Recht.* Frankfurt am Main; Berlin; Bern; Wien (u.a.): Lang, 2009. p. 50.

72. JAYME, Erik. Pflichten und Obligenheiten im Kunstauktionswesen: Einlieferer, Experte, Auktionshaus, Ersteigerer – einige Fallstudien. In: WELLER, Mathias; KEMLE, Nicolai; DREIER, Thomas (org.). *Kunsthandel – Kunstvertrieb*: Tagungsband des Fünften Heidelberger Kunstrechtstags am 7. und 8. Oktober 2011. Baden-Baden: Nomos, 2012. p. 37.

Assim, eventual reparação que se configure devida há de ser paga pelo leiloeiro, como administrador do bem arrematado, numa relação obrigacional decorrente da *culpa in contrahendo*. Em geral, todavia, pelo menos na Alemanha, as condições gerais dos leilões excluem a responsabilidade das casas de leilões por defeitos de conformidade da obra, o que é aceito pela jurisprudência por expressa determinação legal (§ 474, 2, BGB, *Begriff des Verbrauchsgüterkaufs; anwendbare Vorschriften*) – norma sem paralelo na Lei 8.078/1990.

No Brasil, a atividade de leiloeiro está prevista no Decreto 21.981/1932, tendo regulamentação na Instrução Normativa 113/2010 do Departamento Nacional de Registro do Comércio do Ministério do Desenvolvimento, Indústria e Comércio Exterior. É considerado "agente auxiliar do comércio", como os tradutores juramentados, por exemplo, devendo ter inscrição em Junta Comercial (Lei 8.934/1994), que controla o atendimento dos requisitos legais.[73]

Ainda, atualmente alguns bancos oferecem o serviço de *Art-Banking* e *conselheiro para arte* (*Kunstberater*), para auxiliar na formação de um acervo de valor e qualidade para clientes interessados em diversificar, sendo a atividade é remunerada por uma subvenção anual ou por uma participação percentual nos negócios orientados.

No *Studioverkauf*, o *artista* revende a obra de seu próprio *atelier*, admitindo-se, ainda, que realize obra sob encomenda.

Por fim, uma modalidade pouco recomendada é a *venda entre privados*, não profissionais, que comumente envolve peças roubadas ou falsificações, que não teriam espaço no mercado aberto.

Adquirentes costumam ser *museus* públicos ou privados. Se mantidos por recursos públicos, normalmente submetem-se às restrições inerentes. Podem ser também *colecionadores*, assim entendidos como os indivíduos que reúnem obras de seu interesse, similares ou sistematicamente aproximadas, em volume. Um atributo decisivo do colecionador é o seu conhecimento específico (dt. *Kennerschaft;* fr. *connaissance*) que tem do objeto de sua atividade colecionadora, o que não se pode esperar de um adquirente comum. O colecionador é, antes de tudo, um amante da arte, e não um mero comprador.[74] Em geral, colecionadores estabelecem relação duradoura com seus negociantes.

---

73. Para um panorama da atividade de leiloeiros, veja-se: MAMEDE, Gladston. Leilões de arte e leiloeiros. In: MAMEDE, Gladston; FRANCA FILHO, Marcílio T.; RODRIGUES JÚNIOR, Otávio Luiz (org.). *Direito da Arte*. São Paulo: Atlas, 2015. p. 410-431.

74. HOEREN, Thomas; HOLZNAGEL, Bernd; ERNSTSCHNEIDER, Thomas (org.). *Handbuch Kunst und Recht*. Frankfurt am Main; Berlin; Bern; Wien (u. a.): Peter Lang, 2008. p. 103.

Pode-se designar colecionadores institucionais os museus e outras entidades públicas ou privadas, enquanto a expressão "*colecionadores profissionais*" designa investidores.

As dificuldades de definir obra de arte foram examinadas no capitulo 1.

Apresentados os envolvidos nos negócios de obras de arte, resta examinar as vestimentas jurídicas que lhes correspondem.

O BGB, alinhado ao direito europeu, define consumidor no § 13 BGB, fornecedor no § 14 BGB e os requisitos de uma compra de consumo no § 474, 1, frase 1, BGB, enquanto o direito brasileiro dispõe esses conceitos nos artigos 2.º e 3.º do CDC.

Considerando esse substrato fático e normativo, conclui-se ser possível considerar eventualmente o adquirente de obra de arte como consumidor. Porém, a qualidade de consumidor de arte nem sempre poderá recair sobre o *colecionador* (*Sammler*), considerando o grau de organização da atividade, o tempo a ela dedicado e, especialmente, se ele realiza atividade econômica no mercado da arte também como negociante (*Händler*) – circunstância que elide a ausência de paridade entre as partes (*Ungleichgewichtslage*) e que é a ensejadora da aplicação das regras especiais de proteção do sujeito vulnerável.

Também os institutos jurídicos que oferecem garantia nas hipóteses de defeito de um objeto (§ 434 e seguintes do BGB e § 459 a.F. BGB) têm aplicabilidade controvertida nos negócios envolvendo obras de arte, pois depende do acordado, que pode ter sido realizado de forma expressa ou não, sendo que nessa área negocial é comum a atuação de peritos, experts, bem como a edição catálogos – circunstâncias relevantes se for alegada a ausência de autenticidade, por exemplo. Há, ainda, que se refletir sobre a consequência de se entender configurado eventual defeito, pois o direito alemão, assim como o CDC brasileiro preveem o *Nacherfüllung*[75] que, salvo algum caso excepcional, não se pode imaginar em se tratando de obra de arte.

Apesar de eventual responsabilização civil causar-nos menos problemas dogmáticos pois, à semelhança do direito francês, contamos com cláusula geral de responsabilidade civil extracontratual, o que não existe na Alemanha, tem-se o problema de ser aceitável ou não a cláusula negativa de responsabilidade, comum nos catálogos, mas não aceita pela jurisprudência em outros tipos negociais em que o negócio se conclui por adesão.

O *caso Jawlensky* bem ilustra essa situação.[76] Nele, um negociante de arte arrematou por mais de DM 30.000 a tela "*Stilleben mit grüner Flasche*", que seria

---

75. Traduzível como o "aperfeiçoamento do adimplemento defeituoso" (artigo 18 CDC).

76. BGH, 15.01.1975; NJW 1975, 970. Sobre o caso: GLAUS, Bruno. Haftung des Experten. In: *Neuigkeiten im Kunstrecht*: Referate der Tagung des IPR-HSG und des schweizerischen Kunstvereins vom 19.10.2007 im Kunsthaus Zürich. STUDER, Peter & SCHWANDER, Ivo

de autoria de *Alexej Jawlenski*, tendo constado do catálogo da casa de leilões que a autenticidade teria sido certificada por perito. O arrematante, porém, em contato posterior com o filho do artista, recebeu informação de que a obra seria mera cópia e, portanto, não teria valor, o que ensejou seu pedido de resolução contratual. Não obstante, a casa de leilões exigiu o pagamento do valor da arrematação.

A questão foi, portanto, determinar se seria possível a casa de leilões excluir contratualmente garantia de autenticidade, já que que a obra fora ofertada em catálogo como autêntica de Jawlenski, que teria sido confirmada por parecer.

O tribunal decidiu a controvérsia favoravelmente à casa de leilões, entendendo que a exclusão da responsabilidade prevista no catálogo era válida, consoante prevê o § 474, 2, BGB,[77] sendo devido o pagamento, pois o negócio que fora concluído dizia respeito a *bem "usado"*, vendido em um *leilão* aberto ao público, no qual o consumidor poderia ter participado pessoalmente, tendo podido obter maiores informações ou mesmo testar a obra antecipadamente. A mesma compreensão foi reafirmada em outro caso julgado pelo BGH.[78]

De fato, em se tratando de obra de arte não-nova (*gebrauchte Sache*) e adquirida em leilão, a jurisprudência alemã admite a cláusula de exclusão da responsabilidade da casa de leilões,[79] exceto de restar demonstrada a sua negligência grosseira, como ocorreu no caso *Campendonk*.

O substrato normativo brasileiro é outro,[80] inexistindo previsão de inaplicabilidade dos preceitos da Lei 8.078/1990 (CDC) a negócios envolvendo bens usados, como há na vizinha Argentina, por exemplo, nem aos concluídos em leilão, como na Alemanha. Assim, as prescrições que determinam a aplicabilidade do CDC a outros negócios devem ser consideradas para eventual aplicação a

(org.), St. Gallen, 2008. p. 109-127; e SCHNABEL, Gunnar; TATZKOW, Monika. *Nazi looted art*: Handbuch Kunstrestitution weltweit. Berlin: Proprietas, 2007. p. 283-284.

77. "§ 474. Begriff des Verbrauchsgüterkaufs; anwendbare Vorschriften (...)

(2) Für den Verbrauchsgüterkauf gelten ergänzend die folgenden Vorschriften dieses Untertitels. Dies gilt nicht für gebrauchte Sachen, die in einer öffentlich zugänglichen Versteigerung verkauft werden, an der der Verbraucher persönlich teilnehmen kann."

78. BGH 13.02.1980, NJW 1980, 1619 (*Bodensee-Auktionsfall*).

79. JAYME, Erik. Pflichten und Obligenheiten im Kunstauktionswesen: Einlieferer, Experte, Auktionshaus, Ersteigerer – einige Fallstudien. In: WELLER, Mathias; KEMLE, Nicolai; DREIER, Thomas (org.). *Kunsthandel – Kunstvertrieb*: Tagungsband des Fünften Heidelberger Kunstrechtstags am 7. und 8. Oktober 2011. Baden-Baden: Nomos, 2012. p. 38.

No mesmo sentido: JAYME, Erik. "Mercato dei falsi" e diritto civile con spunti di diritto internazionale privato. In: *Protezione della proprietà intelettualle e artística*: studi in onore di Giorgio Cian. Padova 2010, Band 2. p. 43-56. Segundo o autor, o § 474 BGB teve sua redação definida em virtude do intenso lobby do mercado da arte no país, p. 51.

80. Para considerações sobre a proteção do consumidor no mercado da arte italiano, veja-se: ALPA, Guido. Circolazione delle opera d'arte e protezione del consumatore; e MIRRI, Maria Beatrice. La contraffazione di opere d'arte. In: *Commercio e circolazione delle opere d'arte*. COSTANZA, Maria (org.). Padova: CEDAM, 1999. p. 57-62 e p. 63-71, respectivamente.

negócio jurídico envolvendo obra de arte – o que não significa dizer, todavia, que o CDC é aplicável a todos os negócios envolvendo obras de arte, pois se deve examinar se os sujeitos envolvidos se subsumem aos conceitos de consumidor[81] e fornecedor,[82] e se o objeto negociado (obra de arte) corresponde a produto.[83]

Nesse contexto, o afastamento das normas protetivas ao consumidor poderia ter lugar no Brasil quando o adquirente não se encontrasse em condição de vulnerabilidade, sendo colecionador e negociante, por exemplo, porque não se subsumiria ao conceito de consumidor. Outrossim, seria possível concluir pela inaplicabilidade do CDC se se tratasse de hipótese em que ausente a figura do fornecedor, cuja verificação também pode ser complexa, tendo em vista que o negócio envolvendo arte é, em regra, concluído em relação triangular, seja com galeria ou casa de leilões – sendo estas remuneradas por comissão, restando o ofertante (*Einlieferer*) anônimo –, ou mesmo diretamente com o artista.

Em relação ao objeto, contudo, as normas do CDC não excluem negócios envolvendo obras de arte, porque o conceito legal de "produto" para proteção de consumidor no Brasil corresponde a "*qualquer bem*", ainda que sem conotação mercantil.

No direito americano, por outro lado, a jurisprudência não aplica normas protetivas ao consumidor em casos envolvendo obras de arte porque essas não são *bens de consumo.*[84]

Admitindo-se que seja aplicável o CDC, é preciso refletir, todavia, sobre as implicações decorrentes dessa compreensão, notadamente a impossibilidade de eventual inversão do ônus da prova, nos termos do artigo 6.º, VIII, do CDC, em caso de hipossuficiência processual, especialmente para a demonstração de defeito quanto à autenticidade ou proveniência[85] – questões que não devem decididas

---

81. "Art. 2.º Consumidor é toda pessoa física ou jurídica que adquire ou utiliza produto ou serviço como destinatário final."

82. "Art. 3.º Fornecedor é toda pessoa física ou jurídica, pública ou privada, nacional ou estrangeira, bem como os entes despersonalizados, que desenvolvem atividade de produção, montagem, criação, construção, transformação, importação, exportação, distribuição ou comercialização de produtos ou prestação de serviços."

83. "§ 1.º Produto é qualquer bem, móvel ou imóvel, material ou imaterial.

§ 2.º Serviço é qualquer atividade fornecida no mercado de consumo, mediante remuneração, inclusive as de natureza bancária, financeira, de crédito e securitária, salvo as decorrentes das relações de caráter trabalhista."

84. Nesse sentido: WEBER, Marc. Liability for the acquisition of faked or wrongly attributed works of art in US Law. In: ODENDAHL, Kerstin; WEBER, Peter (org.). *Kulturgüterschutz – Kunstrecht – Kulturrecht*: Festschrift für Kurt Siehr zum 75. Geburtstag aus dem Kreise des Doktoranden- und Habilitandenseminars „Kunst und Recht". Baden-Baden: Nomos, 2010. p. 409-435.

85. "Art. 6.º (...) VIII – a facilitação da defesa de seus direitos, inclusive com a inversão do ônus da prova, a seu favor, no processo civil, quando, a critério do juiz, for verossímil a alegação ou quando for ele hipossuficiente, segundo as regras ordinárias de experiências."

com base em presunções, diante da diferença abissal existente entre a presença ou ausência desses atributos, mas com base em exame do conjunto probatório.

3. Responsabilidade civil: *Aliudlieferung* e aquisição de boa-fé

3.1 Ausência de autenticidade como defeito da obra

Aliud é o termo latino que designa a entrega de objeto diverso do contratado como prestação. *Peius* importa em produto defeituoso, enquanto *Minus* significa que o produto foi entregue em menor quantidade. Esses temas são tratados sob o título "*Aliudlieferung einen Sachmangel*", no § 434, 3, BGB.

No direito brasileiro, a entrega de coisa defeituosa é tratada, *mutatis mutandis*, no artigo 441 CC, segundo o qual a coisa recebida em virtude de contrato comutativo ou doação onerosa pode ser enjeitada por vícios ou defeitos ocultos, que a tornem imprópria ao uso a que é destinada, ou lhe diminuam o valor. O CDC, por sua vez, disciplina as hipóteses de defeito nos seus artigos 12 e 18.

No contexto da arte, a entrega de reprodução de uma obra em lugar do seu original é de ser considerada como *Aliud*. A questão decorrente, todavia, é avaliar se a autenticidade foi objeto do acordo e se, diante das normas vigentes, esse acordo poderia excluir a responsabilidade.

Segundo o parágrafo 434, 1, 1, BGB,[86] uma coisa é livre de defeito quando, por ocasião da transferência dos riscos, o que ocorre, em regra, na tradição, apresenta a conformidade acordada (*vereinbarte Beschaffenheit*). É necessário para a incidência do dispositivo, portanto, que a autenticidade da obra tenha sido certificada expressamente[87] ou que, pelo menos, decorra das regras gerais de interpretação como, por exemplo, a apresentação de certificado de autenticidade ou certificação por expert. Se não for expressa a conformidade, considera-se livre de defeito o objeto *se estiver de acordo com a finalidade ou destinação prevista no contrato*, por exemplo, se comprada tela original para coleção de arte. Nesses casos, caso apresente o defeito, *pode o comprador exigir indenização.*

---

86. Sobre o enfrentamento do tema no direito italiano, veja-se: FARNETTI, Marcello. Die "Aliud-Lieferung" zum Kunstkauf in der italienischen Praxis: Abstrakte Malerei vor dem Höchstgericht: (Corte di cassazione, 08.06.2011, n. 12527), *Bulletin Kunst und Recht* 5/2012, p. 25-29.

87. Sobre o conceito de autenticidade no direito civil e penal, veja-se: BRÜHL, Friederike (Gräfin) von. Der Begriff der Echtheit von Kunstwerken im Zivil- und Strafrecht. In: ODENDAHL, Kerstin; WEBER, Peter (org.). *Kulturgüterschutz – Kunstrecht – Kulturrecht*: Festschrift für Kurt Siehr zum 75. Geburtstag aus dem Kreise des Doktoranden- und Habilitandenseminars "Kunst und Recht". Baden-Baden: Nomos, 2010. p. 303-313.

Se o vendedor provar que *não* sabia do defeito ao tempo da conclusão do contrato, o *comprador poderá exigir apenas o desfazimento do contrato ou a redução do preço que pagou* (paragrafo 437 BGG).

Se o vendedor tiver assegurado a conformidade do quadro – no caso, sua autenticidade – deverá arcar com perdas e danos, ainda que sem culpa. Esse foi o ocorrido no *caso "Burra I"*, de 1993,[88] em que o adquirente de uma tela por 10.000 DM, cujo o alienante certificara a autenticidade, recebeu 290 mil DM de indenização, porque o quadro, se acaso autêntico, o que não se verificou, valeria 300.000 DM. Por esse motivo o vendedor tem interesse em excluir a responsabilidade por defeito do objeto (*Sachmangelhaftung*) do contrato. Contudo, cláusulas prejudiciais ao consumidor são ineficazes no direito alemão, nos termos do parágrafo 433 c/c 475, 1, 1 BGB, assim como no Código de proteção e defesa do consumidor brasileiro (art. 46 CDC[89]).

Deve-se se destacar, todavia, que esse entendimento decorre de prescrições a respeito da proteção do consumidor, o que só se verifica na hipótese de se tratar de compra de bem por consumidor (*Verbrauchergüterrecht*),[90] nos termos do paragrafo 474, 1, 1 BGB, que ocorre quando um consumidor (*Verbraucher*) adquire de um fornecedor (em alemão usa-se o termo "empresário", *Unternehmer*) bem móvel, considerado o primeiro a pessoa natural que conclui negócio jurídico cuja finalidade *não* é relacionada a atividade profissional ou autônoma,[91] e tido o segundo como pessoa natural ou jurídica ou sociedade de pessoas com personalidade jurídica (*rechtsfähige Personengesellschaft*) que, ao concluir o negócio, *realiza* sua atividade profissional ou autônoma.[92] Além disso, no direito alemão o bem não pode ser considerado como usado e tampouco a aquisição pode ter se dado em leilão.

Ocorre, todavia, que o negócio envolvendo obras de arte não é tido, em regra, como submetido às normas protetivas do consumidor na Alemanha, diante do fato de que obra de arte não é bem de consumo[93] e de que geralmente se consubstancia

---

88. BGH, 19.05.1993.

89. "Art. 46. Os contratos que regulam as relações de consumo não obrigarão os consumidores, se não lhes for dada a oportunidade de tomar conhecimento prévio de seu conteúdo, ou se os respectivos instrumentos forem redigidos de modo a dificultar a compreensão de seu sentido e alcance."

90. Vide capítulo IV, 2, 2.2, b) Proteção do consumidor no âmbito do mercado de arte.

91. § 13 BGB.

92. § 14, 1, BGB.

93. JAYME, Erik. *Original und Fälschung im Spannungsfeld von Persönlichkeitsscutz, Urheber-, Marken- und Wettbewerbsrecht.* Wien: Manzsche, 2007. p. 36. Mais sobre o tema da aplicabilidade do direito do consumidor, vide capítulo IV, 2, 2.2, b), Proteção do consumidor no âmbito do mercado de arte.

em bem usado, não novo, hipótese que admite *redução* da responsabilidade legal do vendedor.[94]

De fato, se não se tratar de venda ao consumidor como, por exemplo, na hipótese de um leiloeiro e um negociante privado de arte, admite-se inclusive a *exclusão* contratual da responsabilidade (*Freizeichnung*). O alienante não poderá invocar a ausência de responsabilidade, todavia, se dolosamente tiver silenciado sobre o defeito ou se tiver oferecido garantia de conformidade da coisa (parágrafo 444 BGB).

Fora do âmbito de proteção ao consumidor e a propósito da entrega de reprodução em lugar de original, vale mencionar um *caso de Aliud Lieferung julgado pelo Amtsgericht*[95] *Ulm* de 09.06.2004,[96] em que a prestação foi considerada *res aliud*, tendo sido aceito, todavia, como legal o pacto para exclusão de responsabilidade. O caso ficou conhecido como erro grosseiro de julgamento. Nele o demandante era negociante de arte, que adquiriu num leilão de internet uma pintura que seria de *Hermann Gradl*, pintor franco da primeira metade do século XIX, e, após a entrega, constatou que a obra se tratava de impressão. O demandado, em sua defesa, alegou que, ao apresentar o quadro para leilão, excluíra garantia de autenticidade (*Gewährleistungsausschluss*), porque o teria encontrado no sótão do imóvel pertencente ao avô, sendo "leigo" em conhecimentos de arte.

Surpreendentemente o tribunal acolheu a defesa, arguindo que *aliud Lieferung* está entre as hipóteses de defeito do bem previstas no § 434, 3, BGB, cujo direito de garantia pode ser excluído, como o foi no contrato em questão, nos termos no par. 444 BGB.

Ocorre que o tribunal deveria ter considerado que, objetivamente, interpretar-se-ia como contratada a aquisição do quadro original. Ora, *entre venda de original e entrega de cópia* (seja ela reprodução gráfica, impressão, litografia ou outra forma[97]) jamais se poderia aceitar exclusão da responsabilidade do alienante

---

94. De acordo com o § 475 Abs. 2 BGB, na compra de objetos usados é possível limitar a responsabilidade a um ano.

95. *Amtsgericht* é tribunal local, comparando-se suas competências às do Juizado Especial Cível brasileiro. O inteiro teor não foi publicado em periódico.

96. Caso exposto no artigo de: JAYME, Erik. Beschaffenheitsvereinbarung und Haftungsausschluss beim Kunstkauf – unter besonderer Berücksichtigung der Falschlieferung. In: *Recht ohne Grenzen* – Festschrift für Athanassios Kaissis zum 65. Geburtstag. REINHOLD, Geimer; SCHÜTZE, Rolf (org.). München, Selllier, 2012.

97. *Jayme* narra curioso episódio em que ele mesmo, também colecionador, adquiriu reprodução em lugar de original de *Feuerbach*, falecido m Veneza, em 1880. Segundo consta, após o falecimento do artista sua fama cresceu, tendo a casa editorial Hanfstaengel, situada em München, inventado técnica especial para a reprodução de suas obras (*Lichtdruck*). Com o passar dos anos, o desgaste no papel aproximou as reproduções da original. Diante do erro grave, já que o desenho original se encontra em museu na mesma cidade da casa de leilões, esta prontamente desfez o negócio, recebendo a obra e restituindo os valores. Veja-se: JAYME, Erik. "Mercato dei falsi" e diritto civile con spunti di diritto internazionale privato. In: *Protezione della proprietà intelettualle e artística*: studi in onore di Giorgio Cian. Padova 2010, Band 2. p. 54. O autor escreveu, ainda, artigo sobre os deveres de cuidado e diligência

(*Haftungsausschluss*), já que sequer houve a entrega do bem contratado.[98]

Tanto no direito alemão (§§ 133 e 157 BGB), como no brasileiro (artigos 422 a 424 do CC e 46 CDC), há regras contra as cláusulas dessa natureza, que requerem interpretação favorável ao aderente. Daí porque é tão flagrante o erro de julgamento.

Por outro lado, a demonstrar a insuficiência das regras gerais de compra e venda ao direito da arte, tem-se que, se o adquirente não fosse negociante profissional, seria tido como consumidor, hipótese em que seria ilegal a exclusão da responsabilidade (§ 475 BGB). No caso, o "leigo" explorou o "profissional" – com o que certamente o direito não pode se coadunar.

O BGH, por sua vez, julgou caso análogo,[99] em que casa de leilão oferecera escultura de *Buda* como original da dinastia *Sui* (581-619, China), prevendo, todavia, a exclusão da sua responsabilidade em caso de defeito do objeto. A lide se estabeleceu quando o adquirente descobriu que a peça se tratava de falsificação moderna, pretendendo o desfazimento do negócio, com o que a casa de leilões não concordou. O BGH assentou que, embora a aquisição tivesse se dado em leilão, o que, em princípio, legitimaria a exclusão da responsabilidade, não poderia prevalecer essa compreensão no caso, a teor do § 309 BGB, devido à negligência grosseira do leiloeiro.

Outro caso interessante, que diz respeito à falta de autenticidade da obra é o *Buchholz-Fall*,[100] em que se pode vislumbrar um fundamento alternativo para o desfazimento de negócio, cujo objeto tenha se revelado falsificado.

A questão principal na garantia que envolve comercialização de obras de arte não autênticas está no ônus da prova. Um adquirente que deseje desfazer negócio em virtude de falsificação precisa prová-la. Existem atualmente meios científicos de examinar uma tela, como, por exemplo, a verificação das substâncias empregadas na tinta, mas ainda assim a verificação de autoria é questão muito complexa.

Num leilão, foi adquirida tela com assinatura de *Buchholz*, pintor da escola de Weimar, da segunda metade do século XIX, cuja autenticidade fora certificada por perito identificado no catálogo. Brevemente após a aquisição, foi

---

(*Sorgfaltspflichten*) dos negociantes de arte que desenhos dos antigos mestres: JAYME, Erik. Altmeisterzeichnungen – Typologie – Sorgfaltspflichten im Kunsthandel, *Bulletin Kunst & Recht 2013/1*, p. 5-42.

98. JAYME, Erik. Kunstersatzprodukte im Kaufrecht. In: WELLER, Mathias; KEMLE, Nicolai; DREIER, Thomas; KIESEL, Markus; LYNEN, Peter (org.). *Das Recht des Theaters – Das Recht der Kunst auf Reisen*: Tagungsband des Vierten Heidelberger Kunstrechtstags am 1. Und 2. Oktober 2010. Baden-Baden: Nomos, 2011. p. 120.

99. BGH, 9.10.2013 – VIII ZR 224/12 (*Buddha Sui Dynastie*)

100. Sobre o caso, leia-se: JAYME, Erik. "Mercato dei falsi" e diritto civile con spunti di diritto internazionale privato. In: *Protezione della proprietà intelettualle e artística*: studi in onore di Giorgio Cian. Padova 2010, Band 2. p. 54-56.

divulgado que o museu de Lübeck e Erfurt realizariam exposição com grande retrospectiva da obra desse artista, tendo o adquirente encaminhado foto da obra aos organizadores, oferecendo-a para inclusão no evento. Todavia, sobreveio recusa, fundada em exame de especialistas no pintor, por motivo de ser a tela uma falsificação.

Ora, seria demasiado complexo – e oneroso – comprovar a falsificação para fins de desfazimento do negócio, já que outro perito concluira pela autenticidade, certificando essa informação em catálogo. Porém, o adquirente prejudicado poderia ainda assim o requerer, em virtude de *Sachmangel*, porque a tela não estaria apta a ser exposta (*fehlende Ausstellungsfahigkeit*), já que o BGB prevê ser a coisa defeituosa quando não se presta à destinação prevista[101] e o direito de expor compreende-se entre os direitos de proprietários de obras de arte.

A falta de aptidão para ser incluída em exposição bastaria *per se* para configuração de defeito, já que o direito de expor é utilização típica de uma obra de arte, sendo dispensada prova de falsificação para ensejar o desfazimento do contrato.

3.2 Proveniência comprometida como defeito da obra

O *caso Carracci*[102] oferece outra perspectiva acerca da amplitude das garantias e da extensão dos deveres anexos do alienante e suscita reflexões profundas sobre a questão da proveniência de obra de arte e sobre como devem ser examinados casos que envolvam peças desaparecidas no contexto do nacional-socialismo.

Nesse recente caso, *Richard L. Feigen*, proeminente negociante de artes de Nova York demandou casa de leilões *Lempertz*, de Köln, objetivando obter indenização em virtude da aquisição da tela de *Ludovico Carracci*, "*Der Heilige Hieronymus mit dem Löwen und zwei Engeln*", 1555 a 1619:[103]

Antes da realização do leilão, *Feigen* consultara a casa de leilões *Lempertz* sobre a proveniência da obra, tendo esta informado não haver dúvida sobre sua legitimidade e encaminhado fac-símile do que constou o seguinte conteúdo "*Die Provenienz des Gemäldes ist 'clean'. Wir verkauften es 1937 (Die Bestände der Galerie Stern, Düsseldorf) an einen Sammler im Rheinland*". Em tradução livre da autora, informou a casa de leilões que "*a proveniência da tela é 'limpa'. Nós a vendemos em 1937, procedente do acervo da galeria Stern, em Düsseldorf, a um colecionador de Rheinland.*"

---

101. JAYME, Erik. *Original und Fälschung im Spannungsfeld von Persönlichkeitsscutz, Urheber-, Marken- und Wettbewerbsrecht*. Wien: Manzsche, 2007. p. 36-37.

102. OLG Köln, 08.07.2016.

103. <http://www.artnet.com/artists/ludovico-carracci/der-heilige-hieronymus-mit-dem-l%C3%B6wen-und-zwei-dMBzuy0B-2zRtJzE4dHCPg2>.

O futuro arrematante requereu, ainda, que fosse certificado que o "*Art Loss Register*" (registro de arte perdida)[104] fora consultado e que não pendia suspeita de furto, confisco e nem venda forçada da obra– o que a demandada confirmou, motivo pelo qual *Feigen*, posteriormente demandante na ação judicial, a arrematou, por cerca de 100.000 DM (16.000 DM de comissão).

Em 22 de abril de 2009, o "New York Times" publicou um artigo sobre a restituição do quadro "*Porträt eines Sackpfeifenspielers*" (1632), pintado por um mestre holandês desconhecido, que fora alienado em Dusseldorf, em 1937, no mesmo leilão em que a tela recentemente negociada fora, e que também pertencera ao proprietário e colecionador *Max Stern* (1904-1987).

Feigen então contatou o *Art Loss Register* e descobriu que, desde 2004, o quadro que adquirira constava como roubado pelo regime nazista, fazendo parte do projeto "Restituição Max Stern", da Universidade de Montreal, iniciado em 2002, tendo por escopo reunir as obras desse negociante de arte, que emigrou em 1937, através de Inglaterra, para o Canadá.

Após esse contato, autoridades americanas buscaram *Feigen*, apresentando pedido para a restituição da obra (*Beschlagnahmeanspruch*), com o que ele aquiesceu, ensejando a propositura de ação indenizatória contra a casa de leilões que lhe vendera a obra, na qual demandou € 300.000, correspondentes ao valor estimado atual da tela.

O julgamento da causa, todavia, foi-lhe desfavorável.

No relatório do caso pelo tribunal de Colônia, confirma-se que sim, a obra pertencera no passado ao negociante de arte judeu *Max Stern.* Ocorre que, no ano de 1937, diante da perseguição do governo nacional-socialista aos judeus, o colecionador a teria deixado na casa de leilões ora ré para alienação, *oportunidade em que recebeu* 4.320 *Reichsmark* por ela.

O *Oberlandesgericht* confirmou essa decisão, entendendo que o requerente, *Feigen*, era o proprietário legal do quadro, apesar dela ter sido leiloada em 1937, porque o então alienante recebera o preço do negócio. Afirmou não haver "defeito" nesta propriedade segundo a lei alemã, e tampouco sob a lei norte-americana, motivo pelo qual não haveria motivo para ele ter retornado a tela aos familiares do galerista falecido e que, se assim o procedeu, foi por própria liberalidade.

---

104. Desde 1976, a fundação internacional para pesquisa de arte (*International foundation for art research*, abrev. *IFAR*) reúne informações sobre arte subtraída. Em 1991 foi fundada a sociedade *Art Loss Register* (abrev. *ALR*) pela *IFAR, Sotheby's, Christie's, Phillips* e diferentes seguradores e sociedades negociantes de arte. Embora a central se localize em London, existem escritórios em New York, Köln, Moscou, Nova Délhi e Amsterdam. Atualmente, centenas de milhares de obras constam do registro. Para maiores informações: <http://www.artloss.com/>.

Assim, o tribunal considerou que o problema da proveniência não configuraria hipótese de defeito jurídico (*Rechtsmangel*) no caso, entendendo que este só poderia ocorrer se a propriedade, a posse ou o uso ilimitado do objeto comprado pudessem ser prejudicados por terceiro com base em um direito privado ou público ("*Ein solcher liegt vor, wenn von Dritten aufgrund eines privaten oder öffentlichen Rechts das Eigentum, der Besitz oder der unbeschränkte Gebrauch des Kaufgegenstandes beeinträchtigt werden kann*").

Essencial, portanto, para o tribunal decidir nesse sentido foi o fato de que o negociante de arte entregou a obra para venda no leilão em 1937, *recebendo o pagamento* por ela. O julgado consignou expressamente que, depois da guerra, o negociante *não* procurou pela obra, como fez com as demais que foram tomadas pela *Gestapo* mais tarde. Por isso o tribunal compreendeu que os valores obtidos pelo negociante no leilão original já tinham sido correspondentes à obra, diferenciando o caso do julgamento paradigmático de tribunal americano de *Rhode Island* que o requerente invocava, no qual outro quadro alienado no mesmo leilão de 1937 fora restituído/indenizado, pela circunstância de que, naquele caso, ao contrário do presente, o negociante de arte *não* recebera o pagamento da arrematação.

O recurso ao BGH (*Revision*) não foi admitido, porque ele serve para examinar a aplicação de direito alemão, o que não estava em discussão.

Nesse precedente, portanto, examinou-se a natureza da proveniência, se *Rechtsmangel*[105] ou *Sachmangel*,[106] este último considerado, singelamente, a

---

105. "§ 435 Rechtsmangel

Die Sache ist frei von Rechtsmängeln, wenn Dritte in Bezug auf die Sache keine oder nur die im Kaufvertrag übernommenen Rechte gegen den Käufer geltend machen können. Einem Rechtsmangel steht es gleich, wenn im Grundbuch ein Recht eingetragen ist, das nicht besteht."

Em tradução livre da autora: § 435 Defeito jurídico

A coisa é livre de defeitos jurídicos se terceiro em relação a ela não pode invocar nenhum direito ou apenas direitos contra o vendedor assumidos no contrato. Um defeito jurídico também ocorre quando registrado no Registro Imobiliário direito que não subsiste.

106. "§ 434 Sachmangel

(1) Die Sache ist frei von Sachmängeln, wenn sie bei Gefahrübergang die vereinbarte Beschaffenheit hat. Soweit die Beschaffenheit nicht vereinbart ist, ist die Sache frei von Sachmängeln,

1. wenn sie sich für die nach dem Vertrag vorausgesetzte Verwendung eignet, sonst,

2. wenn sie sich für die gewöhnliche Verwendung eignet und eine Beschaffenheit aufweist, die bei Sachen der gleichen Art üblich ist und die der Käufer nach der Art der Sache erwarten kann.

Zu der Beschaffenheit nach Satz 2 Nr. 2 gehören auch Eigenschaften, die der Käufer nach den öffentlichen Äußerungen des Verkäufers, des Herstellers (§ 4 Abs. 1 und 2 des Produkthaftungsgesetzes) oder seines Gehilfen insbesondere in der Werbung oder bei der Kennzeichnung über bestimmte Eigenschaften der Sache erwarten kann, es sei denn, dass der Verkäufer die Äußerung nicht kannte und auch nicht kennen musste, dass sie im Zeitpunkt des

falta ao objeto de determinada qualidade. A teor do parágrafo 434 BGB,[107] a configuração de *Sachmangel* (defeito da coisa) depende do que constou do contrato (*Vereibarung*) em termos de qualidade e características do bem (*Beschaffenheit*). Num contexto estrito, o tribunal compreendeu que a obra não teria defeito, porque teria a qualidade e características descritas, no sentido de que correspondia à obra original de *Ludovico Carracci*, "*Der Heilige Hieronymus mit dem Löwen und zwei Engeln*".

Examinou-se, ainda, a aquisição de boa-fé, diante da circunstância da alienação original ter se dado em leilão, pois, segundo o parágrafo 935 BGB não há aquisição de boa-fé (§§ 932 e 934 BGB) de propriedade (e posse indireta) perdida, subtraída de seu proprietário ou desaparecida de qualquer forma, *exceto* se se tratar de dinheiro, títulos ao portador e *bens alienados por leilão público* ou na forma do § 979, 1a – *on line*.

Embora o julgamento não careça de fundamentos jurídicos adequados, sendo clara a aplicação do direito, não há como ignorar a consideração de que a obra fora alienada durante período de perseguição aos judeus pelo regime nacional-socialista, sendo razoável crer, considerando que o colecionador fugiu

Vertragsschlusses in gleichwertiger Weise berichtigt war oder dass sie die Kaufentscheidung nicht beeinflussen konnte.

(2) Ein Sachmangel ist auch dann gegeben, wenn die vereinbarte Montage durch den Verkäufer oder dessen Erfüllungsgehilfen unsachgemäß durchgeführt worden ist. Ein Sachmangel liegt bei einer zur Montage bestimmten Sache ferner vor, wenn die Montageanleitung mangelhaft ist, es sei denn, die Sache ist fehlerfrei montiert worden.

(3) Einem Sachmangel steht es gleich, wenn der Verkäufer eine andere Sache oder eine zu geringe Menge liefert."

107. *Em tradução livre da autora:* § 434 Defeito da coisa

(1) A coisa é livre de defeitos se, após a passagem do risco, tem a qualidade acordada. Na medida em que a qualidade não tenha sido acordada, a coisa é livre de defeitos substanciais 1. se é adequada para o uso pretendido nos termos do contrato, e 2. se é adequada para o uso habitual e sua qualidade é usual em coisas do mesmo tipo e que o comprador pode esperar essa qualidade, tendo em vista o tipo da coisa.

A qualidade segundo a frase 2 inclui características que o comprador pode esperar das declarações públicas sobre características específicas da coisa que são feitas pelo vendedor, o produtor (parágrafo 4 (1) e (2) da Lei de responsabilidade pelo produto [*Produkthaftungsgesetz*]) ou seu assistente, especialmente na publicidade ou na identificação, a menos que o vendedor não tenha conhecimento da declaração ou não tenha o dever de estar ciente dela, ou no momento em que o contrato foi celebrado tenha sido ela corrigida pela mesma forma, ou não tenha influenciado a decisão de comprar o objeto.

(2) É também um defeito material se a montagem realizada pelo vendedor ou pessoas em seu nome foi realizada incorretamente. Além disso, há um defeito de material em uma coisa destinada a montagem se as instruções de montagem estiverem com defeito, a menos que o objeto tenha sido montado sem nenhum erro.

(3) A oferta pelo vendedor de uma coisa diferente ou de uma quantidade menor é equivalente a um defeito material.

para o Canadá, que a alienou porque estava sob pressão, buscando recursos para salvar a própria vida.

Diante desse contexto, examinando-se o caso sob a perspectiva de *Feigen,* ele não poderia jamais se negar ao pedido de restituição, sem sacrificar definitivamente sua reputação no mercado norte-americano. As pressões moral e social para a restituição seriam tão fortes que não conseguiria negociar outras peças.

Assim, ainda que se tenha aplicado o direito, é forçoso concluir que não se fez justiça, notadamente em relação a *Feigen.*

O caso não trata de fato isolado, motivo pelo qual o tribunal deveria ter alcançado solução diversa, notadamente porque do acordado (*Beschaffenheistvereinbarung*) restou assentado que a obra teria proveniência limpa ("*clean*"). Como isso não se confirmou, foi comprometido o uso ou destinação da tela, que não poderia mais ser exposta e alienada livremente, o que pode ser perfeitamente compreendido como defeito da obra (*Sachmangel*).

No caso *Kahnweiler* o tema na proveniência foi novamente enfrentado. Nesse caso, o autor da ação é negociante de arte e opera uma casa de leilões conhecida internacionalmente em Colônia, sendo o réu é um negociante de arte em Düsseldorf.

Em 02.06.2007 negociaram aquarela datada de 1955, atribuída ao cubista francês *Fernand Léger*, intitulada "*Contraste de formes*", pelo preço de martelo de € 1.050.000,00. Além disso, acordaram comissão de € 199.500,00 e o direito de sequência de € 19.950,00 e 7% de IVA sobre o montante resultados líquidos em um preço total de compra de € 1.358.311,50.

No catálogo do leilão fora indicada como "*proveniência: Daniel H. Kahnweiler, Paris; Gustav Kahnweiler, Buckinghamshire; anteriormente coleção particular, Suíça; coleção privada alemã*". *Daniel Henry Kahnweiler*, nascido em 1884, em Mannheim, era um galerista alemão, que morreu em Paris, em 1979. Seu irmão mais novo, *Gustav Kahnweiler*, nascido em 1894, em Stuttgart, morreu em 1989, em *Buckinghamshire*, também trabalhou como proprietário de galeria e colecionador de arte, tendo emigrado para a Inglaterra em 1935/36. A demandante demonstrou, ainda, ter apresentado a obra para a autora do *catalogue raisonné* de *Léger* que, com entusiasmo, afirmou a intenção de incluí-la no próximo diretório.

Não obstante, o réu requereu a resolução do contrato de compra e venda em 19.07.2007, *sob o fundamento de duvidar da proveniência* da obra – circunstância que ensejou o ajuizamento da ação,[108] intentada pela casa de leilões objetivando o pagamento devido.

108. OLG Köln, 27.03.2012 – Az. 9 U 141/11.

Apreciando a causa, o tribunal concluiu que a parte ré não tem direito de resolução, nos termos do disposto nos §§ 437 Nr. 2, 434, 323 Abs.1, 4 BGB, pois não é controversa a autenticidade do quadro, sendo que a sua proveniência teria sido suficientemente demonstrada. Segundo o julgamento, não restou demonstrado um defeito da coisa (*Sachmangel*) no sentido do § 434, 1, 1 BGB pois, segundo o dispositivo, a coisa é livre de defeito, quando tem as qualidades acordadas. No caso, como não houve acordo sobre as qualidades da tela, incide o § 434, 1, 2 BGB. Portanto, o réu foi condenado ao pagar o valor contratado.

Um argumento importante do julgado é que a informação de proveniência constante do catálogo da casa de leilões não constitui base de acordo sobre qualidade essencial do objeto ou garantia dela e que a limitação de responsabilidade pela casa de leilões tampouco constitui surpresa ao adquirente, na acepção do § 305 BGB, que trata das condições gerais do negócio contratual (*Allgemeiner Geschäftsbedingungen in den Vertrag*). Assim se entenderia no caso de uma cláusula incomum. Porém, a limitação ou exclusão de responsabilidade são comumente usadas no mercado de leilões de arte nacional e internacional.[109]

Assim, de acordo com o exame do BGH, nas condições gerais de leilão pode-se perfeitamente excluir a responsabilidade da casa de leilões em relação aos dados de proveniência, sem comprometimento da validade do negócio, motivo pelo qual o negócio não poderia ser desfeito e os valores contratados deveriam ser pagos.

Esse entendimento – diametralmente oposto ao estabelecido no caso *Campendonk* que, embora de substrato fático diverso, já que nele a falsificação confundia-se com a proveniência, o que não restou demonstrado nesse caso –, merece, todavia, maiores reflexões dos juristas, diante do enorme significado que tem o tema da proveniência de obra de arte.[110]

4. Responsabilidade civil extracontratual do perito ou expert em caso de equívoco quanto à autenticidade

O problema da autenticidade não pode ser examinado exclusivamente sob a perspectiva da responsabilidade do alienante e/ou intermediário, pois estes, em

---

109. Assim referiu textualmente o BGH: "*Die Haftungsbeschränkung ist auch nicht überraschend im Sinne von § 305 c BGB. Das wäre nur der Fall, wenn es sich um eine ungewöhnliche Klausel handeln würde, mit der der Vertragspartner nicht zu rechnen braucht* (vgl. Palandt/Grünberg, BGB, 71. Aufl., § 305 c Rn 3,4). *Hier handelt es sich aber um eine im Bereich der Kunstauktionen national und international üblicherweise in ähnlicher Form verwendete Klausel* (vgl. BGH NJW 1975, 970; NJW 1980, 1690; § 9 der Bedingungen Villa Grisebach, Bl. 31 AH; Sotheby's, Bl. 25 ff AH; Christie's, Bl. 29 ff AH; vgl auch MüKo-BGB/H.P, Westermann, § 434 Rn 72)."

110. Vide V. Arte e ilegalidade.

regra, contam com o auxílio de profissionais que examinam a obra, avaliando-a, científica e economicamente.

De fato, a certificação de autenticidade e a estimativa de valor de uma obra de arte tem um significado enorme no âmbito da negociação das obras. Atribuir uma obra a um determinado artista importa não apenas definir seu valor e sua contribuição para a história da arte,[111] mas também para sua negociação, tráfego e seguro.

Ninguém seria melhor para estipular a autenticidade de uma obra e seu valor do que o seu criador. Contudo, não se recomenda e nem seria prático designá-lo especialista ou expert, porque apreciar esses aspectos de uma obra pode se configurar atividade emocionalmente desgastante. É necessária neutralidade de julgamento. Daí porque tampouco familiares do artista são recomendados para essa avaliação, já que dela podem comprometer a imparcialidade.

Historiadores de arte e restauradores, sejam eles autônomos ou vinculados a museus, colaboradores de casas de leilão ou seguradoras, desde que atuantes na área que avaliarão, assim como comerciantes de arte e galeristas, são os profissionais mais recomendados.

Na Alemanha, pessoas interessadas em atuar como peritos (*Sachverständiger*) podem se candidatar na Câmara de Indústria e Comércio para atuar na área de arte e antiguidade, desde que tenham conhecimentos na área acima da média (*überdurchschnittliche Fachkenntnisse*) e experiência prática (*praktische Erfahrungen*), além da capacidade de preparar os respectivos pareceres de avaliação, provando suas conclusões.[112]

Exige-se, ainda, que demonstrem confiabilidade, imparcialidade e independência, motivo pelo qual caso tenham algum vínculo laboral, devem demonstrar que ele não compromete sua atuação como perito. Assim, passam a ser juramentados (*vereidigt*), comprometendo-se a exercer a função de perito com independência (*unabhängig*) livre de subordinação (*weisungsfrei*), pessoalmente (*persönlich*), meticuloso e preciso (*gewissenhaft*) e imparcial (*unparteiisch*). Se esse for o caso, receberá um certificado, identidade e respectivo carimbo, que deverá constar dos seus pareceres. O perito assume deveres de conservação (*Aufbewahrungspflicht*) e documentação (*Dokumentatiospflicht*), além de dever manter sigilo profissional (*berufsbezogener Schweigepflicht*). Quando não atuar mais como perito, deve retornar seu certificado e carimbo.

---

111. Para conexões entre a história da arte e conceitos jurídicos veja-se: JAYME, Erik. Rechtsbegriffe und Kulturgeschichte. In: REICHELT, Gerte (org.). *Neues Recht zum Schutz von Kulturgut*: Internationaler Kulturgüterschutz. Wien: Manz, 1997. p. 11-27.

112. EBLING, Klaus; SCHULZE, Marcel. *Kunstrecht*: Zivilrecht, Steuerrecht, Stiftungsrecht. 2a ed. München: Beck: 2012. p. 243.

Importante destacar que, na terminologia jurídica, em regra, não se distingue entre expert (*Expert*) e perito (*Sachverständiger*). Não obstante, no mundo dos profissionais da área artística, faz-se essa distinção. O primeiro, pode emitir um julgamento de autenticidade relativo a seu conhecimento da obra e estilo de um artista. O segundo, devido a seu conhecimento mais amplo da área, assim como sua observação do mercado, pode oferecer uma avaliação de valor.

Assim, na prática, *expert e perito não são sinônimos no mundo da arte.*

Em qualquer caso, suas opiniões são extremamente valorizadas, especialmente daqueles com melhor reputação, cujo parecer costuma ter maior peso e sem o qual algumas obras seriam, na prática, impossíveis de vender. Existem aqueles especialistas que se destacam por conhecimentos únicos, designados como "papas" num determinado artista, como *Florian Karsch,* em relação a *Otto Müller*, ou *Sir Denis Mahon,* relativamente a *Caravaggio.* Outros especialistas contam com autoridade por fazerem parte de agremiações de experts, como o *Andy Warhol Authentication Board*, que mundialmente é reconhecido como instância de decisão sobre a autenticidade das obras atribuídas a esse artista, ou por atuarem em fundações com conhecimentos especiais, como o *Kirchner-Archiv*, relativa às obras de *Ernst Ludwig Kirchner*, ou a fundação *Seebüll*, relativamente a *Emil Nolde*.

Nesse contexto, reflete-se sobre a dominação do mercado pelos especialistas, especialmente na hipótese de se negarem a autenticar uma determinada obra (*Authentifizierungsverweigerung*), apesar de fortes indícios de autenticidade, ou até mesmo a negativa de examiná-la (*Untersuchungsverweigerung*), já que apenas eles têm autoridade para imputar ou atribuir a autoria (*Zuschreibungsautorität*) de uma obra.[113]

É oportuna a reflexão sobre a assertiva de *Max Friedländer,* reconhecido historiador de arte judeu-alemão, sobre o tema: "*Der Kenner schafft – und vernichtet – Werte und verfügt dadurch über eine beträchtiliche Macht*",[114] traduzível como "o especialista [em arte] cria – ou destrói – valores e dispõe, por isso, de um poder considerável".

O especialista *cria valor*, como quando *Rosenberg* publicou em 1969 artigo na *Revue du Louvre* que indicou a autoria de *Nicolas Poussin* de tela até então atribuída a discípulo de *Carracci.* Em 1988, a tela foi vendida por mais de 300.000

113. Sobre o tema, veja-se: BRÜHL, Friederike (Gräfin) von. Kunstexpertisen als Machtfaktor: die Position des Aussenstehenden. In: WELLER, Matthias (org.). *Kulturgüterschutz – Künstlerschutz.* Tagungsband des Zweiten Heidelberger Kunstrechtstags am 5. und 6. September 2008. Baden-Baden: Nomos, 2009. p. 179 e seguintes; BRÜHL, Friederike (Gräfin) von. *Marktmacht von Kunstexperten als Rechtsproblem*: Der Anspruch auf Erteilung einer Expertise und auf Aufnahme in ein Werkverzeichnis. München: Carl Heymanns, 2008. p. 47 e seguintes; e JAYME, mercato dei falsi, p. 1390.

114. FRIEDLÄNDER, Max. *Der Kunstkenner*. Berlin: Cassirer, 1919, p. 8.

vezes o seu valor pago originalmente por ela (2.200 FFr).[115] E o *especialista destrói valor*, sendo ainda mais notório o caso em que *Duveens* se negou, em 1927, a referir réplica de "*La belle Ferronière*" apresentada por *Hahn* como sendo de *Leonardo*.[116] Apesar do conjunto probatório a seu favor, o especialista realizou acordo em que pagou USD 60.000 para por fim ao processo judicial iniciado contra si por *Hahn*, quando *Kansas City Art Institute* desistiu de adquirir a tela após tomar conhecimento de sua opinião. A tela não obteve comprador por muitos anos, nem mesmo em leilão realizado por respeitada casa em 1985,[117] tendo sido finalmente vendida apenas em 2010, quando foi adquirida por pouco mais de USD 1,5 milhão, em hasta conduzida pela Sotheby's – provavelmente valorizada pelo próprio episódio envolvendo *Duveen*.

Pode sistematizar a atividade do especialista nos seguintes termos: (i) o expert trabalha para a casa de leilões e prepara catálogo para leilão; (ii) o profissional é externo à casa de leilões e realiza o exame da peça para fins de seguro, por exemplo; ou (iii) é encarregado da própria seguradora. No primeiro caso, deve-se considerar que o parecer foi contratado *pelo leiloeiro*, que responde pela remuneração do expert, mediante contrato de prestação de serviços. À luz desse contrato, são deveres do profissional: examinar a obra pessoalmente, avaliando autenticidade de eventual assinatura. Deve, outrossim, oferecer análise histórica e crítica da obra, testando seus pigmentos e informando as condições de seu trabalho e eventuais limitações dele decorrentes dos meios empregados ou não (raio X, tomografia, radioscopia, radiação ultravioleta, por exemplo). Por fim, do parecer deve constar o valor relativo a seus honorários.

Devido à relação contratual estabelecida, o perito responde perante o leiloeiro. Essa responsabilidade pode ser limitada contratualmente, assim como esse último costuma limitar sua própria responsabilidade perante os adquirentes.[118]

Assim, uma segunda consideração relevante em relação aos experts é que comumente as casas de leilões logram eximir-se de responsabilidade pela falta de autenticidade de uma obra perante o adquirente, alegando terem confiado nos profissionais que contrataram e que a teriam reconhecido. Ocorre, como visto, a

---

115. SIEHR, Kurt. Irrtum in Kunsthandel. In: *Bulletin Kunst und Recht*, 2015 (1), 28-29.

116. O caso é o paradigma americano para *disparagement,* ação que protege os interesses econômicos de uma parte prejudicada por declarações falsas, analogamente à forma como a *defamation* protege sua reputação. Sobre o tema: LERNER, Ralph; BRESLER Judith. *Art Law*: the guide for collectors, investors, dealers, and artists. V. 1, 2 e 3. 3ª ed. New York: Practising Law Institute; 2005. p. 573 e seguintes.

117. BRÜHL, Friederike (Gräfin) von. *Marktmacht von Kunstexperten als Rechtsproblem*: Der Anspruch auf Erteilung einer Expertise und auf Aufnahme in ein Werkverzeichnis. München: Carl Heymanns, 2008. p. 1-2.

118. SIEHR, Kurt. Haftung des Kunstexperten nach deutschem Recht. In: *KUR* 2, 2013, p. 48-56.

responsabilidade desses experts é relativamente inequívoca em relação a quem o contratou,[119] mas não perante terceiros.

Nos termos da lei alemã, o especialista responde civilmente *perante aquele que o contratou* por violação do contrato (*vertraglicher Haftungsausschluss*; responsabilidade contratual), ainda que por culpa. Responsabilidade extracontratual (*deliktische Haftung*), por prejuízo patrimonial, só tem lugar em violação de lei protetiva (§ 823, 2 BGB) ou ofensa aos bons costumes (§ 826 BGB), caso em que é indispensável a prova do *dolo*.

Segundo a jurisprudência,[120] ainda, o especialista pode responder perante terceiros se for demonstrado que assim se desejou por ocasião da contratação do perito – o que, contudo, não costuma ocorrer. Poder-se-ia eventualmente estender a aplicabilidade do parágrafo 826 BGB (§ 826 *Sittenwidrige vorsätzliche Schädigung*), mediante construção de dolo eventual. Outra base para responsabilidade desses especialistas seria contrato com eficácia protetiva perante terceiros, firmado entre casa de leilões e perito, porém com efeitos estendidos ao comprador (*Bieter*) e ao ofertante da obra (*Einlieferer*). Contudo, a busca pela responsabilidade *extracontratual dos peritos* não teve êxito na Alemanha, seja com base no direito delitual, seja no da concorrência – essa última fundada no poder de mercado dos peritos.

Ademais, deve-se ressaltar que no sistema jurídico alemão os especialistas podem invocar a liberdade científica (*Wissenschaftsfreiheit*) consagrada na Lei Fundamental (GG), no artigo 5, 3, 1.

Um caso que bem ilustra a ausência de responsabilidade do perito por culpa é o *Guercino*[121] no qual foi examinada a aplicabilidade do parágrafo 434 BGB, que diz respeito à configuração de *Sachmangel* (defeito da coisa), desta feita não no âmbito da proveniência, mas da *autoria* da obra, concluindo o tribunal que também nesse caso a solução depende dos elementos concretos do acordado em termos de qualidades e características da obra.

A controvérsia girou em torno do quadro *Heiliger Paulus,* tido como criação do pintor italiano *Giovanni Francesco Barlieri*, conhecido como *Guercino* (1591-1666), que foi herdado por cinco irmãos na oportunidade da abertura da sucessão de sua mãe. Segundo consta do julgado, a genitora obtivera em 20.05.1948 parecer de perito que identificara o quadro como original de *Guercino.* Ainda em vida, em 20.03.1986, a proprietária buscara avaliação de perito, que concluiu que a tela teria o valor aproximado de DM 20.000. Ao autor da ação foi atribuído o quadro

---

119. HOYNINGEN-HUENE, Gerrick. Zur Rechtsstellung und Haftung des Kunstssachvertändiger. In: MANSEL, Heiz-Peter; PFEIFFER, Thomas; KRONKE, Herbert; KOHLER, Christian; Hausmann, Rainer (org.). Festschrift für Erik Jayme. München: Sellier, 2004. p. 1461-1474.

120. BGHZ 127, 378-380.

121. OLG Hamm, 14.03.1995, 7 U 163/94, NJW 1995, 2640.

na partilha por este valor, com o que o demandado, seu irmão, não concordou, pois recebera a informação de que, em se tratando de original, a tela poderia valer cerca de DM 100.000. O ora demandante voltou-se a uma reconhecida casa de leilões de Köln para obter maiores informações sobre a tela, recebendo a informação de que a procura por arte sacra diminuíra, pelo que seu valor estaria em cerca de DM 8.000, eventualmente DM 10.000. Nesse contexto, acordaram os irmãos e o testamenteiro em manter o valor da tela em DM 20.000, que o demandado concordou em pagar para manter a tela consigo, realizando a compra, mediante entrega de cheque nesse valor, no mesmo dia do acordo. No dia seguinte, buscou outra casa de leilões que, todavia, não reconheceu a autoria da tela como de *Guercino*, mas como proveniente de um de seus seguidores, pelo que teria valor apenas decorativo. Diante disso, buscou o demandado/adquirente desfazer a compra, com o que o demandante/alienante não concordou. Formalmente, informou o adquirente que sustaria o pagamento do cheque até obter maiores esclarecimentos sobre o quadro – fato que ensejou a ação por parte do irmão que o recebera, objetivando obter os recursos mencionados no título, recusados pelo irmão, que alegava haver erro quanto à qualidade essencial do objeto.

No julgamento, o tribunal concluiu que o fato de um perito ter se equivocado quanto à origem de tela não assinada não se constitui em erro (§ 459, I, BGB, a. F.[122]), na hipótese de *venda privada, se o vendedor não é um especialista*, destacando que não houve acordo sobre ser a tela original de *Guercino*.[123] Assim, foi determinado o pagamento do cheque – decisão confirmada pelo tribunal superior.

A verificação de autenticidade não é ciência exata, motivo pelo qual é perfeitamente possível divergência de opinião ou equívoco dos peritos. Porém, a questão é que quando os peritos cometem erros, eles sofrem as consequências indiretas em suas reputações, enquanto a casa de leilões ou o adquirente suportam diretamente os efeitos econômicos desse equívoco.[124] Uma consideração que pode alterar essa conclusão no futuro é que os peritos renomados não recebam

---

122. "*I. Gewährleistung wegen Mängel der Sache (§§ 459 – 493) Alte Fassung*
§ 459
(1) 1 Der Verkäufer einer Sache haftet dem Käufer dafür, daß sie zu der Zeit, zu welcher die Gefahr auf den Käufer übergeht, nicht mit Fehlern behaftet ist, die den Wert oder die Tauglichkeit zu dem gewöhnlichen oder dem nach dem Vertrage vorausgesetzten Gebrauch aufheben oder mindern. 2 Eine unerhebliche Minderung des Wertes oder der Tauglichkeit kommt nicht in Betracht."

123. JAYME, Erik. *Original und Fälschung im Spannungsfeld von Persönlichkeitsscutz, Urheber-, Marken- und Wettbewerbsrecht*. Wien: Manzsche, 2007. p. 24.

124. JAYME, Erik. Pflichten und Obligenheiten im Kunstauktionswesen: Einlieferer, Experte, Auktionshaus, Ersteigerer – einige Fallstudien. In: WELLER, Mathias; KEMLE, Nicolai; DREIER, Thomas (org.). *Kunsthandel – Kunstvertrieb*: Tagungsband des Fünften Heidelberger Kunstrechtstags am 7. und 8. Oktober 2011. Baden-Baden: Nomos, 2012. p. 40.

apenas honorários pelas suas conclusões, participando, ainda, do preço da venda (*Verkauferlös*) quando atestarem a autenticidade.[125]

Contudo, uma questão que não se pode ignorar é que a fraqueza do mercado da arte está na sua falta de transparência: o adquirente desconhece quem oferece a obra ao mercado e, assim, também ignora as circunstâncias que cercam a obra. Exemplo claro disso está no caso *Campendonk*, pois se naquela hipótese o ofertante tivesse sido dado a conhecer, a falsificação teria sido descoberta antes. O direito francês, por sua vez, oferece maior proteção ao adquirente, considerando garantidas as informações constantes do catálogo.[126]

No direito brasileiro, que admite a responsabilidade civil culposa (artigo 927 Código Civil), seria possível intentar ação indenizatória contra o expert ou perito. Porém, além de serem previsíveis as dificuldades de prova, considerando o universo restrito em que atuam esses profissionais, em caso de eventual condenação, é provável que o réu eventualmente não disponha da mesma solvabilidade de uma grande casa de leilões.

---

125. Nesse sentido orienta-se o direito francês que, todavia, dispõe de cláusula geral de responsabilidade civil, análoga à constante do Código Civil brasileiro. Nesse sentido: JAYME, Erik. Pflichten und Obligenheiten im Kunstauktionswesen: Einlieferer, Experte, Auktionshaus, Ersteigerer – einige Fallstudien. In: WELLER, Mathias; KEMLE, Nicolai; DREIER, Thomas (org.). Kunsthandel – Kunstvertrieb: Tagungsband des Fünften Heidelberger Kunstrechtstags am 7. und 8. Oktober 2011. Baden-Baden: Nomos, 2012. p. 40.

126. Veja-se o Décret 81-255, de 3 de março de 1981, que objetiva a repressão de fraudes em transações de obras de arte e colecionáveis.

V

ARTE E ILEGALIDADE

1. Subtração ilegal de obras de arte (*Kunstraub*) e restituição

No contexto do direito da arte alemão, "*restituição*" significa a devolução pelo possuidor ao proprietário, ou seus sucessores, de obras de arte, cuja posse por motivos jurídicos ou morais, não se apresenta digna de proteção. O substrato dogmático da pretensão restitutória pode ser fundamentado na propriedade violada ou na proteção de bens culturais, por exemplo.[1]

Terminologicamente, a palavra *Kunstraub* (pt. literalmente "roubo de arte") é empregada como gênero, não se limitando às subtrações havidas no período de guerra e do caos que a seguiram, mas também a tomada ilegal de obras de arte em tempos de paz. *Beutekunst* (pt. arte saqueada, pilhada), por sua vez, tem emprego recorrente no contexto das obras que durante a II Guerra foram levadas da Alemanha para o exterior, para a então União Soviética ou mesmo Estados Unidos, por exemplo. Já *Raubkunst* designa arte roubada, subtraída de um grupo étnico especifico que foi perseguido, açabarcando, portanto, as obras

---

1. Tomada a propriedade, contudo, a *common law* oferecerá dificuldades, pois não conta com instituto possessório análogo a *Vindikatio* (§ 985 BGB; art. 641 ZGB), aplicando solução no âmbito da responsabilidade civil (*conversion*, England; *replevin*, US), que se alicerça basicamente no caso de ter sido o bem originariamente subtraído de forma ilegal. A proteção de bens culturais representa uma nova tendência, que encontra na Convenção da Unesco novas medidas. Veja-se: SCHÖNENBERGER, Beat. Restitution von Kulturgütern: Ein Überblick über die rechtlichen Mögligkeiten. In: MOSIMANN, Peter; SCHÖNENBERGER, Beat (org.). *Kunst & Recht 2010*: Referate zur gleichnamigen Veranstaltung der Juristischen Fakultät der Universität Basel vom 18 Juni 2010. Bern: Stämpfli, 2011. p. 104 e seguintes.

Ainda, sobre a problemática jurídica envolvendo prescrição e usucapião no direito alemão, veja-se: BERGMANN, Andreas. *Der Verfall des Eigentums*. Tübingen: Mohr Siebeck, 2015.

de arte tomadas no período do nacional-socialismo entre 1933 e 1945[2] de pessoas perseguidas por motivos de raça, religião ou política.[3]

Os casos podem ser sistematizados em três grupos, conforme sejam as circunstâncias em que ocorrida a subtração ilegal: 1) obras que no tempo dos nacional-socialismo foram tomadas de colecionadores judeus, ou obras que estes foram forçados a alienar (*Raubkunst*); 2) obras designadas como "arte degenerada" (*Entartete Kunst*) que foram confiscadas de seus proprietários com fundamento na Lei sobre confisco de obras de arte degenerada (*Gesetz über Einziehung von Erzeugnissen entarteter Kunst*, de 31.05.1938); e 3) obras que no caos da guerra (*Kriegswirren*) ou no período de ocupação (*Besatzungszeit*) foram perdidas.

Ainda, a Diretiva 93/7/EWG, de 15.03.1993, relativa à restituição de *bens culturais* que tenham saído ilicitamente do território de um Estado-membro, disciplina esse tema no âmbito da União Europeia (sigla: UE).[4]

*1.1 Arte roubada no contexto do nacional-socialismo (*Raubkunst*) e os "Washington Principles"*

Durante a guerra, *Hitler* planejava construir museu em sua honra em Linz, para o que incumbiu a *Einsatzstab Reichsleiter Rosenberg* (equipe de operações especiais do chefe ideológico do partido nazista, *Alfred Rosenberg*) de tomar obras de arte nas áreas ocupadas, especialmente dos colecionadores judeus.[5] A base jurídica para legitimar a subtração seria a lei sobre confisco de bens de inimigos do povo e do Estado (dt. *Gesetz über die Einziehung volks- und staatsfeindlichen Vermögens*), de 14.07.1933.

O BVerfG decidiu, em 14.02.1968, que as prescrições jurídicas do "Direito nacional-socialista" não teriam validade jurídica quando ostensivamente contradizem princípios de justiça, configurando *Unrecht statt Recht* (pt. injustiça em lugar de direito).[6] Assim, portanto, a subtração de obras de arte de seus

---

2. Sobre seu processamento, inclusive mediante exposição de inúmeros casos, veja-se: PALMER, Norman. The Spoliation advisory Panel and holocaust-related cultural objetcts. In: WELLER, Mathias; KEMLE, Nicolai; DREIER (org.). *Raub – Beute – Diebstahl:* Tagungsband des Sechsten Heidelberger Kunstrechtstags am 28. und 29. September 2012. Baden-Baden: Nomos, 2013. p. 119-140.

3. HACHMEISTER, Annamaria. *Gestohlene und unrechtmäßig verbrachte Kulturgüter im Kaufrecht*: nationales, internationales und Einheitskaufrecht. Baden-Baden: Nomos, 2012. p. 31.

4. Para conhecimento da questão na França, veja-se: ANGLADE, Leila. The situation in France regarding art looted during World War II. In: RENOLD, Marc-André; GABUS, Pierre. *Claims for the Restitution of Looted Art*, Basel 2004, p. 103-127.

5. MERRYMAN, John; ELSEN Albert. *Law, Ethics and the Visual Arts*. 5th ed. Alphen aan den Rijn: Kluwer Law, 2007. p. 16 e seguintes.

6. BverfG 14.02.1968; BverfGE 23, 98. Sobre o tema. Veja-se: RADBRUCH, Gustav. Gesetzliches Unrecht und übergesetzliches Recht, *Süddeutsche Juristen-Zeitung,* 1946, p.

legítimos proprietários nesse contexto (*Raubkunst*) passou a ser considerada ilegal, pois a lei que a autorizaria preconizava discriminação contrária ao Direito.

O tema é tão relevante que mesmo fora da Alemanha foi objeto de leis específicas. Para obras de arte subtraídas entre 1933 e 1945 no contexto do holocausto, o Reino Unido, por exemplo, aprovou o *Holocaust (Return of Cultural Objects) Act 2009*, ou "Lei do (retorno dos objetos culturais) do Holocausto", de 2009, que é uma lei emanada do Parlamento britânico, cujo escopo é conferir, a certas instituições inglesas, poder já atribuído a outros museus daquele país, de restituir objetos culturais adquiridos ilegalmente durante a era nazista, aos seus legítimos proprietários. Essa lei prevê em seu artigo 3.º (*section* 3) a existência de um "painel consultivo da espoliação" (*spoliation advisory panel*), órgão privado, constituído por consultores especializados, para aconselhar o Governo do Reino Unido sobre os pedidos de devolução de bens culturais que tenham sido ilegalmente comercializados ou saqueados durante a II Guerra Mundial, recomendando – de forma não-vinculativa – a devolução do bem ou pagamento de valores *ex gratia* – isto é, sem reconhecimento de responsabilidade ou de obrigação legal. Segundo o primeiro dispositivo da lei (*section* 1), ela se aplica a inúmeros museus, como o *British Museum, Imperial War Museum, National Galleries of Scotland, National Gallery, Natural History Museum, Tate Gallery* e *Victoria and Albert Museum*, entre outros.

Os casos envolvendo *Raubkunst*, porém, não se restringem à Europa.[7] Um caso de restituição conhecido mundialmente conhecido é *Menzel v. List.*[8] O casal *Menzel* comprara em 1932, por BEF 3.800 (ca. de 150 dólares então) a obra "*Le Paysan à L'échelle*" (ou, ainda, "*L'échelle de Jacob*"), de *Marc Chagall*. Após a ocupação da Bélgica pelas tropas alemãs, eles deixaram Bruxelas, onde o quadro ficou, em seu imóvel de moradia. Seis anos depois, uma vez que terminada a guerra, retornaram a sua antiga residência, porém o quadro havia sumido. No seu lugar restara um documento informando que fora levado pela equipe de *Rosenberg* em 31.03.1941. Apesar dos esforços envidados, a informação fora confirmada, mas a obra não fora encontrada.

105 e seguintes.

7. Para referências teóricas de outros ordenamentos jurídicos, assim como de decisões de casos envolvendo restituição de obras de arte tomadas pelos nazistas em diferentes países, veja-se: SCHNABEL, Gunnar; TATZKOW, Monika. *Nazi looted art*: Handbuch Kunstrestitution weltweit. Berlin: Proprietas, 2007.

8. SIEHR, Kurt. Restitution of looted art in private international law. In: RENOLD, Marc-André; GABUS, Pierre. *Claims for the Restitution of Looted Art*, Basel 2004, p. 86 e seguintes; LERNER, Ralph; BRESLER Judith. *Art Law*: the guide for collectors, investors, dealers, and artists. V. 1, 2 e 3. 3a ed. New York: Practising Law Institute; 2005. p. 269; e SCHNABEL, Gunnar; TATZKOW, Monika. *Nazi looted art*: Handbuch Kunstrestitution weltweit. Berlin: Proprietas, 2007. p. 326-327.

Em 1962, contudo, *Erna Menzel* (demandante) descobriu que a pintura fora vendida por uma galeria de arte parisiense para *Klaus Perls* e sua esposa em 1955, que não questionaram a proveniência da pintura, revendendo-a a *Albert List* (réu), pouco mais tarde, ainda em 1955, por USD 4.000 – o que ensejou o pedido de restituição, com o qual *List* não concordou, dando causa à ação judicial.

No julgamento, o tribunal aplicou a regra do *demand and refusal rule*,[9] segundo a qual, como já referido, a prescrição não conta para o proprietário da obra subtraída senão a partir do momento em que toma conhecimento da sua localização e interpela o possuidor para devolvê-la.[10] Essa orientação é condizente com a compreensão na *common law* de que de um furto não pode decorrer aquisição legítima da propriedade.[11]

O casal *Menzel* teve reconhecido seu direito a ver restituída a tela, porque o tribunal entendeu que fugiram de Bruxelas para salvar a própria vida, tendo sido a subtração contrária ao direito porque não perpetrada por Estado soberano, mas por departamento ideológico que ocupou outro país cujo governo mesmo no exílio era reconhecido. Por esse motivo, quando da aquisição por *Perls* em Paris, em 1955, o quadro ainda pertenceria ao casal *Menzel*.

List, por sua vez, obteve de *Perls* o valor de mercado da tela à época do julgamento (cerca de USD 22.000), e não apenas o montante que pagara por ela, por considerar que Perls estava em posição de garantir a proveniência da obra antes de revendê-la.

O que enseja crítica à decisão, todavia, é o desamparo do adquirente de boa-fé, pois ele não conta com título para adquirir bem roubado mesmo que também tenha adquirido de terceiro que também tenha agido de boa-fé.[12]

O caso de restituição que talvez tenha despertado mais interesse no público mundial é o que envolveu o *retrato de Adele Bloch-Bauer,*[13] conhecida obra de *Klimt,* também designada "A dama dourada", que foi resolvido em 2006 após

---

9. HUMBACH, John. *Whose Monet*? An introduction to the american legal system. New York: Wolters Kluwer, 2016. p. 4 e seguintes.

10. HACHMEISTER, Annamaria. Gestohlene und unrechtmäßig verbrachte Kulturgüter im Kaufrecht... p. 35-40.

11. "*Uniform Commercial Code: 'A purchaser of goods acquires all title which his transferor had or had power to transfer'* (§ 2-403. *Power to Transfer; Good Faith Purchase of Goods; 'Entrusting').*"

12. Sobre a atualidade do precedente, veja-se os comentários de *Kline* acerca de recentes decisões dos tribunais norte-americanos no mesmo sentido. In: KLINE, Thomas. US Court refuses to recognize a "spoils of war" doctrine to allow title to be transferred in World War II trophy art theft, *KUR* 1, 2014, p. 19-21.

13. A obra pode ser visualizada em: <http://www.artslife.com/2017/01/20/opere-arte-piu-costose-di-sempre-capolavori-piu-pagati-al-mondo/>.

uma longa disputa jurídica entre *Maria Altmann* e a República da Áustria,[14] que foi posteriormente exposto no filme *Woman in Gold*, dirigido por *Simon Curtis*.

O quadro fora encomendado a *Klimt*, considerado o "príncipe" dos pintores austríacos no século XIX e XX, pelo tio da autora do pedido restitutório, *Ferdinand Bloch-Bauer*, casado com a retratada, sendo eles representantes da nova elite da sociedade vienense: burgueses, industriais ou banqueiros, não raramente judeus. O pintor, que havia visitado a Igreja de San Vitale, em Ravenna, na Itália, cerca de 3 anos antes, ficara então muito impressionado com o mosaico bizantino da imperatriz Theodora, esposa de Justiniano, que transmitia toda sua glória, inspirando-se nessa obra para compor sua tela.

A autora, *Maria Altmann*, era a única herdeira sobrevivente de *Ferdinand*, que por ocasião de seu testamento, nomeara também como sucessores *Luise Guttmann* e *Robert Bentley*, seus irmãos, e por esse motivo buscou a restituição da obra, primeiramente sob a via administrativa, na Áustria. Diante do insucesso, buscou o auxílio do advogado *Eric Randol Schoenberg*, também descendente de sobreviventes do holocausto, que intentou ação judicial nos Estados Unidos.[15]

O caso teve três pontos de interesse jurídico: o primeiro, determinar se o documento subscrito por *Adele*, que manifestava vontade de que os quadros fossem entregues à galeria nacional de Viena depois da morte do esposo, teria valor como testamento; o segundo, diz respeito à subtração da obra, que fora retirada das paredes da residência familiar durante a *Anschluss*[16] e a possibilidade de uma pessoa privada demandar estado estrangeiro num exterior em virtude desse fato; o terceiro, como e onde ocorreria essa demanda.

Sobre a primeira questão, *Adele* firmara testamento de mão própria em 1923, no qual, entre disposições de caridade e a indicação de seu marido como herdeiro universal, pedia ao marido que, depois de sua morte, seus dois retratos e quatro paisagens de *Klimt* fossem entregues a galeria estatal austríaca de Viena. Em alemão, "*bitte ich meinen Ehegatten nach seinem Tode der oesterr. Staats-Gallerie*".[17] O testamenteiro, por ocasião de sua morte, de meningite, em 1925, consignou que o documento não teria valor de testamento no que pertine à destinação das telas (além do "Retrato de Adele", outras obras de *Klimt* estavam envolvidas no procedimento de restituição) pois, segundo os recibos de pagamento, elas pertenciam a seu marido. Assim, não seriam dela para as oferecer.

---

14. <http://adele.at>.

15. MERRYMAN, John; ELSEN Albert. Law, Ethics and the Visual Arts. 5th ed. Alphen aan den Rijn: Kluwer Law, 2007. p. 42 e seguintes.

16. Anexação da Áustria à Alemanha nazista ocorrida em 1938.

17. A transcrição do documento encontra-se na monografia sobre o caso escrita por WELSER, Rudolf & RABL, Christian. *Der Fall Klimt*: die rechtliche Problematik der Klimt-Bilder im Belvedere. Wien: Manzsche, 2005. p. 1 e seguintes.

Em 1936, *Ferdinand* ofereceu uma das telas de *Klimt*, chamada "*Schloss Kammer am Attersee III*" à Galeria Nacional, permanecendo com as demais em sua residência na Elisabethstrasse, em Viena, de onde, todavia, fugiu para a Suíça, em 1938. Na sua ausência, foram-lhe impostas grandes penalidades tributárias, que ensejaram a expropriação de seu patrimônio, então administrado pelo Dr. *Führer* no período compreendido desde a fuga até 1945, quando *Ferdinand Bloch-Bauer* faleceu. Em seu testamento, firmado no mesmo ano, não há qualquer disposição quanto aos quadros e nem quanto ao pedido manifestado pela esposa de que estes fossem entregues ao museu estatal.

Nesse contexto configurou-se a "causa" para o pedido de restituição.

A ação proposta por *Schoenberg* foi ajuizada nos EUA porque a autora não dispunha de recursos para demandar diretamente o Estado austríaco na Áustria, em que o valor da causa constitui base de cálculo das custas processuais a serem recolhidas previamente (no caso, o quadro tinha valor estimado de 100 milhões de dólares).[18] *Maria Altmann* vivia uma vida confortável, porém sem maiores riquezas, na Califórnia, Estados Unidos, não dispondo de 1,8 milhões de dólares para antecipar como custas processuais para a ação judicial. Ao contrário do Brasil, em que a regra é o deferimento de AJG, a Áustria, assim como a Alemanha, não conhece benefício comparável, reservando as hipóteses de isenção de custas a pessoas mais humildes/miseráveis. Assim, a alternativa seria o foro norte-americano, onde o advogado assume as despesas processuais, não vinculadas ao valor controvertido, ressarcindo-se do outorgante do mandato em caso de êxito – ou suportando o prejuízo, em caso de derrota.

Todavia, a imunidade entre estados soberanos (dt. *Staatenimmunität;* en. *Foreign Sovereign Immunities,* sigla em inglês da lei americana regulamentadora: *FSIA),* estabelecida em 1976, deveria impedir a Áustria de ser ré em tribunal americano, especialmente por fato ocorrido antes disso. Porém, o tribunal da Califórnia decidiu em outros precedentes que isso poderia ocorrer em hipótese de violação aos direitos humanos, o que se considerou ter ocorrido no caso da subtração da tela no contexto do nacional-socialismo.

Levada a controvérsia à Suprema Corte americana, restou confirmado que sim, a Áustria poderia, ser ré em tribunal americano porque atendidos os requisitos desse sistema legal, quais sejam: a subtração da tela fora ilegal, estando ela na posse desse país estrangeiro, o qual, estendia e perpetuava a ilegalidade no território americano por estar "*doing business*" nos Estados Unidos, na medida em que o catálogo da galeria *Belvedere*, onde a tela estava, era comercializado em livrarias americanas, assim como eram anunciadas em agências de turismo viagens à Áustria para visitá-la.

---

18. SCHOENBERG, Randol; BURRIS, Donald. Reflections on litigating holocaust stolen art cases. In: *Vanderbilt Journal of transnational law*, Symposium International Legal dimensions of art and cultural property, v. 38, outubro 2005, p. 1044-1046.

Com efeito, uma vez que a Áustria lucrava com a subtração da obra em território americano, explorando a comercialização de publicações sobre essas telas, isso foi tido como suficiente para afastar sua imunidade.

Apesar de vitoriosa na Suprema Corte, prosseguir na corte americana não era a melhor opção para a autora, porque já contava com idade avançada, sendo de se presumir que eventual decisão favorável não seria de execução simples. Diante disso, o advogado propôs que a causa fosse decidida num procedimento de arbitragem (*Schiedsverfahrenvereinbarung*), na Áustria, em que um árbitro seria escolhido por cada uma das partes e um terceiro designado pelo Ministério da Cultura, com o que o governo austríaco concordou. Foi nesse procedimento que a restituição foi reconhecida como devida, pois o "*Bitte*" (pedido) de *Adele* foi tido como não-vinculante, mas como mero desejo, já que as telas pertenciam a seu marido. Daí porque o fato de ter o Dr. *Führer* entregue parte das telas à Áustria, referindo, ainda, o pedido de *Adele*, tampouco constituiria título de aquisição.

Assim, aplicou-se a lei de restituição austríaca (*Kunstrückgabegesetz*) de 1998,[19] determinando-se a entrega da tela à demandante, o que foi bastante polêmico, apesar da proveniência ilegal, devido ao fato do quadro ser considerado patrimônio cultural austríaco.

Uma vez restituído, foi adquirido por *Ronald Lauder*, filho de *Estée Lauder*, da mundialmente conhecida marca de cosméticos de mesmo nome, por USD 135.000.000, estando exposto em sua galeria em New York.

O caso *Maria Altmann* v. República da Áustria é especialmente relevante pelo peso conferido aos direitos humanos, assinalando marco para retroatividade das normas que os protegem. Da mesma forma, a invocação dos princípios de Washington no seu julgamento mostrou avanços no sentido da transnacionalidade para a solução de casos envolvendo restituição e instituições estatais.

Apesar desses exemplos em que houve a restituição da obra, em muitos outros casos isso não ocorreu, sobrevindo apenas compensação financeira, no período o direito de recomposição pós-guerra (*Wiedergutmachungsrecht der Nachkriegszeit*). Em particular, merecem ser referidos os casos da coleção de *Alfred Pringsheim* e de *Curt Glaser*.[20]

---

19. Título formal: "*Bundesgesetz über die Rückgabe von Kunstgegenständen und sonstigem beweglichem Kulturgut aus den österreichischen Bundesmuseen und Sammlungen und aus dem sonstigen Bundeseigentum*"; ou, simplesmente: *Kunstrückgabegesetz*, abrev. *KRG*.

20. Ambos os casos a seguir resumidos encontram-se expostos no artigo de: LUBINA, Katja & SCHNEIDER, Hildegard. Pringsheim, Provenance and principles.a case study on the restitution of nazi looted art and compensatory payments. In: ODENDAHL, Kerstin; WEBER, Peter (org.). *Kulturgüterschutz – Kunstrecht – Kulturrecht*: Festschrift für Kurt Siehr zum 75. Geburtstag aus dem Kreise des Doktoranden- und Habilitandenseminars "Kunst und Recht". Baden-Baden: Nomos, 2010. p. 161-177.

Alfred Pringsheim, nascido numa próspera família de comerciantes judeus, foi matemático e colecionador de arte destacado, em especial, de peças de prata e maiólica, faiança italiana, do período do Renascimento. Ele foi pai de *Katharina*, conhecida como *Katja*, casada com o renomado escritor *Thomas Mann*, filho do político e comerciante *Johann Heinrich Mann* e de sua esposa brasileira, *Júlia da Silva Bruhns*. Essa relação, assim como a que manteve com a família de *Wagner*, foi decisiva nos desdobramentos que se seguiram à tomada de poder pelos nazistas na Alemanha, sua emigração para a Suíça e tentativas de reaver seu patrimônio.

Pringsheim acreditava que sua proeminência em círculos acadêmicos, sociais e culturais, o manteriam a salvo dos avanços nazistas, motivo pelo qual não concordou com os apelos da filha para acompanhá-la e a sua família em emigração para a Suíça no ano de 1933. Sua expectativa, contudo, não se confirmou e, em 1934, ao recusar-se a jurar fidelidade a *Hitler*, perdeu seu lugar como professor emérito. Ato contínuo, sua Villa em München, onde mantinha suas extraordinárias coleções, foi tomada, quando então passou a viver noutra residência, para onde conseguiu transferir suas coleções. Na mesma época, foi expulso da academia de ciências da Baviera e teve passaporte confiscado. Em 1938, contudo, suas coleções de prata, pinturas, bronzes e relógios foram tomadas e entregues "*for safe keeping*" ao Museu Nacional da Baviera. O colecionador conservou, contudo, sua coleção de faiança, que tentava então vender para obter recursos para fugir da Alemanha. Porém, desde 1936 essa coleção constava listada como "tesouro nacional alemão", o que dificultava em muito a transação, apesar de existirem interessados no exterior, já que não são peças que possam ser transportadas fácil ou discretamente. Finalmente, em março de 1938, *Pringsheim* obteve autorização para conduzir a coleção para London, onde a Sotheby's as alienou em leilão, do qual se esperava que recebesse 40% do valor obtido, sendo o restante alcançado à Alemanha nazista – embora injusta, essa fora a condição do regime para autorizar a exportação, juntamente com a exigência de que o colecionador doasse outros bens ao Estado. Não obstante, *Pringsheim* não recebeu mais do que 15% dos valores totais da arrematação (aproximadamente £ 18.000), sendo que, mesmo tendo sido assim acordado com o partido nazista, não obteve de imediato autorização para deixar o país. Foram suas relações com *Mann*, muito próximo de *Wagner*, assim como sua própria notória admiração por esse último, que motivaram a interferência da filha do músico, *Winifred Wagner,* diretamente junto ao *Führer*, também grande conhecido apreciador dele, para obter permissão para sua saída. Nesse contexto, o casal *Pringsheim* finalmente deixou a Alemanha em 1939, vindo ambos a falecer na Suíça nos anos seguintes.

Sobrevindo o final da II Guerra Mundial, os seus herdeiros, entre eles *Katja Mann*, requereram a restituição do patrimônio tomado, tendo sido restituída a coleção de pratas, que posteriormente alienaram. Requereram, ainda, o pagamento do restante dos valores obtidos com o leilão da coleção de maiólica, acrescidos de 4% de juros, o que receberam em meados da década de 1950, conforme arquivos da *Wiedergutmachung*.

Curt Glaser foi, por sua vez, historiador e crítico de arte, assim como colecionador alemão, nascido judeu, mas convertido ao protestantismo em 1914. Diretor da Biblioteca estatal de arte de Berlin, montou com sua esposa *Elsa,* falecida em 1932, importante coleção de arte, que incluía obras de *Max Beckmann, Kirchner, Matisse* e *Munch.* Após contrair novas núpcias com *Marie, Glaser* emigrou para a Suíça em 1933, tendo vendido na casa de leilões *Max Perl* grande parte de sua coleção.

Ocorre que o leilão teve lugar cerca de um mês após *Glaser* perder seu emprego em virtude da lei para restauração do serviço público (*Gesetz zur Wiederherstellung des Berufsbeamtentums, kurz Berufsbeamtengesetz,* abrev. *BBG*), que permitia a dispensa de servidores "não-arianos" ou outros que, de outra forma, fossem oponentes do nacional-socialisno.

Falecido *Glaser* nos Estados Unidos em 1943, foi sua segunda esposa, *Marie,* que contraíra posteriormente novas núpcias com *Ernest Asch,* quem buscou compensação pelas perdas sofridas no processo de *Wiedergutmachung.* Em 1958, ela recebeu indenização relativa à perda do emprego, remuneração e pensão, num total de DM 25.839,81. Em 1963, recebeu nova indenização, desta feita no valor de DM 7.100, relativos à alienação forçada da coleção de arte.

Não obstante, herdeiros de seu segundo marido e de suas falecidas irmãs seguiram buscando reparação pela perda de obras, as quais estavam na posse de *Courtauld Trust* após seu falecimento, em 1981. Ao apreciar essa demanda, o *UK spoliation advisory panel* decidiu, contudo, que, não obstante a venda da coleção possa ser considerada forçada, já que teve por escopo obter recursos para a fuga da Alemanha nazista, os preços pagos pelo arrematante, o conde *Antoine Edward Seilern,* foram razoáveis à época, não tendo sido afetados negativamente pela perseguição aos judeus. Outrossim, destacaram não ter havido clandestinidade da posse, pois o adquirente sempre fez constar a procedência das obras nos *catalogues raisonné* que publicou, e enfatizaram que *Marie* recebera compensação oportunamente. Portanto, concluíram pela licitude da posse do *Trust* demandado, a quem o arrematante deixara as peças.

Esse foi o primeiro caso de restituição em que se destacou ter havido compensação financeira no procedimento de *Wiedergutmachung* – compreensão que propõe importante reflexão aos juristas para avaliar se, de fato, essa seria suficiente ou se apenas a restituição física das peças seria solução justa para as obras de arte perdidas no contexto da II Guerra Mundial.

Ao Brasil, assim como a outros países da América Latina, interessam essas questões, pois acolheu muitos refugiados da II Guerra, que vivenciaram circunstâncias análogas em sua fuga da Europa.

Nesse cenário da *Raubkunst,* em que as obras de arte que estavam na posse de colecionadores judeus ao tempo do nacional-socialismo, é que se aplicam os *Washington Principles*, formalmente designados como os "Princípios da Conferência de Washington sobre arte confiscada pelos nazistas".

A às vezes referida como "Declaração de Washington" é uma declaração sobre a restituição de arte confiscada pelo regime nazista na Alemanha antes e durante a Segunda Guerra Mundial, lançada em conexão com a Conferência de Washington sobre os Ativos da Era do Holocausto, realizada em Washington, D.C., Estados Unidos, em 3 de dezembro de 1998. O objetivo da conferência foi discutir as perdas judaicas em particular, incluindo obras de arte, livros e arquivos, bem como reivindicações de seguros e outros tipos de ativos. Quarenta e quatro países, incluindo a Alemanha reunificada, enviaram delegados, assim como treze organizações internacionais não-governamentais. A declaração contém 11 princípios que, em tradução livre da autora,[21] preceituam:

> 1. Arte que tenha sido confiscada pelos nazistas e não posteriormente restituída deve ser identificada.
>
> 2. Os registros e arquivos relevantes devem ser abertos e acessíveis a pesquisadores, de acordo com as diretrizes do Conselho Internacional de Arquivos.

---

21. Texto original dos Princípios de Washington, em inglês:
"*1. Art that had been confiscated by the Nazis and not subsequently restituted should be identified.*

2. Relevant records and archives should be open and accessible to researchers, in accordance with the guidelines of the International Council on Archives.

3. Resources and personnel should be made available to facilitate the identification of all art that had been confiscated by the Nazis and not subsequently restituted.

4. In establishing that a work of art had been confiscated by the Nazis and not subsequently restituted, consideration should be given to unavoidable gaps or ambiguities in the provenance in light of the passage of time and the circumstances of the Holocaust era.

5. Every effort should be made to publicize art that is found to have been confiscated by the Nazis and not subsequently restituted in order to locate its pre-War owners or their heirs.

6. Efforts should be made to establish a central registry of such information.

7. Pre-War owners and their heirs should be encouraged to come forward and make known their claims to art that was confiscated by the Nazis and not subsequently restituted.

8. If the pre-War owners of art that is found to have been confiscated by the Nazis and not subsequently restituted, or their heirs, can be identified, steps should be taken expeditiously to achieve a just and fair solution, recognizing this may vary according to the facts and circumstances surrounding a specific case.

9. If the pre-War owners of art that is found to have been confiscated by the Nazis, or their heirs, can not be identified, steps should be taken expeditiously to achieve a just and fair solution.

10. Commissions or other bodies established to identify art that was confiscated by the Nazis and to assist in addressing ownership issues should have a balanced membership.

11. Nations are encouraged to develop national processes to implement these principles, particularly as they relate to alternative dispute resolution mechanisms for resolving ownership issues."

In: <https://www.state.gov/p/eur/rt/hlcst/270431.htm>.

3. Devem ser disponibilizados recursos e pessoal para facilitar a identificação de toda a arte confiscada pelos nazistas e não posteriormente restituída.

4. Ao estabelecer que uma obra de arte foi confiscada pelos nazistas e não posteriormente restituída, devem ser consideradas as lacunas ou ambiguidades inevitáveis na proveniência à luz da passagem do tempo e das circunstâncias da era do Holocausto.

5. Todos os esforços devem ser feitos para divulgar a arte que foi descoberta como confiscada pelos nazistas e não posteriormente restituída, a fim de localizar os seus proprietários pré-Guerra ou seus herdeiros.

6. Esforços devem ser feitos para estabelecer um registro central de tais informações.

7. Os proprietários pré-guerra e seus herdeiros devem ser encorajados a apresentar-se e a divulgar suas reivindicações de arte que foi confiscada pelos nazistas e não posteriormente restituída.

8. Se os proprietários pré-guerra de arte que foi descoberta confiscada pelos nazistas e não posteriormente restituída, ou seus herdeiros, puderem ser identificados, devem ser tomadas medidas expeditas para alcançar uma solução justa (*just and fair*), reconhecendo que isso pode variar de acordo com fatos e circunstâncias do caso específico.

9. Se os proprietários pré-guerra de arte que tenha sido confiscada pelos nazistas, ou seus herdeiros não puderem ser identificados, deve-se tomar medidas expeditas para alcançar uma solução justa.

10. Comissões ou outros órgãos estabelecidos para identificar arte que foi confiscada pelos nazistas e para ajudar a resolver questões de propriedade deve ter uma composição equilibrada.

11. As nações são encorajadas a desenvolver processos nacionais para implementar esses princípios, particularmente no que se refere a mecanismos alternativos de resolução de conflitos para resolver questões de propriedade.

Esses princípios não são *per se* uma solução, mas são um meio pelo qual cada país signatário pode criar suas próprias soluções, em conformidade com seus respectivos sistemas jurídicos. Seu propósito é facilitar a restituição de obras tomadas de seus proprietários durante a II Guerra Mundial, a partir de pesquisa de proveniência e mediante instituição de registros.

Embora se trate de *non-binding principles, softlaw,* portanto, eles captam o espírito da conferência para as nações envolvidas no processo de restituição. Nesse contexto, esses princípios, como normas narrativas[22] que são, podem atuar como ponte entre o Direito e as visões extrajurídicas da vida social, como

---

22. Sobre o tema, leia-se: JAYME, Erik. Die Washingtoner Erklärung über Nazi-Enteignungen von Kunstwerken der Holocaustopfer: Narrative Normen im Kunstrecht, in: *Museen im Zwielicht* (Veröffentlichungen der Koordinierungsstelle für Kulturverluste, Band 2), Magdeburg 2002, p. 247- 258.

cláusulas gerais (*Generalklauseln*) e conceitos gerais de direito (*allgemeine Rechtsbegriffe*).[23] São preceitos que aproximam direito e moral, promovendo a reconciliação entre vítima e seus opressores por meio da verdade (*Versöhnung durch die Wahrheit*).[24]

Entende-se que, se esses princípios forem adequadamente aplicados, a descoberta da arte confiscada pelos nazistas não será mais uma questão de acaso, mas produto de esforço internacional organizado, envolvendo governos, ONGs, museus, leiloeiros e vendedores – de natureza voluntária, mas apoiado por um forte compromisso moral – para procurar proveniência e descobrir a arte roubada, restituindo-a a seus proprietários originários ou seus sucessores.

Um caso que bem exemplifica o significado dos *Washington Principles* na jurisprudência norte-americana é o *Marei von Saher v. Norton Simon Museum of Art at Pasadena,* em que a demandante requereu a restituição de um díptico com representação de Adão e Eva em pecado. As imagens em tamanho real foram criação de *Lucas Cranach* em 1530 e pertenceram ao negociante judeu *Jacques Goudstikker*, especialista em mestres holandeses e cuja coleção, quando de sua morte durante fuga dos nazistas em 1940, perfazia mais de 1.200 obras. A demandante foi casada com o filho de *Goudstikker*, tendo conseguido fugir com ele e sua mãe para Estados Unidos. A coleção do negociante foi tomada pelos nazistas e vendida, incluindo a obra controvertida no caso. Após a guerra, a peça foi encontrada pelos aliados que a entregaram ao governo holandês, de quem os herdeiros de *Goudstikker* buscaram reavê-la. Contudo, considerando que a alienação da peça tinha sido voluntária, entregaram-na a *Georg Stroganoff-Scherbatoff*, de uma família de colecionadores russa, que igualmente invocou pretensão sobre a obra – atualmente contestada no tribunal – o qual, por sua vez, alienou-a, em 1971, a *Norton Simon*, que a incluiu posteriormente no homônimo museu-réu.

Assim, o problema jurídico principal que se verifica no caso é a relação entre o substrato geral do direito de propriedade e o direito de recomposição pós-guerra (*Wiedergutmachungsrecht der Nachkriegszeit*), pois a obra foi negociada e adquirida por terceiro de boa-fé, que desconhecia a ilegalidade de sua proveniência.

Duas questões destacam-se no julgamento: o entendimento quanto à prescrição e a aplicação dos *Washington Principles*. Sobre a primeira, lê-se lê-se do julgamento interessantemente que, desde 2002, a Califórnia conta com lei que exclui a aplicabilidade de prescrição em casos de arte roubada.[25] Na Alemanha,

---

23. JAYME, Erik. Narrative Normen im Kunstrecht. In: *Recht im Wandel seines sozialen und technologischen Umfeldes*. Festschrift für Manfred Rehbinder. BECKER, Jürgen (org.). München: C. H. Beck; Bern: Stämpfli, 2002. p. 539-544.
24. JAYME, Erik. Der Gurlitt-Fall... p. 142 e seguintes.
25. § 354-3 *California Code of Civil Procedure.*

por sua vez, desde o caso *Gurlitt*, a seguir exposto, controverte-se sobre a eventual necessidade de regular diferentemente a prescrição para casos de subtração de obra de arte, sem que tenha havido consenso no tema.[26] Sobre a segunda, o tribunal ponderou que, apesar de os aliados terem procedido à "restituição externa" ao governo holandês e este, por sua vez, à "restituição interna" a *Stroganoff-Scherbatoff,* esta última não teria se consubstanciado em verdadeira restituição à luz da convenção de Washington e da declaração de Terezin sobre bens da era do holocausto e questões relacionadas, de 30.06.2009 (en. *Terezin Declaration on Holocaust Era Assets and Related Issues;* dt. *Theresienstädte Erklärung*), motivo pelo qual deveria ser revista. Segundo o julgamento do *Ninth Circuit,* da *United States Court of Appeals*,[27] que concluiu a favor de *von Saher*, esses atos representam consenso moral e justamente pretensões como a do caso deveriam ser encorajadas.[28]

Contudo, deve-se ter em conta que os princípios de Washington não são normas jurídicas vinculantes. Destinam-se a instituições públicas (museus federais, estaduais, municipais) que estão "obrigados" moralmente na Declaração do Holocausto,[29] e não a pessoas privadas.

Para casos entre privados, a Convenção do Unidroit sobre bens culturais roubados ou ilegalmente exportados, de 1995 (en. *Convention on stolen or illegally exported cultural objects*, 1995, Roma)[30] oferece tratamento justo a adquirentes de boa-fé, pois prevê que aqueles que desconheciam ou que não teriam como conhecer, porque empregaram a diligência esperada na busca pela proveniência

---

26. O projeto recebeu o apelido autoexplicativo de "*lex Gurtlitt*". Veja-se: FINKENAUER, Thomas. Die Verjährung bei Kulturgütern – zur geplanten lex Gurlitt. In: *Juristen Zeitung*, 2014, 479, em que o autor defende que a retroação prevista no projeto seria inconstitucional. Por outro lado, defende que, de acordo com a Constituição alemã, a nova lei deveria diferir os prazos de usucapião e prescrição em casos de bens culturais significativos, excluindo a hipótese de aquisição por boa-fé, para que o proprietário tivesse oportunidade de demandar a restituição do bem.

27. United States Court of Appeals, Ninth Circuit, n. 07-56691. Decided: August 19, 2009.

28. SEEGER, Sebastian. Restitution of nazi-looted art in international law: some thoughs on *Marei von Saher* v. *Norton Simon Museum of Art at Pasadena*. In: *Rivista di diritto internazionale private e processuale*, n. 1, 2015, p. 211-221.

29. RAUE, Peter. Probleme der Restitution – Neue Lösungsmöglichkeiten. In: MOSIMANN, Peter; SCHÖNENBERGER, Beat (org.). *Kunst & Recht 2010*: Referate zur gleichnamigen Veranstaltung der Juristischen Fakultät der Universität Basel vom 18 Juni 2010. Bern: Stämpfli, 2011. p. 119-130.

30. Sobre a integração da convenção da Unesco de 1970 pela convenção do Unidroit em 1995, veja-se: ESTRELLA FARIA, José Ângelo. Unesco, Unidroit und Kulturgüterschutz. In: *Bulletin Kunst und Recht*, 2014, p. 5-18.

Para a íntegra da convenção: <http://www.unidroit.org/english/conventions/1995 culturalproperty/ 1995culturalproperty-e.pdf>.

da obra, a ilegalidade havida, sejam indenizados na oportunidade em que ocorrer a restituição do bem.[31]

De fato, o artigo 4.º da Convenção Unidroit prescreve os deveres de diligência (*Sorgfaltsprinzipien*),[32] já previstos no artigo 7.º da Convenção da Unesco de 1970,[33] como o critério mais importante para a determinação da boa-fé da aquisição, consolidando a pesquisa de proveniência como instituto jurídico.[34]

---

31. JAYME, Erik. Human Rights and Restitution of Nazi-Confiscated Artworks from Public Museums: The Altmann Case as a Model for Uniform Rules?. *Uniform Law Review* XI (2006), p. 393 e seguintes. Ainda, MERRYMAN, John; ELSEN Albert. *Law, Ethics and the Visual Arts*. 5th ed. Alphen aan den Rijn: Kluwer Law, 2007. p. 188 e seguintes.

32. *No original*: "*Article 4*

(1) The possessor of a stolen cultural object required to return it shall be entitled, at the time of its restitution, to payment of fair and reasonable compensation provided that the possessor neither knew nor ought reasonably to have known that the object was stolen and can prove that it exercised due diligence when acquiring the object.

(2) Without prejudice to the right of the possessor to compensation referred to in the preceding paragraph, reasonable efforts shall be made to have the person who transferred the cultural object to the possessor, or any prior transferor, pay the compensation where to do so would be consistent with the law of the State in which the claim is brought.

(3) Payment of compensation to the possessor by the claimant, when this is required, shall be without prejudice to the right of the claimant to recover it from any other person.

(4) In determining whether the possessor exercised due diligence, regard shall be had to all the circumstances of the acquisition, including the character of the parties, the price paid, whether the possessor consulted any reasonably accessible register of stolen cultural objects, and any other relevant information and documentation which it could reasonably have obtained, and whether the possessor consulted accessible agencies or took any other step that a reasonable person would have taken in the circumstances.

(5) The possessor shall not be in a more favourable position than the person from whom it acquired the cultural object by inheritance or otherwise gratuitously."

33. Texto, em português:

Artigo 7.º Os Estados Partes na presente Convenção comprometem-se a: a) tomar todas as medidas necessárias, de acordo com a legislação nacional, para impedir a aquisição, pelos museus e outras instituições similares situadas no seu território, de bens culturais procedentes de outro Estado Parte na Convenção que tenham sido exportados ilicitamente após a entrada em vigor da presente Convenção e, na medida do possível, informar o Estado de origem, Parte na Convenção, de todas as ofertas de bens culturais exportados ilicitamente desse Estado após a entrada em vigor da presente Convenção em ambos os Estados; b): i) proibir a importação de bens culturais roubados de um museu, de um monumento público civil ou religioso ou de uma instituição similar, situados no território de outro Estado Parte na presente Convenção, após a entrada em vigor da mesma nos Estados em questão, sempre que se prove que tais bens figuram no inventário daquelas instituições; ii) tomar medidas apropriadas para confiscar e restituir, a pedido do Estado de origem Parte na Convenção, todo o bem roubado e importado após a entrada em vigor da presente Convenção nos dois Estados interessados, com a condição de o Estado requerente abonar uma indemnização equitativa à pessoa que o adquiriu de boa fé ou que seja possuidora legal desse bem. Os pedidos de confiscação e restituição devem ser dirigidos ao Estado requerente por via diplomática. O Estado requerente deverá possibilitar, à sua custa, todos os meios de prova necessários para justificar a sua petição de confiscação e restituição. Os Estados Partes não deverão impor direitos alfandegários ou outros encargos sobre os bens culturais restituídos de acordo com o

*1.2 Arte degenerada (*entartete Kunst*)*

Mas não foram apenas os colecionadores judeus e suas famílias vítimas do confisco de obras de arte no tempo do nacional-socialismo. Muitos museus e colecionadores privados alemães tiveram seu acervo comprometido diante da circunstância de terem sido as obras consideradas como de *arte degenerada*. Obras que foram posteriormente alienadas em leilões, principalmente na Suíça.[35]

No caso da designada *entartete Kunst*, a subtração não se fundamentava na propriedade da obra por um inimigo do Estado, mas numa oposição ao próprio artista e sua obra, autorizada pela lei sobre o confisco de peças de arte degenerada (dt. *Gesetz über Einziehung von Erzeugnissen entarteter Kunst*), de 31.05.1938. Assim como a lei de 14.07.1933 (*Gesetz über die Einziehung volks- und staatsfeindlichen Vermögens*), esse ato também foi posteriormente apontado como inválido desde o início, já que a apreciação de gosto e qualidade das obras também era orientada pela equivocada compreensão racial daquela corrente política.[36]

Não obstante, em casos julgados logo após a guerra, pedidos de restituição foram indeferidos, sob argumentos como os de que as obras tinham sido colocadas sob os cuidados do então poder estatal, comumente mediante uma indenização e de que museus e galerias não poderiam ser tidos como "perseguidos", no contexto da *Rückerstattungsgesetzt*[37] (lei de restituição). Da fundamentação das decisões nesses casos chegou a constar que admitir a restituição de *entartete Kunst* poderia favorecer pessoas que contribuíram para o regime nacional-socialista, o que "não poderia ser o espírito da lei" restitutória.[38]

presente artigo. Todas as despesas correspondentes à restituição do ou dos bens culturais em questão ficarão a cargo do Estado requerente.

Fonte: <www.gddc.pt/siii/docs/dec26-1985.pdf>.

34. REICHELT, Gerte. 20 Jahre Unidroit Konvention – Status quo und Ausblick. In: WELLER, Matthias; KEMLE, Nicolai; LYNEN, Peter (org.). *Kultur im Recht – Recht als Kultur*: Tagungsband des Neunten Heidelberger Kunstrechtstags am 30. und 31. Oktober 2015. Baden-Baden: Nomos, 2016. p. 39-50.

35. JAYME, Erik. Der Gurlitt-Fall – Grundfragen des Kunstrechts, in: MOSIMANN, Peter; Schönenberger, Beat (org.). *Kunst & Recht 2014* – Referate zu der gleichnamigen Veranstaltung der Juristischen Fakultät der Universität Basel, Bern 2014, p. 140.

36. BverfG, 14.02.1968, BVerfGE 23,98.

37. "*Bundesgesetz zur Regelung der rückerstattungsrechtlichen Geldverbindlichkeiten des Deutschen Reichs und gleichgestellter Rechtsträger*", lei de restituição dos passivos do império alemão e equiparados [leia-se, Partido Nazista], entre 30.01.1933 e 08.05.1945. As controvérsias envolvendo essa lei eram julgadas pelo *Oberste Rückerstattungsgericht* (abrev. *ORG*; pt. Tribunal Superior de Restituição)

38. OLG Düsseldorf, 26.07.1952, RzW 1952, 266 e ORG 11.01.1967, RzW 1967, 299. Veja-se, ainda: OLG München 30.10.1967 (escultura de *Wilhelm Lehmbruck*, "*große Knieende*"), em que da fundamentação do julgador consta que a subtração de obra de arte representa uma agressão menor, comparada com a perseguição e extermínio dos judeus.

Essa, todavia, não é a melhor compreensão da questão, assim como se pode concluir pelo caso *Paul Klee*[39] e a tela *Sumpflegende*, criada em 1919, e adquirida por diretamente de seu ateliê, no *Schloss Suresnes*, em *München*, por *Paul Küppers*, diretor da associação de artistas de Hannover (*Hannoverschen Künstlervereins*), falecido de gripe espanhola em 1922, e sua esposa, *Sophie Lissitzky-Küppers*, historiadora de arte.

Em 1926, ela emprestou a tela, juntamente com quinze outras obras modernas ao Museu de Hannover, de onde foram tomadas pela comissão de arte degenerada nacional-socialista em 05.07.1937. Em 19.07.1937, a tela foi exposta em *München* na exposição de arte degenerada, junto a outras obras do dadaísmo ("*Dada-Wand*"). Em 1941, consta que o negociante de arte *Hildebrand Gurlitt* adquiriu o quadro do "terceiro império alemão" (*Drittes Reich*), a quem pagou SFr. 500. Em 1962, a galeria *Lempertz* em *Köln* leiloou a tela, apesar de ciente da proveniência, tendo-a arrematado o colecionador *Ernst Beyeler*, que a vendeu, posteriormente, à galeria *Rosengart* de *Luzern*, onde permaneceu entre 1973 e 1982. A obra foi adquirida, então, pela fundação *Gabriele Münter* e *Johannes Eichner* e pela cidade de *München*, por DM 700.000, passando a compor o acervo da galeria *Lenbachhaus*.[40]

Jen Lissitzky, filho de Sophie *Lissitzky-Küppers*, ajuizou, em 1992, ação objetivando a restituição do quadro. Todavia, a pretensão foi julgada improcedente em virtude da prescrição. O tribunal não considerou o fato de que *Sophie* havia se casado em segundas núpcias com o pintor e arquiteto russo *El Lissitzki*, tendo-o acompanhado, em 1927, para a União Soviética, onde passou a ser considerada inimiga do Estado desde a morte do esposo, em 1941, e banida para *Nowosibirsk*, na Sibéria, local em que permaneceu até a morte, em 1978.[41] Outrossim, não foram considerados aplicáveis os princípios de Washington (que poderiam ter afastado a prescrição), de observância obrigatória por museus estatais alemães, porque a hipótese fora de *entartete Kunst* e por ser a *Lenbachhaus* instituição privada.

Em 2012, o herdeiro de *Lissitzky-Küppers* intentou nova ação, desta feita sob a tese de dispor de novos documentos, tendo sido tornado público em 2017

39. LG München, 08.12.1993, IPRAX 1995, 43. Sobre o caso: SCHNABEL, Gunnar; TATZKOW, Monika. *Nazi looted art*: Handbuch Kunstrestitution weltweit. Berlin: Proprietas, 2007. p. 289; JAYME, Erik. *"Entartete Kunst" und Internationales Privatrecht.* Heidelberg, Winter, 1994. p. 7-8.

40. JAYME, Erik. *"Entartete Kunst" und Internationales Privatrecht.* Heidelberg, Winter, 1994. p. 17.

41. Com a morte de *Stalin*, *Sophie* pôde deixar a Rússia pelo menos uma vez, mas não teve autorização para trazer o filho. Na oportunidade, buscou reaver a coleção, sem êxito. Retornando à URSS, onde se reuniu com o filho, foram-lhe sucessivamente denegados novos pedidos para deixar o país.

que as partes realizaram acordo, de forma a manter a tela no museu, mediante pagamento de indenização.[42]

2.3 Caos da guerra

A tomada de bens culturais dos derrotados pelos conquistadores (*Beutekunst*) é prática desde a Antiguidade. Em Roma, objetos de arte dos povos conquistados costumavam ser levados à capital como troféus de guerra (*Kriegstrophäe*), sendo prática comum a decoração de jardins romanos com estátuas gregas. Durante muitos séculos essa prática condenável não existiu, podendo-se referir em tempos não tão remotos o saque promovido por Napoleão.[43]

A percepção de que bens culturais de nações conquistadas não devem ser espoliados é recente,[44] conduzindo à conclusão de que esses bens devem ser objeto de restituição. Porém, os mecanismos para procedê-la têm se revelado pouco eficientes.

A base fundamental da restituição é o direito internacional público (*Völkerrecht*), notadamente no âmbito do direito humanitário e da proteção de bens culturais. A causa para a proteção de bens culturais em tempo de guerra está

---

42. Detalhes do acordo e os valores envolvidos não foram divulgados. Informação obtida em: <http://www. deutschlandfunkkultur.de/einigung-im-streit-um-klee-bild-sumpflegende.265.de.html?drn:news_id= 773026>.

Outro caso de substrato fático semelhante envolveu a obra "*Improvisation Nr. 10*", de *Kandinsky*, que também pertencera a *Sophie Lissitzky-Küppers* e fora adquirida pelo colecionador *Ernst Beyeler*, tendo sido realizado acordo entre a fundação deste último e os sucessores da primeira no ano de 2002. Veja-se: SCHÖNENBERGER B. *Restitution von Kulturgut*: Anspruchsgrundlagen, Restitutionshindernisse, Entwicklung. Bern: Stämpfli; 2009. p. 5-6; SCHNABEL, Gunnar; TATZKOW, Monika. *Nazi looted art*: Handbuch Kunstrestitution weltweit. Berlin: Proprietas, 2007. p. 297 (LG Frankfurt am Main, 06.03.2006).

43. SCHOEN, Susanne. Beutekunst: Von der Kriegstrophäe zur Handelsware. In: WELLER, Mathias; KEMLE, Nicolai; DREIER (org.). *Raub – Beute – Diebstahl*: Tagungsband des Sechsten Heidelberger Kunstrechtstags am 28. und 29. September 2012. Baden-Baden: Nomos, 2013. p. 77.

44. Desde o final do século XIX e início do século XX as convenções de Haia (*Law and customs of war on land*; *Hague Conventions of 1899 and 1907*) proíbem a tomada de propriedade do inimigo e pilhagem mesmo em cidades ocupadas – o que foi inclusive confirmado pelo tribunal de Nürnberg (*United States and others v. Hermann Wilhelm Göring and others, 6 Federal Rules Decisions, 69, 120-123 – International Military Tribunal at Nürnberg*, 1946). Contudo, isso não significa que antes disso o procedimento era aceitável. O roubo pelos soldados, se não autorizado pelo comandante, sempre foi considerado crime, pois a pilhagem era considerada como direito do *Estado conquistador sobre o Estado inimigo conquistado*. O próprio Napoléon proclamou em 1798 que seus soldados que desrespeitassem o patrimônio do inimigo, tomando-o para si, deveriam ser fuzilados, e buscou incluir em acordos de rendição a entrega de determinados bens pelos vencidos. Veja-se: SIEHR, Kurt. Restitution of looted art in private international law. In: RENOLD, Marc-André; GABUS, Pierre. *Claims for the Restitution of Looted Art*, Basel 2004, p. 71-95.

na circunstância de que as nações travam a luta entre si, sendo os bens culturais indiferentes na condução do conflito. Isto é, a tomada deles não representa enfraquecimento do inimigo. Ainda, esses bens são, em regra, insubstituíveis, motivo pelo qual a tomada deles importa em uma lacuna no acervo do seu país de origem, comprometendo a identidade de sua cultura.

A proteção dos bens culturais, portanto, contribui para a conservação da identidade nacional do país, apesar do conflito, assim como para o bem da humanidade, considerando que a subtração de bens culturais reforça e renova o sentimento de derrota, podendo resultar num efeito encorajador de novos conflitos revanchistas.[45]

Para casos de subtração de bens culturais como troféus de guerra, tratados de paz, como o de *Versailles* (I Guerra Mundial) e os da II Guerra previam "*restitution in kind*", isto é, não uma recomposição em dinheiro, mas na entrega de obras de mesma natureza e valor, o que é bastante controvertido.[46]

Na Alemanha, uma situação particularmente delicada diz respeito aos bens culturais tomados pela brigada de troféus de guerra soviética (*sowjetische Trophäenbrigaden*) após a II Guerra Mundial, responsável pelo transporte de milhares de obras de arte e bens culturais da zona ocupada pela a então URSS. Além da expoliação institucionalizada, soldados soviétivos saquearam para seus próprios interesses – o que, segundo o § 935 BGB não resulta em aquisição da propriedade.

Com o fim das repúblicas socialistas soviéticas, a Alemanha concluiu contrato com a Rússia para restituição recíproca dos bens culturais, tendo envidado esforços da restituição de obras (como se viu do exemplo envolvendo o mosaico da sala âmbar). Do lado oposto do acordo, todavia, verifica-se lentidão nos procedimentos das autoridades russas que, surpreendentemente ainda realizam exposições com bens culturais alemães em seu território, como é exemplo a exposição do tesouro de Príamo (*Der Schatz des Priamos*; também *Gold von Troja* ou *Priamosschatz*), conhecido pelo nome conferido pelo arqueólogo alemão que o descobriu no século XIX no Império Otomano, *Heinrich Schliemmann*, no *Puschkin* Museu, em Moscou.[47]

Um caso já referido anteriormente é aquele em que a Alemanha obteve na High Court de London, em 09.09.1998 a restituição do quadro "*Die heilige Familie mit hl. Johannes, hl. Elisabeth und Engeln*" (a sagrada família), de *Joachim Antonisz Wtewael*, do ano de 1603, desaparecido ao final do conflito na II Guerra Mundial.[48]

---

45. SCHOEN, Susanne. Beutekunst... p. 78.
46. SCHOEN, Susanne. Beutekunst... p. 78.
47. SCHOEN, Susanne. Beutekunst... p. 81.
48. Breve resumo da causa em: SCHNABEL, Gunnar; TATZKOW, Monika. *Nazi looted art*: Handbuch Kunstrestitution weltweit. Berlin: Proprietas, 2007. p. 288. Sobre o caso, veja

A tela fora tomada durante a ocupação de Thürigen pelo exército russo em 1945, tendo sido levado por um soldado soviético, falecido em 1982, para Moscou. O filho desse militar tentou vender o quadro após o falecimento do pai, tendo contado com o auxílio de uma diplomata do Togo, conhecida como "*Big Mama*", que teria trazido a tela da Rússia para a Alemanha e de lá para London, onde seria submetida a leilão pela Sotheby's em 1987.

Num processo judicial que durou seis anos, a cidade de Gotha obteve ganho de causa a restituição da obra. Uma questão complexa no caso era a fluência do prazo prescricional, pois pela lei alemã – que é aplicável porque, segundo o *principio lex rei sitae*, incide a lei do pais em que a coisa móvel estava ao tempo de sua transferência –, a cada novo possuidor, reinicia-se a prescrição, devendo-se, contudo, contar os tempos de posse anterior, no caso de "sucessor em título" (§ 198 BGB).[49] Portanto, definir sucessor em título seria essencial, ensejando, contudo, diferentes compreensões.

Uma questão paradoxal do caso foi estar a Alemanha, ao mesmo tempo que promovia a reforma do direito das obrigações (*Schuldrechtsmodernisierungsgesetz*), dispondo a prescrição de pretensão de restituição vindicatória em 30 anos, argumentando perante a *London High Court* que suas próprias normas de prescrição ofenderiam a ordem pública (*ordre public*) britânica.[50]

Ao final, o tribunal inglês considerou não operada a prescrição,[51] considerando que, como a posse fora originariamente obtida por furto/roubo/fraude, o tempo de posse dos possuidores não poderia ser somado, motivo pelo

especialmente: SIEHR, Kurt. Guter Glaube im Kunsthandel. In: *Bulletin Kunst und Recht*, 2012 (3), 5-16; e JAYME, Erik. *Die Rückführung von Kunstwerken zwischen Recht und Wirklichtkeit*. Dresden: Kübler Rogier & Partner, 1998. p. 12-15.

49. "198. *Gelangt eine Sache, hinsichtlich derer ein dinglicher Anspruch besteht, durch Rechtsnachfolge in den Besitz eines Dritten, so kommt die während des Besitzes des Rechtsvorgängers verstrichene Verjährungszeit dem Rechtsnachfolger zugute.*"

Em tradução livre da autora:

Se uma coisa em relação à qual uma reivindicação real existe entra na posse de um terceiro por sucessão em título, a parte do prazo de prescrição que passou enquanto a posse era detida pelo seu antecessor em título é considerada em benefício do sucessor em título.

50. ANTON, Michael. Wem "gehört" die Monstranz? Diebstahl, Restitution und gugläubiger Erwerb von Kunstwerken am Beispiel eines gestohlenen Sakralgegenstandes. In: WELLER, Mathias; KEMLE, Nicolai; DREIER, Thomas; LYNEN, Peter Michael (org.). *Kunst im Markt – Kunst im Recht:* Tagungsband des Dritten Heidelberger Kunstrechtstags am 9. und 10. Oktober 2009. Baden-Baden: Nomos, 2010. p. 226.

51. O cerne do exame do tribunal foi o parágrafo 198 BGB, aplicável porque, segundo o *principio lex rei sitae*, incide a lei do pais em que a coisa móvel estava ao tempo de sua transferência. Em tradução livre da autora, preceitua o dispositivo: Se coisa em relação à qual há uma reivindicação real está na posse de terceiro por sucessão de propriedade, a parte do prazo prescricional que passou enquanto a posse foi detida por seu predecessor em título é considerada para beneficiar o sucessor em título. Sobre o caso, leia-se: CARL, Michael; GÜTTLER, Herbert; SIEHR, Kurt. *Kunstdiebstahl vor Gericht*: City of Gotha v. Sotheby's und Cobert Finance S.A. Schriften zum Kulturgüterschutz. Berlin u. a.: de Gruyter, 2001.

qual o prazo prescricional reiniciara quando *Big Mama* tomara a tela. O julgador consignou, ainda, como *obter dictum,* que apesar do comportamento contraditório da Alemanha, nenhum tribunal britânico jamais aplicou a regra alemã de prescrição trintenária em favor de um possuidor de má-fé, por ser contra a ordem pública (en. *public policy*)[52] do sistema jurídico inglês favorecê-lo.[53]

Mais dois casos julgados por tribunais americanos ilustram essa controvérsia, sendo ambos paradigmáticos, embora neles tenha sido alcançado resultado diametralmente oposto, diante da aplicação neles de teses diversas acerca da questão fundamental da prescrição. São eles *DeWeerth v. Baldinger* e *Kunstsammlungen zu Weimar v. Elicofon.*

Gerda Dorothea DeWeerth foi cidadã alemã e proprietária da pintura *Champs de Blé à Vetheuil,* de *Claude Monet,* datada de 1879, que recebera, juntamente com outras obras de arte, por ocasião da partilha dos bens de seu pai, o banqueiro *Karl von der Heydt*, falecido em 1922. Em 1943, temendo pela segurança das peças diante dos constantes bombardeiros aliados à Berlin na II GM, encaminhou a pintura e outras obras para o castelo de sua irmã, a baronesa *Gisela Maria Elisabeth von Palm*, em *Oberbalzheim,* com o objetivo de mantê-las em segurança. Não obstante, em 1945, próximo ao fim da guerra, soldados americanos estavam aquartelados no local a pintura estava sendo mantida, tendo sido percebido, depois de sua partida, o desaparecimento da tela. Informada pela irmã do ocorrido, *DeWeerth* escreveu cartas para um advogado, um professor de história da arte e o escritório de investigação federal da Alemanha Ocidental ao longo de três anos, solicitando assistência na localização da pintura desaparecida, sem que tenha havido qualquer descoberta. Em 1957, *Edith Marks Baldinger* comprou a pintura de uma galeria de arte na cidade de Nova York, alegadamente de boa fé, desconhecendo a proveniência ilegal. Em 1982, um sobrinho de *DeWeerth* descobriu numa publicação que a tela havia sido negociada nos Estados Unidos, ensejando a tomada de providências dela para a recuperação da pintura.

Requerida e recusada a restituição da tela, *DeWeerth* processou *Baldinger* no Tribunal Distrital de Nova York buscando recuperar a pintura, tendo sido o julgamento originariamente favorável à autora, pois o tribunal considerou que era a proprietária da obra, fora desapossada ilegalmente e, apesar de transcorridos

---

52. Assim fundamentou o tribunal: "*To permit a party which admits is has no acted in good faith to retain the advantage of lapse of time during which the plaintiff has no knowledge of the whereabouts of the painting and no possibility of recovering, is, in my judgement, contrary to the public policy which finds statutory expression in Section 4.*" (High Court of London, em 09.09.1998).

53. Sobre o caso, leia-se: CARL, Michael; GÜTTLER, Herbert; SIEHR, Kurt. *Kunstdiebstahl vor Gericht*: City of Gotha v. Sotheby's und Cobert Finance S.A. Schriften zum Kulturgüterschutz. Berlin u. a.: de Gruyter, 2001. E SCHÖNENBERGER, Beat. *Restitution von Kulturgut*: Anspruchsgrundlagen, Restitutionshindernisse, Entwicklung. Bern: Stämpfli; 2009. p. 7-9.

muitos anos desse fato, empreendeu esforços de diligência razoável na sua localização. Segundo o estatuto de NY a recuperação de bens roubados deve ser demandada em três anos, mas o prazo deve ser contado a partir da exigência, pelo proprietário, de que os bens roubados sejam devolvidos e essa demanda seja recusada (*demand and refusal rule*).

Baldinger apelou para o Tribunal de Apelações dos Estados Unidos (Segundo Circuito), argumentando que a demora em requerer a restituição da obra tornaria a decisão irrazoável, já que estava há cerca de 30 anos com a obra.

No julgamento final, houve inversão do julgamento originário, determinando-se que a tela seria de *Baldinger*, porque a investigação de *DeWeerth* teria sido mínima (*due diligence; reasonable diligence*), sendo "injusto" sujeitar o comprador de arte à devolução de obras de arte tanto tempo após a compra, já que o proprietário original deveria ter descoberto com esforços razoáveis a localização da tela (*discovery rule*), tendo sido acolhida a defesa baseada na *equity* (*laches*).

A decisão, minudente tratada, inclusive com cópia das peças processuais, em obra de introdução ao direito norte-americano[54] de metodologia singular, é suscetível de críticas, pois não faz sentido reputar a aplicável essa compreensão a casos como o do *Monet*, em que o proprietário que não sabe com quem e nem onde a obra está. De fato, que outras diligências seriam exigíveis de proprietário desapossado além de buscar orientação legal e auxílio de autoridades estatais, especialmente considerando as condições pós-guerra?[55] Contudo, prevaleceu o entendimento de que *DeWeerth* poderia ter localizado a tela, se tivesse simplesmente consultado o *catalogue raisonné* de *Monet*, do qual a obra constava desde 1957.

Por outro lado, no caso *Kunstsammlungen zu Weimar v. Elicofon*,[56] o museu-demandante, localizado na Alemanha, teve mais sorte no pleito restitutório. Ao

---

54. HUMBACH, John. *Whose Monet*? An introduction to the american legal system. New York: Wolters Kluwer, 2016.

55. Nesse sentido veja-se o caso *Solomon Guggenheim Foundation v. Lubell*. Nele, o museu que tivera a tela *Ménageries*, de *Chagall*, furtada em 1965, demandou do casal *Lubell*, que a adquirira do renomado negociante de arte *Robert Elkon* em 1967, a restituição da obra. O tribunal de *New York* julgou o pedido procedente em 1991, aplicando a *demand and refusal rule* e afastando a prescrição, abstendo-se, todavia, de aplicar *laches* em desfavor do museu, porque considerou que uma busca pública do objeto poderia ter sido prejudicial ao próprio museu, fazendo com que a obra desaparecesse no *underground* do mundo da arte. Sobre o caso, veja-se: SIEHR, Kurt. 50 Jahre nach Entdeckung von Dürer-Portraits in New York – zum Rechtsstreit "Kunstsammlungen zu Weimar v. Elicofon" im Kontext neuer amerikanischer Rechtsprechung. *Bulletin Kunst & Recht* 2016/2-2017/1, p. 39-40; LERNER, Ralph; BRESLER Judith. *Art Law*: the guide for collectors, investors, dealers, and artists. V. 1, 2 e 3. 3ª ed. New York: Practising Law Institute; 2005. p. 272 e seguintes.

56. Sobre o caso: SIEHR, Kurt. 50 Jahre nach Entdeckung von Dürer-Portraits in New York – zum Rechtsstreit "Kunstsammlungen zu Weimar v. Elicofon" im Kontext neuer amerikanischer Rechtsprechung. *Bulletin Kunst & Recht* 2016/2-2017/1, p. 23-41;

tempo da II Guerra Mundial, o museu de arte de Weimar possuía dois retratos pintados pelo artista alemão *Albrecht Dürer*, os quais foram remetidos pelo diretor do museu, *Dr. Walter Scheidig*, para o castelo Schwarburg nas proximidades da cidade, para guarda, devido aos ataques aéreos. Assim como no caso anterior, as tropas americanas estavam estacionadas no castelo no momento da rendição da Alemanha na primavera de 1945, tendo deixado o local no verão de 1945, quando da ocupação da zona oriental pelos soviéticos, oportunidade em que se percebeu o desaparecimento dos retratos de *Dürer*.

Elicofon (réu) comprou os retratos em Nova York de um ex-militar americano, que alegou ter adquirido legalmente as telas não assinadas na Europa, pelo valor de USD 450. Por acaso, em 1966, *Gerhard Stein,* amigo de *Elicofon* o visitou e reconheceu os quadros a partir de uma reprodução em preto e branco que vira num livro alemão sobre tesouros da pintura perdidos. Após a divulgação pública de *Elicofon* de que possuía as pinturas no *New York Times*, o museu de Weimar buscou sua restituição, em 1969.

A controvérsia, na oportunidade, importava em determinar se a República da Alemanha, a DDR ou o museu estariam legitimados a demandar a restituição do quadro. Outrossim, deveria se decidir a quem restituí-los, se ao museu ou à família do Grão-Duque von *Sachsen-Weimar-Eisenach*, que o "alcançara" antes da guerra ao museu, já que não era claro se teria havido doação ou apenas empréstimo. Por fim, se deveria estabelecer se *Elicofon* estaria obrigado sob qualquer fundamento a devolver as telas.

Apenas em 1974 a DDR fora reconhecida pelos Estados Unidos. Por isso a República da Alemanha ingressara com a ação, já que o museu poderia não ser reconhecido como parte, já que era órgão de país não reconhecido. Assim, em 09.12.1975, a Alemanha se retirou do processo. Em decisão de 1978, restou assentado que a família do grão-duque não teria direito às telas, porque as teria entregue ao Estado de Thüringen, em compensação por dívidas em 1927.[57]

Em apoio à sua moção, o museu afirmou que o testemunho firme do *Dr. Scheidig* criou inferência irrefutável de que as pinturas foram roubadas do castelo em 1945, carecendo *Elicofon* de bom título, porque ele havia adquirido as pinturas do ladrão ou de terceiro para qual este teria transferido a peça. *Elicofon*, por sua vez, afirmou que eventual roubo não impediria a futura aquisição de boa-fé de terceiro conforme o direito alemão, aduzindo, ainda, prescrição.

O tribunal americano decidiu, em 1982, que um comprador inocente de bens de um terceiro de um ladrão deve primeiro ser informado sobre o defeito em seu título e ter a oportunidade de entregar o imóvel ao verdadeiro proprietário antes

SCHNABEL, Gunnar; TATZKOW, Monika. *Nazi looted art*: Handbuch Kunstrestitution weltweit. Berlin: Proprietas, 2007. p. 324-325.

57. SIEHR, Kurt. 50 Jahre nach Entdeckung von Dürer-Portraits in New York... p. 26.

de ser responsabilizado como adquirente de má-fé (*demand and refusal rule*). Por esse motivo, o prazo prescricional não teria se iniciado antes da interpelação do terceiro de boa-fé, não restando operada a prescrição. Confirmou, outrossim, o entendimento consolidado na *common law* de que não pode haver aquisição de boa-fé originada de roubo,[58] motivo pelo qual os quadros foram devolvidos ao museu alemão.

Ao refletir sobre o caso é inevitável o espanto pelo fato de que, mais uma vez, a Alemanha tenha invocado direito estrangeiro para obter restituição que, segundo suas próprias normas, não obteria.

Talvez o mais controverso e atual caso envolvendo restituição de arte seja o *caso Gurlitt*,[59] deflagrado por um acaso, mas que denota a fragilidade da distinção entre os casos de *Kunstraub*.

Cornelius Gurlitt levou uma vida de décadas de em isolamento desde o falecimento de seu pai, o historiador de arte e negociante célebre *Hildebrand Gurlitt*. Retornando de uma viagem à Zurique para Munique, foi controlado no trem pela polícia aduaneira alemã, que apurou que transportava consigo € 9.000. Embora não houvesse ilegalidade (o máximo admissível, no caso, seria € 10.000), a Receita Federal alemã suspeitou de *Gurlitt*, porque ele nunca trabalhara nem recolhera tributos, embora portasse quantia substancial de dinheiro em espécie. Insinua-se que seu nome constasse das listas apresentadas pelos bancos suíços, que informaram a diferentes países estrangeiros a manutenção de contas em seus estabelecimentos por seus nacionais, mas não há prova disso. Em qualquer caso, foi deflagrada uma investigação.

Em fevereiro de 2012, na apuração de possível evasão fiscal na moradia de *Gurlitt*, num apartamento em Schwabing, Munique, o promotor distrital de Augsburg confiscou 121 obras emolduradas e 1.285 obras não enquadradas. Imediatamente, suspeitou-se que algumas das pinturas confiscadas tinham sido saqueadas pelos nazistas durante a Segunda Guerra Mundial, pois a coleção estava em grande parte intacta, em bom estado, sendo de qualidade notável. De fato, continha mestres antigos, além de pinturas impressionistas, cubistas e expressionistas de artistas como *Claude Monet, Pierre-Auguste Renoir, Henri Matisse, Franz Marc, Marc Chagall, Otto Dix* e *Max Liebermann*, entre muitos outros. Embora as autoridades alemãs tenham apreendido toda a coleção, *Gurlitt*

---

58. Entre os Estados americanos, pode-se referir como exceção o Estado da Louisiana, que admite a aquisição por terceiro de boa-fé, assim como a usucapião. SIEHR, Kurt. 50 Jahre nach Entdeckung von Dürer-Portraits in New York... p. 37.

59. Sobre o caso, veja-se, principalmente: JAYME, Erik. Der Gurlitt-Fall – Grundfragen des Kunstrechts. In: Mosimann/Schönenberger (org.). *Kunst und Recht 2014*, Berna, p. 127 e seguintes; ERNST, Wolfgang. Bilderbesitz im Rechtstaat, *JZ* 2014, p. 28 e seguintes; e KÄHLER, Lorenz. Vom bleibenden Wert des Eigentums nach der Verjährung des Herausgabeanspruchs, *NJW*, 2015, p. 1041.

não foi detido senão após 3 de novembro de 2013, quando a revista alemã *Focus* noticiou o achado, provocando alvoroço mundial.

Até então, sabia-se apenas que *Gurlitt* havia negociado num leilão em Colônia o quadro *Löwenbändiger*, de *Max Beckmann*, por € 864.000, como meio de obter recursos para tratamento de sua saúde. Antes do leilão, contudo, soube-se por meio das pesquisas de proveniência que são realizadas que o quadro pertencera ao colecionador judeu *Alfred Flechtheim*, falecido em 1937, em Londres. *Gurlitt* pagara, então, aos sucessores dele uma compensação.[60]

Inicialmente, *Gurlitt* recusara-se a cooperar com os investigadores alemães. Em abril de 2014, porém, finalmente chegou a acordo no sentido de que a coleção confiscada em Munique devia ser devolvida a ele em troca da sua cooperação com uma força-tarefa liderada pelo governo encarregada de determinar quais das peças tinham sido roubadas e devolvê-las aos legítimos herdeiros. No entanto, *Gurlitt* morreu apenas um mês depois, em maio de 2014, deixando, em seu testamento, todos os seus bens ao Museu de Belas Artes de Bern, na Suíça. A validade da liberalidade, questionada em Juízo por familiar do doador, foi confirmada. Embora surpreso, pois não havia contato anterior, o Conselho de Curadores do museu decidiu por assumir a propriedade das obras, anunciando expô-las para posteriormente buscar eventuais restituições. Isso porque paira a suspeita de que pelo menos parte das obras tenha origem em subtrações ilegais ocorridas sob o regime nacional-socialista.

Consta que o pai de *Cornelius Gurlitt* colecionador de arte *Hildebrand Gurlitt*, ocupara na década de 1920 posições de destaque no mundo das belas artes. Porém, perdera, em 1930, o cargo de diretor do museu König Albert em Zwickau porque exibiu artistas modernos. Depois que os nazistas chegaram ao poder, foi removido de outro emprego como diretor de um museu porque uma de suas avós era judia (segundo as leis de Nuremberg, ele seria 1/4 judeu (*Mischling zweiten Grades*), o que o tornava apenas parcialmente pertencente à "raça" e nação alemãs, embora conservasse a cidadania desse país), o que motivou uma mudança com a família para Dresden, onde construiu um negócio próspero como um negociante de arte, especializando-se na arte moderna. Mais tarde, *Hildebrand* foi indicado para compor a Comissão para a Exploração da Arte Degenerada (*Entartete Kunst*), assim designada então a arte moderna, tendo sido posteriormente instruído a vender essas obras no exterior para moeda estrangeira e para fazer um bom lucro para investir em obras (clássicas) para o museu que o *Führer* tencionava construir em Linz, sua terra natal, na Áustria. Acredita-se que durante esse processo tenha *Hildebrand Gurlitt* formado a sua extraordinária coleção, com obras tomadas de colecionadores judeus ou tomadas por terem sido consideradas degeneradas, estimando-se que o trabalho de catalogação das obras e levantamento da procedência delas leve ainda muitos anos de pesquisa histórica.

60. JAYME, Erik. Der Gurlitt-Fall... p. 130.

Muitas questões se apresentam ainda em relação ao caso, especialmente considerando a dupla nacionalidade do falecido colecionador, o fato da coleção se encontrar em pelo menos dois países (outras obras foram localizadas em sua residência austríaca), tendo havido doação para instituição localizada num terceiro – circunstâncias que se somam ao fato de que parte do acervo pertence provavelmente a nacionais ou residentes em outros países.[61] Questiona-se, outrossim, se em lugar de buscar a restituição dessas obras, elas não deveriam ser desapropriadas para compor patrimônio estatal, ou mesmo que os princípios de Washington não deveriam ser aplicados ao caso.[62]

Por ora, pode-se referir que três peças foram escolhidas pelo Museu de Berna para retorno imediato: "*Femme Assise*", de *Henri Matisse*, devolvida aos descendentes do negociante de arte judeu *Paul Rosenberg*; "*Zwei Reiter am Strand*", de *Max Liebermann*, para o sobrinho-neto do industrial e colecionador de arte *David Friedmann*; e a obra de *Carl Spitzweg* "*Playing the Piano*", aos herdeiros do editor de música *Henri Hinrichsen*, que foi assassinado em Auschwitz.

O volume de telas a serem identificadas e a terem sua procedência pesquisada conduz também à reflexão sobre dificuldades probatórias. Como visto no caso *Carracci*, *Feigen* viu-se compelido a retornar a tela aos sucessores de *Stern*, não obstante o entendimento do tribunal alemão tenha sido de que a alienação da tela por ele em 1937 tinha sido regular, tendo o colecionador recebido à época os valores devidos.

Caso análogo ao *Carracci*, por não ter havido busca de recuperação da tela pelo proprietário original, é o constrangedor pedido de restituição da tela "*Potsdamer Platz*", de *Ernst Ludwig Kirchner*, que fora propriedade de *Tekla Hess*, viúva de *Alfred Hess,* que emigrara para a Suíça na década de 1930. Por ocasião de sua emigração, a proprietária decidira vender a tela para obter dinheiro e, sem conseguir comprador pelo preço desejado na Suíça, entregou-a aos cuidados de *Karl Hegemann*, da Associação de Arte de Colônia (*Kölner Kunstverein*), que não tinha conexões com o Partido Nacional-Socialista, para venda. É incontroverso que *Tekla Hess* recebeu RM 3.000,00, agradecendo ao vendedor em correspondência contemporânea, que ficou arquivada com o destinatário. Após a II Guerra Mundial, em 03.09.1953, *Tekla Hess* teve oportunidade de apreciar a tela em *Luzern*, numa exposição expressionista, quando então escreveu ao galerista *Ferdinand Möller,* manifestando satisfação em apreciar a tela que antes lhe pertencera. Ela nunca

---

61. Sobre a dimensão de direito internacional privado do caso, veja-se o artigo de JAYME, Erik. Die internationalprivatrechtliche Dimension des Falles "Gurlitt", in: WELLER, Mathias; KEMLE, Nicolai (org.). *Eigentum – Kunstfreiheit – Kulturgüterschutz*: Tagungsband des Achten Heidelberger Kunstrechtstags am 31. Oktober und 1.November 2014. Baden-Baden: Nomos, 2015. p. 39-52.

62. ERNST, Wolfgang. Bilderbesitz im Rechtstaat: Einsatz von Strafprozessrecht zu Restitutionszzwecken?, *KUR* 3/4, 2014, p. 67-72.

demandou então e nem depois por qualquer indenização em relação ao quadro. Apesar disso, sua neta, mais de 30 anos depois, veio a exigir a restituição da obra, alegando que teria sido tomada em perseguição aos judeus.[63] Ora, nessas condições, afigura-se contrário ao direito o deferimento da restituição, e não a negativa dela.

Outro caso lamentável envolve uma tela de *Oskar Schlemmer*, que fora oferecida em 1937 ao proprietário de um jornal na cidade de Tübingen pelo próprio artista, em agradecimento pela crítica favorável publicada no periódico – fato incomum à época, em que o pintor era considerado artista *degenerado*. Nos anos 1990, o sucessor desse editor entregou a obra a uma casa de leilões inglesa. A família do pintor, contudo, alegou que o quadro fora tomado pelos nazistas, o que fez com que não apenas fosse retirado do leilão, mas negada sua devolução ao proprietário, que despendeu anos nos tribunais – e muito dinheiro – para comprovar que a tela nunca teve nenhuma relação com o nazismo, a fim de obtê-la de volta.[64]

Deve-se considerar, portanto, que os casos de restituição não se limitam a subtrações de bens de judeus, como o "Retrato de Adele" – contexto em que se inserem os *Washington Principles* –, envolvendo, ainda, casos em que obras foram subtraídas de museus alemães, durante a guerra ou antes dela, por terem sido consideradas obras de "*entartete Kunst*", como a coleção de *Sophie Lissitzky-Küppers* e de *Menzel v. List,* e após a guerra, como em *Kunstsammlung Weimar v. Elicofon* – caso em que as obras constituíam, ainda, bens públicos e patrimônio cultural alemão. Há, ainda, casos em que a restituição decorre de ofensa a direito exclusivamente individual, como no caso *DeWeerth v. Baldinger*, em que a vítima não era perseguida pelo nazismo, mas foi furtada pelos vencedores do conflito.

Diante desse contexto, a *questão moral* da procedência de uma obra amplia-se para *questão política* quando os atos de subtração foram praticados fora do contexto de perseguição aos judeus pelo nacional-socialismo.

Todavia, se não houver um *tratamento uniforme* dessas questões, não haverá reconciliação, pois o *passado* dos terríveis anos da II Guerra Mundial seguirá rondando e perseguindo o *presente*.

Por tudo isso, problemas de *proveniência* de obra de arte deveriam ser disciplinados uniformemente. Não obstante, as dificuldades de materializar norma de direito internacional público dessa envergadora são enormes, considerando que as peças estão dispersas, *potencialmente em qualquer país do mundo*, cada qual com sistema jurídico próprio.

---

63. RAUE, Peter. Probleme der Restitution – Neue Lösungsmöglichkeiten. In: MOSIMANN, Peter; SCHÖNENBERGER, Beat (org.). *Kunst & Recht 2010*: Referate zur gleichnamigen Veranstaltung der Juristischen Fakultät der Universität Basel vom 18 Juni 2010. Bern: Stämpfli, 2011. p. 126-128.

64. RAUE, Peter. Probleme der Restitution – Neue Lösungsmöglichkeiten... p. 123.

Nessas condições, uma solução mais efetiva para esses casos poderia se dar a partir de construção jurisprudencial, que tomasse o vício de proveniência como *defeito da obra, já que lhe compromete o uso regular*, incumbindo ao alienante assegurar a ausência dele, e não excluir sua responsabilidade por sua eventual configuração, constituindo, outrossim, dever do adquirente examinar a origem da obra (*due diligence*[65]), e não atribuir a responsabilidade exclusivamente ao vendedor, especialmente quando não se trata de profissional.

Por outro lado, em se tratando de profissionais de leilões, que estão numa posição de confiança em relação ao ofertante e ao arrematante, especialmente, não se poderia admitir a exclusão da responsabilidade nos casos em que tenham oferecido em catálogo informações que tenham inspirado confiança no adquirente.

Uma falha grosseira na observação desses deveres de pesquisa da proveniência, pelo alienante ou pelo adquirente, deveria resultar na imputação do prejuízo à parte oposta.

Os preceitos gerais relativos à *prescrição* não podem ter aplicação nesses casos, como tem em situações ordinárias: trata-se de circunstâncias extraordinárias, que justificam a construção jurisprudencial no âmbito do *civil law* para incorporar a *demand and refusal rule,* do Estado de *New York,* ou mesmo da *discovery rule,* invocada na Califórnia e em outros estados americanos, segundo a qual o prazo começa no momento em que o titular do direito descobre – ou deveria ter descoberto, se tivesse empregado diligência esperada, suficiente – todos os elementos que constituem a base de sua pretensão,[66] isto é, onde o bem está e com quem, demandando sua restituição. Assim, o prazo prescricional teria início apenas quando o proprietário de uma obra de arte interpelasse terceiro que aparecesse na posse obra desaparecida, pedindo que a devolvesse, não sendo atendido, ou, pelo menos, quando soubesse onde se encontra a obra, reunindo condições para requerer sua restituição.

Contudo, essa compreensão deve ser reservada apenas aos casos em que as obras permaneceram desaparecidas, sem conhecimento de seu paradeiro pelos seus proprietários pré-guerra.

Em casos como *Carracci* e *Kirchner*, todavia, em que os próprios proprietários das obras não alegaram ilegalidade na transferência e nem postularam restituição contemporaneamente, apesar de terem podido fazê-lo, por conhecerem o destino

---

65. Embora o termo seja mais utilizado no contexto em que um provável investidor avalia o negócio, com intenção de participar dele, a investigação prévia do passado de uma obra de arte é fundamental para trazer segurança ao adquirente dela, pois qualquer obra tem uma história. Sobre a amplitude desse dever, inclusive dando conta de serviço profissional específico, veja-se: HASLER, Jerome. What is due diligence? Making the case for a more responsible art market, *KUR* 6, 2014, p. 157-159.

66. SCHÖNENBERGER, Beat. *Restitution von Kulturgut*: Anspruchsgrundlagen, Restitutionshindernisse, Entwicklung. Bern: Stämpfli, 2009. p. 138.

das telas, os pleitos restitutórios não devem ser acolhidos, porque os próprios proprietários das obras ao tempo da II Guerra Mundial não consideraram ilícita a transferência da obra e eventual restituição prejudicaria apenas os direitos de terceiros de boa-fé.

Por fim, apesar da consideração de ser a restituição física das obras às vítimas o ideal para recompor as injustiças havidas, forçoso reconhecer muitas delas, em vida, ou seus sucessores diretos, contemporaneamente, superaram a perda das peças e aceitaram indenizações em dinheiro, como ocorreu com *Max Stern*, no caso do *Carracci* adquirido por *Feigen*; com *Tekla Hess*, em relação à tela de *Kirchner*; e com os herdeiros de *Pringsheim* e de *Glaser*, relativamente às respectivas coleções. Rever casos assim, em lugar de promover a pacificação – renova o conflito, desta feita entre as novas gerações. Passados mais de 70 anos desde o fim da guerra, sucessores daqueles fizeram as pazes com o passado devem respeitar as decisões que eles tomaram em vida, e não reabrir suas feridas cicatrizadas.

2. Lavagem de dinheiro por meio de obras de arte (dt. D: Geldwäsche; dt. Ö/CH:Geldwäscherei; fr. blanchiment d'argent; en. money laundering)

A negociação ilegal de bens culturais situa-se, juntamente com o tráfico de drogas e de armas, no topo dos negócios criminosos, estando intimamente associada à lavagem de dinheiro. Estimativas apontam que só as transações envolvendo bens culturais roubados perfaziam cerca de 5 bilhões de euros anualmente, sendo registradas mais de 100.000 obras de arte como subtraídas por ano.[67] Diante dessas cifras, são claras as oportunidades de lavagem de dinheiro envolvendo não apenas esses, mas obras de arte em geral.

Por lavagem de dinheiro compreende-se a dissimulação da origem de dinheiro ou de bens resultantes do cometimento de crime e a introdução desses recursos e ativos na ordem financeira e econômica legal.[68]

No processo de "lavagem", ocorre um distanciamento pessoal, territorial, temporal ou fático de valores de ativos patrimoniais de sua origem ilegal, ou

---

67. ASAM, Herbert. Rechtsfragen des illegalen Handels mit Kulturgütern – Ein Überblick. In: MANSEL, Heiz-Peter; PFEIFFER, Thomas; KRONKE, Herbert; KOHLER, Christian; Hausmann, Rainer (org.). *Festschrift für Erik Jayme. München*: Sellier, 2004. p. 1651-1667.

68. QUEDENFELD, Rüdiger. *Handbuch Bekämpfung der Geldwäsche und Wirtschaftskriminalität*. Berlin: ESV, 2017. p. 21. Original: "*Geldwäsche ist das Verschleiern der Herkunft von Geldern und Vermögenswerten, die aus der Begehung von Straftaten herrühren sowie das Einschleusen dieser Gelder und Vermögenswerte in den legalen Finanz- und Wirtschaftskreislauf.*"

mesmo a manipulação ou a ocultação de documentos com o objetivo de ludibriar de investigação criminal acerca da origem de recursos ilícitos.[69]

As normas legais que combatem a lavagem de dinheiro tornaram-se mais rigorosas nos últimos anos em relação aos intermediários financeiros que a realizam, presumindo-se que parte desses recursos de origem criminosa tenha sido direcionado ao comércio de obras de arte, assim como para o mercado imobiliário e da alta joalheria.

No evento internacional sobre direito da arte realizado em Basel no ano de 2014, foi noticiado que obras de arte constituem 40% dos bens armazenados no entreposto aduaneiro de *Genf* (pt. Genebra), tendo sido levantada a questão de que arte deveria ser considerada como divisa internacional (*Währung*), junto ao *Foreign Exchange,* para que servisse como meio de pagamento. A proposta, todavia, foi firmemente rechaçada, porque obras de arte não devem ser tomadas como "disponibilidade de um país", em analogia com moedas estrangeiras, títulos de crédito e outros documentos bancários, dada a sua natureza infungível.[70]

A lavagem de dinheiro no mercado da arte pode se configurar mediante a compra legal de obras no mercado, com pagamento em dinheiro 'frio' (sem origem) ou proveniente de crime (dt. *Schwarzgeld*), como, por exemplo, recursos originários de propinas a funcionários públicos ou de tráfico de drogas, independentemente de haver revenda depois. Também pode decorrer da camuflagem da própria obra, numa atividade de lavagem de dinheiro, direta ou indiretamente vinculada a um crime, como por exemplo na hipótese de ter sido adquirida com recursos subtraídos ilicitamente e então conduzida para outro país onde, mediante documentos falsos, é reintroduzida no mercado. Uma terceira modalidade ocorre quando é dada a dinheiro de origem criminosa, com ajuda de operações fictícias, aparência de origem legal, por exemplo, mediante emprego de recibos falsos na aquisição de obras de arte.[71]

No mundo todo, são "lavados" cerca de 2.100 bilhões de dólares por ano, o que perfaz 3,6% do volume total do produto mundial bruto, sendo que menos de 1% desse valor foi confiscado ou apreendido. Segundo a Fundação Européia de Artes Finas (*The European Fine Art Foundation,* sigla: TEFAF), o mercado de

---

69. RASCHER, Andrea. Kunst zu waschen ist keine Kunst! Geldwäscherei im Kunsthandel? In: MOSIMANN, Peter; SCHÖNENBERGER, Beat (org.). *Kunst & Recht 2010*: Referate zur gleichnamigen Veranstaltüng der Juristischen Fakultät der Universität Basel vom 18 Juni 2010. Bern: Stämpfli, 2011. p. 28-39.

70. JAYME, Erik; SEEGER, Sebastian. Internationales Kunstrecht – Tagung in Basel, *IPRax* 2014, p. 438 ou 458.

71. CASSANI, Ursula; HENNINGER, Julia. Kunsthandel und Geldwäscherei: neue Risiken, neue Sorgfaltspflichten. In: MOSIMANN, Peter; SCHÖNENBERGER, Beat (org.), *Kunst & Recht 2016* – Art Law 2016 – Referate zur gleichnamigen Veranstaltung der Juristischen Fakultät der Universität Basel vom 17. Juni 2016, Sämpfli Verlag, Bern 2016, p. 79-80.

arte e antiguidade movimentou em 2016 63,8 bilhões de dólares, o que representa um aumento de 400% em relação à década anterior.[72]

Alguns casos concretos confirmam essa presunção não apenas no Brasil, mas em outros países, revelando a lavagem de dinheiro mediante aquisição de obras de arte e de bens culturais.

Tornou-se célebre o *caso de Shirley D. Sack*, de 74 anos, *e Arnold K. Katzen*, 63 anos, dois reconhecidos *art dealers* de Connecticut, que se declararam culpados, em 2001, por tomar parte em esquema de lavagem de dinheiro, em que oferecidas a pintura "*Jeune femme aux yeux bleus*", de *Amedeo Modigliani*, e a obra "*La Coiffure*", de *Edgar Degas*, por cerca de 4 milhões de dólares, a serem pagos em espécie. O negócio fora proposto no âmbito de investigação conduzida por agentes públicos norte-americanos, que apreenderam as peças.

Um caso igualmente rumoroso foi, no Brasil, o que envolveu obras em poder do banqueiro *Edemar Cid Ferreira*, descobertas no processo de liquidação do Banco Santos. Algumas dessas telas simplesmente desapareceram, surgindo posteriormente no comércio internacional. Foi o caso da pintura "*Hannibal*", de *Jean-Michel Basquiat*, introduzida com documentos falsos nos Estados Unidos em 2007, que indicavam valor inferior a 200 dólares, posteriormente alienada por 8 milhões de dólares. Em 2008, autoridades britânicas apreenderam a tela "*Les papillons*", de *Lèger*, quando seria posta em leilão na Sotheby's (no ano anterior, tentara-se leiloá-la na Christie's, em New York, porém não houve comprador). Uma terceira tela da coleção do banqueiro ("*Modern Painting with yellow interweave*", de *Lichtenstein*, foi adquirida por uma galeria em Los Angeles por 1,3 milhões de dólares – embora seus papéis de transporte indicassem se tratar de peça decorativa de valor inferior a 100 dólares! A seguir a tela foi arrematada em leilão promovido pela Sotheby's por 3,5 milhões de dólares...[73]

Pode-se referir outros casos de notoriedade internacional, como o do proprietário da *Parmalat*, *Calisto Tanzi*, que, condenado a dez anos por falência fraudulenta, teve 19 telas de grandes mestres, como *Van Gogh, Monet, Cézanne* e *Picasso* localizadas no porão de sua residência no valor estimado de 150 milhões de francos suíços e, o horror dos horrores, as obras apreendidas no âmbito da "operação lava-jato".[74]

---

72. Estimativa do escritório para drogas e crimes das Nações Unidas, publicada em 2009 no site <www.unodc.org> e dados obtidos junto ao site <www.tefaf.com>, conforme: CASSANI, Ursula; HENNINGER, Julia. Kunsthandel und Geldwäscherei: neue Risiken, neue Sorgfaltspflichten... p. 76.

A corroborar o crescimento do volume de dinheiro movimentado no mercado de arte, em 2014 o total fora de 51 bilhões. Veja-se: REIS, Daniel [et alii.]. *Arte e Direito*. Coimbra: Almedina, 2016. p. 95.

73. RASCHER, Andrea. Kunst zu waschen ist keine Kunst... p. 28 e seguintes.

74. <https://brasil.elpais.com/brasil/2015/04/09/politica/1428613139_519729.html>. <https://oglobo.globo.com/cultura/varejao-lava-jato-o-mercado-de-arte-21155428>.

Embora os países tomem uma série de providências para inibir a sonegação fiscal – tema intimamente relacionado à lavagem de dinheiro – essas não são, em regra, tão eficazes junto ao mercado da arte como são as prescritas aos registros imobiliários e aos agentes financeiros.

No Brasil, as transações imobiliárias são detalhadamente documentadas e levadas a registro, informando o Registro de Imóveis à Receita Federal as transações realizadas, mesmo que de valor pouco expressivo. O mesmo ocorre com os bancos, que noticiam operações acima de R$ 2.000,00 – confrontando o fisco essas informações com as constantes das declarações e renda dos cidadãos.[75]

Porém, se for negociada obra de arte, seja ela de qualquer valor, em regra a identidade do adquirente e do alienante são ocultadas, como se viu no capítulo "Arte e Direito civil", tampouco sendo noticiada a transação. O sigilo tem causas bastante justificáveis: protege a privacidade e oferece segurança aos envolvidos. Vendedores não são apontados como devedores nem insolventes e nem adquirentes ficam expostos à violência, por exemplo. Também museus podem discretamente modificar seus acervos. Contudo, é forçoso reconhecer que a reserva de informações concorre para eventual lavagem de dinheiro.[76]

A Lei n. 9.613/1998 dispõe sobre os crimes de "lavagem" ou ocultação de bens, direitos e valores, prescrevendo normas voltadas à prevenção da utilização do sistema financeiro nesses ilícitos e criando o Conselho de Controle de Atividades Financeiras – COAF, entre outras providências. Segundo essa lei, constitui lavagem de dinheiro "ocultar ou dissimular a natureza, origem, localização, disposição, movimentação ou propriedade de bens, direitos ou valores provenientes, direta ou indiretamente, de infração penal".

Além das normas de natureza punitiva, a lei prevê normas voltadas à prevenção. Com base no inciso III do artigo 11 dessa lei, o IPHAN editou a Portaria n. 396/2016, dispondo os procedimentos a serem observados pelas pessoas físicas ou jurídicas que comercializem antiguidades e/ou obras de arte de qualquer natureza, criando o Cadastro Nacional de Negociantes de Obras de Arte e Antiguidades (sigla: CNART), de preenchimento obrigatório, sob pena de sanções administrativas.

Segundo essa Portaria, os negociantes de obras de arte e antiguidades são obrigados a comunicar ao Conselho de Controle de Atividades Financeiras (sigla: COAF), independentemente de análise ou de qualquer outra consideração, qualquer operação ou conjunto de operações de um mesmo cliente que envolva o

---

75. DOI – Declaração sobre operações imobiliárias; DIMOF – Declaração de movimentação financeira (atual SPED Serviço público de escrituração digital). Fonte: nota de esclarecimento sobre a e-Financeira, da Receita Federal Brasileira, disponível no site: <http://idg.receita.fazenda.gov.br/>.

76. <https://www.nytimes.com/2017/02/19/arts/design/has-the-art-market-become-an-unwitting-partner-in-crime.html>.

pagamento ou recebimento, em espécie, de valor igual ou superior a R$ 10.000,00 (dez mil reais), ou o equivalente em outra moeda (artigo 5.º), assim como reportar clientes que se recusem a fornecer dados ou que ensejem suspeita de crimes, como o uso de contas em paraísos fiscais, que proponham sub ou superfaturamento, ou peçam para que as operações não sejam registradas. Os negociantes que não realizarem o comunicado previsto, submetem-se às penas do artigo 12 da Lei 9.613/1998, que incluem advertência; multa pecuniária variável – eventualmente, de valor bastante significativo –; inabilitação temporária, pelo prazo de até dez anos, para o exercício do cargo de administrador das pessoas jurídicas referidas no art. 9.º; cassação ou suspensão da autorização para o exercício de atividade, operação ou funcionamento.

Impor regras dessa natureza, especialmente a casas de leilão especializadas, pode apenas deslocar o negócio para mercados internacionais menos regulamentados ou para o âmbito de atuação de *marchands* privados, que podem evitar mais facilmente o anúncio de suas vendas e a publicação valores. Por outro lado, deve-se registrar que eles, caso apanhados, podem sofrer consequências tão intensas que ficariam inviabilizados de prosseguir na atividade.

Exigir, todavia, esse tipo de providência é indicativa de que o país tem intenção de se alinhar a outros no combate da lavagem de dinheiro mediante uso de obras de arte.

Convergindo com esse propósito está a nova lei alemã sobre o tema da lavagem de dinheiro. Em reação ao escândalo designado "*Panama-papers*"[77] e adequando-se à Diretiva (UE) 2015/849 do Parlamento Europeu e do Conselho, de 20.05.2015 sobre a prevenção da utilização do sistema financeiro para efeitos de lavagem de dinheiro e financiamento do terrorismo (que alterou o Regulamento (UE) n. 648/2012 do Parlamento Europeu e do Conselho e revogou a Diretiva 2005/60/CE e Directiva 2006/70/CE), a Alemanha aprovou, em 22.02.2017 a nova lei de lavagem de dinheiro (*Geldwäschegesetz,* sigla: *GwG-neu),* com vigência desde 26.026.2017, e que cria uma central para investigação da transparência de

77. *Panama-papers* refere-se a 11,5 milhões de documentos que detalham informações financeiras e de relações entre advogados e clientes de 214.488 entidades *offshore*, vazados do escritório de advocacia panamenho e prestador de serviços corporativos *Mossack Fonseca*, em 2015, por uma fonte anônima, para o jornalista alemão *Bastian Obermayer* do jornal *Süddeutsche Zeitung* (sigla: SZ), que, por sua vez, após conferência de autenticidade, os repassou para o *International Consortium of Investigative Journalists* (sigla: ICIJ) publicou o documento completo em seu site. Embora manter uma sociedade *offshore* não seja ilegal, o conjunto dos documentos revela que muitos dos titulares dessas sociedades usaram recursos ilícitos para compor o patrimônio delas, inclusive autoridades políticas de muitos países, como do Brasil. Veja-se: <http://www.dw.com/en/detained-partners-of-law-firm-at-the-heart-of-panama-papers-scandal-granted-bail/a-38541750>.

transações financeiras[78] e toma inúmeras providências voltadas à prevenção do crime.

A nova lei reestruturou *Zentralstelle für Finanztransaktionsuntersuchungen* (pt. escritório central para investigações de transações financeiras, sigla: *FIU*), submetida não mais à polícia criminal, mas ao Ministério das Finanças, junto às autoridades alfandegárias. Instituiu deveres de diligência (*Sorgfaltspflichten*) a pessoas e sociedades que atuam em atividade que possa proporcionar lavagem de dinheiro, para o fim de tornar as relações mais transparentes.

A lei também endureceu as punições financeiras para até 1 milhão de euros – o que ainda se pode majorar em caso de reiteração sistemática ou ofensa grave para até 5 milhões de euros ou 10% do volume anual de recursos, se pessoa jurídica (antes era no máximo 100 mil) – admitindo-se a exposição pública da punição na página de internet da autoridade (en. "*naming and shaming*"; dt. *Prangervorschrift*[79]); expandiu os destinatários da norma (*Erweiterung des Verpflichtetenkreises*), mediante a inclusão de todo o tipo de realizador de jogos de azar (antes só estavam obrigados a prestar as informações aqueles que os ofereciam pela internet) e da redução do valor determinante da obrigação de informar (transações pagas *em espécie* a partir de € 10.000, antes € 15.000 para todo o círculo de obrigados nas suas prescrições, que inclui instituições financeiras e de crédito e de pagamento, seguradoras, sociedades de administração de capital, advogados, notários, contadores, consultores fiscais, negociadores de bens móveis e imóveis, mandatários (advogados) e administradores.

A nova lei reforça a abordagem baseada no risco (*Stärkung des risikobasierten Ansatzes*) preconizando a identificação do beneficiário efetivo do negócio (*Identifizierung des wirtschaftlich Berechtigten*).

O princípio "*Know Your Customer*" é um dos fundamentos centrais da prevenção da lavagem de dinheiro. Pessoas expostas politicamente, notadamente *mandatários (políticos), seja na Alemanha ou no exterior, são indicados na lei como de "alto risco" para lavagem de dinheiro*. Por esse motivo tem fortalecida a fiscalização de suas operações.

Por fim, a novel legislação prevê, ainda, um registro de transparência (*Transparenzregister*) para pessoas jurídicas de direito privado, de forma a delas conhecer os participantes.

---

78. CASSANI, Ursula; HENNINGER, Julia. Kunsthandel und Geldwäscherei: neue Risiken, neue Sorgfaltspflichten. In: MOSIMANN, Peter; SCHÖNENBERGER, Beat (org.), *Kunst & Recht 2016 – Art Law 2016* – Referate zur gleichnamigen Veranstaltung der Juristischen Fakultät der Universität Basel vom 17. Juni 2016, Sämpfli Verlag, Bern 2016, p. 86 e seguintes.

79. A tradução literal para o português seria algo como colocar o faltoso no pelourinho.

Com a nova disciplina legal, a Alemanha aperfeiçoa, por meio de medidas concretas, a prevenção e o combate à lavagem de dinheiro – providência que pode servir de inspiração e referência para o Brasil, que lamentavelmente tem ganhado manchetes internacionais na área da corrupção e do mau uso de dinheiro público por mandatários do povo.

VI

PRESCRIÇÕES ESPECIAIS ATINENTES AO DIREITO DA ARTE

1. Direito tributário

Ainda que o direito brasileiro não possua, como o direito alemão, normas tributárias e previdenciárias específicas e mais favoráveis ao artista,[1] o significado do direito tributário para quem se ocupa da arte é evidente, pois todos somos sujeitos à tributação direta pelos ganhos obtidos com arte e à indireta pela circulação das obras. Além disso, as instituições públicas que incentivam cultura e arte são mantidas com recursos públicos, os quais também são destinados a iniciativas privadas com o mesmo propósito.

Para dar início ao exame dos temas tributários relevantes, diante da complexidade da regulamentação fiscal brasileira, a melhor orientação é estabelecer interpretação voltada à Constituição que dispõe de uma prescrição específica no âmbito do direito tributário e da arte, em seu artigo 150, IV, *e* que prescreve que, sem prejuízo de outras garantias asseguradas ao contribuinte, é vedado à União, aos Estados, ao Distrito Federal e aos Municípios *instituir impostos sobre fonogramas*[2] *e videofonogramas musicais* produzidos no Brasil contendo obras musicais ou literomusicais de autores brasileiros e/ou obras em geral interpretadas por artistas brasileiros bem como os suportes materiais ou

---

1. Vide: capítulo I, 2, 2.2 Artista, criador e artesão. O ICMS e o ISS incidem sobre a atividade artística quando envolver circulação de mercadorias ou a prestação de serviços, respectivamente.

2. Segundo a LDA fonograma é toda fixação de *sons* de uma execução ou interpretação ou de outros sons, ou de uma representação de sons que não seja uma fixação incluída em uma obra audiovisual (artigo 5, XIX, LDA).

arquivos digitais que os contenham, salvo na etapa de replicação industrial de mídias ópticas de leitura a laser.

A norma é produto de emenda constitucional, conhecida como PEC da Música, datada de 2007, cujo objetivo era combater a contrafação, revigorar o mercado fonográfico brasileiro e difundir a cultura musical a todas as classes sociais, especialmente as menos favorecidas, que seriam beneficiadas pela redução dos preços de CDs e DVDs decorrente da isenção de ICMS e IPI. Mediante a imunidade prevista na norma, estar-se-ia atendendo ao preceito do artigo 23, V, CF, que prescreve ser competência comum da União, dos Estados, do Distrito Federal e dos Municípios proporcionar os meios de acesso à cultura, à educação e à ciência.

Segundo o dispositivo, os entes federativos não podem instituir *impostos*[3] sobre *gravação* de som ou de imagem e som *produzida no Brasil* e contendo *interpretação de artistas brasileiros* e nem sobre *os suportes materiais ou arquivos digitais que a contenham* (CDs, DVDS, Blu-Ray ou outros suportes materiais, bem como aplicativos para celular, tablet, download na internet, por exemplo). O processo industrial de produção dos suportes materiais, se realizado por mídia óptica de leitura a laser, pode ser tributado.

Portanto, não incide imposto de renda e nem sobre serviços na fonografia e gravação de sons (trucagem, dublagem, mixagem etc.) e nem na fotografia e cinematografia (revelação, ampliação, cópia etc.), tampouco ICMS na circulação do produto da fábrica até o seu destinatário final.

Ainda sobre a tributação da arte, fez-se necessário examinar a tributação da renda do artista, que se insere, todavia, na regra geral de tributação, distinguindo-se entre o residente no Brasil e o residente no exterior.

Tratando-se de residente no Brasil, o tributo é devido segundo o critério da *universalidade*, sobre valores recebidos tanto no território nacional, como no exterior – ainda que esses últimos sejam mantidos no exterior – de acordo com as faixas de aferição das alíquotas, de 7,5% a 27,5%. A renda obtida no exterior deve ser convertida para a moeda nacional no ultimo dia útil da primeira quinzena do mês anterior ao do recebimento do rendimento, conforme os artigos 5.º e 6.º da Lei 9.250/1995, admitindo-se as deduções previstas em lei.

Em se tratando de artista residente no exterior, prevalece o critério da *territorialidade*, segundo o qual será devido imposto de renda no Brasil, quando a renda for auferida no Brasil, cabendo à fonte pagadora realizar a retenção, segundo a mesma tabela progressiva aplicável aos residentes.

---

3. Contribuições incluídas no gênero tributo, mas não na espécie imposto, podem ser cobradas (PIS, COFINS, contribuição previdenciária, CSLL e Cide-royalties).

Esse sistema dual pode importar em dupla tributação, a qual pode ser evitada na hipótese de acordo internacional[4] ou em caso de haver reciprocidade de tratamento em relação a rendimentos auferidos no Brasil, nos termos do artigo 103 do Decreto 3.000/1999.

A maior parte desses acordos de bitributação segue modelo da Organização para a Cooperação e Desenvolvimento Econômico (abrev. OCDE),[5] denominado *Model Tax Convention on Income and on Capital* que, em seu artigo 17[6] prevê regras específicas para artistas e desportistas, segundo as quais os rendimentos recebidos por eles em pagamento a apresentação/atuação poderão ser tributados no Estado contratante em que tiverem exercido essas atividades, ainda que residam em outro Estado contratante.

Porém, não é possível examinar cada tratado, recomendando-se que o artista busque orientação profissional de escritório especializado.

Ainda no contexto de tributação de renda, deve-se consignar que o fisco nacional não admite a depreciação de obras de arte, ao contrário do que ocorre com outros bens, como veículos e máquinas, prevendo expressamente o inciso III do parágrafo único do artigo 307 do Decreto 3.000/1999 que "não será admitida quota de depreciação referente a bens que normalmente aumentam de valor com

---

4. O Brasil mantém acordo sobre bitributação com inúmeros países, como África do Sul, Argentina, Áustria, Bélgica, Canadá, Chile, China, Coréia, Dinamarca, Equador, Espanha, Filipinas, Finlândia, França, Hungria, Índia, Israel, Itália, Japão, Luxemburgo, México, Noruega, Países Baixos, Peru, Portugal, República Eslovaca, República Tcheca, Suécia e Ucrânia. Veja-se: <http://idg.receita.fazenda.gov.br/acesso-rapido/legislacao/acordos-internacionais/acordos-para-evitar-a-dupla-tributacao/acordos-para-evitar-a-dupla-tributacao>.

5. Essa organização internacional foi criada em 30.09.1961, sucedendo à Organização para a Cooperação Econômica Europeia, criada em 16.04.1948, reúne 35 paíes, dos quais 31 produzem juntos mais da metade de toda a riqueza do mundo, tendo por objetivos promover um crescimento econômico duradouro, mediante incentivos ao emprego, à qualidade de vida e à estabilidade financeira. Ainda, busca auxiliar países a desenvolverem as suas economias, contribuindo para o crescimento do comércio mundial. O Brasil formalizou em maio de 2017 pedido de ingresso na associação. Sobre o modelo concebido pela organização, veja-se: EBLING, Klaus; SCHULZE, Marcel. *Kunstrecht*: Zivilrecht, Steuerrecht, Stiftungsrecht. 2nd ed. München: Beck: 2012. p. 494-500.

6. "*Article 17 Entertainers and Sportspersons*

1. Notwithstanding the provisions of Article 15, income derived by a resident of a Contracting State as an entertainer, such as a theatre, motion picture, radio or television artiste, or a musician, or as a sportsperson, from that resident's personal activities as such exercised in the other Contracting State, may be taxed in that other State.

2. Where income in respect of personal activities exercised by an entertainer or a sportsperson acting as such accrues not to the entertainer or sportsperson but to another person, that income may, notwithstanding the provisions of Article 15, be taxed in the Contracting State in which the activities of the entertainer or sportsperson are exercised."

Para consulta ao modelo, na íntegra, veja-se: <http://www.oecd-ilibrary. org/docserver/download/2315271e.pdf?expires=1506170190&id=id&accname=ocid57016285&checksum=6D94119003B8FA830D550AFB634D17EE>.

o tempo, como obras de arte ou antiguidades". Outrossim, é tributada a hipótese de ganho de capital sobre alienação de obra de arte (artigo 117 do Decreto 3.000/1999), observado o valor de isenção.

Além da imunidade expressa na Constituição e das regras atinentes à tributação da renda, o ordenamento brasileiro dispõe de isenções no âmbito do patrocínio à cultura e à arte.

A Lei Federal de Incentivo à Cultura é a denominação dada à Lei n. 8.313/1991, também conhecida como Lei *Rouanet*, em referência ao Secretário Nacional da Cultura em atividade à época de sua aprovação, o diplomata *Sérgio Paulo Rouanet*, que instituiu o Programa Nacional de Apoio à Cultura (Pronac).

A Lei *Rouanet* dispõe de formas do governo federal disponibilizar recursos para a realização de projetos artístico-culturais, notadamente o fundo nacional da cultura (sigla: FNC), o incentivo fiscal e o fundo de investimento cultural e artístico (FICART), este último nunca implementado, mas concebido como fundo de captação no mercado, criado para apoiar projetos culturais de alta viabilidade econômica e reputacional, prevendo lucro para o investidor.

O incentivo fiscal, todavia, também designado mecenato, é o mecanismo que mais prosperou. Por meio dele, a União renuncia à arrecadação e faculta às pessoas físicas ou jurídicas a opção de aplicar parcelas do imposto de renda, a título de doação ou patrocínio,[7] no apoio direto a projetos culturais aprovados pelo Ministério da Cultura, incentivando a participação da iniciativa privada, do mercado empresarial e dos cidadãos na promoção da cultura.

Em tese, qualquer projeto cultural, de qualquer artista, produtor e agente cultural brasileiro pode se beneficiar da Lei *Rouanet* e se candidatar à captação de recursos de renúncia fiscal.

A proposta, a ser apresentada entre 1.º de fevereiro e 30 de novembro de cada ano por pessoas físicas com atuação comprovada na área cultural, ou por pessoas jurídicas de natureza cultural com, no mínimo, dois anos de atividade (inclusive da administração indireta), deve conter projeto documentado que inclua apresentação, objetivos, justificativa, orçamento, etapas de execução, cronograma, plano de divulgação e plano de distribuição.

Se aprovada, a proposta é registrada no Programa Nacional de Apoio à Cultura (sigla: Pronac) e o proponente recebe a Autorização para Captação de Recursos Incentivados publicada em portaria no *Diário Oficial da União* (sigla: *DOU*).

---

7. Para aspectos contratuais singulares dos contratos de patrocínio no mercado de arte, veja-se: SCHWANDER, Ivo. Sponsoringverträge im Kunstbetrieb. In: *Neuigkeiten im Kunstrecht*: Referate der Tagung des IPR-HSG und des schweizerischen Kunstvereins vom 19.10.2007 im Kunsthaus Zürich. STUDER, Peter & SCHWANDER, Ivo (org.), St. Gallen, 2008. p. 79-105.

Os projetos culturais podem ser enquadrados nos artigos 18[8] ou 26[9] da Lei *Rouanet*. Se no primeiro, o apoiador poderá deduzir 100% do valor investido, desde que respeitado o limite de 4% do imposto devido para pessoa jurídica e 6% para pessoa física. Se no segundo, o apoiador poderá deduzir, em seu imposto de renda, o percentual equivalente a 30% (no caso de patrocínio) ou 40% (no caso de doação), para pessoa jurídica; e 60% (no caso de patrocínio) ou 80% (no caso de doação), para pessoa física.

Essas deduções encontram-se regulamentadas no artigo 90 do Decreto 3.000/1999.

Já o fundo nacional da cultura (sigla: FNC), por sua vez, é o investimento direto do Estado no fomento à cultura, por meio de apoio a projetos com recursos do orçamento da União, incluindo, por exemplo, 3% da arrecadação das loterias federais,[10] tendo por objetivo de estabelecer a distribuição regional paritária dos recursos.

Além da crescente redução dos recursos destinados pela Lei *Rouanet*, uma crítica recorrente à sua sistemática é de que apenas artistas já consagrados são favorecidos, não sendo dados recursos a novos artistas, ainda que tenha sido este o escopo da norma quando de sua positivação.

---

8. Enquadram-se no artigo 18 da Lei *Rouanet*: a) artes cênicas; b) livros de valor artístico, literário ou humanístico; c) música erudita ou instrumental; d) exposições de artes visuais; e) doações de acervos para bibliotecas públicas, museus, arquivos públicos e cinematecas, bem como treinamento de pessoal e aquisição de equipamentos para a manutenção desses acervos; f) produção de obras cinematográficas e videofonográficas de curta e média metragem e preservação e difusão do acervo audiovisual; g) preservação do patrimônio cultural material e imaterial; h) construção e manutenção de salas de cinema e teatro, que poderão funcionar também como centros culturais comunitários, em municípios com menos de cem mil habitantes.

9. Obras residuais, não constantes da lista do artigo 18.

10. São fontes do FNC (artigo 5.º da Lei *Rouanet*):

"I – recursos do Tesouro Nacional; II – doações, nos termos da legislação vigente; III – legados; IV – subvenções e auxílios de entidades de qualquer natureza, inclusive de organismos internacionais; V – saldos não utilizados na execução dos projetos a que se referem o Capítulo IV e o presente capítulo desta lei; VI – devolução de recursos de projetos previstos no Capítulo IV e no presente capítulo desta lei, e não iniciados ou interrompidos, com ou sem justa causa; VII – um por cento da arrecadação dos Fundos de Investimentos Regionais, a que se refere a Lei n. 8.167, de 16 de janeiro de 1991, obedecida na aplicação a respectiva origem geográfica regional; VIII – Três por cento da arrecadação bruta dos concursos de prognósticos e loterias federais e similares cuja realização estiver sujeita a autorização federal, deduzindo-se este valor do montante destinados aos prêmios; IX – reembolso das operações de empréstimo realizadas através do fundo, a título de financiamento reembolsável, observados critérios de remuneração que, no mínimo, lhes preserve o valor real; X – resultado das aplicações em títulos públicos federais, obedecida a legislação vigente sobre a matéria; XI – conversão da dívida externa com entidades e órgãos estrangeiros, unicamente mediante doações, no limite a ser fixado pelo Ministro da Economia, Fazenda e Planejamento, observadas as normas e procedimentos do Banco Central do Brasil; XII – saldos de exercícios anteriores; XIII recursos de outras fontes."

A par da imunidade constitucional e das isenções, um precedente envolvendo a imposto de importação julgado pelo STJ chama atenção do direito da arte. Nele, a controvérsia dizia respeito à incidência do tributo sobre telas nacionais anteriormente exportadas e que retornaram ao Brasil.[11] No caso, o colecionador *Luís Antônio Nabuco de Almeida Braga* adquirida a obra *A virgem dos lábios de mel*, do pintor carioca *Rubens Gerchman*,[12] datada de 1975, em leilão realizado na cidade de New York e, por ocasião do desembarque no país, viu-se surpreendido pela autuação da Receita Federal, que equiparou a obra brasileira a produto estrangeiro, tributando seu ingresso no país.

Ajuizada ação junto à Justiça Federal do Rio de Janeiro, sobreveio decisão que determinou a liberação da tela, sem pagamento de imposto de importação, por se tratar de obra nacional. Interposto recurso especial, o STJ não conheceu dele e remeteu o feito ao STF por considerar que o único argumento recorrido era de índole constitucional, qual seja, a inconstitucionalidade do § 1.º do artigo 1.º do Decreto-lei n. 37/1966, que equiparou produtos nacionais importados a mercadorias estrangeiras para fins de incidência do imposto de importação. O STF,[13] por sua vez, manteve o julgamento de segundo grau, forte no precedente do RE 104.306/SP, rel. Min. Octavio Gallotti, que concluira pela inconstitucionalidade da interpretação de que submeter-se-ia a imposto de importação *produto com procedência estrangeira*, e não *produto estrangeiro* (ref. Constituição 1946), aplicável, *mutatis mutandis* à Constituição de 1988.

Não obstante se tenha feito justiça, a decisão não examinou a natureza da peça controvertida que, além de não ser estrangeira, o que foi consignado, sequer é de ser considerada como mercadoria, visto que não é resultado de processo industrial nem agrícola, tampouco se destinando a revenda no mercado.

Com efeito, como já consignado por ocasião do exame da proteção a bens culturais, a arte não é mercadoria ordinária, não podendo ser equiparada a utensílios corriqueiros.[14] Arte é, antes de tudo, expressão única da personalidade do ser humano, constituindo em muitos casos, como o em questão, bem cultural de uma nação, motivo pelo qual deveria o país implementar regime especial também para sua tributação, eventualmente à semelhança do alemão, do francês ou mesmo do português.[15]

---

11. REsp 601.022/RJ, rel. Min. Humberto Martins, Segunda Turma, julgado em 03.12.2009, *DJe* 16.12.2009.

12. <http://www.christies.com/lotfinder/Lot/rubens-gerchman-b-1942-virgem-dos-1807407-details.aspx>.

13. RE 609.585.

14. Vide o caso *Brancusi* v. *US*, no capítulo I, 2, 2.1 obra de arte.

15. Para conhecimento do regime jurídico tributário especial envolvendo obras de arte, veja-se: REIS, Daniel [et alii]. *Arte e Direito*. Coimbra: Almedina, 2016. p. 143-175.

2. Direito fundacional

O direito fundacional (*Stiftungsrecht*) é ramo do direito bastante desenvolvido na Alemanha, sendo comum a abordagem da matéria no âmbito do direito da arte, tendo em vista o número substancial dessas instituições constituídas no país que tem por fim a proteção e/ou promoção da arte e da cultura.

O artigo 44, III, do Código Civil brasileiro prevê a fundação como pessoa jurídica de direito privado, a qual se distingue das demais pessoas jurídicas inseridas na mesma categoria pelo fato de seu instituidor, ao criá-la, por escritura pública ou testamento, realizar dotação especial de bens livres, especificando o fim a que se destina, declarando, se quiser, a maneira de administrá-la (artigo 62 CC).

Portanto, uma fundação se caracteriza pela atribuição de *recursos* a uma determinada *finalidade*.

O parágrafo único do artigo 62 CC explicita as finalidades que podem ensejar a constituição de fundação. São elas: (i) assistência social; (ii) *cultura, defesa e conservação do patrimônio histórico e artístico*; (iii) educação; (iv) saúde; (v) segurança alimentar e nutricional; (vi) defesa, preservação e conservação do meio ambiente e promoção do desenvolvimento sustentável; (vii) pesquisa científica, desenvolvimento de tecnologias alternativas, modernização de sistemas de gestão, produção e divulgação de informações e conhecimentos técnicos e científicos; (viii) promoção da ética, da cidadania, da democracia e dos direitos humanos; e (ix) atividades religiosas.

Ao direito da arte interessa especialmente as fundações constituídas para fins culturais e de defesa e conservação do patrimônio histórico e artístico – que são relativamente comuns na sociedade brasileira, como exemplificam instituições relacionadas a nomes representativos da área empresarial nacional.

Em regra, uma fundação é de direito privado, isto é, organizada com recursos privados. Eventualmente, pode ser de direito público, na hipótese de os recursos serem públicos e a finalidade da fundação também o ser.

A instituição de uma fundação dá-se em quatro fases: a de dotação, a de elaboração de estatuto, a de aprovação desse documento e a de seu registro.

A primeira fase, corresponde ao momento em que o instituidor destina bens e recursos para a criação da fundação, por escritura pública ou por testamento. Nessa segunda hipótese, caso o patrimônio se revele insuficiente, os bens destinados a constituir a fundação serão, se de outro modo não dispuser o instituidor, incorporados em outra fundação que se proponha a fim igual ou semelhante (artigo 63 CC c/c o artigo 69 CC).

A segunda fase é a *elaboração de seu estatuto*, que é própria (*selbständige Stiftung*), quando o instituidor o elabora pessoalmente, ou fiduciária (*treuhändderische Stiftung*), quando o documento é elaborado por pessoa de confiança do instituidor. Ao Ministério Público incumbe o dever de fiscalizar, ingressar com ação para destituir a diretoria e até extinguir a fundação, em caso de ilicitude de seu objeto. Outrossim, é atribuição do *parquet* realizar o estatuto, caso o encarregado não o faça no prazo de seis meses, nos termos do § único do artigo 65 CC – hipótese em que serão apreciados por juiz (artigo 66 CC).

Seja a elaboração do estatuto própria ou fiduciária, o Ministério Público deverá aprová-lo. Caso isso não ocorra, o Judiciário deverá apreciá-lo. Porém, se o estatuto tiver sido elaborado pelo MP, o Judiciário sempre deverá se manifestar (artigo 67, III, CC).

Aprovado o estatuto, dar-se-á o registro dele no Cartório de Registro das Pessoas Jurídicas.

Uma vez constituída regularmente, a fundação pode requerer nos órgãos públicos competentes, titulações e certificações que conferem favores fiscais (imunidades e isenções), diante dos benefícios que oferecem à coletividade. Por exemplo, podem obter título de fundação de "*utilidade pública*" federal, estadual e/ou municipal. Podem, outrossim, buscar obter registro no Conselho Nacional de Assistência Social ou "certificado de entidade beneficente de assistência social" (CEBAS).

Na Alemanha a inclusão de obra de arte em fundação evita a tributação que incidiria em hipótese de a obra ser transferida em sucessão ou por doação. No Brasil, o Imposto sobre a Transmissão *causa mortis* e Doação de quaisquer Bens ou Direitos (ITCD) incumbe aos Estados, que o regulamentam individualmente. Todavia, a questão da tributação federal de fundação afeta à cultura e arte é bastante polêmica.

Conforme a Lei 12.101/2009, as entidades que atenderem aos requisitos de seu artigo 29 e forem certificadas (CEBAS) são dispensadas da quota patronal da contribuição previdenciária sobre a folha de pagamento (Cota Previdenciária Patronal), Contribuição Social sobre o Lucro Líquido (CSLL), Contribuição para o Financiamento da Seguridade Social (COFINS), Contribuição PIS/PASEP e contribuições devidas a terceiros, nos termos do art. 3.º, § 5.º, da Lei n. 11.457/2007.

Embora à primeira vista se possa inferir que fundações voltadas à promoção da arte e cultura não se inseririam na previsão de imunidade dos artigos 150, VI, *c*, e 195, § 7.º, da CF, destinada a instituições educacionais e de assistência social, há precedente significativo, do Tribunal Regional Federal da 3ª Região – TRF3, em que confirmada a sentença que julgara favoravelmente pedido do MASP – Museu de Arte de São Paulo,[16] porque se concluiu que ele prestava *serviços*

---

16. BRASIL. Tribunal Regional Federal da 3ª Região. Apelação/Reexame Necessário n. 0061257-46.2004.4.03.6182/SP (2004.61.82.061257-7), rel. Des. Luiz Stefanini. Julgado

desinteressados à coletividade, estando a educação incluída entre as atividades museológicas. A União não recorreu do acórdão.

Assim, a depender das legislações de cada Estado e da apreciação do julgador em caso concreto em matéria federal, poder-se-ia concluir pela admissibilidade de favor fiscal às fundações que se destinam à cultura, defesa e conservação do patrimônio histórico e artístico.

3. Direito securitário

O seguro presta-se à repartição de riscos, calculados e distribuídos nos prêmios pagos pelos contraentes desse contrato.

Como se sabe, nos seguros patrimoniais, os prejuízos são substituídos por dinheiro. Ocorre que, para obras de arte insubstituíveis, dinheiro pode representar uma indenização insatisfatória para o *proprietário*, se considerado o valor elevado do prêmio do seguro ao qual estaria obrigado. O mesmo raciocínio se aplica a museus públicos que, geralmente, não seguram seus próprios acervos, suportando o Poder Público eventuais prejuízos (na Europa diz-se *Government Indemnity Scheme*).[17]

Porém, para *não-proprietários*, notadamente, expositores, o seguro costuma ser condição essencial ao empréstimo[18] – por esse motivo o *seguro de obras de arte estabeleceu-se como ramo próprio do direito securitário.*

As regras básicas atinentes a seguro no âmbito do Direito da Arte não se distinguem, em princípio, das normas gerais atinentes ao ramo securitário, em que a boa-fé ocupa posição de destaque.

O seguro está, de fato, presente em diferentes aspectos do direito da arte: museus, galerias e colecionadores asseguram seus acervos ou peças que expõem – geralmente contra danos ou destruição decorrente de fogo, água, furto ou vandalismo.

Já o *seguro de exposições* costuma incluir todo o tipo de risco, inclusive os de transporte do ponto de origem ao destino, com exceção dos tradicionalmente excluídos, como os relacionados a condições climáticas, de que é exemplo a alta umidade do ar da sala de exposições.

em: 29.10.2012. Data de publicação: 14.11.2012.

17. Sobre a prática portuguesa, veja-se: REIS, Daniel [et alii]. *Arte e Direito*. Coimbra: Almedina, 2016. p. 135.

18. Para exame dos riscos que envolvem empréstimos de obras de arte, veja-se artigo exclusivo sobre o tema de: BRODIE, Stephen. The risk calculus of art loans. In: MOSIMANN, Peter; SCHÖNENBERGER, Beat (org.). *Kunst & Recht 2013*: Referate zur gleichnamigen Veranstaltung der Juristischen Fakultät der Universität Basel vom 14. Juni 2013. Bern: Stämpfli, 2014. p. 61-85.

Em se tratando de obra de arte visual, o usual é que o prêmio seja fixado entre 1,5 e 6 *por mil* do valor de mercado da peça – a depender da frequência do transporte. Quanto mais transportada, mais elevada é a permilagem.

Comumente não é o tomador do seguro que declara o valor da obra, mas um historiador de arte encarregado, sendo que para manter a atualidade da avaliação, costuma-se repeti-la a cada dois anos. Da mesma forma, para que o valor segurado não represente risco para a própria seguradora, é comum o resseguro.[19]

Além de proprietários e expositores de obras de arte, artistas intérpretes e executantes realizam seguros sobre a integridade das partes do corpo que lhe asseguram o desempenho artístico, como cordas vocais, mãos e pernas.[20]

Outrossim, músicos que realizam concertos, assim como orquestras inteiras realizam seguros de seus instrumentos, não apenas contra eventuais danos em transporte, como também contra roubos em hotéis e aeroportos, assim como trocas ou esquecimento em teatros, acidentes, entre outros sinistros. Instrumentos musicais valiosos são especialmente segurados, como o violino de *Guarnieri del Gesù*, avaliado em € 4,5 milhões, de propriedade do banco nacional austríaco (österreichischen Nationalbank, abrev. *ONB*), que fora retido na aduana suíça enquanto emprestado à violinistra austríaca de origem moldava e residente na Suíça, *Patricia Kopatchinskaja,* para apresentação,[21] por não contar com documento apropriado para cruzar a fronteira sem pagamento de tributos.

Esses instrumentos extraordinários são especialmente avaliados, não apenas pelo seu valor geral, mas pela particularidade de serem produzidos por mestres, considerando-se, portanto, sua autenticidade, qualidade, estado geral e proveniência. Nesses casos, considera-se, ainda, as possibilidades de reparo ou restauração de eventual dano.

Quando a peça for danificada, mas não destruída, o seguro pode pagar o valor da sua restauração ou refazimento, ou a diferença estimada de seu valor em decorrência do dano – hipótese que eventualmente pode representar valor muito maior do que o estimado da peça, mas que será determinada pelo especialista designado no contrato. Se houver perda total, o seguro deverá cobrir o valor de mercado da peça.

---

19. SCHACK, Haimo. *Kunst und Recht...* p. 307-309.

20. São exemplos notórios o da atriz e dançarina brasileira *Claudia Raia,* que realizou seguro de suas pernas; o de *Bruce Springsteen* e *Rod Stewart*, a voz, e o de *Keith Richards*, as mãos.

21. STEINRUCK, Thomas. Ein Sinfonieorchester auf Reisen – (nicht nur) aus versicherungstechnischer Sicht. In: WELLER, Mathias; KEMLE, Nicolai; DREIER, Thomas; KIESEL, Markus; LYNEN, Peter (org.). *Das Recht des Theaters – Das Recht der Kunst auf Reisen*: Tagungsband des Vierten Heidelberger Kunstrechtstags am 1. Und 2. Oktober 2010. Baden-Baden: Nomos, 2011. p. 53-72.

É comum que de contratos de seguro de obras de arte na Europa conste cláusula segundo a qual a indenização *deverá* ser destinada a aquisição de outras obras de arte, cujo objetivo é não incentivar fraudes.

CASOS MAIS RELEVANTES REFERIDOS NESTE LIVRO

(de acordo com a ordem em que são apresentados)

Caso *Hans Sachs*

Caso do ministro-presidente bávaro *Franz Josef Strauß*

Caso *Böhmermann* e Presidente *Erdoğan*

Caso *Josefine Mutzenbacher*

Casos da bandeira e do hino nacional alemães

Caso *Anachronistischer Zug*

Caso *Xavier-Naidoo*

Caso *Mephisto*

Caso *Esra*

Caso *Ende einer Nacht*

Caso *Lebach*

Caso *Rohtenburg*

Caso *Contergan*

Caso *Baader-Meinhof*

Caso *Ehrensache*

Caso da ADIn das Biografias – ADIn 4815

Caso das cartas missivas de *Wagner*

Caso das cartas missivas de *Nietzsche*

Caso do diário de *Cosima Wagner*

Caso do Dicionário *Aurélio*

Caso *Brancusi*

Caso dos pareceres jurídicos

Caso da coleta de morangos em *Dossenheim*

Caso *Emile Nolde*

Caso Aquarela do Brasil

Caso *Lancelot Thwaytes v. Sotheby's* (*Caravagio*)

Caso *Immendorf*

Caso *Brombeer-Muster Stoff*

Caso *Silberdistelfall*

Caso *Geburtstagszug*

Caso *Eduardo Vieira da Cunha*

Caso Filhas da mãe

Caso ineditismo de publicação

Caso da telenovela Pantanal

Caso do Presépio reproduzido em selo

Caso *Portinari*

Caso *Weimarer Bildstreit*

Casos *Ringtones* e "punhais da valentia"

Caso *Sampling*

Casos *Cariou v. Prince, Rogers v. Koons e Blanch v. Koons*

Caso da Telemar

Caso do Ingresso de jogo de futebol

Caso da foto de residência em lata de tinta

Caso *East side galerie*

Casos do *Preußische Schlosse, Garten und Parkanlage*

Casos Tegel e casa em estilo frísio

Caso *Google street view*

Casos *Chacrinha*, *Tiririca* e "falha-folha" de São Paulo

Caso *Germania III*

Caso de acessoriedade da obra (*Beiwerk*) em catálogo

Caso de acessoriedade da obra em publicidade (Brasil)

Caso *Palmenhalle in Sparkasse*

Caso *Berliner Hauptbahnhof*

Caso *Stuttgart 21*

Caso *Schoppenhauer*

Caso *Motezuma*

Caso *Déborah Secco*

Casos *Caroline de Monaco I* e *II*

Caso *Techno Viking*

Caso *Götterdämmerung*

Caso *Csárdásfürstin*

Caso *Maske in Blau*

Caso *Die Weber*

Caso *Fledermaus*

Caso *Dialogues des carmelites*

Caso *Shakespeare*

Caso *Himmelscheibe von Nebra*

Caso dos pilotis na cidade de Brasília

Caso dos mármores do Parthenon

Caso de *Nefertite*

Caso *Codex Sinaiticus*

Caso *Bibliotheca Palatina*

Caso *Aliud-Lieferung*

Caso *Campendonk*

Caso *Carracci*

Caso *Guercino*

Caso *Leibl-Duveneck*

Caso *Buchholz*

Caso *Kahnweiler*

Caso *Schlemmer*

Casos da Abadia, declaração da propriedade e *van Dyck*

Caso *Heidelberger Papyrussammlung*

Caso *Bernsteinzimmer*

Caso *Menzel v. List*

BIBLIOGRAFIA

ABRÃO, Eliane Yachouch. *Direitos de autor e direitos conexos*. São Paulo: Editora do Brasil, 2002.

ABRÃO, Eliane Yachouch. *Personagem*: algumas considerações à luz do direito. In: Revista da ABPI, n. 90, 2007.

ALPA, Guido. Circolazione delle opera d'arte e protezione del consumatore. In: *Commercio e circolazione delle opere d'arte*. COSTANZA, Maria (org.). Padova: CEDAM, 1999. p. 57-62.

ANGLADE, Leila. The situation in France regarding art looted during World War II. In: RENOLD, Marc-André; GABUS, Pierre. *Claims for the Restitution of Looted Art*, Basel 2004, p. 103-127.

ANTON, Michael. Wem "gehört" die Monstranz? Diebstahl, Restitution und gugläubiger Erwerb von Kunstwerken am Beispiel eines gestohlenen Sakralgegenstandes. In: WELLER, Mathias; KEMLE, Nicolai; DREIER, Thomas; LYNEN, Peter Michael (org.). *Kunst im Markt – Kunst im Recht*: Tagungsband des Dritten Heidelberger Kunstrechtstags am 9. und 10. Oktober 2009. Baden-Baden: Nomos, 2010. p. 193-231.

ASAM, Herbert. Rechtsfragen des illegalen Handels mit Kulturgütern – Ein Überblick. In: MANSEL, Heiz-Peter; PFEIFFER, Thomas; KRONKE, Herbert; KOHLER, Christian; HAUSMANN, Rainer (org.). *Festschrift für Erik Jayme*. München: Sellier, 2004. p. 1651-1667.

BARUDI, Malek. Designschutz aufgewertet: zur Abkehr des Bundesgerichtshofs von der besonderen Gestaltungshöhe für angewandte Kunst im Urheberrecht, *KUR* 1/2014, p. 11-15.

BELL, Gary. Taking the languages of the CISG seriously. In: BÜCHLER, Andrea; MÜLLER-CHEN, Markus (org.). *Private law: national – global – comparative*. Festschrift für Ingeborg Schwenzer zum 60. Geburtstag. Bern: Stämpfli, 2011, p. 143-157.

BERG, Karin; BERG, Hans. Möglichkeiten des Fälschungsbeweises aus den Materialprüfungswissenschaften. In: WELLER, Mathias; KEMLE, Nicolai;

DREIER, Thomas; LYNEN, Peter Michael (org.). *Kunst im Markt – Kunst im Recht*: Tagungsband des Dritten Heidelberger Kunstrechtstags am 9. und 10. Oktober 2009. Baden-Baden: Nomos, 2010. p. 163-177

BERGMANN, Andreas. *Der Verfall des Eigentums*. Tübingen: Mohr Siebeck, 2015.

BITTAR, Carlos Alberto. *Direito de autor*. 6. ed. rev., atual. e ampl. por Eduardo C. B. Bittar. Rio de Janeiro: Forense, 2015.

BITTAR, Carlos Alberto. *Direito de Autor*. Rio de Janeiro: Forense Universitária, 2000.

BOILLAT, Marie. *Trafic illicite de biens culturels et coopération judiciaire internationale en matière pénale*. Génève: Schukthess, 2012.

BRIAT, Martine; FREEDBERG, Judith. *Legal aspects of international trade in art – Les Aspects juridiques du commerce international de l' art*. Hague: Kluwer (ICC Publishing S.A.), 1996.

BRODIE, Neil. Historical and social perspectives on the regulation of the international trade in archeological objects: the examples of Greece and India. In: *Vanderbilt Journal of transnational law*, Symposium International Legal dimensions of art and cultural property. p. 1051-1067.

BRODIE, Stephen. The risk calculus of art loans. In: MOSIMANN, Peter; SCHÖNENBERGER, Beat (org.). *Kunst & Recht 2013*: Referate zur gleichnamigen Veranstaltung der Juristischen Fakultät der Universität Basel vom 14. Juni 2013. Bern: Stämpfli, 2014. p. 61-85.

BRÜHL, Friederike (Gräfin) von. Der Begriff der Echtheit von Kunstwerken im Zivil- und Strafrecht. In: ODENDAHL, Kerstin; WEBER, Peter (org.). *Kulturgüterschutz – Kunstrecht – Kulturrecht*: Festschrift für Kurt Siehr zum 75. Geburtstag aus dem Kreise des Doktoranden- und Habilitandenseminars "Kunst und Recht". Baden-Baden: Nomos, 2010. p. 303-313.

BRÜHL, Friederike (Gräfin) von. *Marktmacht von Kunstexperten als Rechtsproblem*: Der Anspruch auf Erteilung einer Expertise und auf Aufnahme in ein Werkverzeichnis. München: Carl Heymanns, 2008.

BRÜHL, Friederike (Gräfin) von. Sorgfaltspflichten von Auktionshäusern. In: MOSIMANN, Peter; SCHÖNENBERGER, Beat (org.). *Kunst & Recht 2012*: Referate zur gleichnamigen Veranstaltung der Juristischen Fakultät der Universität Basel vom 15. Juni 2012. Bern: Stämpfli, 2013. p. 147-159.

BRÜHL, Friederike Gräfin von. Kunstexpertisen als Machtfaktor: die Position des Aussenstehenden. In: WELLER, Matthias; KEMLE, Nicolai; LYNEN, Peter (org.). *Kulturgüterschutz – Künstlerschutz* Tagungsband des Zweiten Heidelberger Kunstrechtstags am 5. und 6. September 2008. Baden-Baden: Nomos, 2009. p. 179 e seguintes.

BÜNNIGMANN, Kathrin. Die "Esra"-Entscheidung als Ausgleich zwischen Persönlichkeitsschutz und Kunstfreiheit. In: *Rechtsprechung im Labyrinth der Literatur*. Tübingen: Mohr Siebeck, 2013.

BYRNE-SUTTON, Quentin. *Guide du droit de l'art*. Génève: Christies, 1997.

CARL, Michael; GÜTTLER, Herbert; SIEHR, Kurt. *Kunstdiebstahl vor Gericht*: City of Gotha v. Sotheby's und Cobert Finance S.A. Schriften zum Kulturgüterschutz. Berlin u. a.: de Gruyter, 2001.

CARNELUCCI, Francesco. *L'Art dell diritto*, Padova: CEDAM, 1949.

CASSANI, Ursula; HENNINGER, Julia. Kunsthandel und Geldwäscherei: neue Risiken, neue Sorgfaltspflichten. In: MOSIMANN, Peter; SCHÖNENBERGER, Beat (org.). *Kunst & Recht 2016* – Art Law 2016 – Referate zur gleichnamigen Veranstaltung der Juristischen Fakultät der Universität Basel vom 17. Juni 2016, Sämpfli Verlag, Bern 2016, p. 75-97

CORNU, Marie; MALLET-POUJOL, Nathalie. *Droit, oeuvres d'art et musées*. Paris: CNRS, 2001.

COUTINHO, Júlia Alves. Direitos do autor e direitos conexos: do autor ao intérprete. In: FEITEN WINGERT ODY, Lisiane (org.). *Estudos de Direito Civil, Comparado e de Propriedade Intelectual*. Porto Alegre, Faculdade de Direito da UFRGS, 2016.

CRIBARI, Isabela (Org.). *Produção Cultural e Propriedade Intelectual*. Recife: Fundação Joaquim Nabuco, Editora Massangana, 2006.

CRUZ, Peter de. *Comparative law in a changing world*. London; New York: Routledge-Cavendish, 2008.

DALMAU, Rubén Martínez. Arte, derecho y derecho al arte. In: *Revista Derecho del Estado* n.º 32, janeiro-junho de 2014, pp. 35-56.

DECHOW, Angela. *Die Anwendbarkeit des UN-Kaufrechts im Internacionalen Kunsthandel*. Münster: LIT, 2000.

DEMARSIN, Bert; SCHRAGE, Eltjo; TILLEMAN, Bernard; VERBEKE, Alain (org). *Art & law*. Brugge: Keure, 2009.

DE-MATTIA, Fábio Maria. "Droit de suite" ou direito de seqüência das obras intelectuais. In: <https://www.revistas.usp.br/rfdusp/article/download/67358/69968>.

Die Beauftragte der Bundesregierung für Kultur und Medien, BKM (org.). *Das neue Kulturgutschutzgesetz*: Handreichung für die Praxis, 2017. Também disponível em: <https://m.bundesregierung.de/Content/Infomaterial/BPA/ BKM/ Das_neue_Kulturgutschutzgesetz_Handreichung.pdf;jsessionid=F0ABEB1764FD147DE9FFD85A1B5461AC.s4t1?__blob=publicationFile&v=9>.

DREIER, Thomas; SCHULZE, Gernot. *Urheberrechtskommentar:* Urheberrechtswahrnehmungsgesetz, Kunsturhebergesetz Kommentar. In: <https://beck-online.beck.de/?vpath=bibdata/komm/DreierSchulzeKoUrhG_5/UrhG/cont/DreierSchulzeKoUrhG.UrhG>.

DREIER, Thomas; SPIECKER, Indra. *Die systematische Aufnahme des Straßenbildes*: zur rechtlichen Zulässigkeit von Online-Diensten wie "google street view", Baden-Baden: Nomos, 2010.

EBLING, Klaus; SCHULZE, Marcel. *Kunstrecht*: Zivilrecht, Steuerrecht, Stiftungsrecht. 2nd ed. München: Beck: 2012.

ERNST, Wolfgang. Bilderbesitz im Rechtstaat – Einsatz von Strafprozessrecht zu Restitutionszzwecken?, *KUR* 3/4, 2014, p. 67-72.

ESTRELLA FARIA, José Ângelo. Unesco, Unidroit und Kulturgüterschutz. In: *Bulletin Kunst und Recht*, 2014, p. 5-18.

FARNETTI, Marcello. Die „Aliud-Lieferung" zum Kunstkauf in der italienischen Praxis: Abstrakte Malerei vor dem Höchstgericht: (Corte di cassazione, 08.06.2011, n. 12527), *Bulletin Kunst und Recht 5/2012*, p. 25-29.

FINKENAUER, Thomas. Die Verjährung bei Kulturgütern – zur geplanten lex Gurlitt. In: *Juristen Zeitung* 2014, 479.

FIORIO, Maria Teresa. Gestione e acquisti di opere d'arte da parte di musei e altre istituzioni pubbliche. In: *Commercio e circolazione delle opere d' arte*. COSTANZA, Maria (org.). Padova: CEDAM, 1999.

FISCHER, Cornelia. *Partner oder Kontrahenten?* Eine rechtliche Untersuchung der Zusammenarbeit öffentlicher Museen und privater Kunstsammler. Baden-Baden: Nomos, 2012.

FISCHER, Hermann; REICH, Steven. *Der Künstler und sein Recht*: ein Handbuch für die Praxis. München: C. H. Beck, 2014.

FURER, Hans. Der Galerievertrag zwischen Galerist(in) und Künstler(in). In: STUDER, Peter & SCHWANDER, Ivo (org.). *Neuigkeiten im Kunstrecht*: Referate der Tagung des IPR-HSG und des schweizerischen Kunstvereins vom 19.10.2007 im Kunsthaus Zürich. STUDER, Peter & SCHWANDER, Ivo (org.), St. Gallen, 2008. p. 105-109

GEISER, Thomas. Kunstfreiheit und Persönlichkeitsschutz. In: *Neuigkeiten im Kunstrecht*: Referate der Tagung des IPR-HSG und des schweizerischen Kunstvereins vom 19.10.2007 im Kunsthaus Zürich. St. Gallen, 2008. p. 9-31.

GLAUS, Bruno. Haftung des Experten. In: *Neuigkeiten im Kunstrecht*: Referate der Tagung des IPR-HSG und des schweizerischen Kunstvereins vom 19.10.2007 im Kunsthaus Zürich. STUDER, Peter & SCHWANDER, Ivo (org.), St. Gallen, 2008. p. 109-127.

GRAFFENRIED, Christoph von. Kauf und Verkauf von Kunstwerken. In: *Neuigkeiten im Kunstrecht*: Referate der Tagung des IPR-HSG und des schweizerischen Kunstvereins vom 19.10.2007 im Kunsthaus Zürich. STUDER, Peter & SCHWANDER, Ivo (org.), St. Gallen, 2008. p. 53-79.

GREENFIELD, Jeanette. The return of cultural treasures. Cambridge: Cambridge University Press, 1989.

GRUNERT, Eike. Hauptmanns "Weber" und "Hartz IV": Strenger Werkschutz des Autors ode freier Gestaltungsspielraum der Bühnenregie? In: WELLER, Matthias; KEMLE, Nicolai; LYNEN, Peter (org.). *Kulturgüterschutz – Künstlerschutz:*

Tagungsband des Zweiten Heidelberger Kunstrechtstags am 5. und 6. September 2008. Baden-Baden: Nomos, 2009. p. 147-155.

HÄBERLE, Peter. *Die Erinnerungskultur im Verfassungsstaat – "denk-Mal" – Themen, Geschichtsorte, Museen, nationaler und universaler Kulturgüterschutz*, Berlin: Duncker & Humblot, 2011.

HÄBERLE, Peter. Die Freiheit der Kunst in kulturwissenschaftlicher und rechtvergleichender Sicht. In: *Kunst und Recht im In-und Ausland*. Heidelberg: C.F. Müller, 1994. p. 37-89.

HACHMEISTER, Annamaria. *Gestohlene und unrechtmäßig verbrachte Kulturgüter im Kaufrecht*: nationales, internationales und Einheitskaufrecht. Baden-Baden: Nomos, 2012.

HASLER, Jerome. What is due diligence? Making the case for a more responsible art market, *KUR* 6, 2014, p. 157-159.

HEMKE, Rolf. Was hat der Film, das der Theaterproduktion fehlt? Die Theaterinszenierung als Gesamtwerk nach dem Vorbild des Filmwerks. In: WELLER, Mathias; KEMLE, Nicolai; DREIER, Thomas; KIESEL, Markus; LYNEN, Peter (org.). *Das Recht des Theaters – Das Recht der Kunst auf Reisen*: Tagungsband des Vierten Heidelberger Kunstrechtstags am 1. Und 2. Oktober 2010. Baden-Baden: Nomos, 2011. p. 39-50.

HERZOG, Benjamin. A interpretação e a aplicação do direito na Alemanha e no Brasil: uma análise do ponto de vista da teoria de direito comparado funcional, da teoria de direito comparado pós-moderno e da teoria do legal transplants. In: GRUNDMANN, Stefan; MENDES, Gilmar [et alii]. *Direito privado, constituição e fronteiras*: encontros da associação luso-alemã de juristas no Brasil. São Paulo, RT, 2014.

HOEREN, Thomas; HOLZNAGEL, Bernd; ERNSTSCHNEIDER, Thomas (org.). *Handbuch Kunst und Recht*. Frankfurt am Main; Berlin; Bern; Wien (u. a.): Peter Lang, 2008.

HOLTHOFF, Jan. *Kulturraum Europa* – Der Beitrag des Arts. 151 EG – Vertrag zur Bewältigung kultureller Herausforderungen der Gegenwart. Baden-Baden: Nomos, 2008.

HOYNINGEN-HUENE, Gerrick. Zur Rechtsstellung und Haftung des Kunstssachvertändiger. In: MANSEL, Heiz-Peter; PFEIFFER, Thomas; KRONKE, Herbert; KOHLER, Christian; Hausmann, Rainer (org.). *Festschrift für Erik Jayme*. München: Sellier, 2004. p. 1461-1474.

HUMBACH, John. *Whose Monet?* An introduction to the american legal system. New York: Wolters Kluwer, 2016.

HUTTENLAUCH, Anna Blume. Appropriation Art – Kunst an den Grenzen des Urheberrechts. Baden-Baden: Nomos, 2010.

JAYME, Erik. *"Entartete Kunst" und Internationales Privatrecht*. Heidelberg, Winter, 1994.

JAYME, Erik. "Mercato dei falsi" e diritto civile con spunti di diritto internazionale privato. In: *Protezione della proprietà intelettualle e artística*: studi in onore di Giorgio Cian. Padova 2010, Band 2. p. 43-56.

JAYME, Erik. Altmeisterzeichnungen – Typologie – Sorgfaltspflichten im Kunsthandel, *Bulletin Kunst & Recht 2013/1,* p. 5-42.

JAYME, Erik. Atelierverkäufe und Werkstattbilder – Rechtsfragen des Kunsthandels – Betrachtungen zur Immendorff-Entscheidung des OLG Düsseldorf. In: WELLER, Mathias; KEMLE, Nicolai (org.). *Kultur im Recht – Recht als Kultur*: Tagungsband des Neunten Heidelberger Kunstrechtstags am 30. und 31. Oktober 2015, Baden-Baden: Nomos, 2016, p. 9-18.

JAYME, Erik. Beschaffenheitsvereinbarung und Haftungsausschluss beim Kunstkauf – unter besonderer Berücksichtigung der Falschlieferung. In: *Recht ohne Grenzen* – Festschrift für Athanassios Kaissis zum 65. Geburtstag. REINHOLD, Geimer; SCHÜTZE, Rolf (org.). München, Selllier, 2012.

JAYME, Erik. Das Folgerecht an Originalen der bildenden Künste (§ 26 UrhG) und die deutsche Auktionspraxis – Eine kritische Betrachtung zur "Folgerechtsumlage". In: BORNAMM, Joachim; BLAUROCK, Uwe; KIRCHBERG, Christian (org.). *Festschrift Achim Krämer zum 70. Geburtstag*. Berlin: De Gruyter, 2009, p. 277-285.

JAYME, Erik. Der Gurlitt-Fall – Grundfragen des Kunstrechts, in: MOSIMANN, Peter; SCHÖNENBERGER, Beat (org.). *Kunst & Recht 2014* – Referate zu der gleichnamigen Veranstaltung der Juristischen Fakultät der Universität Basel, Bern 2014, p. 127-156. PDF

JAYME, Erik. Der Vertrag von Tolentino (1797) und seine Auswirkungen auf das Internationale Recht des Kunstraubs. In: WELLER, Mathias; KEMLE, Nicolai; DREIER (org.). *Raub – Beute – Diebstahl:* Tagungsband des Sechsten Heidelberger Kunstrechtstags am 28. und 29. September 2012. Baden-Baden: Nomos, 2013. p. 17-33.

JAYME, Erik. Die Entstehung des "nationalen" Kunstwerks: Zu seiner Deutung anhand Antonio Canovas "Italia", ZNR – *Zeitschrift für Neuere Rechtsgeschichte* 2004, p. 217-226.

JAYME, Erik. Die internationalprivatrechtliche Dimension des Falles "Gurlitt", in: WELLER, Mathias; KEMLE, Nicolai (org.). *Eigentum – Kunstfreiheit – Kulturgüterschutz:* Tagungsband des Achten Heidelberger Kunstrechtstags am 31. Oktober und 1.November 2014. Baden-Baden: Nomos, 2015. p. 39-52.

JAYME, Erik. Die Kopie als Original: Rechtsfragen einst und jetzt, *Bulletin Kunst & Recht 2013/2* – 2014/1, p. 52-77.

JAYME, Erik. Die kulturelle Dimension des Rechts – ihre Bedeutung für das Internationale Privatrecht und die Rechtsvergleichung, *Rabels Zeitschrift* 67 (2003), p. 211 – 230.

JAYME, Erik. Die Nationalität des Kunstwerks als Rechtsfrage. In: *Wiener Vorträge*: Internationales Privat- und Verfahrensrecht, Rechtsvergleichung, Kunst- und Kulturrecht. Wien: Manzsche, 2001. p. 129-153.

JAYME, Erik. *Die Rückführung von Kunstwerken zwischen Recht und Wirklichtkeit*. Dresden: Kübler Rogier & Partner, 1998.

JAYME, Erik. Die Washingtoner Erklärung über Nazi-Enteignungen von Kunstwerken der Holocaustopfer: Narrative Normen im Kunstrecht, in: *Museen im Zwielicht* (Veröffentlichungen der Koordinierungsstelle für Kulturverluste, Band 2), Magdeburg 2002, p. 247- 258.

JAYME, Erik. Ersitzung im Kunstrechtsstreit am Beispiel der Heidelberger Papyrussamlung. In: WELLER, Mathias; KEMLE, Nicolai; DREIER, Thomas; LYNEN, Peter Michael (org.). *Kunst im Markt – Kunst im Recht*: Tagungsband des Dritten Heidelberger Kunstrechtstags am 9. und 10. Oktober 2009. Baden-Baden: Nomos, 2010. p. 129-139.

JAYME, Erik. Globalization in Art Law: clash of interests and international tendencies. In: *Vanderbilt Journal of transnational law*, Symposium International Legal dimensions of art and cultural property, v. 38, outubro 2005, n. 4, p. 928-945.

JAYME, Erik. Grenzen des Leistungsschutzrechts: Der Fall "Motezuma". In: WELLER, Mathias; KEMLE, Nicolai; LYNEN, Peter Michael (org.). *Des Künstlers Rechte – die Kunst des Rechts:* Tagungsband des Ersten Heidelberger Kunstrechtstags am 8. September 2007. Baden-Baden: Nomos, 2008. p. 65-75.

JAYME, Erik. Human Rights and Restitution of Nazi-Confiscated Artworks from Public Museums: The Altmann Case as a Model for Uniform Rules?. *Uniform Law Review* XI (2006), p. 393 e seguintes

JAYME, Erik. Il salvacondotto delle opere d'arte prestate dall'estero, in: CALVO CARAVACA, Alfonso Luis; BLANCO MORALES LIMONES, Pilar (org.). *Globalización y Derecho*. Madrid: COLEX, 2003, p. 11 – 21.

JAYME, Erik. Kunst im Markt – Kunst im Streit – Internationale Bezüge und weltweiter Kampf um Urheberrechte – III. Heidelberger Kunstrechtstag, *IPRax* 2010, p. 91.

JAYME, Erik. Kunstersatzprodukte im Kaufrecht. In: WELLER, Mathias; KEMLE, Nicolai; DREIER, Thomas; KIESEL, Markus; LYNEN, Peter (org.). *Das Recht des Theaters – Das Recht der Kunst auf Reisen*: Tagungsband des Vierten Heidelberger Kunstrechtstags am 1. Und 2. Oktober 2010. Baden-Baden: Nomos, 2011. p. 113-130.

JAYME, Erik. Kunsthandel und Internationales Privatrecht, *IPRax* 2012, p. 283-284

JAYME, Erik. Künstlerbriefe: Persönlichkeitsschutz und internationales Privatrecht. In: *Wiener Vorträge*: Internationales Privat- und Verfahrensrecht, Rechtsvergleichung, Kunst- und Kulturrecht. Wien: Manzsche, 2001. p. 187-204.

JAYME, Erik. Kunstrecht und Erinnerungskultur: Der Fall "Orléans", *Kunst & Recht – Bulletin* Wien 2010, p. 15 ff.

JAYME, Erik. Kunststile und Rechtstile. *Bulletin Kunst & Recht* 2016/2-2017/1, p. 7-23.

JAYME, Erik. *Kunstwerk und Nation*: Zuordnungsprobleme im internationalen Kulturgüterschutz. Heidelberg, Winter, 1991.

JAYME, Erik. L'immunité des oeuvres d'art prêtées – quelques procédures et législations récentes en Europe. In: RENOLD, Marc-André; GABUS, Pierre. *Claims for the Restitution of Looted Art*, Basel 2004, p. 175-182

JAYME, Erik. Les langues et le droit international privé: conférence inaugurale session de droit international privé, 2016. *Recueil des Cours* 381 (2017), p. 21-39.

JAYME, Erik. Liberdade de arte no direito constitucional: repercussões no direito privado. In: GRUNDMANN, Stefan; MENDES, Gilmar [et alii]. *Direito privado, Constituição e Fronteiras:* encontros da associação luso-alemã de juristas no Brasil. São Paulo, RT, 2012, p. 143-149

JAYME, Erik. Mercato d'arte e diritto civile: aspetti internazionale, in: VITULIA, Ivone (org.). *Protezione della proprietà intellettuale e artística*: Atti del Convegno 5 marzo 2009. Rubbettino Editore, Salerno 2011, p. 34-41.

JAYME, Erik. Nachahmung oder Transformation: Zweitkunst im Zwielicht des Rechts. In: MOSIMANN, Peter; SCHÖNENBERGER, Beat (org.), *Kunst & Recht 2016* – Art Law 2016 – Referate zur gleichnamigen Veranstaltung der Juristischen Fakultät der Universität Basel vom 17. Juni 2016, Sämpfli Verlag, Bern 2016, p. 14-38.

JAYME, Erik. *Narrative Normen im Internationalen Privat- und Verfahrensrecht.* Tübingen: Eberhard-Karls Universität, 1993.

JAYME, Erik. Narrative Normen im Kunstrecht. In: *Recht im Wandel seines sozialen und technologischen Umfeldes.* Festschrift für Manfred Rehbinder. BECKER, Jürgen (org.). München: C. H. Beck; Bern: Stämpfli, 2002.

JAYME, Erik. Neueste Entwicklungen im internationalen Kunstrecht. In: PAUGER, Dietmar (org.). *Kunst im Recht*: 4. Fakultätentag der Rechtswissenschaftlichen Fakultät – 16. Mai 2003, Karl-Franzens-Universität Graz, 2004, p. 13-27.

JAYME, Erik. *Original und Fälschung im Spannungsfeld von Persönlichkeitsscutz, Urheber-, Marken- und Wettbewerbsrecht.* Wien: Manzsche, 2007.

JAYME, Erik. Pflichten und Obligenheiten im Kunstauktionswesen: Einlieferer, Experte, Auktionshaus, Ersteigerer – einige Fallstudien. In: WELLER, Mathias; KEMLE, Nicolai; DREIER, Thomas (org.). *Kunsthandel – Kunstvertrieb*: Tagungsband des Fünften Heidelberger Kunstrechtstags am 7. und 8. Oktober 2011. Baden-Baden: Nomos, 2012. p. 37-54.

JAYME, Erik. Rechtliche Verfestigungen der Erinnerungkultur. In: *UFITA* 2008/II, p. 313-336.

JAYME, Erik. Rechtliche Verfestigungen der Erinnerungkultur: Stiftung und andere Rechtsinstitute – Richard Wagner und Bayreuth. In: NIETSCH, Michael;

WELLER, Mathias; KIESEL, Markus (org.). *Kulturstiftungen*: Gründung, Führung, Kontrolle. Schriften der EBS Law School. Baden-Baden: Nomos, 2013.

JAYME, Erik. Rechtsbegriffe und Kulturgeschichte. In: *Neues Recht zum Schutz von Kulturgut*: Internationaler Kulturgüterschutz. REICHELT, Gerte (org.). Wien: Manz, 1997. p. 11-27.

JAYME, Erik. Rechtsbegriffe und Kunstgeschichte. In: *Wiener Vorträge*: Internationales Privat- und Verfahrensrecht, Rechtsvergleichung, Kunst- und Kulturrecht. Wien: Manzsche, 2001. p. 223-240.

JAYME, Erik. Rechtsfragen der Operette – vom "Dreimäderlhaus" zur "Maske in Blau", *Bulletin Kunst & Recht* 2015/1; p. 5-23.

JAYME, Erik. Rechtsschutz ikonographischer Programme am Beispiel romantischer Gärten. In: REICHELT, Gerte (org.). *Historische Garten* – Schutz und Pflege als Rechtsfrage, Wien: 2000, p. 71-85.

JAYME, Erik. Rechtsvergleichung und kulturelle Identität – zugleich ein Blick in das italienische Risorgimento, Tübingen, 2012.

JAYME, Erik. Regietheater – Metatheatralität der Inszenierung – Rechtsfragen der Oper. *Kunst und Recht Bulletin*, 12/2011, p. 32-34.

JAYME, Erik. Regietheater als Rechtsproblem, in: WELLER, Matthias; KEMLE, Nicolai; LYNEN, Peter (org.). *Kulturgüterschutz – Künstlerschutz* Tagungsband des Zweiten Heidelberger Kunstrechtstags am 5. und 6. September 2008. Baden-Baden: Nomos, 2009. p. 137-146.

JAYME, Erik. Reproduktionsrechte an Kunstwerken – Gibt es ein Recht am Bild der eigenen Sache?, in: *Bulletin Kunst & Recht* 1/2011, p. 11-27.

JAYME, Erik. Richard Wagner: I beni di memoria ed altre questioni giuridiche con particolare riguardo ai conflitti di leggi. In: Bernardo Cortese (org.). *Studi in onore di Laura Picchio Forlati,* Torino, 2014, p. 425-432.

JAYME, Erik. Sobre a Formação de minha Coleção de Arte, in: MAMEDE, Gladstone; FRANCA FILHO, Marcílio T.; RODRIGUES JÚNIOR, Octavio Luiz (org.). *Direito da Arte*. São Paulo: Editora Atlas, 2015. p. 3- 7.

JAYME, Erik. Sprache und Recht, in: *Leitgedanken des Rechts* – Paul Kirchhof zum 70. Geburtstag, C.F.Müller, Heidelberg 2013, Band 1, p. 341 ff.

JAYME, Erik. Verwertung eines gerichtlich eingeholtenSachverständigengutachtens zum ausländischen Recht in einem anderen Verfahren – Zur Verfassungswidrigkeit des par. 411a ZPO, in: *Iprax* 2006, 587.

JAYME, Erik. Was ist Kunstrecht? In: WELLER, Matthias (org.). *Neue Kunst – Neues Recht:* Tagungsband des Siebten Heidelberger Kunstrechtstags am 22. und 23. November 2013. Baden-Baden: Nomos, 2014. p. 19-37.

JAYME, Erik; NEHMER, Michael. Urheberrecht und Kulturgüterschutz im Internationalen Privat- und Verfahrensrecht – Studientag an der Universität Salerno, *IPRax* 2009, p. 287 f.

JAYME, Erik; SEEGER, Sebastian. Internationales Kunstrecht – Tagung in Basel, *IPRax* 2014, p. 438-439.

JAYME, Erik; WELLER, Matthias. Die internationale Dimension des Kunstrechts, *IPRax* 2005, p. 391 ff.

KEAZOR, Henry (org.). *Der Fall Beltracchi und die Folgen*: interdisziplinäre Fälschungsforschung heute. Berlin [u.a.]: De Gruyter, 2014.

KISCHEL, Uwe. *Rechtsvergleichung*. München: C. H. Beck, 2015.

KLINE, Thomas. US Court refuses to recognize a "spoils of war" doctrine to allow title to be transferred in World War II trophy art theft, *KUR* 1, 2014, p. 19-21.

KLOTH, Matthias. *Der Schutz der ausübenden Künstler nach TRIPS und WPPT*. Baden-Baden: Nomos, 2000.

KOHLER, Josef. Die Idee des geistigen Eigentums, *AcP* 32, 1894, p. 141-242, reimpresso em *UFITA* 123, 1993, p. 99 e seguintes

KORINEK, Karl. *Staat und Kunst*. Paderborn, München: Ferdinand Schöningh, 2006.

KOWALSKI, Wojciech W. A comparative law analysis of the retained rights of artists. In: *Vanderbilt Journal of transnational law,* Symposium International Legal dimensions of art and cultural property, v. 38, outubro 2005, p. 1141-1174.

KRÄMER, Achim. Kunstfreiheit versus Persönlichkeitsrecht: Nachlese zm Fall "Esra". In: WELLER, Matthias; KEMLE, Nicolai; LYNEN, Peter (org.). *Kulturgüterschutz – Künstlerschutz* Tagungsband des Zweiten Heidelberger Kunstrechtstags am 5. und 6. September 2008. Baden-Baden: Nomos, 2009. p. 165-169.

KRÄMER, Achim. Kunstfreiheit vs. Persönlichkeitsrecht – Der Fall "Esra". In: WELLER, Mathias; KEMLE, Nicolai; LYNEN, Peter Michael (org.). Des Künstlers Rechte – die Kunst des Rechts: Tagungsband des Ersten Heidelberger Kunstrechtstags am 8. September 2007. Baden-Baden: Nomos, 2008. p. 11-18

LENSKI, Sophie-Charlotte . *Batik in Bethlehem, Hikaye in Hannover*: Der rechtliche Schutz des Kulturerbes zwischen kulturellem Internationalismus und nationaler Identität. Baden-Baden: Nomos, 2014.

LERNER, Ralph; BRESLER Judith. *Art Law*: the guide for collectors, investors, dealers, and artists, v. 1, 2 e 3. 3ª ed. New York: Practising Law Institute, 2005.

LEWINSKI, Silke von. Neues Recht für überlieferte Kunst – Herausforderungen eines Rechtsschutzes für Folklore. In: WELLER, Matthias (org.). *Neue Kunst – Neues Recht*: Tagungsband des Siebten Heidelberger Kunstrechtstags am 22. und 23. November 2013. Baden-Baden: Nomos, 2014. p. 167-185.

LINDNER, Irene. Die Persönlichkeitsverletzung durch Kunst. Baden-Baden: Nomos, 2015.

LUBINA, Katja & SCHNEIDER, Hildegard. Pringsheim, Provenance and principles.a case study on the restitution of nazi looted art and compensatory payments. In: ODENDAHL, Kerstin; WEBER, Peter (org.). *Kulturgüterschutz – Kunstrecht – Kulturrecht*: Festschrift für Kurt Siehr zum 75. Geburtstag aus dem Kreise des

Doktoranden- und Habilitandenseminars "Kunst und Recht". Baden-Baden: Nomos, 2010. p. 161-177.

LUTZI, Tobias. Digitalisate klassischer Gemälde – zwischen Lichtbildschutz, Eigentumseingriff und Gemeinfreiheit, Zugleich Besprechung von OLG Stuttgart "Reiss-Engelhorn-Museen", *GRUR* 2017, 878.

LYNEN, Peter Michael. Kunstfreiheit und Religionskritik – Eine Fallstudie. In: WELLER, Mathias; KEMLE, Nicolai; LYNEN, Peter Michael (org.). *Des Künstlers Rechte – die Kunst des Rechts*: Tagungsband des Ersten Heidelberger Kunstrechtstags am 8. September 2007. Baden-Baden: Nomos, 2008. p. 31-36.

MAAßEN, Wolfgang. Plagiat, freie Benutzung oder Kunstzitat? Erscheinungsformen der urheberrechtlichen Leistungsübernahme in Fotografie und Kunst. In: WELLER, Mathias; KEMLE, Nicolai; DREIER (org.). *Raub – Beute – Diebstahl:* Tagungsband des Sechsten Heidelberger Kunstrechtstags am 28. und 29. September 2012. Baden-Baden: Nomos, 2013. p. 191-246.

MAHMOUDI, Yasmin. Wie aus einer zerstörten Fettecke von Joseph Beuys zunächst Schnapps destilliert wurde und dann ein Rechtstreit entstand. *Bulletin Kunst & Recht* 2016/2-2017/1, p. 102-107.

MANGOLD, Stephan. *Verbraucherschutz und Kunstkauf im deutschen und europäischen Recht.* Frankfurt am Main; Berlin; Bern; Wien (u.a.): Lang, 2009.

MAURO, Tony. *The Supreme Court Landmark decisions*: 20 cases that chenged America. New York: Fall River Press, 2016.

MERRYMAN, John; ELSEN Albert. *Law, Ethics and the Visual Arts*. 5th ed. Alphen aan den Rijn: Kluwer Law, 2007.

MIRRI, Maria Beatrice. La contraffazione di opere d' arte. In: *Commercio e circolazione delle opere d'arte*. COSTANZA, Maria (org.). Padova: CEDAM, 1999. p. 63-71.

MOSIMANN, Peter & MÜLLER-CHEN, Markus. Kauf eines Originals der bildenden Kunst, insbesondere einer Fotografie. In: BÜCHLER, Andrea; MÜLLER-CHEN, Markus (org.). *Private law: national – global – comparative*. Festschrift für Ingeborg Schwenzer zum 60. Geburtstag. Bern: Stämpfli, 2011, p. 1303-1323.

MOSIMANN, Peter. Kunst im Recht. In: WELLER, Matthias; KEMLE, Nicolai; LYNEN, Peter (org.). *Kultur im Recht – Recht als Kultur*: Tagungsband des Neunten Heidelberger Kunstrechtstags am 30. und 31. Oktober 2015. Baden-Baden: Nomos, 2016. p. 19-39.

MOSIMANN, Peter. Printed later und andere Originalvervielfältigung – insbesondere in der Fotografie. In: MOSIMANN, Peter; SCHÖNENBERGER, Beat. *Kunst & Recht* 2010: Referate zur gleichnamigen Veranstaltung der Juristischen Fakultät der Universität Basel vom 18 Juni 2010. Bern: Stämpfli, 2011. p. 13-27.

MOSIMANN, Peter; RENOLD, Marc-Andre; RASCHER, Andrea (org.). *Kultur – Kunst – Recht*: schweizerisches und internationales Recht. Basel: Helbing Lichtenhahn Verlag, 2009.

MÜLLER-CHEN, Markus. Ausgewählte juristische Fragen der Bewertung von Kunstwerken. In: MOSIMANN, Peter; SCHÖNENBERGER, Beat (org). *Kunst & Recht 2010*: Referate zur gleichnamigen Veranstaltung der Juristischen Fakultät der Universität Basel vom 18 Juni 2010. Bern: Stämpfli, 2011. p. 55-68.

NEGRI-CLEMENTI, Gianfranco (org.). *Il diritto dell' arte*, v. 1. Milano: Skyra, 2012.

NEGRI-CLEMENTI, Gianfranco (org.). *Il diritto dell' arte*, v. 2 e 3. Milano: Skyra, 2013.

OBERGFELL Eva Inés. Abschied von der "Silberdistel": Zum urheberrechtlichen Schutz von Werken der angewandten Kunst beckonline. In: https://beckonline, *GRUR* 2014, 621.

ODENDAHL, Kerstin. Der Schutz der wertvollsten Kulturgüter der Menschheit: aktuelle völkerrechtliche Entwicklungen. In: WELLER, Matthias (org.). *Neue Kunst – Neues Recht:* Tagungsband des Siebten Heidelberger Kunstrechtstags am 22. und 23. November 2013. Baden-Baden: Nomos, 2014. p. 23-49.

PALMER, Norman. Relinquishment and responsability: The De-Acessioning of objects from museum collections in England and other common law contries. In: MOSIMANN, Peter; SCHÖNENBERGER, Beat (org.). *Kunst & Recht* 2011: Referate zur gleichnamigen Veranstaltung der Juristischen Fakultät der Universität Basel vom 17 Juni 2011. Bern: Stämpfli, 2012. p. 13-77.

PALMER, Norman. The Spoliation advisory Panel and holocaust-related cultural objetcts. In: WELLER, Mathias; KEMLE, Nicolai; DREIER (org.). *Raub – Beute – Diebstahl:* Tagungsband des Sechsten Heidelberger Kunstrechtstags am 28. und 29. September 2012. Baden-Baden: Nomos, 2013. p. 119-140.

PEÑUELAS I REIXACH, Lluís (org.). *Autoría, autentificación y falsificación de las obras de arte.* Fundación Salvador Dali, Ediciones Polígrafa, 2013.

POHL. Gunnar. *Wahre Dichtung*: Kriterien zum Ausgleich von Kunstfreiheit und Persönlichkeitsrecht am Beispiel von Esra und Mephisto. Frankfurt: Peter Lang, 2014.

PORTALE, Giuseppe. *Lezioni di Diritto Comparato.* Torino: Giappichelli, 2007.

PRENGEL, Timo. Abbildung gemeinfreier Kunstwerke – Rechte des Sacheigentümers. In: WELLER, Mathias; KEMLE, Nicolai; DREIER, Thomas (org.). *Kunsthandel – Kunstvertrieb*: Tagungsband des Fünften Heidelberger Kunstrechtstags am 7. und 8. Oktober 2011. Baden-Baden: Nomos, 2012. p. 99-110.

PRENGEL, Timo. *Bildzitate von Kunstwerken als Schranke des Urheberrechts und des Eigentums mit Bezügen zum Internationalen Privatrecht.* Frankfurt: Peter Lang, 2011.

PROWDA, Judith. *Visual arts and the law*: a handboook for professionals. Burlington; New York: Lund Humphries in association with Sotheby's institute of arte, 2013.

QUEDENFELD, Rüdiger. *Handbuch Bekämpfung der Geldwäsche und Wirtschaftskriminalität.* Berlin: ESV, 2017.

RADBRUCH, Gustav. Gesetzliches Unrecht und übergesetzliches Recht, *Süddeutsche Juristen-Zeitung,* 1946, p. 105.

RASCHER, Andrea. Gegen ein Urheberrecht des Bühnenregisseurs!?. In: WELLER, Mathias; KEMLE, Nicolai; DREIER, Thomas; KIESEL, Markus; LYNEN, Peter (org.). *Das Recht des Theaters – Das Recht der Kunst auf Reisen*: Tagungsband des Vierten Heidelberger Kunstrechtstags am 1. Und 2. Oktober 2010. Baden-Baden: Nomos, 2011. p. 27-38.

RASCHÈR, Andrea. *Kulturgütertransfer und Globalisierung*. Geneve: Schulthess, 2000.

RASCHER, Andrea. Kunst zu waschen ist keine Kunst! Geldwäscherei im Kunsthandel? In: MOSIMANN, Peter; SCHÖNENBERGER, Beat (org.). *Kunst & Recht 2010:* Referate zur gleichnamigen Veranstaltung der Juristischen Fakultät der Universität Basel vom 18 Juni 2010. Bern: Stämpfli, 2011. p. 28-39.

RAUE, Peter. "Eine einzige Tablette" – Der Streit um den Conterganfilm. In: WELLER, Mathias; KEMLE, Nicolai; LYNEN, Peter Michael (org.). *Des Künstlers Rechte – die Kunst des Rechts*: Tagungsband des Ersten Heidelberger Kunstrechtstags am 8. September 2007. Baden-Baden: Nomos, 2008. p. 19-30.

RAUE, Peter. Probleme der Restitution – Neue Lösungsmöglichkeiten. In: MOSIMANN, Peter; SCHÖNENBERGER, Beat (org.). *Kunst & Recht 2010*: Referate zur gleichnamigen Veranstaltung der Juristischen Fakultät der Universität Basel vom 18 Juni 2010. Bern: Stämpfli, 2011. p. 119-130.

RAUE, Peter. Ready-mades und Appropriation Art – "Werke" im Sinne des Urhebergesetzes. In: *Kunst, Recht und Geld* – Festschrift für Gerhard Pfennig zum 65. Geburstag, München, C. H. Beck, 2012, 199-207.

REHBINDER, Manfred; PEUKERT, Alexander. *Urheberrecht*. München: C.H. Beck, 2015.

REICHELT, Gerte. 20 Jahre Unidroit Konvention – Status quo und Ausblick. In: WELLER, Matthias; KEMLE, Nicolai; LYNEN, Peter (org.). *Kultur im Recht – Recht als Kultur*: Tagungsband des Neunten Heidelberger Kunstrechtstags am 30. und 31. Oktober 2015. Baden-Baden: Nomos, 2016. p. 39-50.

REIS, Daniel [et alii.]. *Arte e Direito*. Coimbra: Almedina, 2016.

RENOLD, Marc-André (org.). *Claims for the restitution of looted art*. Génève: Schulthess, 2004.

RENOLD, Marc-André (org.). *Resolving disputes in cultural property*. Geneve: Schulthess, 2012.

RIESENKAMPFF, Justus. *Inhalt und Schranken des Eigentums an Werken der Baukunst*: unter besonderer Berücksichtigung des Urheberrechts. Baden-Baden: Nomos, 2009.

RUPRECHT, Karolina. Human rights aspects of indigenous cultural property repatriation. In: ODENDAHL, Kerstin; WEBER, Peter (org.). *Kulturgüterschutz – Kunstrecht – Kulturrecht*: Festschrift für Kurt Siehr zum 75. Geburtstag aus dem Kreise des Doktoranden- und Habilitandenseminars "Kunst und Recht". Baden-Baden: Nomos, 2010. p. 191-227.

SCHABENBERGER, Nemeczek: Mein Schloss, mein Garten, meine Verwertungserlöse? – Konsequenzen aus den BGHEntscheidungen "Preußische Schlösser und Gärten", *GRURPrax* 2011, p. 139.

SCHACK, Haimo. Bildzitate zu Lasten der Fotografien? In: *Kunst, Recht und Geld* – Festschrift für Gerhard Pfennig zum 65. Geburstag, München, C. H. Beck, 2012, 207-217.

SCHACK, Haimo. Kunst als Marke – Marke als Kunst. In: *Recht im Wandel seines sozialen und technologischen Umfeldes.* Festschrift für Manfred Rehbinder. BECKER, Jürgen (org.). München: C. H. Beck; Bern: Stämpfli, 2002.

SCHACK, Haimo. *Kunst und Recht*: Bildende Kunst, Architektur, Design und Fotografie im deutschen und internationalen Recht. 3rd ed. Tübingen: Mohr Siebeck; 2017.

SCHACK, Haimo. Miturheber, Gehilfen und Bearbeiter in der bildenen Kunst, Aktions- und Videokunst. In: MOSIMANN, Peter; SCHÖNENBERGER, Beat (org.). *Kunst & Recht 2012:* Referate zur gleichnamigen Veranstaltung der Juristischen Fakultät der Universität Basel vom 15. Juni 2012. Bern: Stämpfli, 2013. p. 123-147.

SCHACK, Haimo. Persönlichkeitsrechtliche Grenzen der bildenden Kunst, *KUR* 1/2014, p. 3-10.

SCHACK, Haimo. Urheber- und Persönlichkeitsrechtsverletzungen durch Kunst: eine deutsch-amerikanische Fallstudie. In: MANSEL, Heiz-Peter; PFEIFFER, Thomas; KRONKE, Herbert; KOHLER, Christian; Hausmann, Rainer (org.). *Festschrift für Erik Jayme.* München: Sellier, 2004. p. 1725-1734.

SCHACK, Haimo; JOTZO, Florian; RAUE, Benjamin. *Das Geistige Eigentum in 50 Leitentscheidungen.* Tübingen: Mohr Siebeck, 2012.

SCHAEFER, Martin. *Die urheberrechtliche Schutzfähigkeit von Werken der Gartengestaltung*: zugleich ein Beitrag zu Fragen des Urheberrechtsschutzes von Raumgestaltungen. Baden-Baden: Nomos, 1992.

SCHEIFELE, Eva. Einlagerung und Transporte von Kunst- und Kulturgüter aus Sicht eines Kunstversicherers. In: MOSIMANN, Peter; SCHÖNENBERGER, Beat (org.). *Kunst & Recht* 2011: Referate zur gleichnamigen Veranstaltung der Juristischen Fakultät der Universität Basel vom 17 Juni 2011. Bern: Stämpfli, 2012. p. 101-121.

SCHMIDT, Jan. *Zivilrechtskodifikation in Brasilien*: Strukturfragen und Regelungsprobleme in historisch-vergleichender Perspektive. Tübingen: Mohr Siebeck, 2009.

SCHNABEL, Gunnar; TATZKOW, Monika. *Nazi looted art*: Handbuch Kunstrestitution weltweit. Berlin: Proprietas, 2007.

SCHOEN, Susanne. Beutekunst: Von der Kriegstrophäe zur Handelsware. In: WELLER, Mathias; KEMLE, Nicolai; DREIER (org.). *Raub – Beute – Diebstahl*: Tagungsband des Sechsten Heidelberger Kunstrechtstags am 28. und 29. September 2012. Baden-Baden: Nomos, 2013. p. 77-90.

SCHOENBERG, Randol; BURRIS, Donald. Reflections on litigating holocaust stolen art cases. In: *Vanderbilt Journal of transnational law,* Symposium International Legal dimensions of art and cultural property, v. 38, outubro 2005, p. 1041-1050.

SCHÖNENBERGER, Beat. Picasso revisited? – Unechte Kunstwerke und das Kulturgütertransfergesetz. In*: Private law: national – global – comparative.* Festschrift für Ingeborg Schwenzer zum 60. Geburtstag. BÜCHLER, Andrea; MÜLLER-CHEN, Markus (org.). Bern: Stämpfli, 2011, p. 1541-1554

SCHÖNENBERGER, Beat. *Restitution von Kulturgut*: Anspruchsgrundlagen, Restitutionshindernisse, Entwicklung. Bern: Stämpfli; 2009.

SCHÖNENBERGER, Beat. Restitution von Kulturgütern: Ein Überblick über die rechtlichen Mögligkeiten. In: MOSIMANN, Peter; SCHÖNENBERGER, Beat (org.). *Kunst & Recht 2010*: Referate zur gleichnamigen Veranstaltung der Juristischen Fakultät der Universität Basel vom 18 Juni 2010. Bern: Stämpfli, 2011. p. 99-119.

SCHONHOFEN. Sven. Sechs Urteile über zwei Sekunden, und kein Ende in Sicht: Die "Sampling" Entscheidung des BVerfG, *GRURPrax* 2016, 277.

SCHULZE, Gernot. Die Aneignung fremder Werke für eigenes Werkschaffen. In: MOSIMANN, Peter; SCHÖNENBERGER, Beat (org.), *Kunst & Recht 2016* – Art Law 2016 – Referate zur gleichnamigen Veranstaltung der Juristischen Fakultät der Universität Basel vom 17. Juni 2016, Sämpfli Verlag, Bern 2016, p. 39-58

SCHWANDER, Ivo. Sponsoringverträge im Kunstbetrieb. In: *Neuigkeiten im Kunstrecht*: Referate der Tagung des IPR-HSG und des schweizerischen Kunstvereins vom 19.10.2007 im Kunsthaus Zürich. STUDER, Peter & SCHWANDER, Ivo (org.), St. Gallen, 2008. p. 79-105.

SEEGER, Sebastian. Restitution of nazi-looted art in international law: some thoughs on Marei von Saher v. Norton Simon Museum of Art at Pasadena. In: *Rivista di diritto internazionale private e processuale*, n. 1, 2015, p. 211-221.

SIEGELE, Miriam. *Das Spannungsverhältnis von Kunstreiheit und Persönlichekeitsrecht:* zur Problematik der Darstellung realer Personen in Kunstwerken. Nomos, Bade-Baden, 2012.

SIEHR, Kurt. 50 Jahre nach Entdeckung von Dürer-Portraits in New York – zum Rechtsstreit "*Kunstsammlungen zu Weimar v. Elicofon*" im Kontext neuer amerikanischer Rechtsprechung. *Bulletin Kunst & Recht* 2016/2-2017/1, p. 23-41.

SIEHR, Kurt. Die Umsetzung des Unesco-Übereinkommens von 1970 in Deutschland aus der Sicht der Wissenschaft. In: WELLER, Matthias; KEMLE, Nicolai; LYNEN, Peter (org.). *Kulturgüterschutz – Künstlerschutz:* Tagungsband des

Zweiten Heidelberger Kunstrechtstags am 5. und 6. September 2008. Baden-Baden: Nomos, 2009. p. 79-97.

SIEHR, Kurt. Fälschung im Kunstrechtsstreit. In: WELLER, Mathias; KEMLE, Nicolai; DREIER, Thomas; LYNEN, Peter Michael (org.). *Kunst im Markt – Kunst im Recht*: Tagungsband des Dritten Heidelberger Kunstrechtstags am 9. und 10. Oktober 2009. Baden-Baden: Nomos, 2010. p. 145-161.

SIEHR, Kurt. Globalization and national culture: recent trends toward a liberal exchange of cultural objects. In: *Vanderbilt Journal of transnational law*, Symposium International Legal dimensions of art and cultural property. p. 1067-1094.

SIEHR, Kurt. Guter Glaube im Kunsthandel. In: *Bulletin Kunst und Recht*, 2012 (3), 5-16.

SIEHR, Kurt. Haftung des Kunstexperten nach deutschem Recht. In: *KUR* 2, 2013, p. 48-56.

SIEHR, Kurt. Irrtum in Kunsthandel. In: *Bulletin Kunst und Recht*, 2015 (1), 24-34.

SIEHR, Kurt. Mystifizierung und Entmystifizierung von Kulturgüter und das Recht, KUR 3/4, 2011, p. 87-109.

SIEHR, Kurt. Restitution of looted art in private international law. In: RENOLD, Marc-André; GABUS, Pierre. *Claims for the Restitution of Looted Art*, Basel 2004, p. 71-95.

SIERRA-CAMARGO, Jimena. ¿Qué son las estéticas legales? Una aproximación a la noción de "arte y derecho". In: *Revista Derecho del Estado* n. 32, janeiro-junho de 2014, pp. 57-76.

SPECHT, Louisa. Zum Konflikt von Persönlichkeitsrecht und Kunstfreiheit im Internet – Der Fall des "Techno-Vikings". In: WELLER, Matthias; KEMLE, Nicolai (org.). *Eigentum – Kunstfreiheit – Kulturgüterschutz*: Tagungsband des Achten Heidelberger Kunstrechtstags am 31. Oktober und 1.November 2014. Baden-Baden: Nomos, 2015. S. 115-137.

STAKE, Robert. *A arte da investigação com estudos de caso*. Lisboa: Fundação Calouste Gulbenkian, 2016.

STEINRUCK, Thomas. Ein Sinfonieorchester auf Reisen – (nicht nur) aus versicherungstechnischer Sicht. In: WELLER, Mathias; KEMLE, Nicolai; DREIER, Thomas; KIESEL, Markus; LYNEN, Peter (org.). *Das Recht des Theaters – Das Recht der Kunst auf Reisen:* Tagungsband des Vierten Heidelberger Kunstrechtstags am 1. Und 2. Oktober 2010. Baden-Baden: Nomos, 2011. p. 53-72.

STOKES, Simon. *Art & Copyright:* revised Paperback edition. Oxford: Hart Publishing, 2003.

STREUL, Carola. OnLineArt, Weltweite Multi-Repertoirlizenzen an Werken der Bildenden Kunst. In: *Kunst, Recht und Geld* – Festschrift für Gerhard Pfennig zum 65. Geburstag, München, C. H. Beck, 2012, 511-522.

STUDER, Peter. Das Kunstwerk als Werk. In: *Neuigkeiten im Kunstrecht*: Referate der Tagung des IPR-HSG und des schweizerischen Kunstvereins vom 19.10.2007 im Kunsthaus Zürich. STUDER, Peter & SCHWANDER, Ivo (org.), St. Gallen, 2008. p. 31-53.

ULLMANN, Eike. Die Position des Aussenstehenden: Werkverzeichnis. . In: WELLER, Matthias (org.). *Kulturgüterschutz – Künstlerschutz.* Tagungsband des Zweiten Heidelberger Kunstrechtstags am 5. und 6. September 2008. Baden-Baden: Nomos, 2009. p.195-203.

UNGERN-STERNBERG, Joachim von. Urheberpersönlichkeitsrecht vs. Eigentümerinteressen: Architekt und Bauherr. In: WELLER, Mathias; KEMLE, Nicolai; LYNEN, Peter Michael (org.). *Des Künstlers Rechte – die Kunst des Rechts:* Tagungsband des Ersten Heidelberger Kunstrechtstags am 8. September 2007. Baden-Baden: Nomos, 2008. p. 47-64.

WAITZ, Anton. *Das Leistungsschutzrecht am nachgelassenen Werk*. Baden-Baden: Nomos, 2008.

WANDTKE, Artur-Axel. Das choreografische Werk und die VG-Bild-Kunst. In: *Kunst, Recht und Geld* – Festschrift für Gerhard Pfennig zum 65. Geburstag, München, C. H. Beck, 2012, 255-269.

WEBER, Marc. Caravaggio vor Gericht: Anmerkungen zum Urteil des Englischen High Court vom 16. Januar 2015. *Bulletin Kunst & Recht* 2016/2-2017/1, p. 96-102.

WEBER, Marc. Internationale Aspekte des gutgläubigen Erwerbs gestohlener Kulturgüter. In: WELLER, Mathias; KEMLE, Nicolai; DREIER (org.). *Raub – Beute – Diebstahl*: Tagungsband des Sechsten Heidelberger Kunstrechtstags am 28. und 29. September 2012. Baden-Baden: Nomos, 2013. p. 45-75.

WEBER, Marc. Liability for the acquisition of faked or wrongly attributed works of art in US Law. In: ODENDAHL, Kerstin; WEBER, Peter (org.). *Kulturgüterschutz – Kunstrecht – Kulturrecht*: Festschrift für Kurt Siehr zum 75. Geburtstag aus dem Kreise des Doktoranden- und Habilitandenseminars "Kunst und Recht". Baden-Baden: Nomos, 2010. p. 409-435.

WEBER-CAFlISCH, Olivier. *Faux et... défauts dans la vente d'objets d'art*. Genebra: Librairie de l' Université, 1980.

WELLER, Mathias. Die Plakatsammlung Hans Sachs – Zur Ausschlusswirkung des alliierten Rückerstattungsrechts heute. In: WELLER, Mathias; KEMLE, Nicolai; DREIER (org.). *Raub – Beute – Diebstahl*: Tagungsband des Sechsten Heidelberger Kunstrechtstags am 28. und 29. September 2012. Baden-Baden: Nomos, 2013. p. 91 e seguintes.

WELSER, Rudolf & RABL, Christian. *Der Fall Klimt*: die rechtliche Problematik der Klimt-Bilder im Belvedere. Wien: Manzsche, 2005.

WIDMER, Benno. Ein-, Durch- und Ausfuhr von Kunstwerken. In: MOSIMANN, Peter; SCHÖNENBERGER, Beat (org.). *Kunst & Recht 2011*: Referate zur gleichnamigen Veranstaltung der Juristischen Fakultät der Universität Basel vom 17 Juni 2011. Bern: Stämpfli, 2012. p. 121-137.

WOLFRUM, Rüdiger. Reflections on the protection of cultural property in armed conflict. In: MANSEL, Heiz-Peter; PFEIFFER, Thomas; KRONKE, Herbert; KOHLER, Christian; Hausmann, Rainer (org.). *Festschrift für Erik Jayme*. München: Sellier, 2004. p. 1789-1800.

WYNNE, Frank. *I Was Vermeer*: The Legend of the Forger Who Swindled the Nazis, Bloomsbury: Londres, 2007.

ZITSCHER, Harriet Christiane. *Metodologia do ensino jurídico com casos*: teoria e prática. Belo Horizonte: Del Rey, 1999.

ZWEIGERT, Konrad; KÖTZ, Hein. *Introduction to comparative law*. Oxford: Clarendon Press, 1998 (impressão 2011).

ÍNDICE REMISSIVO

(Os números romanos fazem referência ao capítulo
e os arábicos às suas subdivisões.)